Kohlhammer

Der Autor

Prof. Dr. habil. Christian Roesler, Dipl.-Psych., Psychologischer Psychotherapeut, lehrt Klinische Psychologie an der Katholischen Hochschule Freiburg i. Br. sowie Analytische Psychologie an der Universität Basel. Er ist darüber hinaus Dozent an den C. G. Jung-Instituten Zürich und Stuttgart sowie Lehranalytiker am Aus- und Weiterbildungsinstitut für Psychoanalytische und Tiefenpsychologisch fundierte Psychotherapie am Universitätsklinikum Freiburg (DGPT).

Christian Roesler

Die Archetypentheorie im 21. Jahrhundert

Kritik und Neukonzeption

Verlag W. Kohlhammer

Dieses Werk einschließlich aller seiner Teile ist urheberrechtlich geschützt. Jede Verwendung außerhalb der engen Grenzen des Urheberrechts ist ohne Zustimmung des Verlags unzulässig und strafbar. Das gilt insbesondere für Vervielfältigungen, Übersetzungen, Mikroverfilmungen und für die Einspeicherung und Verarbeitung in elektronischen Systemen.

Pharmakologische Daten, d. h. u. a. Angaben von Medikamenten, ihren Dosierungen und Applikationen, verändern sich fortlaufend durch klinische Erfahrung, pharmakologische Forschung und Änderung von Produktionsverfahren. Verlag und Autoren haben große Sorgfalt darauf gelegt, dass alle in diesem Buch gemachten Angaben dem derzeitigen Wissensstand entsprechen. Da jedoch die Medizin als Wissenschaft ständig im Fluss ist, da menschliche Irrtümer und Druckfehler nie völlig auszuschließen sind, können Verlag und Autoren hierfür jedoch keine Gewähr und Haftung übernehmen. Jeder Benutzer ist daher dringend angehalten, die gemachten Angaben, insbesondere in Hinsicht auf Arzneimittelnamen, enthaltene Wirkstoffe, spezifische Anwendungsbereiche und Dosierungen anhand des Medikamentenbeipackzettels und der entsprechenden Fachinformationen zu überprüfen und in eigener Verantwortung im Bereich der Patientenversorgung zu handeln. Aufgrund der Auswahl häufig angewendeter Arzneimittel besteht kein Anspruch auf Vollständigkeit.

Die Wiedergabe von Warenbezeichnungen, Handelsnamen und sonstigen Kennzeichen in diesem Buch berechtigt nicht zu der Annahme, dass diese von jedermann frei benutzt werden dürfen. Vielmehr kann es sich auch dann um eingetragene Warenzeichen oder sonstige geschützte Kennzeichen handeln, wenn sie nicht eigens als solche gekennzeichnet sind.

Es konnten nicht alle Rechtsinhaber von Abbildungen ermittelt werden. Sollte dem Verlag gegenüber der Nachweis der Rechtsinhaberschaft geführt werden, wird das branchenübliche Honorar nachträglich gezahlt.

Dieses Werk enthält Hinweise/Links zu externen Websites Dritter, auf deren Inhalt der Verlag keinen Einfluss hat und die der Haftung der jeweiligen Seitenanbieter oder -betreiber unterliegen. Zum Zeitpunkt der Verlinkung wurden die externen Websites auf mögliche Rechtsverstöße überprüft und dabei keine Rechtsverletzung festgestellt. Ohne konkrete Hinweise auf eine solche Rechtsverletzung ist eine permanente inhaltliche Kontrolle der verlinkten Seiten nicht zumutbar. Sollten jedoch Rechtsverletzungen bekannt werden, werden die betroffenen externen Links soweit möglich unverzüglich entfernt.

1. Auflage 2025

Alle Rechte vorbehalten
© W. Kohlhammer GmbH, Stuttgart
Gesamtherstellung: W. Kohlhammer GmbH, Heßbrühlstr. 69, 70565 Stuttgart
produktsicherheit@kohlhammer.de

Print:
ISBN 978-3-17-043603-9

E-Book-Formate:
pdf: ISBN 978-3-17-043604-6
epub: ISBN 978-3-17-043605-3

Danksagung

Das vorliegende Buch basiert auf einem Forschungsprojekt, das von der International Association for Analytical Psychology (IAAP) finanziert wurde. Die Studie wurde vom Autor am Institut für Angewandte Forschung der Katholischen Hochschule Freiburg durchgeführt. Mein Dank gilt den damit befassten Mitarbeitenden[1] des Instituts sowie Stefanie Ehret für ihre Unterstützung bei der Übersetzung des ursprünglich englischen Forschungsberichts. Die Veröffentlichung wurde darüber hinaus großzügig von der Susan-Bach-Stiftung finanziell unterstützt.

---

1 In diesem Buch wird wegen der besseren Lesbarkeit das generische Maskulinum verwendet, das alle Geschlechter einschließt, ohne eine Bevorzugung vorzunehmen.

Inhalt

1	Einleitung	11
2	Definitionen des »Archetyps«	19
3	Die Theorie der Archetypen in Jungs Werken	22
4	**Probleme und Kritik**	**36**
	4.1 Struktur ohne Inhalt?	36
	4.2 Das Verhältnis von Stabilität und Wandel in Archetypen	37
	4.3 Das Kulturelle vs. das Biologische, das Persönliche vs. das Kollektive	38
	4.4 Der »Das-ist-alles-dasselbe«-Fehler	38
	4.5 Eine unbegrenzte Anzahl von Archetypen?	39
	4.6 Unterschiedliche Komplexitätsstufen	39
	4.7 Die Wirkung von Archetypen: Determinierung, (In-)Formierung, Strukturierung, Ordnung?	40
	4.8 Der erkenntnistheoretische Status von Archetypen	40
	4.9 Verdinglichung und Ontologisierung	42
	4.10 Phänomenologie	43
	4.10.1 Jungs Interpretationsmethode	44
	4.11 Transzendentalismus	45
	4.12 Fragwürdiges wissenschaftliches Arbeiten	45
	4.13 Eine systemtheoretische Perspektive	48
	4.14 Eine Geschichte der Kritik	50
	4.15 Kritik von außerhalb der AP	53
	4.15.1 Jung im Umgang mit Kritik	54
	4.16 Ist die Archetypentheorie ein Glaubenssystem?	55
	4.17 Schlussfolgerung: Nicht eine, sondern mehrere Theorien	56
	4.17.1 Theorie 1: Eine Theorie biologisch präformierter (genetisch vererbter) mentaler Fähigkeiten	57
	4.17.2 Theorie 2: Eine anthropologische Theorie menschlicher Universalien	58
	4.17.3 Theorie 3: Eine Prozesstheorie der psychologischen Transformation (in der Psychotherapie)	58
	4.17.4 Theorie 4: Eine transzendentale Theorie einer Einheitswirklichkeit	60

4.17.5 Fazit 60

5 Biologie, Genetik und Vererbung 62
5.1 Angeborenheit 62
5.2 Der Verlauf der Debatte in der AP 63
5.3 Das Primat der Bilder 66
5.4 Das Argument der Ähnlichkeit der Gehirnstruktur 67
5.5 Genetik 68
5.6 Epigenetik 69
5.7 Gen-Umwelt-Interaktion 71
5.8 Temperament 72
    5.8.1 Der biologische Ansatz in der Psychologie und Psychiatrie und seine verheerenden Auswirkungen ... 73
5.9 Das Emergenzmodell von Archetypen 74
5.10 Kritik an der emergentistischen Position 75
5.11 Selbsterzeugtes Lernen 76
5.12 Kritik an Goodwyns Position 77
5.13 Jung, evolutionäres Denken und die darwinistische Theorie . 78
5.14 Ein Überblick über die Erkenntnisse der zeitgenössischen Evolutionspsychologie 81
5.15 Angeborene mentale Fähigkeiten 84
5.16 Bindungstheorie und -forschung 88
5.17 Bindung und Evolution: Environment of evolutionary adaptedness (EEA) 89
5.18 Das soziale Gehirn: Kooperation und reziproker Altruismus . 91
5.19 Transaktionale Kausalität: Wie Kultur die Evolution beeinflusst 92
5.20 Das Selbst ist beziehungsorientiert: Beziehung ist vorrangig, nicht das Individuum 97
5.21 Fazit 98

6 Anthropologie 100
6.1 Die Homologie von Phylogenese und Ontogenese 101
    6.1.1 Giegerichs Kritik 103
6.2 Die Homologie-Hypothese in der Geschichte der Anthropologie 104
    6.2.1 Rassismus bei Jung 106
6.3 Beweise, welche gegen die Homologie-Hypothese sprechen . 106
6.4 Jung und die Großtheorien des 19. und frühen 20. Jahrhunderts 108
6.5 Zeitgenössische Kritik an der evolutionistischen Schule ... 110
6.6 Bachofens »Mutterrecht« und Jungs »Große Mutter« 112
6.7 Kultur vor Biologie 113
6.8 Zeitgenössische Ansätze in der Anthropologie zur Frage der interkulturellen Ähnlichkeiten 115
6.9 Menschliche Universalien: Isolationismus vs. Diffusionismus 117

	6.10	Universalismus vs. Kulturrelativismus/Partikularismus	121
	6.11	Die empirische Grundlage für menschliche Universalien	122
	6.12	Fazit	126
7	**Religion**	**129**
	7.1	Eliades monolithischer Ansatz und sein Erbe	129
	7.2	Vergleichende Religionswissenschaft: Von den Großtheorien zu zeitgenössischen Ansätzen	131
	7.3	Die Theorie der religiösen Evolution	134
	7.4	Die Evolution der ersten Religionen	136
	7.5	Schamanismus	142
	7.6	Fazit	144
8	**Frühgeschichte**	**145**
	8.1	Probleme in der Archäologie der Vorgeschichte	145
	8.2	Out of Africa	147
	8.3	Noch einmal: Isolationismus vs. Diffusionismus	154
	8.4	Religion im Paläolithikum	155
	8.5	Paläolithische Höhlenmalereien und Felskunst	156
	8.6	Prähistorische Frauenfiguren und der Mythos der Großen Mutter	161
	8.7	Neolithikum	164
	8.8	Schlussfolgerungen	168
9	**Mythologie**	**170**
	9.1	Dennoch: universelle Motive	173
	9.2	Die Theorie des gemeinsamen Ursprungs	174
	9.3	Laurasische oder nordische Mythologien	177
	9.4	Südliche oder Gondwana-Mythologien	179
	9.5	Pan-Gäische Mythen – die wirklich universellen Motive	180
	9.6	Fazit	182
10	**Schlussfolgerung: Die Kerntheorie – eine Theorie der psychologischen Transformation**	**184**
	10.1	Die Prozessidee	189
	10.2	Verschiedene Prozessmodelle	190
	10.3	Ist Jungs Modell des Individuationsprozesses universell?	192
	10.4	Jungs Auffassung von Übertragung	195
	10.5	Die Rolle der Archetypen in der entwicklungsorientierten Schule	197
	10.6	Die Theorie der Archetypen als Hermeneutik	199
	10.7	Was verbleibt von der Archetypentheorie?	201
	10.8	Und das kollektive Unbewusste?	203
	10.9	Ausblick: die Richtungen der künftigen Forschung	204
Literatur		**206**

Stichwortverzeichnis **223**

1 Einleitung

»The discomfort I am talking about can assume various forms: that of an uneasiness with some unsolved contradictions in AP itself; that of a refusal of the constant turning into ontology of the origin of the metaphorical language of AP; that of a refusal of the typical ahistorical suspension typical of AP that never established any fruitful exchange with those problems of the philosophical, anthropological, and methodological thought which during the same years had appeared and established themselves; that of the suspicion caused by the divorce that AP continuously maintains towards those empirical observations coming from other fields of psychological research, or that, on the contrary, of the repudiation of it's all too easy syncretistic way of uncritically accepting everything, thus destroying the essential character of AP; that of the doubt about the distance between its theoretical hypothesis and their practical applications; that of a diffidence about a field which has never consistently faced a radical, or even pitiless, rethinking of its foundations; that of a nausea for the careless, superficial and uncritical use of the comparative method in the de-metaphorization of the images of fantasy or of dreams without any care for historical or cultural differentiation: that of the suspicion for all too easy a recourse to the therapeutic practice, or to a recourse to experiences either purely emotional, or of a dangerously parapsychological nature and thus banally suggestive; the discomfort, finally, of a repugnancy for a linguistic and hence theoretical carelessness in most of the scientific production which goes under the name of AP.« (Trevi 1992, S. 356)

Auch wenn das Konzept des Archetyps als zentral für die Analytische Psychologie (AP) angesehen werden muss, gab es von Anfang an darum Kontroversen. Wenn wir zu Jungs ursprünglichen Formulierungen des Archetyps zurückgehen, finden wir keine einheitliche Definition. Heute müssen wir uns also zunächst die Frage stellen: Worauf bezieht sich der Begriff Archetyp?

Jung bemühte sich stets zu zeigen, dass seine Konzeptualisierung des Archetyps fest in der Biologie verankert war (z. B. Jung GW 18, 1228)[2]. Es gab viele Versuche, neue theoretische Grundlagen für die Argumentation universeller Archetypen zu formulieren, aber es gibt keine vollständig zufriedenstellende theoretische Konzeptualisierung. Folglich gibt es keinen Konsens darüber, wie Archetypen in der zeitgenössischen AP definiert werden. Ich stimme Mills zu, der sagt:

»Jung failed to make this clear. And Post-Jungian schools including contemporary Jungian movements have still not answered this most elemental question. As a result, there is no clarity or consensus among the profession. The term archetype is thrown about and employed, I suggest, without proper understanding or analysis of its essential features […] to the degree that there is no unified consensus on what defines or constitutes an archetype. This opens up the field to criticism – to be labeled an esoteric scholarly specialty, insular self-interest group, Gnostic guild, even a mystic cult. Jungianism needs to rehabilitate its image,

---

2 Jung wird in diesem Text unter Bezugnahme auf die Gesammelten Werke, Band und Paragraph zitiert, z. B. GW 7, 460.

arguably to modernize its appeal to other academic and clinical disciplines.«(Mills 2018, S. 1)

Da das Konzept der Archetypen zusammen mit dem Konzept des kollektiven Unbewussten als Kernkonzept der AP bezeichnet werden kann, was es von anderen Schulen der Psychotherapie und Psychoanalyse unterscheidet, ist die Verwirrung über die Definition unerträglich. Die Archetypentheorie muss neu definiert und konzeptualisiert werden, damit die AP auf eine allgemein akzeptierte Theorie zurückgreifen kann, die mit zeitgenössischen Erkenntnissen in anderen Disziplinen, nämlich Biologie, Genetik, Psychologie, Anthropologie, Kulturwissenschaften und Neurowissenschaften, übereinstimmt.

Trotz dieser Widersprüchlichkeiten finden wir, beginnend mit Jung und fortgeführt in der gesamten Praxis der AP, eine typische Verwendung des Konzepts, die auf einem Verständnis von Archetypen als universellen Mustern basiert, die Bedeutung erzeugen und Entwicklung leiten. Dies ist die Grundlage für die Praxis der jungianischen Psychotherapie, die darauf setzt, dass sich durch eine besondere Beziehung, wie die analytische, Archetypen konstellieren und den Prozess der therapeutischen Entwicklung leiten, und dass diese Archetypen in jedem Menschen zu finden sind. Unter diesem Gesichtspunkt wird das definierende Element der Universalität zum zentralsten für den Archetypusbegriff und es wird klar, warum Jung enorme theoretische Anstrengungen unternahm, um dieses Element sicherzustellen und warum er sich dabei auf biologische Erklärungen stützte. Seit mehr als zwei Jahrzehnten wird diese biologische Erklärung der Entstehung von Archetypen ernsthaft in Frage gestellt und Jungs Standpunkt des Präformationismus wurde widerlegt. Dies führt dazu, dass selbst neuere Ansätze die Universalität solch komplexer Archetypen nicht zufriedenstellend erklären können. Die Theorie und Praxis der AP basieren jedoch auf dem Glauben, dass die Gesamtheit der universellen Archetypen zumindest als Potenzial in jedem Menschen zu finden ist. Dies schafft eine ernste Situation, die theoretischen Grundlagen für die Praxis von AP sind zusammengebrochen. Damit nicht genug, es scheint, dass sich große Teile der Community gar nicht dafür interessieren oder nur ein begrenztes Bewusstsein dafür haben.

Meiner Meinung nach steht die AP derzeit vor dem Problem, auf einem Konzept zu basieren, dessen ursprüngliche Erklärungstheorie sich verflüchtigt hat. Die Frage, die es zu beantworten gilt, lautet: Wie entstehen diese Muster, die wir archetypisch nennen und auf die wir einen Großteil unserer Theorie sowie unserer klinischen Praxis stützen – und was sind sie eigentlich, wie lassen sie sich definieren, was enthalten sie, was sind ihre Wirkungen usw.?

Einige Schulen der jungianischen Therapie mögen sagen, dass das Konzept der Archetypen für die Praxis nicht so grundlegend ist und dass es viele Jungianer gibt, die es nicht einmal mehr verwenden. Das mag so sein, würde dann aber die Frage aufwerfen, was diese Praktiken von anderen Schulen der psychodynamischen Psychotherapie unterscheidet.

Einige Schulen, wie z. B. die archetypische Psychologie, sehen hier möglicherweise gar kein Problem. Interessanterweise würde ein Argument, das auf einer transzendentalen Definition von Archetypen basiert, eine kohärente Erklärung für die Existenz selbst sehr komplexer Archetypen liefern, wenn die Grundannahme akzeptiert wird, dass es mehr Faktoren gibt, die die Realität beeinflussen, als nur die kausalen Faktoren des deterministischen Wissenschaftsmodells. Es würde bedeuten, zu akzeptieren, dass die Archetypen, die den analytischen Prozess beeinflussen, aus einer transzendentalen Sphäre stammen und würde die jungianische Therapie in den Bereich der religiösen Praktiken einordnen, was aus meiner Sicht sehr viel Sinn ergibt (vgl. Roesler & Reefschläger 2022). Nichtsdestotrotz gibt es eine anhaltende Debatte unter Jungianern, das oben formulierte Problem auf eine Weise zu lösen, dass das Konzept der Archetypen bewahrt werden und gleichzeitig einen Platz im Bereich der normalen Wissenschaft behalten kann.

Für Jung war seine Theorie nicht nur Theorie, sondern ein starker Glaube, der auf seinem persönlichen inneren Erleben beruhte und nicht nur die individuelle psychische Entwicklung erklären konnte, sondern zu so etwas wie einer »Welterklärungstheorie« wurde: Sie enthält weitreichende Behauptungen zu Themen der Anthropologie, Urgeschichte/Paläoanthropologie, Religion, vergleichenden Mythologie usw., die, wie ich zeigen werde, auf hochproblematischen Theorien des 19. Jahrhunderts beruhen, die in die AP aufgenommen wurden und bis heute fortgeführt werden. Es scheint, als ob es in den Jahrzehnten seit Jung keine Aktualisierung dieser Ideen gegeben hat, die der Archetypentheorie inhärent sind, in Bezug auf die Entwicklung und den zeitgenössischen Stand von Disziplinen wie der (Paläo-)Anthropologie, Mythenforschung, Religionswissenschaft usw. Manchmal scheint es, als hätte die AP den Kontakt zu diesen Disziplinen, welche für die Ideen der Archetypentheorie so wichtig sind, völlig verloren. Diese Vernachlässigung führt zu einer weit verbreiteten Unkenntnis der Entwicklungen in den jeweiligen Disziplinen, was nicht zuletzt einer gewissen Arroganz gleichkommt, als hätten andere Wissenschaften nichts mit der AP zu tun oder könnten einfach ignoriert werden. Insofern liefert das oben von Trevi (1992) geäußerte Unbehagen, auch wenn es hart klingen mag, immer noch ein korrektes Bild der Situation der AP. Dadurch hat die AP den Kontakt zu den für ihre Themen relevanten Wissenschaften verloren und befindet sich in einem Zustand der Isolation. Interessant ist auch, dass dieser Sachverhalt bereits in den 1970er Jahren kritisiert wurde und viele der Punkte in diesem Buch seit Jahrzehnten vorgebracht werden, scheinbar ohne große Auswirkungen auf die größere Community. Es scheint mir, dass dies auf eine bestimmte Haltung zurückzuführen ist, die mit Jung begann, sich aber seitdem in der jungianischen Community fortgesetzt hat.

Für viele Entwickler wissenschaftlicher Theorien waren ihre Ideen natürlich von starken Überzeugungen gestützt, aber bei Jung ist dies ins Extrem gesteigert – insbesondere bei seiner Archetypentheorie konnte Jung keinen nüchternen Blick mehr einnehmen, der für sachliche Kritik offen gewesen wäre. Auch wenn er auf die Tatsache der »persönlichen Gleichung« hinweist, meine ich, dass er in seinem eigenen Fall nicht in der Lage war, dies zu berücksichtigen und sich zumindest von Zeit zu Zeit von seinen eigenen Ideen zu distanzieren, was als wissenschaftlicher Skeptizismus bezeichnet wird, und offen darüber zu diskutieren – im Sinne von Offenheit für Kritik und für Korrekturen. Es wurde zu einem Glaubensbekenntnis. Das hat damit zu tun, dass Jungs Konzepte so eng mit seinen eigenen Erfahrungen verknüpft waren. Für ihn war es eine Art Wahrheit, und so war er nicht daran interessiert, Beweise für seine Theorien zu finden oder Kritik anzunehmen.

Meine Hypothese ist, dass zu seiner Zeit und auch heute noch Anhänger von seinen Ideen angezogen werden, weil es ein gewisses Bedürfnis gibt, an ein solches »ganzheitliches« Glaubensbekenntnis zu glauben. Es besteht kein Zweifel, dass es eine große Anzahl von Veröffentlichungen zu diesen Problemen gegeben hat, insbesondere in jungianischen wissenschaftlichen Zeitschriften, und viele der Punkte, die ich hier anführe, bereits diskutiert wurden; z. B.:

> »Jungian analysts cannot get around the ›Jung cult‹ argument started off by Richard Noll (1994) simply by attacking its author. [...] there is sometimes an excessive deference shown in Jungian groups to analysts in general, and to senior analysts in particular, a deference which it is quite often hard to justify in terms of the productivity and output of those individuals.« (Samuels 1998, S. 17)

Mein Eindruck (z. B. aus der Lehre an Ausbildungsinstituten) ist jedoch, dass es außerhalb der eher akademischen Kreise in der jungianischen Community, welche sich mit Wissenschaft und Forschung befassen, immer noch eine starke Tendenz gibt, Jung zu idealisieren und an sehr klassischen Positionen in der AP und an einer konservativen Lesart von Jungs Werken festzuhalten. Mir scheint, dass kritische Publikationen keine starke Reichweite in der jungianischen Community haben. Noch schlimmer: Es scheint eine Haltung der Überlegenheit zu geben, die sowohl bei Jung als auch bei vielen seiner Anhänger heute zu finden ist, dass ihr Modell, wie sich die Psyche entwickelt und wie Psychotherapie funktioniert, ultimativ ist, als ob sie im Besitz der Wahrheit über die Psyche seien. Dies hat zu einer Verdinglichung und Ontologisierung von Konzepten geführt, die ursprünglich nur eine persönliche Erfahrung von Jung waren. Diese Haltung der Überlegenheit hat auch zu einer Tendenz geführt, sich von Erkenntnissen aus anderen Disziplinen abzuschotten.[3]

Aus meiner Sicht befindet sich die AP als wissenschaftliche Theorie sowie die theoretische Kultur innerhalb der jungianischen Community in einem schlechten Zustand: Selbst nach mehr als 100 Jahren gibt es keinen Konsens über die Definition des Kernkonzepts, der Archetypen, und die Debatte bezieht sich häufig auf völlig veraltete Theorien und Konzepte aus der Psychologie und anderen Gebieten. Auch dies wird seit vielen Jahren hervorgehoben:

> »We run the risk of working with increasingly outdated and inaccurate models of the human mind if we avoid subjecting them to the rigour of scientific scepticism, for fear that the numinous or spiritual will be destroyed by the scientific advances in understanding the way the mind actually works.« (Knox 2001, S. 616)

Es herrscht Einigkeit darüber, dass Jungs Werke voller Widersprüche sind, und darüber ist schon viel geschrieben worden:

> »Jung repeatedly insisted that he did not have a theoretical system of his own. In so far, as he claimed that his ideas were not theoretical abstractions but founded on his own direct clinical experience, he did not feel compelled to present them as a neat system with their own logical coherence, which would enable his readers to access them easily. This close

---

3 Bei Loomans (2020) wird diese Haltung der Überlegenheit, des Wahrheitsbesitzes, durch den Vergleich von Jungs Psychologie mit Karlfried Graf Dürckheims Initiatischer Therapie untersucht.

relationship between Jung's theory and practice could account for the fact that his writings are accepted as lucid and indeed inspirational by some and as incomprehensible by others.« (Papadopoulos 1992a, S. XIV)

Wie der Autor hervorhebt, stützte sich Jung bei der Formulierung seiner psychologischen Ideen und Konzepte einerseits stark auf sein eigenes inneres Erleben, andererseits versuchte er verzweifelt, nicht als Philosoph angesehen zu werden, da er als Wissenschaftler gelten wollte. Folglich werden viele seiner Ideen und Konzepte von ihm in der Art nomothetischer Aussagen präsentiert, als empirisch begründete Einsichten, wenn nicht sogar als Wahrheiten. Es besteht kein Zweifel, dass Jung innovativ war, als er die Introspektion in die psychologische Theoriebildung einführte, aber seine wiederholten Behauptungen, dass seine Ergebnisse als objektive empirische Fakten betrachtet werden sollten, führen häufig zu Aporien. Mein Eindruck ist, dass diese Tendenz, sich der inhärenten Widersprüche in der AP nicht bewusst zu sein, bis heute anhält. Viele jungianische Autoren argumentieren, wenn sie mit diesem Problem konfrontiert werden, dass dies eine absichtliche Strategie von Jung war und in der Tat genial, und dass seine paradoxen Aussagen als eine neue Form der Psychologie angesehen werden sollten. Aus meiner Sicht ist dies eine Glorifizierung von Jungs Unfähigkeit, grundlegende erkenntnistheoretische und wissenschaftliche Standpunkte zu klären. Was ich im Folgenden zu zeigen versuche, ist, dass es Verwirrung auf Jungs Seite gibt, dass es sich nicht um eine systematische Strategie in Jungs Schriften handelt, sondern um ein Versagen, die Grenzen seines eigenen Denkens zu erkennen, und dass die Verherrlichung Jungs, dass er absichtlich und genialisch paradox war, als eine Verteidigungsstrategie in der jungianischen Community betrachtet werden muss. Ich würde argumentieren, dass diese Haltung sowohl bei Jung als auch in der Community der Usprung der immer noch andauernden und schwerwiegenden theoretischen Probleme ist, die wir heute in der AP haben, wie das Fehlen einer konsensualen Definition von Archetypen, ein Widerstand gegen die Berücksichtigung theoretischer Entwicklungen und Erkenntnisse in relevanten Disziplinen und gegen eine Überprüfung der Theorie im Sinne von Forschung. Meine Hypothese ist, dass all dem eine bestimmte Haltung zugrunde liegt, die wiederum mit Jungs Persönlichkeit in Verbindung gebracht werden kann, die sich aber in den postjungianischen Entwicklungen bis in die Gegenwart fortsetzt. Dieser Stil, Wissenschaft zu betreiben, prägte bei Jung Haltungen und eine bestimmte Denkweise in der Community der Jungianer. Dies beinhaltet: a) den Glauben, dass in der Entwicklung der Person alles aus dem Individuum herauskommt, was b) zur Folge hat, dass es sowohl bei Jung als auch in der AP heute an einer kohärenten Theorie der zwischenmenschlichen Beziehungen und ihrer Auswirkung auf die Entwicklung mangelt und, vor allem, wie sich diese zur Archetypenlehre verhält, was Konsequenzen für die klinische Arbeit hat; zu dieser Haltung gehört c) die mangelnde Bereitschaft oder gar der Widerstand, die eigenen Theorien (weil sie als innere Wahrheit angesehen werden) durch die Konfrontation mit Erkenntnissen aus anderen Disziplinen zu überprüfen, was d) zur Folge hat, dass sowohl die Methode der Erkenntnisgewinnung als auch die daraus resultierenden Theorien unwissenschaftlich werden. Infolgedessen ist es, zumindest aus meiner Sicht, kein Wunder, dass die jungianische Psychologie von der akademischen Psychologie mehr oder weniger ignoriert wurde, was von Jungianern oft als böser Wille interpretiert wird.

Es geht mir hier nicht darum, Jung als Person in den Mittelpunkt zu stellen, denn wie jeder andere Mensch, war er inneren Widersprüchen, Konflikten, Ambivalenzen und blinden Flecken unterworfen. Diese Aspekte sind nur insofern relevant, als sie sich auf die Theoriebildung in der AP auswirken, mit Konsequenzen bis in die Gegenwart. Dies muss aufgrund der oben erwähnten Tendenzen, Jung als Person zu idealisieren, noch stärker thematisiert werden. Das zeigt sich z. B. daran, dass wir uns im Vergleich zur Freud'schen Psychoanalyse immer noch mehr mit der Person Jung beschäftigen als mit seiner Theorie. Es ist in jungianischen Kreisen eigentlich nicht üblich, von der jungianischen Psychologie als einer wissenschaftlichen Theorie zu sprechen. Es wäre jedoch wichtig, Jungs Werk als eine Zusammenstellung von wissenschaftlichen Konzepten und Ideen zu sehen, die im Allgemeinen kritisiert werden können. Das heißt, wir müssen unterscheiden zwischen der Person und ihren vermuteten Intentionen auf der einen Seite und theoretischen Elementen, Schemata und Denkfiguren, die objektiv in Jungs Arbeiten zu finden sind. In der Tat hat es in den letzten Jahren eine ausführliche Diskussion über die Grundlagen von Jungs Denken und seinen Konzepten gegeben, aber es scheint mir, dass die Reichweite dieser Diskussionen in der internationalen jungianischen Community nicht überschätzt werden sollte. Zumindest für den deutschsprachigen Raum kann ich sagen, dass Veröffentlichungen zu jungianischen Konzepten die zeitgenössischen Erkenntnisse in den einschlägigen Disziplinen häufig nicht berücksichtigen und die Lehre an den Instituten sich oft auf sehr klassische Positionen ohne Bezug zu neueren Entwicklungen beschränkt; und aus meinen Erfahrungen mit der Lehre in anderen Ländern habe ich oft den Eindruck gewonnen, dass die Situation dort noch schlimmer ist.

Die problematische Situation in der AP gipfelt in der Archetypentheorie. Das vorliegende Buch basiert auf einer von der IAAP finanzierten Studie. In einem ersten Schritt wurde eine Umfrage unter Experten der Archetypentheorie durchgeführt, in der sie gebeten wurden, Antworten auf Fragen zur Definition des Begriffs, zu Erklärungstheorien darüber, wie Archetypen entstehen, ob sie als universell angesehen werden usw. zu geben. Die Ergebnisse bestätigen, dass eine konsensuale Definition fehlt; es wurde eine Vielzahl unterschiedlicher Definitionen und Erklärungen von Archetypen vorgestellt, die größtenteils unvereinbar sind (Roesler 2022).[4]

Das Fehlen einer konsensualen Definition für den Begriff Archetyp stellt für die AP ein großes Problem dar. Ich werde an dieser Stelle nicht versuchen, diese Definition zu geben. In meinem Buch *Das Archetypenkonzept C. G. Jungs* (Roesler 2016) habe ich zusammengefasst, was man als klassische Position in der jungianischen Psychologie bezeichnen könnte. Obwohl ich in dieser früheren Veröffentlichung auf einige Widersprüche und Probleme in Jungs Arbeiten über den Archetyp hingewiesen habe, konzentriert sie sich auf die Entwicklung des Konzepts im Mainstream der jungianischen Psychologie sowie auf die Anwendungen. Im Folgenden werde ich mich auf dieses frühere Buch beziehen, wenn ich auf Definitionen, Konzepte

---

4 Der vollständige Bericht enthält detaillierte Daten und Erkenntnisse sowie ergänzendes Material (zu finden unter: https://iaap.org/resources/research/).

und Beispiele aus der klassischen Sichtweise hinweise. Im Gegensatz zu dieser früheren Arbeit wurden in der vorliegenden Untersuchung Jungs Vorstellungen über den Archetyp im Sinne einer historisch-kritischen Analyse (in der Tradition von Michel Foucaults Diskursanalyse) in seinen Werken nachgegangen. Ziel ist es, die Denkfiguren zu rekonstruieren, die Jungs Theorien rund um den Begriff Archetyp inhärent sind. Diese Analyse stützt sich auf Jungs eigene Aussagen im Gesamtwerk sowie in anderen Publikationen (z. B. »Erinnerungen, Träume, Gedanken«). Ich werde zeigen, dass sich diese Denkfiguren im Mainstream von AP bis zum heutigen Tag fortsetzen. Im Anschluss an diese theoretische Rekonstruktion – die in gewissem Sinne auch eine Dekonstruktion ist – werden die Hintergründe anhand einflussreicher Theorien und Autoren veranschaulicht, die für die Entwicklung von Jungs Denken von Bedeutung waren.

In diesem Zusammenhang dürfte es interessant sein zu wissen, dass ein Forscherteam der Universität Wien seit 2012 eine historisch-kritische Sigmund-Freud-Edition erarbeitet, die bereits einige Erkenntnisse über die Entstehung zentraler Konzepte von Freuds Psychoanalyse hervorgebracht hat (Diercks & Skale 2021). Diese historisch-kritische Methode wurde erstmals auf die Werke Nietzsches angewandt (Colli/Montinari 1967 ff.), kürzlich auf die kritische Edition der Werke Heideggers. Ich denke, dass eine solche historisch-kritische Untersuchung der Werke von Jung, die auch einen kritischen Kommentar dazu enthält, wie die Texte entstanden sind, was die Einflüsse waren usw., dringend erforderlich ist (kurz vor Drucklegung wurde der Autor informiert, dass die Philemon Foundation unter der Leitung von Sonu Shamdasani eine Neuausgabe der Werke Jungs unter dem Titel *Complete works of C. G. Jung* plant, die zum einen zahlreiche bislang unveröffentlichte Texte von Jung enthalten wird und zum anderen eine ebensolche historisch-kritische Kommentierung). Die hier vorgestellte Untersuchung versucht, eine solche Analyse mit besonderem Augenmerk auf die Archetypenlehre zu liefern. Nachfolgend werden die Kritik an dieser Theorie und die dem Konzept innewohnenden Probleme zusammengefasst, sowohl von innerhalb als auch außerhalb der AP.

Als eine wichtige Schlussfolgerung aus dieser Analyse werde ich zeigen, dass Jungs Theorie der Archetypen eigentlich vier verschiedene Theorien innewohnen, die in Jungs Schriften miteinander verwechselt werden, und diese Verwirrung kann als Erklärung für viele der oben skizzierten Probleme dienen. Als Schritt zur Klärung des Konzepts empfehle ich daher, diese vier Theorien voneinander zu unterscheiden, da sie sich mit unterschiedlichen Wissensgebieten befassen. Jung hat zeitlebens versucht, diese vier Theorien zu einer kohärenten theoretischen Darstellung zusammenzufügen, was, wie ich noch zeigen werde, unmöglich und der Grund für den problematischen Zustand der Archetypenlehre ist, mit dem wir heute konfrontiert sind. Diese Theorien bei Jung machen Aussagen und Behauptungen, die sich auf die Bereiche Biologie, Anthropologie, Religionsgeschichte, Paläoanthropologie und vergleichende Mythologie beziehen. In den folgenden Kapiteln werde ich mich also ausführlich mit diesen Disziplinen befassen, versuchen, den Stand der Debatte in der jeweiligen Disziplin zusammenzufassen und den Aussagen und Behauptungen der Archetypenlehre gegenüberzustellen. Am Ende jedes Kapitels fasse ich die Schlussfolgerungen zusammen, die sich aus dieser Gegenüberstellung ergeben haben. Generell lässt sich feststellen, dass große Teile der klassischen Archetypenlehre als widerlegt angesehen werden müssen, da sie nicht mit den Erkenntnissen der jeweiligen Disziplinen übereinstimmen. Im abschließenden Kapitel werde ich aufzeigen, was von der Archetypentheorie bestehen bleiben wird, sowie Richtungen für zukünftige Forschungen in der AP.

2 Definitionen des »Archetyps«

In diesem Kapitel werde ich einen Überblick über die Definitionen des Begriffs Archetyp geben, wie sie in den letzten Jahrzehnten in der AP dargestellt wurden. Ziel ist es, zu zeigen, dass es keinen Konsens über die Definition dieses zentralsten Konzepts gibt, was sich auch in der erwähnten Umfrage (Roesler 2022) gezeigt hat.

Historisch gesehen gibt es in der AP eine starke Tradition, dass Autoren Jungs Argumentation folgen, indem sie Archetypen als in der Biologie verwurzelt betrachten, dass es sich um Instinkte oder Verhaltensmuster handelt – eine Sichtweise, die oft mit der Vorstellung verbunden ist, dass Archetypen genetisch übertragen werden. Ein herausragender Vertreter dieser Sichtweise ist sicherlich Anthony Stevens, der Jungs Theorien um den Archetyp mit seinem Konzept der evolutionären Psychiatrie verknüpfte (Stevens 1983, 2003). Gordon (1985) liefert eine umfassende Darstellung dieses Standpunkts, während er Jungs biologischen Standpunkt vollständig übernimmt, obwohl er auf die Verwirrung hinweist, die Jung durch seine beiläufige Verwendung von Begriffen geschaffen hat:

> »There is frequently a confusion between the first three mental functions – archetype, image and symbol – and Jung himself has often been guilty of encouraging such confusion, at least as far as his casual use of these terms is concerned.« (S. 120)

Humbert (1988) skizziert die interessante Idee, dass Jung auf eine Idee hindeutete, die zu Jungs Zeit noch nicht verfügbar war; das Konzept der Information, während gleichzeitig Jungs Auffassung übernommen wird, dass Archetypen angeboren sind:

> »[…] archetypes condition, orient, and support the formation of the individual psyche according to a plan that is inherent to them; […] the archetypes are inscribed in the body in the same way that all organs of information are inscribed in living matter. This implies, among other things, that archetypes are genetically transmitted.« (S. 101)

Ich möchte auch eine Definition von Michael Fordham (1976) hinzufügen, die nicht wirklich von Jungs Vorstellungen abweicht, sondern das Konzept des Archetyps auf die Entwicklung des Kindes erweitert:

> »[…] the archetypes are unconscious entities having two poles, the one expressing itself in instinctual impulses and drives, the other in spiritual forms. […] Transferring this idea to childhood and starting from the spiritual components, the theory of archetypes means that a predisposition exists in the child to develop archaic ideas, feelings and fantasies without their being implanted in him or without his introjecting them.« (S. 5)

Daryl Sharp (1991) liefert in *Jung Lexicon* eine Definition, die sich eng an alle relevanten Ideen in Jungs Werken anlehnt. Nancy Kriegers (2019) Versuch, eine gewisse Ordnung zu schaffen, ist ein jüngeres Beispiel für eine Autorin, die sich eng an Jungs klassische Definitionen hält und Jungs unterschiedliche Argumentationen rund um den Begriff in zeitgenössischen Publikationen unkritisch übernimmt. Im Vergleich dazu ist die Definition von Patricia Berry (o. D.), die auf der Website der IAAP (https://iaap.org/archetype-2/) abrufbar ist, in den aufgestellten Behauptungen viel vorsichtiger.

Die genannten Definitionen versuchen, Jungs Aussagen und Standpunkte zu verteidigen. In meinem ersten Buch (Roesler 2016) habe ich versucht, einen umfassenden Überblick über diese klassische Position in der Archetypentheorie und ihre Entwicklungen in der Debatte innerhalb der AP zu geben. Im Gegensatz dazu eine postjungianische Definition von Andrew Samuels (1990):

> »Archetypal theory has also been rethought. A radical change has taken place in what we require of an image before we call it archetypal. Archetypal images no longer have to be large, impressive, or decorous; **what is archetype is to be found in the eye of the beholder and not in a particular image itself.**« (S. 295, Hervorhebung C. Roesler)

Im Gegensatz dazu versuchte George Hogenson (2009), nicht zu weit von Jungs ursprünglichen Definitionen abzuweichen und eine gewisse Verbindung zur Biologie und den Verhaltenswissenschaften zu bewahren; er schlug daher vor, den Archetyp als »elementary action pattern« zu verstehen (S. 325). Hogenson spielte eine wichtige Rolle bei der Entwicklung der emergentistischen Position in der Archetypentheorie (▶ Kap. 5). Pietikainen (1998) empfahl eine radikale Abkehr von der Diskussion über die Angeborenheit und schlug vor, dass Archetypen mit Hilfe von Cassirers Ansatz als »culturally determined functionary forms, organizing and structuring certain aspects of man's cultural activity« (S. 325) verstanden werden könnten. Van Meurs (1990) gibt einen Überblick über die Verwendung des Begriffs Archetyp in der Literaturkritik, betont allerdings, dass dieser hier ausschließlich als ein literarisches Konzept verstanden wird, welches z. B. verschiedene Gedichte miteinander verbindet. Eine Perspektive aus der Objektbeziehungstheorie versteht Archetypen als eine vorgeformte Fähigkeit in der Psyche, reale Objekte (hier: emotional bedeutsame Bezugspersonen) in Übereinstimmung mit bestimmten Formen und Mustern in der üblicherweise zu erwartenden Umwelt zu erkennen – sie dienen also zur Gestaltung von Objektbeziehungen (Papadopoulos 1992b, S. 197).

Um einen Überblick über die Definitionen zu erhalten, die derzeit in der AP zirkulieren, wurde im Rahmen des Forschungsprojekts eine systematische Befragung durchgeführt. In dieser Umfrage (Roesler 2022) wurden Experten der jungianischen Psychologie, die zur Archetypentheorie publiziert haben, gebeten, kurze Texte zur Definition des Begriffs Archetyp zur Verfügung zu stellen. Diese Definitionen sind um wiederkehrende Themen oder Konzepte der Archetypentheorie gruppiert (s. Forschungsbericht für ausführliche Informationen, Roesler 2021, 2016):

- Archetypen seien sehr grundlegende, typische Muster, Veranlagungen und Fähigkeiten, die allen Menschen gemeinsam/universell sind; häufig wird auf kulturübergreifende Ähnlichkeiten in Kunst, Religion, Ritualen und sozialen Praktiken, die als »Beweis« dienen, oder auf das Konzept der anthropologischen Universalien verwiesen

- Archetypen seien eng mit biologischen Argumentationen und/oder Ethologie/Verhaltensbiologie verknüpft sind, wobei die Definition von Archetypen als Instinkte/pattern of behavior, als angeboren, als genetisch vererbt usw. beibehalten wird
- Archetypen sind inhaltslose Formen, die die menschliche Wahrnehmung zu bestimmten Bildern und Vorstellungen, aber auch zu Verhaltensmustern formen
- Definitionen, die die letzte Konzeptualisierung einschließen, aber einen Blickwinkel der Systemtheorie hinzufügen, der den Aspekt der Selbstorganisation der Psyche sowie die Wechselwirkung von individuellen und Umweltfaktoren betont
- Definitionen, die mit sehr formalen, z. B. mathematischen oder probabilistischen Merkmalen argumentieren; in einigen Fällen beziehen sie sich auf Ideen im Zusammenhang mit dem Pauli-Jung-Dialog
- Philosophische Konzeptualisierungen: Archetypen sind formale Kategorien, die a priori gegeben sind und die Grundlage für die menschliche Wahrnehmung und das menschliche Handeln bilden; häufig nehmen diese Definitionen Bezug auf die aristotelische Metaphysik, auf kantische Kategorien oder platonische Ideen
- Transzendentale Konzeptualisierungen im weitesten Sinne
- Eine Kategorie von Argumentationen, die die Grenzen des Wissens über Archetypen stark betonen, die Qualität des Nichtwissens hervorheben usw.

Aus der Analyse der Beiträge der jungianischen Experten lässt sich eine allgemeine Schlussfolgerung ziehen: Es gibt definitiv keinen Konsens darüber, wie der Begriff des Archetyps zu definieren ist, sondern eine große Vielfalt von Standpunkten, die eine große Bandbreite unterschiedlicher und in gewisser Weise auch inkompatibler erkenntnistheoretischer Sichtweisen repräsentiert. Ein weiterer allgemeiner Befund ist, dass sie alle Denkansätze oder Argumentationsfiguren aufgreifen oder darauf verweisen, die bereits bei Jung zu finden sind. Daher wird sich die Analyse im nächsten Schritt den Originaltexten von Jung zuwenden und der Frage nachgehen, wie er den Begriff Archetyp definiert oder theoretisiert.

3 Die Theorie der Archetypen in Jungs Werken

1912 veröffentlichte Jung *Wandlungen und Symbole der Libido* (später revidiert als *Symbole der Wandlung; GW 5*), in der er die Phantasien einer jungen Frau untersucht und diese erstmals anhand von sogenannten archetypischen Mustern beschreibt. Dies war auch der Punkt, an dem er sich deutlich von Freuds Psychoanalyse entfernte und begann, seine eigene AP zu bilden. Hier zeigt sich, wie grundlegend der Begriff des Archetyps in der AP ist. In dieser Publikation untersucht Jung die Parallelen zwischen den Phantasiebildern einer jungen Frau und mythologischen Themen, z. B. dem Heldenmythos. Seine erste Verwendung des Begriffs Archetypus kann auf 1919 datiert werden:

> »Auf dieser tiefen Ebene finden wir die a priori, angeborenen Formen der Intuition, nämlich die Archetypen der Wahrnehmung und Erkenntnis, die die notwendigen a priori Determinanten aller mentalen Prozesse sind« (Jung 1919, GW 9/I).[5]

Davor und synonym dazu verwendet Jung in seinen Werken auch den Begriff Bild, Urbild oder primordiales Bild; andere von Jung verwendete Begriffe sind: »symbolische Formen« (Jung 1921/1971, 625); »strukturelle Dominanten« (Jung 1942/1948, 222).

In den *Definitionen* von 1921 bezieht sich Jung unter der Überschrift *Bild* (GW 6, 759–773) auf den Begriff Archetypus, was ein Phantasiebild bedeutet, das Produkt unbewusster Phantasietätigkeit. Diese Phantasiebilder haben einen archaischen Charakter. Dieses Bild ist ein konzentrierter Ausdruck der gesamten psychischen Situation, nicht nur der unbewussten Inhalte, sondern auch derjenigen, die gerade konstelliert sind. Die Konstellation kommt durch die Aktivität des Unbewussten selbst zustande, die durch die aktuelle Bewusstseinssituation angeregt wird. Archaische Bilder haben eine auffällige Ähnlichkeit zu mythologischen Motiven, welche daher als kollektives Unbewusstes bezeichnet werden.

> »Das urtümliche Bewußtsein, das ich auch als ›Archetypus‹ bezeichnet habe, ist immer kollektiv, d. h. es ist mindestens ganzen Völkern oder Zeiten gemeinsam. Wahrscheinlich sind die hauptsächlichsten mythologischen Motive allen Rassen und Zeiten gemeinsam; so konnte ich eine Reihe von Motiven der griechischen Mythologie in den Träumen und Phantasien von geisteskranken reinrassigen Negern nachweisen. Von einem naturwissenschaftlich-kausalen Gesichtspunkt aus kann man das urtümliche Bild als einen mnemischen Niederschlag, ein Engramm (SEMON) auffassen, das durch Verdichtung unzähliger, einander ähnlicher Vorgänge entstanden ist. In dieser Sicht ist es ein Niederschlag und damit eine typische Grundform eines gewissen, immer wiederkehrenden seelischen Erlebens. […]

---

5 Einige der Zitate aus Jungs Gesammelten Werken in diesem Kapitel werden unter verschiedenen Überschriften wiederholt, da sie verschiedene Elemente von Jungs Theorie der Archetypen veranschaulichen können.

Unter diesem Gesichtspunkt ist es ein psychischer Ausdruck einer physiologisch-anatomisch bestimmten Anlage.« (GW 6, 764–765)

Jung führt aus, dass die Form dieser psychologischen Bilder nicht einfach das Ergebnis der Beobachtung von Naturvorgängen sein kann, z. B. des Auf- und Untergangs von Sonne und Mond. Dies könne nicht die allegorisch-symbolische Verwendung dieser Bilder erklären. Andererseits macht er, wie im obigen Zitat, deutlich, dass er die Archetypen als durch immer wiederkehrende Erfahrungen der frühen Menschen, durch typische Erfahrungen der Menschheit, geformt sieht. Allerdings handelt es sich nach Jung nicht um Erfahrungen in der Außenwelt, sondern vielmehr in der Innenwelt der Psyche, die nur durch äußere Ereignisse aktiviert werden kann. Die Archetypen geben also ein Bild der inneren Welt des Menschen und nicht seiner Umwelt. Darüber hinaus plädiert Jung für eine biologische und erbliche Grundlage der Archetypen. Wir werden sehen, dass es bei Jung unterschiedliche Argumentationslinien zu dieser biologischen Grundlage gibt. Eine davon ist die Vorstellung, dass die interindividuelle und interkulturelle Ähnlichkeit archetypischer Muster durch die allen Menschen gemeinsame, ähnliche Gehirnstruktur zustande kommt (GW 6, 765). Das Urbild ist also die Voraussetzung dafür, dass Beobachtungen in der Natur und ihre Wahrnehmung ihre Ordnung erhalten. Das Urbild ist auch die Voraussetzung für Ideen, es übernimmt in seiner Erscheinung als Symbol die Aufgabe, undifferenzierte Wahrnehmungen und psychische Zustände mit Emotionen zu verbinden, ist also ein Vermittler.

> »Das urtümliche Bild [...] ist ein eigener lebender Organismus, ›mit Zeugungskraft begabt‹, denn das urtümliche Bild ist eine vererbte Organisation der psychischen Energie, ein festes System welches nicht nur Ausdruck, sondern auch Möglichkeit des Ablaufes des energetischen Prozesses ist. Es charakterisiert einerseits die Art, wie der energetische Prozeß seit Urzeit immer wieder in derselben Weise abgelaufen ist, und ermöglicht zugleich auch immer wieder den gesetzesmäßigen Ablauf, indem es eine Apprehension oder psychische Erfassung von Situationen in solcher Art ermöglicht [...]. Diese Apprehension der gegebenen Situation wird durch das a priori vorhandene Bild gewährleistet.« (GW 6, 773)

Was sich bereits aus diesem frühen Text deutlich ableiten lässt, sind die Umrisse des Begriffs und die zentralen Elemente von Jungs Theorien rund um den Begriff der Archetypen. Ich würde sogar behaupten, dass die Hauptelemente des Konzepts schon lange vorher in Jungs Denken vorhanden waren. Sie finden sich in *Symbole der Wandlung* und wurden dann durch seine eigenen Erfahrungen während seiner Krise nach dem Bruch mit Freud bestätigt. Diese Elemente sind:

- die apriorische Natur von Archetypen, was bedeutet, dass sie dem menschlichen Verstand gegeben werden, bevor es irgendwelche Erfahrungen gibt
- sie sind völlig unbewusst und waren nie bewusst, waren also nie ein Element des bewussten Erlebens (in starkem Gegensatz zu Freuds Vorstellung, der davon ausging, dass unbewusstes Material hauptsächlich aus ehemals bewussten Erfahrungen besteht, die dann verdrängt wurden, mit Ausnahme der sogenannten Urphantasien)
- sie sind Organisatoren der Wahrnehmung und verantwortlich für die Bildung von Ideen und psychischen Bildern (GW 8, 403)
- sie erscheinen zuerst und vor allem als Bilder

- sie sind kollektiv, also über alle Zeiten, Epochen und Völker hinweg ähnlich
- sie verbinden den modernen Menschen mit archaischen Menschen in der Vorgeschichte und mit der Naturgeschichte im Allgemeinen
- sie kanalisieren Emotionen und psychische Energie
- sie haben eine biologische Grundlage und sind in gewisser Weise mit den Instinkten von Tieren vergleichbar

> »Der Archetypus ist reine, unverfälschte Natur, und es ist die Natur, die den Menschen veranlaßt, Worte zu sprechen und Handlungen auszuführen, deren Sinn ihm unbewußt ist, und zwar so unbewußt, daß er nicht einmal darüber denkt. [...] Angesichts der Ergebnisse der modernen Psychologie kann kein Zweifel mehr darüber walten, daß es vorbewußte Archetypen gibt, die nie bewußt waren und indirekt nur durch ihre Wirkungen auf die Bewußtseinsinhalte festgestellt werden können. Es besteht meines Erachtens kein haltbarer Grund gegen die Annahme, daß alle psychischen Funktionen, die uns heute als bewußt erscheinen, einmal unbewußt waren und doch annähernd so wirkten, wie wenn sie bewußt gewesen wären. Man könnte auch sagen, daß alles, was der Mensch an psychischen Phänomenen hervorbringt, schon vorher in naturhafter Unbewußtheit vorhanden war.« (GW 8, 412)

Dieses Zitat fügt den Grundzügen von Jungs Archetyp-Konzept zwei weitere Elemente hinzu: Jung geht davon aus, dass der Primärzustand der Psyche unbewusst ist, was bedeutet, dass sich im Laufe der Entwicklung das Bewusstsein aus einem allgemeinen Primärzustand des Unbewussten entwickelt. Andererseits gibt es die Vorstellung, dass dieses kollektive Unbewusste, das die Archetypen enthält, eine bestimmte Richtung, ein Ziel oder sogar eine Absicht hat (s.u.).

Das vielleicht wichtigste Merkmal von Jungs Konzept der Archetypen ist ihre *Universalität*, was bedeutet, dass sie von allen Menschen geteilt werden, unabhängig von Zeit und Ort (GW 9/I, 273). Dieser Gedanke ist für Jungs Argumentation insofern von großer Bedeutung, als sie bei jedem Individuum zu einem bestimmten Zeitpunkt spontan wieder auftauchen können, nämlich im Falle der Psychopathologie. Daran anknüpfend ist es für sein Konzept des psychotherapeutischen Prozesses von großer Bedeutung, weil es von der Annahme ausgeht, dass der Prozess von Archetypen geleitet wird. Jung setzt auf die Existenz und Verfügbarkeit aller Archetypen in jedem Menschen. Der Aspekt der Universalität ist auch für Jungs Erklärung von Ähnlichkeiten in kulturellen Gewohnheiten, Mythologien und religiösen Vorstellungen von Bedeutung.

> »Das kollektive Unbewußte entwickelt sich nicht individuell, sondern wird ererbt. Es besteht aus präexistenten Formen, Archetypen, die erst sekundär bewußtwerden können und den Inhalten des Bewußtseins festumrissene Form verleihen.« (GW 9/I, 90)

Grundlegend für Jungs Konzept ist die Vorstellung, dass sich Archetypen in der Vorgeschichte des Menschen entwickelt haben, daher ihr archaischer Charakter (*Arche*-Typ). Sie sind ein Erbe, das aus früheren Zeiten auf uns moderne Menschen übergegangen ist (GW 7, 104): »die unveränderliche Struktur einer psychischen Welt« (GW 9/I, 451). In gewisser Weise sind sie unsere archaische Natur und verbinden uns mit unseren Vorfahren in der Vorgeschichte (GW 16, 254). Hier argumentiert Jung auch evolutionstheoretisch, so wie der Körper habe sich auch die Psyche über Jahrmillionen entwickelt und trägt deshalb immer noch archaische Spuren (GW 9/I, 348). Diese archaischen Muster werden von Jung als näher an der

Natur betrachtet. Das Vorhandensein von Archetypen, dem kollektiven Unbewussten, zu dem wir alle Zugang haben, ermöglicht es dem modernen Menschen, ein ganzheitliches Leben zu führen.

> »Er schlägt eine Brücke zwischen dem von Entwurzelung bedrohten Gegenwartbewußtsein und der naturhaften, unbewußt-instinktiven Ganzheit der Vorzeit«. (GW 9/I, 293; s. a. den Begriff Archaismus in GW 6, 754)

Es gibt bei Jung die Vorstellung, dass sich die Archetypen über Jahrtausende in der Vorgeschichte als Niederschlag von Erfahrungen des frühen Menschen gebildet haben, sie sind »Residuen oder [...] Engramme« (GW 7, 158) – daher: Arche-Typus (GW 18, 80).

> »[...] man annimmt, sie seien Niederschläge stets sich wiederholender Erfahrungen der Menschheit. [...] Der Archetypus ist eine Art Bereitschaft, immer wieder dieselben oder ähnliche mythische Vorstellungen zu reproduzieren« (GW 7, 109; s. a. Zitat oben S. 12, GW 6, 760; Jung & Meyer-Grass 2008, S. 162)

> »Es gibt so viele Archetypen, als es typische Situationen im Leben gibt. Endlose Wiederholung hat diese Erfahrungen in die psychische Konstitution eingeprägt [...]« (GW 9/I, 99)

Es ist bereits deutlich geworden, dass die *Angeborenheitsidee* von Archetypen für Jung zentral ist. In der ersten Publikation, in der er den Begriff »Archetypus« verwendete (Jung 1919), spricht Jung explizit von Archetypen als »den a priori *angeborenen* Formen der Intuition«. Fast in allen Fällen, in denen Jung den Begriff Archetyp definiert oder beschreibt, verweist er auf seine Überzeugung, dass sie angeboren sind. Jung geht davon aus, dass Archetypen den Instinkten ähnlich sind, sie bilden unsere instinktive Natur. Jung setzt seine Archetypen mit dem Begriff pattern of behavior aus der Ethologie gleich, den er auch synonym mit dem Begriff Instinkt verwendet. Bei Jung ist der Archetyp ein angeborenes Wahrnehmungs- und Verhaltensmuster, das die menschliche Wahrnehmung und Handlung beeinflusst und in ähnliche Formen bringt. Jung (1919, GW 8) detailliert in seinem Text *Instinkt und Unbewusstes* den Zusammenhang zwischen den Begriffen Archetyp und Instinkt: Er argumentiert, dass Instinkte typische Verhaltensformen sind. Überall dort, wo es ähnlich wiederholte Reaktionsformen gibt, kann dies als Instinkt bezeichnet werden (273). Während die Instinkte des Menschen ihn zu bestimmten menschlichen Verhaltensweisen motivieren, zwingen die Archetypen die Wahrnehmung der Außenwelt in spezifische menschliche Bilder und Konzepte. In diesem Sinne sind die Archetypen Determinanten der menschlichen Wahrnehmung (177). Es ist anzumerken, dass es einen Unterschied zwischen Jungs Theorien des Instinkts und des Archetyps gibt, auch wenn eine enge Korrelation besteht. Wie wir später sehen werden, verwendet Jung die Begriffe Instinkt/pattern of behavior und Archetyp synonym. In seinem Aufsatz von 1919 fasst Jung zusammen, dass jeder Mensch, ebenso wie er Instinkte hat, auch Urbilder/Archetypen hat. Das kollektive Unbewusste ist die Summe all ihrer Instinkte und deren Korrelate, der Archetypen (281).

> »Es handelt sich bei diesem Begriff, wie bekannt, nicht um eine ›vererbte Vorstellung‹, sondern um einen vererbten Modus der psychischen Funktion, also jene angeborene Art und Weise, nach der das Hühnchen aus dem Ei kommt, die Vögel ihre Nester bauen, [...] also um ein ›pattern of behaviour‹. Dieser Aspekt des Archetypus ist der biologische« (GW 18, 1228; s. a. GW 8, 404; GW 5, 158; GW 9/I, 136).

Eine wichtige Implikation dieser Perspektive ist die Sichtweise, dass der Mensch nicht als Tabula rasa/unbeschriebenes Blatt geboren wird, eine Annahme, die zu Jungs Zeit während des neu aufkommenden Behaviorismus sehr dominant war. Als Konsequenz aus diesem Glauben gibt es die wichtige Idee Jungs von einer Präformation der Psyche:

> »Der Mensch ist nämlich ›im Besitze‹ vieler Dinge, die er sich nie erworben, sondern die er von seinen Ahnen ererbt hat. Er wird ja nicht als tabula rasa, sondern bloß als unbewußt geboren. Er bringt aber spezifisch menschlich organisierte, funktionsbereite Systeme mit, welche er den Millionen Jahren menschlicher Entwicklung verdankt. [...] so bringt auch der Mensch bei seiner Geburt die Grundzeichnung seines Wesens und zwar nicht nur seiner individuellen, sondern auch seiner kollektiven Natur mit. Die ererbten Systeme entsprechen den seit der Urzeit prävalierenden menschlichen Situationen.« (GW 4, 728; s. a. GW 8, 435; GW 5, 224)

In Bezug auf die *Bedeutung des Archetyps* verwendet Jung etwas rätselhafte Beschreibungen über die Beziehungen zwischen Instinkt und Archetyp und wie sie sich in der Psyche manifestieren, z. B. dass das Bild die Bedeutung des Instinkts darstellt und der Archetyp die Selbstdarstellung der Instinkte in der Psyche ist (GW 8, 277).

> »Trieb und archaischer Modus koinzidieren im biologischen Begriff des pattern of behaviour. Es gibt nämlich keinen amorphen Trieb, indem jeder Trieb die Gestalt seiner Situation hat. Er erfüllt stets ein Bild, das feststehende Eigenschaften besitzt. [...] Ein solches Bild ist ein Typus apriorischer Natur. Er ist [...] eingeboren vor aller Betätigung, denn letztere kann überhaupt nur stattfinden, wenn ein entsprechend gestalteter Trieb Anlaß und Möglichkeit dazu gibt. Dieses Schema gilt für alle Triebe und ist in identischer Form in allen Individuen derselben Gattung vorhanden. Das gleiche gilt für den Menschen: er hat a priori Instinkttypen in sich, welche Anlaß und Vorlage seiner Tätigkeiten bilden, insofern er überhaupt instinktiv funktioniert. Als biologisches Wesen kann er überhaupt nicht anders als sich spezifisch menschlich verhalten und sein pattern of behaviour erfüllen. Damit sind den Möglichkeiten seiner Willkür enge Grenzen gesetzt, um so enger, je primitiver er ist und je mehr sein Bewußtsein von der Instinktsphäre abhängt. [...] Sie sind nämlich nicht nur Relikte oder noch vorhandene Reste früherer Funktionsweisen, sondern immer vorhandene, biologisch unerläßliche Regulatoren der Triebsphäre, deren Wirksamkeit sich durch den ganzen Bereich der Psyche erstreckt und erst dort ihre Unbedingtheit einbüßt, wo sie von der relativen Freiheit des Willens beschränkt wird. Das Bild stellt den Sinn des Triebes dar.« (GW 8, 398)

> »[...] daß die Archetypen die unbewußten Abbilder der Instinkte selbst sind; [...] sie stellen das Grundmuster instinkthaften Verhaltens dar.« (GW 9/I, 91)

So wie ich Jung hier verstehe, versucht er folgende Idee vorzubringen: Die Instinkte bei Tieren werden durch typische Signale oder Situationen aktiviert (Angeborener Auslösemechanismus/AAM in der Ethologie) und können als angemessene Reaktion auf diese Situation, als Anpassung an die Anforderungen der Umwelt angesehen werden – was eine sehr darwinistische Argumentationsform ist. Parallel zu diesen Instinkten bei Tieren sieht er die Archetypen beim Menschen als ein System, das den Menschen auf eine angemessene Reaktion auf eine bestimmte Situation in seiner Umwelt vorbereitet. Es handelt sich gewissermaßen um eine adaptive, ganzheitliche Form des Verhaltens im Einklang mit der Natur – wobei unter Natur sowohl die Anforderungen der Umwelt als auch die Anforderungen der eigenen Psyche verstanden werden können. Und anstelle des angeborenen Auslösemechanismus der Ethologie ging Jung davon aus, dass die Parallele im Archetypus ein Bild ist (GW 4, 728).[6]

Daher sind und erscheinen Archetypen in erster Linie als *Bilder* (GW 8, 440), Jung verwendete ursprünglich sogar den Begriff Bild anstelle von Archetyp (z. B. Definitionen, GW 6). Der oben skizzierte Gedanke, dass der Archetyp als Anpassung an bestimmte typische Situationen (mit denen der Mensch seit der Urgeschichte immer wieder konfrontiert wird) ein präformiertes Verhaltensmuster aktiviert, steht im Zusammenhang mit der *Idee eines Auslösemechanismus*, mit dem Jung wiederum eine Parallele zwischen dem Archetyp und dem Begriff des pattern of behavior herzustellen versucht:

> »Bei jedem Vorliegen einer Paniksituation – äußerer oder innerer Art – greifen die Archetypen ein und verhelfen dem Menschen dazu, in instinktiv angepaßter Weise zu reagieren, so wie wenn er die Situation schon immer gekannt hätte: er reagiert so, wie die Menschheit schon immer reagiert hat.« (GW 18, 368)

> »›Bild‹ drückt nicht nur die Form der auszuübenden Tätigkeit, sondern auch zugleich die typische Situation aus, in welcher die Tätigkeit ausgelöst wird.« (GW 9/I, 152; s. a. GW 10, 547)

Bei der Frage, wie die biologische Basis dieser archetypischen Muster spezifiziert werden kann, argumentiert Jung oft mit der identischen Gehirnstruktur, die allen Menschen gemeinsam ist: »Sie vererben sich mit der Hirnstruktur, ja, sie sind deren psychischer Aspekt.« (GW 10, 53; s. a. GW 6, 748; GW 7, 109)

Jung beschreibt »das kollektive Unbewusste« als psychische Inhalte, die **»nie im Bewusstsein [gewesen sind] und [...] somit nie individuell erworben [wurden]**, sondern [...] ihr Dasein ausschließlich der Vererbung [verdanken]« (GW 9/I, 88, Hervorhebung C. Roesler). Dies beschreibt die Bedeutung des Begriffs *a priori*, den Jung immer wieder verwendet, um die Archetypen zu charakterisieren. Im Allgemeinen bedeutet dies, dass Archetypen vorhanden sind, bevor es eine persönliche Erfahrung gibt, die den Geist prägen könnte. In diesem Sinne sind Archetypen von Erfahrungen unberührt, sie verändern sich nicht durch Erfahrungen und, was am bedeutsamsten ist, sie sind in erster Linie unbewusst und waren noch nie bewusst (GW 9/I, 265): »[...] daß er seine Existenz nicht persönlicher Erfahrung verdankt und daher keine persönliche Erwerbung ist.« (GW 9/I, 88, auch 451; GW 8, 311)

> »[...] wurden typische Mythologeme gerade bei Individuen beobachtet, wo dergleichen Kenntnisse ausgeschlossen waren. Solche Ergebnisse nötigten zur Annahme, daß es sich um ›autochthone‹ Wiederentstehungen jenseits aller Tradition handeln müsse, mithin um das Vorhandensein von ›mythenbildenden‹ Strukturelementen der unbewußten Psyche.« (GW 9/I, 259, auch 262)

Die Idee der autochthonen Wiederentstehung archetypischer Elemente ist für Jungs Psychologie absolut entscheidend: »[...] sie können spontan, zu jeder Zeit, an jedem Ort und ohne äußeren Einfluss wieder auftauchen.« (GW 9/I, 153), »welche durch keine Übermittlung von außen beinflußt ist« (GW 9/I, 153), da seine psychothera-

---

6 »Die Form und die Bedeutung der Instinkte sind in den Bildern der Archetypen dargestellt« (von Franz 1980, S. 81).

peutische Methode auf der Überzeugung beruht, dass diese Elemente im Laufe des psychotherapeutischen Prozesses in Form von Bildern im Klienten reaktiviert werden.

> »[...] daß es sich bei dieser Methode um die spontane [...] Manifestation eines an sich unbewußten Prozesses handelte, dem ich später den Namen ›Individuationsprozeß‹ gab.« (GW 8, 400)

Auf der anderen Seite findet Jung Belege für das Wirken – die autochthone Wiederbelebung – archetypischer Muster in den *kreativen Produktionen seiner Patienten*:

> »Das anfänglich chaotische Vielerlei der Bilder verdichtete sich im Laufe der Arbeit zu gewissen Motiven und Formelementen, welche sich in identischer oder analoger Gestalt bei den verschiedensten Individuen wiederholten [...]. Die Zentrierung bildet den in meiner Erfahrung nie überschrittenen Höhepunkt der Entwicklung, welcher sich als solcher dadurch charakterisiert, daß er mit dem praktisch größtmöglichen therapeutischen Effekt zusammenfällt. [...] Ich kann davon nur soviel sagen, daß es wohl kein Motiv irgendwelcher Mythologie gibt, das nicht gelegentlich in diesen Produkten auftaucht. Wenn überhaupt nennenswerte Kenntnisse mythologischer Motive bei meinen Patienten vorhanden waren, so wurden sie von den Einfällen der gestaltenden Phantasie bei weitem überboten. In der Regel waren die mythologischen Kenntnisse meiner Patienten minim.« (GW 8, 401)

Das Konzept der Archetypen entwickelte sich aus Jungs psychiatrischen Erfahrungen mit psychotischen Patienten und deren Phantasien in der Klinik Burghölzli. Er erlebte Fälle, in denen psychotische Patienten Phantasien entwickelten, die Parallelen zu Motiven aus der antiken Mythologie aufwiesen. Der wichtigste Fall in dieser Hinsicht ist der sogenannte »Sonnenphallus-Mann«, ein Patient im Burghölzli, der Jung von einem Phallus erzählte, der aus der Sonne kommt und den Wind erzeugt. Jung war darüber sehr erstaunt, da er gerade einen altägyptischen Text übersetzt hatte, der das gleiche Bild enthielt (GW 5, 158) – insofern gibt es einen engen Zusammenhang zwischen Archetypen und Psychopathologie.

> »Der Archetypus geht nicht etwa aus physischen Tatsachen hervor, sondern er schildert vielmehr, wie die Seele die physische Tatsache erlebt, wobei sie (die Seele) des öfteren dermaßen selbstherrlich verfährt, daß sie die tastbare Wirklichkeit leugnet und Behauptungen aufstellt, die der Wirklichkeit ins Gesicht schlagen.« (GW 9/I, 260)

Jung vermutete, dass hinter Psychose und Schizophrenie ein Durchbruch des kollektiven Unbewussten steckte, das als »archaische[...] Triebe, vergesellschaftet mit unverkennbar mythologischen Bildern« in Erscheinung tritt (GW 8, 281). Ein wichtiger Gedanke ist also, dass Archetypen die Phantasien und sogar die Symptome bei psychopathologischen Störungen, insbesondere bei Psychosen und allen Formen der Paranoia, prägen. Die Archetypentheorie war ursprünglich ein Versuch, die Bilderwelt der Psychose zu erklären, basierend auf Jungs und Bleulers innovativem Ansatz zur Behandlung der Schizophrenie, nämlich der Annahme, dass hinter diesen Phantasien ein Sinn steht und es für therapeutische Zwecke wichtig ist, Zugang zu einem Verständnis dieser Ideen und Bilder zu bekommen. Aber nicht nur in der Psychose dienen die Archetypen als Erklärungsmodell. Jung geht auch davon aus, dass Archetypen persönlichen Komplexen zugrunde liegen und diese begründen. Generell basiert Jungs Erklärungstheorie der Psychopathologie unter Verwendung des Archetypenkonzepts auf der Idee, dass die psychischen Störungen, insbesondere die psychotischen Störungen, mit einer mangelnden Abgrenzung des Bewusstseins vom kollektiven Unbewussten bzw. von archetypischen Kräften zu tun haben. Wenn das Bewusstsein nicht in der Lage ist, sich von den archetypischen Kräften abzugrenzen, wird es davon ergriffen, und die Phantasieproduktion wird von archetypischen Mustern beherrscht. Die Notwendigkeit, sich von den Archetypen abzugrenzen, ist nicht nur ein Thema in der Psychopathologie, sondern gilt für die gesamte menschliche Entwicklung. Die individuelle Entwicklung ist nach Jung mit der Vorstellung verknüpft, dass das Problem der Abgrenzung des Bewusstseins vom kollektiven Unbewussten auch auf der Ebene der Entwicklung der Menschheit aus prähistorischer Zeit zu finden ist – ein Konzept, das als *Homologie von Phylogenese und Ontogenese* bezeichnet wird (▶ Kap. 6). Konkret geht es um die Vorstellung eines entwicklungsgeschichtlich frühen Geisteszustandes (»*Primitivismus*«/*Archaismus*), in dem das Bewusstsein nicht zwischen den Produktionen der eigenen Innenwelt und den Erfahrungen in der äußeren, physischen Welt unterscheiden kann. Jung nennt dies *Identität*, ein Begriff, der von dem heutigen psychologischen Begriff Identität im Sinne eines Selbstkonzepts zu unterscheiden ist. Für Jung ist die Bedeutung mehr oder weniger gleichbedeutend mit Verschmelzung im Sinne einer Abwesenheit von Differenzierung. In diesem Geisteszustand kann die Person nicht über ihre innere Welt reflektieren; es gibt keine Beobachterposition in Bezug auf die innere Welt. Jung geht so weit zu behaupten, dass dieser »primitive« Gemütszustand im Allgemeinen bei, wie er es nennt, »primitiven Völkern« zu finden ist sowie bei bestimmten psychopathologischen Gemütszuständen des modernen Menschen, nämlich dann, wenn Projektionen von unbewussten Inhalten auftreten. Diese beiden werden in Jungs Theorie gleichgesetzt. Für diese Zustände bedient er sich des Begriffs Participation mystique von Lévy-Bruhl (1912), den er in seinen Werken 60-mal zitiert (z. B. GW 9/I, 226).

> »Unsere Mentalität ist noch so primitiv, daß sie erst in gewissen Funktionen und Gebieten sich aus der primären mystischen Identität mit dem Objekt befreit hat. Der Primitive hat, bei einem Minimum von Selbstbesinnung, ein Maximum von Bezogenheit aufs Objekt, das sogar einen direkt magischen Zwang auf ihn ausüben kann. Die ganze primitive Magie und Religion beruht auf diesen magischen Objektbeziehungen, welche in nichts anderem bestehen als in Projektionen unbewußter Inhalte ins Objekt. Aus diesem anfänglichen Identitätszustand hat sich allmählich die Selbstbesinnung entwickelt.« (GW 8, 516)

> »Die Bestimmtheit und Gerichtetheit der Bewußtseinsinhalte ist eine in der Stammesgeschichte erst sehr spät erworbene Eigenschaft, die z. B. beim heutigen Primitiven in höherem Maße fehlt. Ebenso ist sie vielfach durchbrochen beim Neurotischen, der sich dadurch vom Normalen insofern unterscheidet, als bei ihm die Bewußtseinsschwelle verschiebbarer oder, mit anderen Worten, die Scheidewand zwischen Bewußtsein und Unbewußtem durchlässiger ist. Der Psychotische vollends steht ganz unter dem direkten Einfluß des Unbewußten.« (GW 8, 134)

Obwohl Jung betont, dass er die Archetypen in der Biologie des Menschen verwurzelt sieht, was bedeutet, dass das menschliche Verhalten stark von instinktiven Mustern oder Energien gesteuert wird, ist das zentrale Thema seiner Psychologie die Frage, wie sich der Mensch aus diesen Beschränkungen heraus entwickeln und frei werden kann, um freie Entscheidungen zu treffen und ein bewusstes Leben zu führen. Dies ist, wie Jung es sieht, das Hauptziel des Individuationsprozesses sowie der Psychotherapie/Analyse: sich des Unbewussten und der archetypischen Faktoren, die die Persönlichkeit beeinflussen, bewusst zu werden und so den Geist davon zu befreien, nur etwas Natürliches zu sein. Deshalb nennt Jung Analyse und Individuation ein »opus contra naturam«. In diesem Sinne stimmt Jung Freud zu, dass wo Unbewusstes war, Bewusstsein sein soll.

> »[…] alles unbewußte Funktionieren den automatischen Instinktcharakter hat und daß Triebe […] infolge ihrer Zwanghaftigkeit unbeeinflußbar ablaufen, auch unter Bedingungen, welche für das Individuum unter Umständen lebensgefährlich sind. Demgegenüber ermöglicht das Bewußtsein geordnete Anpassungsleistungen, das heißt Triebhemmungen, und kann darum nicht vermißt werden.« (GW 8, 412; s. a. GW 9/I, 293; GW 6, 770; GW 8, 379, 386)

Eng verbunden mit der Idee eines »primitiven« Geisteszustandes, der nicht vom kollektiven Unbewussten unterschieden ist, gibt es die Vorstellung, dass die Archetypen hinter *kulturübergreifenden Ähnlichkeiten in Mustern, Überzeugungen, mythologischen Motiven* usw. stehen, wie sie in der Anthropologie zu finden sind – zumindest behauptet Jung, dass es solche Ähnlichkeiten gibt (z. B. GW 5, 419). Dies ist auf eine »ererbte Neigung des menschlichen Geistes, Darstellungen mythologischer Motive zu bilden« zurückzuführen (GW 8, 523, ebenso 402; GW 9/I, 89; GW 18, 80; s. o., GW 6, 760, und »autochthone Wiederentstehung« GW 9/I, 160 und 259–262).

> »Der Archetypus ist eine Art Bereitschaft, immer wieder dieselben oder ähnliche mythische Vorstellungen zu reproduzieren.« (GW 7, 109)

Für Jung ist der Begriff des Archetyps eng mit dem Begriff des Bildes verbunden, Archetypen treten in erster Linie als Bilder auf. Diese Bilder sind jedoch, wie er betont, nicht abstrakt, sondern mit Emotionen aufgeladen, was ihnen die Energie verleiht, die menschliche Phantasieproduktion und das Verhalten zu beeinflussen (GW 18, 257 u. 589; GW 9/II, 34; GW 9/I, 4). In diesem Zusammenhang verwendet er auch den Begriff numinos, um die starke emotionale Wirkung zu beschreiben, die Archetypen auf einen Menschen ausüben können, d. h. sowohl erschreckend (oder zumindest ehrfurchtgebietend) als auch faszinierend (tremendum et fascinosum). Man könnte sagen, dass Archetypen Kanäle für Emotionen oder psychische Energie im Allgemeinen sind, die der Energie eine bestimmte Form und Richtung geben.

> »Es wäre eine unverzeihliche Unterlassungssünde, sollte man den Gefühlswert des Archetypus übersehen. […] Als ein numinoser Faktor bestimmt der Archetypus die Art und den Ablauf der Gestaltung mit einem anscheinenden Vorwissen oder im apriorischen Besitze des Zieles, welches durch den Zentrierungsvorgang umschrieben wird.« (GW 8, 411)

In diesem Zusammenhang können Archetypen auch als *psychische Organe* betrachtet werden (GW 11, 845), was bedeutet, dass sie Teilseelen sind, die ihr eigenes Leben und ihre eigene Energie, wenn nicht sogar ein gewisses Maß an Intentionalität haben (GW 9/I, 271; GW 7, 104; GW 6, 754).

> »Archetypen waren und sind seelische Lebensmächte, welche ernst genommen sein wollen und auf die seltsamste Art auch dafür sorgen, daß sie zur Geltung kommen. Sie waren immer die Schutz- und Heilbringer, und ihre Verletzung hat die aus der Psychologie der Primitiven wohlbekannten ›perils of the soul‹ zur Folge. Sie sind nämlich auch die unfehlbaren Erreger neurotischer und sogar psychotischer Störungen, indem sie sich genau so verhalten wie vernachlässigte oder mißhandelte Körperorgane oder organische Funktionssysteme.« (GW 9/I, 266)

Da Archetypen starke Emotionen auslösen und mit dem Erleben des Gefühls der (von Jung in Anlehnung an Rudolf Otto sogenannten) Numinosität verbunden sind und somit »determinierende[] Wirkungen auf das Bewußtsein« haben (GW 9/I, 451), sind sie eng mit religiösen Gefühlen und Überzeugungen verbunden. Es wird angenommen, dass sie hinter der Entwicklung der *Religion* selbst stehen, wie im letzten Zitat oben, das impliziert, dass die Götter, die verehrt werden, die Archetypen selbst sind. In *Definitionen* (GW 7, 108) führt Jung als Beispiel die Vorstellung von Energetik bei den »Primitiven« an, die allgemeine Vorstellung von einer magischen Kraft; ebenso bei Wiedergeburt:

> »Alle das Übersinnliche betreffenden Aussagen sind im tiefsten Grund stets vom Archetypus bestimmt, sodaß es kein Wunder ist, wenn übereinstimmende Aussagen über die Wiedergeburt bei den verschiedensten Völkern angetroffen werden.« (GW 9/I, 207)

Der Kern dieses Effekts, der religiöse Gefühle wie auch die Religion selbst hervorruft, ist die Tatsache, dass Archetypen *Sinn* vermitteln, was ein zentraler Begriff in Jungs Psychologie ist. Die Archetypen sind für das psychische Leben wichtig, da sie den Menschen mit einem Sinn im Leben verbinden (GW 8, 415). Diese Idee ist bei Jung mit dem Konzept der psychischen Ganzheit als Ziel des Individuationsprozesses verbunden.

> »[…] Seine Numinosität hat häufig mystische Qualität und entsprechende Wirkung auf das Gemüt. Er mobilisiert philosophische und religiöse Anschauungen gerade bei Leuten, die sich himmelweit von solchen Schwächeanfällen wähnen. Er drängt oft mit unerhörter Leidenschaftlichkeit und unerbittlicher Konsequenz zu seinem Ziele und zieht das Subjekt in seinen Bann, den dieses trotz oft verzweifelter Gegenwehr nicht lösen kann und schließlich nicht mehr lösen will. Letzteres darum nicht, weil das Erlebnis eine bis dahin für unmöglich gehaltene Sinnerfülltheit mit sich bringt. […].« (GW 8, 405; ebenso GW 9/I, 62)

Der Archetyp hat sogar ein apriorisches Wissen von seinem Ziel, das den übernatürlichen Kräften nahekommt (GW 8, 388; GW 8, 411; GW 9/I, 68). In diesen Definitionen werden Archetypen als eigenständige, zielgerichtete Wesenheiten betrachtet, ähnlich wie Geister oder Götter. Dieser Gedanke ist für Jungs Psychologie ebenso wichtig wie rätselhaft. Er impliziert, dass es im Menschen neben dem Ich-Bewusstsein ein zusätzliches Bewusstsein, eine Weisheit oder Intentionalität gibt, die lange vor jeder bewussten Selbstreflexion das Ziel der Entwicklung des Menschen kennt. Dies führt zu dem Prozessgedanken, der den Kern der Archetypenlehre bildet.

Als Konsequenz auf die vor allem von Biologen geäußerte Kritik, dass seine biologische Konzeption der Archetypen nicht auf zeitgenössischen Erkenntnissen der Biologie basiere (▶ Kap. 5), führte Jung 1947 eine weitere Unterscheidung zwischen dem *Archetyp an sich*, der inhaltsleer ist, und seinen konkreten Erscheinungsformen ein. Er ist lediglich eine allgemeine Struktur, die Inhalte oder Informationen organisiert (GW 9/I, 6 und 155; GW 7, 101). Man könnte ihn auch als einen allgemeinen Attraktor bezeichnen. Um diesen Aspekt zu veranschaulichen, verwendet Jung die Struktur eines Kristalls (GW 9/I, 95).

> »Man muß sich stets bewußt bleiben, daß das, was wir mit ›Archetypus‹ meinen, an sich unanschaulich ist, aber Wirkungen hat, welche Veranschaulichungen, nämlich die archetypischen Vorstellungen, ermöglichen.« (GW 8, 417)

Ausgehend von dieser Unterscheidung wird deutlicher, dass Archetypen Faktoren sind, die Erfahrung, Wahrnehmung und auch innere Prozesse in bestimmte Formen bringen.

> »Es gibt so viele Archetypen, als es typische Situationen im Leben gibt. Endlose Wiederholung hat diese Erfahrungen in die psychische Konstitution eingeprägt, nicht in Form von Bildern, die von einem Inhalt erfüllt wären, sondern zunächst beinahe nur als Formen ohne Inhalt, welche bloß die Möglichkeit eines bestimmten Typus der Auffassung und des Handelns darstellen.« (GW 9/I, 99)

Im Gegensatz zu seinen Annahmen, dass mythologische Motive und religiöse Überzeugungen archetypisch sind, stellt Jung Bezüge zur *Philosophie* her, indem er davon ausgeht, dass Archetypen grundlegende Kategorien des menschlichen Denkens, der Vernunft und der Wahrnehmung sind. Hier knüpft Jung an eine Tradition der deutschen Philosophie an, die davon ausgeht, dass es apriorische Wahrnehmungskategorien gibt, und dass im menschlichen Geist universelle Formen vorhanden sind, die das menschliche Wahrnehmen und Denken prägen (GW 9/I, 90). Jung ist eindeutig von der Philosophie Kants beeinflusst, die ebenfalls betont, dass Zeit, Raum und Kausalität apriorische Formen der Apperzeption sind, die jeder tatsächlichen Erfahrung vorausgehen – Archetypen sind »den **kantischen Kategorien** ähnlich« (GW 10, 10, Hervorhebung C. Roesler; auch GW 9/I, 160; GW 11, 517–18). Dann wiederum zeigt sich Jung als ausgesprochener Platoniker und setzt sein Konzept der Archetypen mit den *Ideen Platons* gleich: »Archetypus ist eine erklärende Umschreibung des Platonischen εἶδος.« (GW 9/I, 5). Sie sind an keinem realen Ort, sondern in einer transzendentalen Sphäre angesiedelt: »[…] die ewigen Ideen sind Urbilder, die […] (an überirdischen Orten) als transzendente ewige Formen aufbewahrt sind« (GW 9/I, 68; auch GW 8, 388). Der wahre Archetyp ist dem Bewusstsein nicht zugänglich, sondern ist transzendentaler Natur.

> »Als ein numinoser Faktor bestimmt der Archetypus die Art und den Ablauf der Gestaltung mit einem anscheinenden Vorwissen oder im apriorischen Besitze des Zieles, welches durch den Zentrierungsvorgang umschrieben wird.« (GW 8, 411)

Es wird also deutlich, dass in Jungs Werken auch eine transzendentale Konzeptualisierung des Archetyps zu finden ist. In seiner Schrift Die Struktur der Seele (GW 8) befasst sich Jung mit der Ambiguität seines Archetypenkonzepts in dem Sinne, dass es einerseits eine materielle, wenn nicht biologische Basis hat und andererseits auf einer transzendentalen Sphäre angesiedelt ist. Die Lösung, die er findet, ist, dass Archetypen im Allgemeinen eine inhärente Struktur von Gegensätzen haben. Für den Archetyp im Allgemeinen bedeutet dies, dass der Archetyp auf der einen Seite der Polarität durch Materie/Körper/Instinkt gekennzeichnet ist, während er auf der anderen Seite der Polarität durch Geist gekennzeichnet ist (GW 8, 406). Insofern kann nicht eindeutig gesagt werden, dass der Archetypus psychisch ist (GW 8, 439); Jung prägt daher den Begriff psychoid, um diese dem Archetypus innewohnende Struktur von Gegensätzen zu beschreiben. Zur Verdeutlichung dieses Konzepts verwendet er das Spektrum des Lichts als Metapher, wobei das eine Ende durch Violett, das andere durch Infrarot gekennzeichnet ist (GW 8, 414). Dies bedeutet auch, dass jeder Archetyp eine Ganzheit in Bezug auf sein spezifisches Thema oder seinen Inhalt enthält (GW 9/II, 423–427).

3 Die Theorie der Archetypen in Jungs Werken

Diese Überlegungen resultieren in Jungs Idee, dass den Archetypen bzw. dem kollektiven Unbewussten eine Eigendynamik innewohnt, die als Prozess mit einem bestimmten Ziel beschrieben werden kann. Die Archetypen stellen eine Totalität oder ein Bild der Ganzheit der Persönlichkeit dar. Ihr Einfluss auf die Person lässt sich am ehesten dadurch charakterisieren, dass sie einen Entwicklungsprozess der Persönlichkeit hin zu Integration und größerer Ganzheitlichkeit in Gang setzen, als Individuation bezeichnet (GW 9/I, 490). Dieser Prozess führt zu einer Synthese von Bewusstem und Unbewusstem (GW 9/I, 297), als Lösung für die Spannung zwischen beiden.

> »[...] daß der Archetypus zwischen den unbebewußten Grundlagen und dem Bewußtsein gegensatzvereinigend vermittelt. Er schlägt eine Brücke zwischen dem von Entwurzelung bedrohten Gegenwartsbewußtsein und der naturhaften, unbewußt-instinktiven Ganzheit der Vorzeit.« (GW 9/I, 293)

Jung argumentiert, dass er die allgemeine Struktur dieses Prozesses gefunden hat, indem er die Bilder seiner Patienten untersucht hat:

> »Ich habe daher ein Traumbild oder einen Einfall des Patienten zum Anlaß genommen, ihm den Auftrag zu geben, diesen Vorwurf in freier Phantasietätigkeit auszubauen oder zu entwickeln. Dies konnte je nach individueller Neigung und Begabung in dramatischer, dialektischer, visueller, akustischer, tänzerischer, malerischer, zeichnerischer oder plastischer Form geschehen. Das Ergebnis dieser Technik war eine Unzahl komplizierter Gestaltungen, in deren Vielfalt ich mich jahrelang nicht auskannte, nämlich solange nicht, als ich nicht zu erkennen vermochte, daß es sich bei dieser Methode um die spontane, durch das technische Können des Patienten nur unterstützte Manifestation eines an sich unbewußten Prozesses handelte, dem ich später den Namen ›Individuationsprozeß‹ gab. [...] (GW 8, 400; s. a. GW 8, 401 und GW 8, 411)

In diesem letzten Zitat spezifiziert Jung den Prozess als Zentrierung. Hier muss der Archetyp des Selbst eingeführt werden, denn dieser Archetyp stellt nach Jung das transzendente Zentrum des Prozesses und der Persönlichkeit dar. Dieses Selbst stellt sowohl die Ganzheit als auch die individuelle Einzigartigkeit dar (GW 9/II, 257). Da das Selbst gleichzeitig Zentrum der Person sowie deren Gesamtheit ist, handelt es sich um eine paradoxe Beschreibung, die Jung dennoch bewusst vornimmt. Dies ist ein deutliches Beispiel dafür, dass Jung Archetypen als transzendent konzeptualisiert hat. Die Idee impliziert, dass im Unbewussten so etwas wie ein Bewusstsein, eine Absicht oder eine höhere Weisheit enthalten ist, die das Ziel hat, die Persönlichkeit zur Ganzheit zu führen (GW 7, 260). Im Laufe des Lebens eines Menschen kommt eine Bewegung aus dem Selbst, die die Person mit einer Reihe archetypischer Stadien konfrontiert.

> »Es gibt Typen von Situationen und solche von Figuren, die sich öfter und sinnentsprechend wiederholen. [...] So gibt es nicht nur typische Träume, sondern auch typische Motive in Träumen. Diese können [...] sich einer Reihe von Typen unterordnen lassen: die hauptsächlichsten sind [...] der Schatten, der Alte, das Kind (inklusive der Heldenjunge), die Mutter (›Urmutter‹ und ›Erdmutter‹) als übergeordnete Persönlichkeit (›dämonisch‹, weil übergeordnet) und ihr entsprechendes Gegenteil, das Mädchen, sodann die Anima beim Manne und der Animus bei der Frau.« (GW 9/I, 309)

Man könnte behaupten, dass Jungs Hauptinteresse bei der Etablierung seiner Psychologie darin bestand, etwas zu schaffen, das eine Karte dieses Transformationsprozesses in der Psychotherapie darstellt (zusammengefasst in GW 7). Deshalb bezog sich Jung auf die Alchemie, das Studium der Religionen und die Mythologie. Die Idee ist, dass die Archetypen, die den Prozess gestalten, auch in Form von mythologischen Motiven und Erzählungen in den Mythen und Märchen der Völker zum Ausdruck kommen (GW 9/I, 260). Wenn die Karte dieses Prozesses und seiner Stadien zur Verfügung stünde, könnten Elemente des Prozesses in dem von den Patienten in den Analysen gelieferten Material, z. B. in Träumen, entdeckt werden (z. B. GW 9/II, 208): »[...] jene Begriffe und Archetypen dargestellt, welche in sozusagen jeder tiefergehenden psychischen Behandlung sichtbar werden« (GW 9/II, 422). Jungs Hauptinteresse bei der Entwicklung seiner Psychologie war die detaillierte Beschreibung des Prozesses, den er Individuation nannte, und der verschiedenen Stadien dieses Prozesses, die spezifischen Archetypen entsprechen. Dies war auch der Grund für seine intensive Beschäftigung mit der *Alchemie*, da die Alchemisten versucht hatten, einen solchen Prozess der Transformation der Psyche in Metaphern chemischer Substanzen und ihrer Umwandlungen zu beschreiben (Hopcke 1989, S. 165; Edinger 1985). Generell lässt sich sagen, dass in Jungs Vorstellung vom Individuationsprozess die Archetypen eine Abfolge bilden, die am deutlichsten in *Die Beziehungen zwischen dem Ich und dem Unbewussten* (GW 7) beschrieben wird: Während sich das Ich zunächst mit der Persona identifiziert, muss es sich im Transformationsprozess mit dem Gegenstück, dem Schatten, auseinandersetzen. Ist dies gelungen, trifft das Ich auf Anima/Animus und muss eine Beziehung zum Unbewussten/zur Seele herstellen. Auf dem weiteren Weg trifft das Ich auf den alten Weisen und die große Mutter (die Mana-Persönlichkeiten), die den Archetyp des Selbst umgeben. Das göttliche Kind erscheint oft in Momenten, in denen Transformationsprozesse stattfinden, denn es symbolisiert die neue Hoffnung für die Zukunft. Der Trickster ist eine hilfreiche Figur, die manchmal durch Täuschung Aufgaben bewältigt, die das Ich nicht überwinden kann. Die Coniunctio steht in engem Zusammenhang mit der Verwirklichung des Selbst, die in mandalaähnlichen Figuren oder Symbolen der Ganzheit, der Vollendung usw. symbolisiert wird.

Ein weiteres Modell für den Individuationsprozess liefert das mythologische Muster der *Heldenreise*, ebenfalls eine Abfolge von Stufen. Eine systematische Darstellung dieser Abfolge fehlt jedoch in Jungs Werken. Dennoch findet sich der allgemeine Gedanke, dass der Heldenmythos hinter den Transformationsprozessen in der Psyche steht, in *Symbole der Wandlung* (GW 5) sowie in anderen, über die Gesammelten Werke verstreuten Texten. Die Idee wurde später von Joseph Campbell (1971) in seinem Werk *The hero with a thousand faces* gründlich ausgearbeitet. Attribute/Elemente in der Geschichte des Helden: die göttliche Geburt, der Abstieg in die Unterwelt, heldenhafte Handlungen, die er unternehmen muss, wie Kämpfe mit gefürchteten Ungeheuern oder gefährliche Aufgaben, die zu erfüllen sind, die Anwesenheit hilfreicher Gefährten, das Motiv der Niederlage, des Todes und der Wiedergeburt (s. ausf. Roesler 2016). Andererseits charakterisiert Jung den Prozess formaler als einen Zentrierungsprozess (GW 8, 401). Eine Reihe von Veröffentlichungen von Jung befasst sich mit der Veranschaulichung dieses Prozesses anhand von Fallmaterial (*Traumsymbole des Individuationsprozesses*, GW 12; *Die Empirie des Individuationsprozesses*, GW 9/I; *Die Psychologie der Übertragung*, GW 16).

In meinem Überblick über die klassische Archetypentheorie (Roesler 2016) habe ich eine Zusammenfassung jener Arbeiten gegeben, in denen sich Jung ausführlich mit den zentralen Archetypen (zu finden in GW 9) beschäftigt hat: Schatten, Anima und Animus, Selbst, die Große Mutter, der Vater, Puer, das göttliche Kind, Kore/das Mädchen, Held, der alte Weise, Trickster, coniunctio, Mandalas und Wiedergeburt. Es enthält auch eine detaillierte Beschreibung der klinischen Anwendungen dieses Prozessmodells.

Eine weit verbreitete Verwendung von Archetypen in der AP ist die Assoziation eines Bildes, Musters oder Symbols im Traum des Klienten mit einem Märchen oder einer anderen mythologischen Geschichte. Dies wird dann als Informationsmaterial für den weiteren Verlauf der Therapie genutzt. Der Grundgedanke ist, dass das Unbewusste des Klienten eine Verbindung zu einem umfassenderen archetypischen Muster herstellt, das in der mythologischen Geschichte in symbolischer Form zum Ausdruck kommt und zusätzliche Informationen (in Bezug auf die bewussten Informationen, die Klient und Therapeut haben) enthält, die für den therapeutischen Prozess hilfreich sind. In diesem Sinne sind Archetypen Träger von Informationen, die die psychologische Entwicklung fördern; Informationen, die per Definition nie bewusst waren. Der jungianische Therapeut geht davon aus, dass die Gesamtheit der archetypischen Informationen über das (kollektive) Unbewusste potenziell in jedem seiner Klienten zugänglich ist und unter geeigneten Umständen aktiviert werden kann. Das bedeutet, dass ein Konzept von universellen Archetypen für die AP notwendig ist, da wir mit der Existenz aller Archetypen in der Gesamtheit unserer Klientel rechnen. Wenn wir nicht damit rechnen könnten, könnten wir nicht so arbeiten, wie wir es tun. Dieser Aspekt der Archetypen ist der Kern dessen, was Jung mit dem Begriff Archetyp meinte, es ist der Kern der AP und ihrer klinischen Praxis.

Es ist wichtig zu beachten, dass die klassischen Archetypen, die Jung detailliert beschrieben hat, alle Stufen des Individuationsprozesses darstellen. Dies steht im Gegensatz z. B. zu einer kantischen Wahrnehmungskategorie, die ebenfalls als archetypisch beschrieben wird. Ein weiterer Widerspruch besteht darin, dass Jung den Archetypus als inhaltslose Form charakterisiert, während Begriffe wie die Anima in langen Texten und mit detaillierten Merkmalen beschrieben werden (z. B. GW 17, 338), die nicht inhaltslos genannt werden können. In der AP hat es auch eine ausführliche Debatte darüber gegeben, dass Jungs Charakterisierung des psychologisch männlichen und weiblichen stark von seinen patriarchalischen Ansichten beeinflusst ist, die keineswegs *ewig* sind (s. Roesler 2016 für eine Diskussion).

4 Probleme und Kritik

»How does depth psychology develop a psychological theory that is itself self-conscious? In other words, how does it develop a theory capable of consciously carrying an awareness of its own figural aspects and implicit assumptions, that is, its own unconsciousness?« (Kugler 1990, S. 317)

In diesem Abschnitt werde ich versuchen, auf Probleme hinzuweisen, die den jungianischen Konzeptualisierungen und auch den zeitgenössischen inhärent sind. Dabei handelt es sich um Ungereimtheiten, Widersprüche, Aporien und Ähnliches. Mit inhärenten Problemen meine ich solche, die für den kritischen Leser offensichtlich sind, ohne die Annahmen der Archetypenlehre an Einsichten und Erkenntnissen aus angrenzenden Wissenschaften zu überprüfen. Ich werde auch die Kritik beleuchten, die in der Entwicklung der AP – und auch von außen – bis heute formuliert wurde.

4.1 Struktur ohne Inhalt?

Ein großes Problem liegt in Jungs Konzeption des Archetyps als solchem: Jung argumentiert, dass der Archetyp nur als Struktur ohne Inhalt existiert. Es ist schwierig, sich auch nur ein einziges mentales Konzept vorzustellen, das keinen Inhalt hat, da, wie Knox argumentiert, selbst ein Muster oder eine organisierende Struktur niemals völlig ohne repräsentativen Inhalt sein kann und die archetypischen Formen, auf die Jung sich bezieht, symbolische Bedeutungen und somit mentalen Inhalt implizieren (Knox 2003, S. 33). Natürlich ist es verständlich, was Jung zu vermitteln versucht, nämlich dass es Ähnlichkeiten in der Struktur oder den Mustern gibt, die Archetypen hervorbringen, dass aber die Inhalte variieren können, z. B. von Kultur zu Kultur. Aber dieses Argument wirft das Problem auf, wie diese inhaltslose Struktur des Archetyps als solche begrifflich gefasst werden kann, wie sie im Gehirn/Genom/in der biologischen Ausstattung des Menschen gespeichert ist usw. Hinzu kommt, dass der Begriff des Archetyps als solcher, als inhaltsfreie Form, von Jung kaum vertreten wurde. Stattdessen sind zahlreiche Beispiele von Archetypen sehr deutlich durch ihren Inhalt bestimmt (z. B. der Archetyp des Heldenmythos). Hopcke (1989) bemüht sich, Jungs Standpunkt zu verteidigen, räumt aber gleichzeitig die Verwirrung ein, die durch Jungs Definitionen entsteht.

Ich glaube, dass sich das Problem klären lässt, wenn man statt der Begriffe Struktur und Inhalt den Begriff Information verwendet und einen informationstheoretischen Ansatz anwendet: Auch wenn Jung versucht, zwischen Inhalt und Struktur zu unterscheiden, müssen aus informationstheoretischer Sicht sowohl Inhalt als auch Struktur als informationstragend angesehen werden, sofern sie als spezifisch betrachtet werden. Dann aber wird klar, dass auch der Archetyp als solcher Information enthält, sonst wäre er nicht spezifisch, und alle Archetypen wären gleich, was nicht der Fall ist, sondern er besitzt »einen invariablen Bedeutungskern« (GW 9/I, 95). Kein geistiger Inhalt und keine geistige Struktur ist vorstellbar, ohne spezifisch zu sein. Würden die Archetypen keine Spezifizierungen enthalten, wären sie alle gleich, und es wäre keine Unterscheidung z. B. zwischen der Anima und dem alten Weisen möglich. Insofern wird deutlich, dass auch der Archetyp als solcher Informationen enthält. Daraus ergibt sich zwangsläufig das Problem, wo diese Information hinterlegt ist. Humbert (1988) hat die Idee aufgegriffen, die Informationstheorie auf Jungs Archetypen anzuwenden. Dies führt jedoch zu der Annahme, dass sie genetisch vererbt werden. In neueren Veröffentlichungen wird auf die Problematik dieser Argumentation deutlich hingewiesen: »Jung jumps from the collective unconscious immediately to archetypes without spelling out exactly how archetypal images form from the so-called archetype-as-such or ›form without content‹, and unfortunately, he only confuses the issue with muddled metaphysical speculations involving Kant« (Goodwyn 2020a, S. 920).

4.2 Das Verhältnis von Stabilität und Wandel in Archetypen

> »Die Archetypen sind die unerschütterlichen Elemente des Unbewußten, aber sie wandeln ihre Gestalt beständig« (GW 9/I, 301).

Der Zusammenhang von Stabilität und Wandel bei Archetypen ist nicht klar. Wenn man die Vorstellung hinzufügt, dass sich die Archetypen als »Niederschlag endlos wiederholter Erfahrungen« entwickelt haben, würde dies bedeuten, dass sich die Archetypen durch Unterschiede in den Umweltbedingungen des menschlichen Lebens, einschließlich kultureller Veränderungen, verändern können.

Es besteht eine gewisse Spannung zwischen Jungs allgemeiner Annahme, dass die Archetypen aus der frühen Vorzeit stammen und sich nicht verändert haben, obwohl die Lebensbedingungen für den Menschen in der heutigen Zeit im Vergleich zu den Bedingungen in der Steinzeit enorm unterschiedlich sind – was er als Argument für die Erklärung archaischer Vorstellungen beim modernen Menschen anführt. Andererseits glaubt er, dass »endlose Wiederholungen« und »zahllose, ähnliche Erfahrungen« (GW 6, 760) diese archetypischen Muster in die biologische Ausstattung des Menschen eingeschrieben haben. Das bedeutet, dass es eine Zeit gab, in der Erfahrungen und Umweltbedingungen die Archetypen geprägt und in

4 Probleme und Kritik

das Erbgut des Menschen eingeschrieben haben. Soweit man Jung verstehen kann, ist das heute jedoch nicht mehr der Fall; die Archetypen sind inzwischen stabil. Es besteht also ein gewisser Widerspruch zwischen Stabilität und Wandel in seiner Konzeption der Archetypen. Daraus ergibt sich die Frage, warum sich die Archetypen in den letzten Jahrtausenden seit der Entwicklung der Zivilisation nicht verändert haben.

4.3 Das Kulturelle vs. das Biologische, das Persönliche vs. das Kollektive

Eine weitere Dissonanz findet sich in Jungs Theorien über die Beziehung zwischen dem Individuellen und dem Universellen im Archetyp.

> »The psyche of the child in its preconscious state is […] already preformed in a recognizably individual way, and is moreover equipped with all specifically human instincts, as well as with the a priori foundations of the higher functions.« (Jung 1989, 348)

Insbesondere der Archetyp des Selbst wird so konzipiert, dass er das Individuellste, die Einzigartigkeit der Person enthält und gleichzeitig eine universelle Struktur ist. Eine ähnliche Art von Verwirrung betrifft das Verhältnis des Kulturellen zum Biologischen, was zu so widersprüchlichen Aussagen wie der folgenden führt (diese stammt aus der oben erwähnten Umfrage, Roesler 2022) – hier wird das archetypische einfach zum typischen:

> »While the archetype as a structure is vital, representations of the archetype are only typical for the species or individual. We may detect an archetypal woman, man, child, enemy, or experience the archetypally American, French, Japanese, feminine, masculine, human, unhuman etc. […].«

4.4 Der »Das-ist-alles-dasselbe«-Fehler

Im Zusammenhang mit der Diskordanz bezüglich des Verhältnisses von Persönlichem und Universellem lässt sich sowohl bei Jung als auch in jungianischen Publikationen bis heute ein Argumentationsmuster beobachten, das ich als »Das-ist-alles-dasselbe«-Fehler bezeichnen würde.

> »The difficulty in analogy, therefore, is finding enough similarity to warrant giving a common name to disparate items while acknowledging their significant variations. Analogies should not be confused with establishing identity or isomorphism. This, however, is exactly what Jung did when he conflated images taken from very different cultural and historical contexts […]. Conflating images in this way lead Jung to believe that while the

content of images varies, the underlying form can be reduced to a limited number of uniform and internal patterns. […]« (Connolly 2018, S. 72 ff.)

Damit meine ich ein Muster von Hypothesen, das bestimmte Ähnlichkeiten oder Analogien zwischen kulturellen Gewohnheiten oder Glaubensvorstellungen, mythologischen Erzählungen oder Traumelementen usw. feststellt. Hinter diesen beobachteten Ähnlichkeiten wird sofort ein Archetyp identifiziert, ohne Berücksichtigung offensichtlicher Unterschiede oder Differenzierungen und möglicher alternativer Erklärungen (ein Beispiel mit einer ausführlichen Diskussion des Konzepts Schamanismus findet sich in Kapitel 7).

4.5 Eine unbegrenzte Anzahl von Archetypen?

Ein weiteres Problem ist die spezifische Anzahl der existierenden Archetypen: »Es gibt so viele Archetypen, als es typische Situationen im Leben gibt.« (GW 9/I, 99). Jung macht keine genauen Angaben dazu, was er unter typischen Lebenssituationen versteht. Außerdem sind die meisten typischen Situationen, die Menschen erleben, kulturell geprägt. Hinzu kommt »ihre Vieldeutigkeit, ihre fast unabsehbare Beziehungsfülle, welche jede eindeutige Formulierung verunmöglicht.« (GW 9/I, 80). Somit wird es sehr schwierig, klar zu definieren, was ein Archetyp ist und was er beinhaltet. Dies steht in starkem Gegensatz zu den tatsächlichen Beschreibungen, die Jung zu einigen Archetypen gegeben hat, nämlich Anima und Animus, die große Mutter, der alte Weise, die Wiedergeburt, das göttliche Kind, um nur einige zu nennen. Es lässt sich nicht leugnen, dass die Archetypen nach diesen Beschreibungen spezifisch sind. Das Problem der Anzahl der Archetypen bezieht sich also im weiteren Sinne auf das, was man den Katalog der Archetypen nennen könnte. Es besteht kein Konsens darüber, welche Elemente dieser Katalog der Archetypen enthalten soll: nur die *klassischen* Archetypen, die Jung beschrieben hat, abstrakte Wahrnehmungskategorien, »alle typischen Situationen des menschlichen Lebens« – aber aus welcher Epoche: der Vorgeschichte, der klassischen Antike? Die Verwendung des Begriffs Archetyp in der AP kann selbst als inflationär bezeichnet werden, z. B. im *Dictionary of Jungian Psychology* (Samuels et al. 1986, S. 44): »The number of archetypes is theoretically unlimited«.

4.6 Unterschiedliche Komplexitätsstufen

Archetypen sind Bilder, haben aber auch einen emotionalen Aspekt. Sie können auch Gedanken, Ideen oder Überzeugungen sein. Hierbei handelt es sich um verschiedene psychische Elemente, die sich aus entwicklungsbezogener Sicht in ihrem Komplexitätsgrad enorm unterscheiden. Jung beschreibt einerseits den Archetypus der Zentrierung, der den Prozess beschreibt, welchen er bei seinen Patienten in der Psychiatrie beobachten konnte und der in mandalaähnlichen Bildern dargestellt wird. Andererseits bezeichnet Jung den Heldenmythos als Archetypus, der ein komplexes Narrativ mit verschiedenen Stufen bildet. Diese beiden Konzepte befinden sich auf sehr unterschiedlichen Ebenen der Komplexität, das eine kann als abstrakte Form oder Gestalt definiert werden, das andere ist eine komplexe Erzählung.

4.7 Die Wirkung von Archetypen: Determinierung, (In-)Formierung, Strukturierung, Ordnung?

Eine andere Frage betrifft den Einfluss der Archetypen auf die Psyche und die Entwicklung der Persönlichkeit. In der schon erwähnten Umfrage (Roesler 2022) gibt es eine erstaunlich große Anzahl von Experten, die immer noch die Meinung vertreten, dass die Archetypen das psychische Erleben und Verhalten, sogar das Leben des Individuums *determinieren* (wie auch Jung es in vielen Zitaten zum Ausdruck bringt). Am anderen Ende dieses Spektrums findet sich die allgemeine Annahme, dass Archetypen nichts anderes sind als Grundkategorien für menschliches Erleben und Handeln.

4.8 Der erkenntnistheoretische Status von Archetypen

Ein Hauptproblem ist die große Vielfalt an Definitionen und Konzeptualisierungen in Jungs Werken, die zumindest teilweise erkenntnistheoretisch unvereinbar sind. Es ist nicht möglich, zu behaupten, dass der Archetyp ein genetisch vererbtes Verhaltensmuster darstellt, und gleichzeitig zu behaupten, dass Archetypen ihren Platz in einer transzendenten Sphäre haben und prinzipiell in sich selbst nicht erfahrbar sind. Dieses Problem wird dadurch verschärft, dass Jung, soweit aus seinen Schriften ersichtlich, nicht in der Lage war, über diese Unvereinbarkeiten und Widersprüche zu reflektieren.

Andere jungianische Autoren haben auf diese Widersprüche bezüglich der Archetypen hingewiesen (z. B. Knox 2003, Hogenson 2004; Pietikainen 1998). Bei der Analyse von Jungs Schriften über Archetypen lassen sich mehrere unterschiedliche Konzeptualisierungen oder Erklärungsansätze finden, die teilweise widersprüchlich sind. Knox (2003) hat vier Modelle skizziert, die in der Debatte über Archetypen immer wieder auftauchen: biologische Entitäten, organisierende mentale Rahmen abstrakter Natur, Kernbedeutungen mit repräsentativem Inhalt und ewige metaphysische Entitäten (Knox 2003, S. 24). In meiner früheren Arbeit über Archetypen (Roesler 2012, 2016) habe ich vier Konzeptualisierungen von Archetypen aufgelistet, die sich mit Knox überschneiden, aber auch unterscheiden und so die verwirrende Variabilität in Jungs Diskussion über sein Kernkonzept unterstreichen: eine biologische Konzeptualisierung, eine statistische Definition (die sich auf die Feststellung interindividuell ähnlicher Kernkomplexe in seinen Assoziationsstudien bezieht), eine kulturelle Konzeptualisierung und eine transzendentale Konzeptualisierung. Betrachtet man diese verschiedenen Ansätze, die alle zusammen in Jungs Werken vorgestellt werden, so wird deutlich, dass sie einander widersprechen: Ein Konzept, das als transzendental und nicht in dieser Welt verortet gilt, kann nicht gleichzeitig eine biologische Einheit und Teil des genetischen Codes sein (s. a. Knox 2003). Jung vermischt Theorien, die kategorisch auf verschiedenen Ebenen angesiedelt und nicht kompatibel sind. Es gibt keine konsistente Epistemologie der Archetypen bei Jung und meiner Meinung nach auch nicht in der AP. Noch problematischer ist, dass Jung diese Ungereimtheiten und Widersprüche in seiner Theorie nie thematisiert, so dass man davon ausgehen muss, dass sie ihm nicht bewusst waren. Sein Konzept des Archetyps an sich, welches er 1947 formulierte, um diese Probleme zu lösen, ist keine wirkliche Lösung (s. o.).

Jung wechselt sprunghaft von einer erkenntnistheoretischen Position zu einer anderen (Neher 1996). Kugler (1990) gibt einen Überblick über die verschiedenen Positionen bei Jung auf der Grundlage der Entwicklung der Erkenntnistheorie von der Moderne zur Postmoderne. Eine erste Position, die Jung vertritt, entspricht dem modernistischen Ansatz, der auch für Freuds Ansatz und den der frühen Psychoanalyse grundlegend war. Demnach gibt es eine objektive Bedeutung für Elemente oder Ereignisse in der inneren Welt, z. B. für einen Traum. In der Psychoanalyse gibt es die Vorstellung einer *richtigen* Deutung. Aber Jung geht noch weiter: »Das Bild stellt den *Sinn* des Triebes dar« (GW 8, 398). Dasselbe findet sich bei Jungs direkten Nachfolgern: »Die Form und die Bedeutung der Instinkte werden in den Bildern dargestellt, die von den Archetypen erzeugt werden« (von Franz 1980, S. 81). Diese Aussagen implizieren, dass die Bedeutung, die der Archetyp für das Individuum hat, ein Merkmal ist, das direkt mit dem Archetyp selbst verbunden ist. Das heißt, seine Bedeutung existiert aus sich selbst heraus und ist unabhängig vom erlebenden Individuum, und ist nicht das Ergebnis einer Interpretation. Für Jung ist die Bedeutung des Archetyps bereits präexistent und seit ewigen Zeiten vorhanden – daher ist er ein »Arche«-Typ. Folglich ist es für Jung notwendig zu argumentieren, dass die Archetypen bereits vor Jahrtausenden in prähistorischer Zeit entstanden sind. Kugler kritisiert diese Ansicht von einem postmodernen Standpunkt aus und zeigt die Irrtümer und Ungereimtheiten dieses empirischen Ansatzes von Jung auf, der eine Form von naivem Realismus ist:

> »Freud and the modernists attempted to explain the meaning of the text through authorial intention; Jung and the structuralists later tried to account for meaning and interpretation through unconscious psychic structures. These solutions are not solutions at all, because they do not account for the ›authority of the author‹ or the ›structurality of structure‹. These

accounts simply posit the author or structure as existing in time prior to the emergence of the text, psyche, or system of thought.« (Kugler 1990, S. 314–315)

Mit der Aussage: »[…] zwischen ›intellectus und res‹ gibt es noch ›anima‹, und dieses ›esse in anima‹ macht die ganze ontologische Argumentation überflüssig« (GW 6, 63) präsentiert sich Jung nicht nur als zutiefst essentialistischer Denker, welcher der Seele eine privilegierte ontologische Stellung zuschreibt, sondern verneint offensichtlich jegliche Art von erkenntnistheoretischem Problem. Dies behebt die inhärenten Probleme nicht, sondern zeigt, dass er sich ihrer nicht bewusst war. Die meisten seiner Aussagen zum Archetypus haben einen essentialistischen Charakter, der zudem oft als empiristische Haltung getarnt ist, z.B. bei der Behauptung, dass der Archetypus ein Verhaltensmuster sei, welches angeboren sei usw. (s. a.: »Ich glaube fest daran, […] dass die Psyche eine ousia [Essenz, Anm. C. Roesler] ist«; Brief an Victor White 1949, Jung 1973, S. 540). Selbstverständlich verstehe ich, dass Jung, wenn er von der »objektiven Psyche« spricht, versucht, die Idee zu vermitteln, dass die innere Welt ihre eigene Realität hat und nicht mit dem Ego oder dem Bewusstsein identisch ist. Dennoch verstrickt er sich in erkenntnistheoretische Widersprüche. Viele Beschreibungen und Definitionen, die Jung für den Archetypus gibt, haben jedoch die Form nomothetischer Aussagen, als sei das Archetypenkonzept eine Art Naturgesetz oder eine naturwissenschaftliche Tatsache (z.B. GW 11, 553 ff.). Daraus ergibt sich ein stark positivistischer Charakter der jungianischen Aussagen und Konzepte, obwohl sich Jung (und ein erheblicher Teil der zeitgenössischen Jungianer) in Opposition zu dem sieht, was als *positivistische Wissenschaft* bzw. Materialismus bezeichnet wird – ein zusätzlicher Widerspruch, der der jungianischen Psychologie inhärent ist und häufig nicht reflektiert wird.

4.9 Verdinglichung und Ontologisierung

Aufgrund dieser Haltung ist das Konzept der Archetypen zusammen mit dem des kollektiven Unbewussten ontologisiert und verdinglicht worden, so dass Teile der jungianischen Community damit umgehen, als ob es sich um eine äußere Realität handelte, im Gegensatz zu einem theoretischen Konzept, das versucht, bestimmte psychologische Phänomene zu erklären und zu beschreiben. Warren Colman (2016) schreibt über seine Erfahrungen mit Jungianern aus der klassischen Schule, während er in Zürich Vorlesungen hält:

> »I was surprised to discover that my audience seemed relatively unconcerned by this question [where do symbols come from?]. They seemed more or less to take the existence of archetypes for granted […] My impression was that […] archetypes are not so much a hypothesis as a living reality that provides orientation and meaning for the practice of psychotherapy and living in general.« (S. 2–3)

In Bezug auf das weibliche Prinzip, die Anima, nimmt Samuels (1990, S. 296) einen vergleichbaren Standpunkt ein: es werde angenommen, dass es etwas Ewiges in

Bezug auf Weiblichkeit und insofern auch auf Frauen gäbe, Kulturen und Epochen übergreifende Eigenschaften; dabei werde der kulturelle Einfluss auf die Konstruktion von Weiblichkeit systematisch übersehen und es entstehe Konfusion in Bezug darauf, was ewig und was der konkrete Fall sei. Es gibt sogar das, was als *Vulgär-Jungianismus* bezeichnet wurde – eine mechanistische und reduktivistische allegorische Interpretation von Texten entsprechend der Logik von Archetypen (Barnaby & D'Acierno 1990, S. XXI) oder was Andrew Samuels (1998) »jungianischen Fundamentalismus« genannt hat:

> »Jungian fundamentalism stresses Jung the man and his prophetic and even, it is sometimes claimed, divinely inspired words. But what gets particularly stressed is how Jung lived. Sometimes this is called ›the Jungian way‹. […] It is a worldview that tends to ignore everything else that is going on in psychotherapy generally, or in the worlds of ideas, politics, the arts or religion.« (S. 21–22)

Miller (1990) drückt es ironisch aus:

> »In Jungian psychological orthopraxy, we know that cats in men's dreams mean anima, that eggs in women's dreams mean fecundity, and so on. […] Jungian fundamentalism […] has become a knowing.« (S. 328)

4.10 Phänomenologie

In starkem Gegensatz zu solchen Positionen argumentiert Jung: »Psychologie kann und will keine metaphysische ›Wahrheit‹ feststellen. Sie beschäftigt sich ausschließlich mit **psychischer Phänomenologie**« (GW 18, 742; Hervorhebung C. Roesler). Tatsächlich nahm Jung einen phänomenologischen Standpunkt ein, indem er seine Idee eines autonomen Prozesses in der Psyche auf seine Beobachtungen von psychiatrischen Patienten und ihren kreativen Produktionen stützte (s. o., GW 8, 401). Leider hat Jung dieses Material aus seiner Zeit im Burghölzli nie veröffentlicht und es ist auch nicht für Forschung zugänglich. In den wenigen Fällen, in denen sich Jung intensiv mit empirischem Material auseinandergesetzt hat (z. B. in *Symbole der Wandlung* (GW 5), den Visionsseminaren, *Traumsymbole des Individuationsprozesses* (GW 15), ist keine systematische Interpretationsmethode erkennbar. Im Gegenteil, Jung ist in den Geisteswissenschaften berüchtigt für das Fehlen einer systematischen Interpretationsmethode (Trevi 1992, Barnaby & D'Acierno 1990). Dies ist insofern höchst irritierend, als Jung immer wieder den Begriff der Phänomenologie verwendet, jedoch ohne Bezug zu der von Edmund Husserl begründeten Methodologie der Phänomenologie, die auf den Arbeiten von Franz Brentano aufbaut. Diese hatte eine detaillierte Methodik zur Interpretation psychischer Inhalte entwickelt, die zu Beginn der 1920er Jahre zugänglich war. Jung macht keinerlei Gebrauch von einer solchen ausgearbeiteten Methodik. Wahrscheinlich war ihm dieser wissenschaftliche Ansatz, der für die Diskussion zwischen Psychologie und Philosophie zu seinen Lebzeiten so wichtig war, nicht einmal bekannt. Es ist interessant, dass die Phänomenologie das kritisierte, was sie »Psychologismus« nannte, eine Position, die nicht zwischen dem Akt des Denkens oder der Wahrnehmung und dem Objekt, das wahrgenommen oder über das nachgedacht wird, unterscheidet – was dem, was Jung in seinen Werken tut, sehr nahe kommt, wenn er behauptet, dass es Objekte gibt, die nur in der Psyche existieren, aber eine eigene Existenz haben, was er die »objektive Psyche« nennt...

4.10.1 Jungs Interpretationsmethode

Es gibt einen ständigen Widerspruch in seinen Werken: Jungs Beharren auf dem naturwissenschaftlichen Charakter der AP einerseits und sein eigentlicher Arbeitsprozess – die Exegese von Texten –, der stark hermeneutisch-geisteswissenschaftlich geprägt ist. Nach seinem Ausscheiden aus der Universitätspsychiatrie in Zürich hörte Jung auf, experimentelle Forschung zu betreiben, sondern interpretierte Texte aus Religionswissenschaft, Mythologie, Alchemie usw. Er war sich zu keinem Zeitpunkt bewusst, dass die Psychologie, die er entwickelte, angewandte Geistes- und Kulturwissenschaft war. Als Mediziner war er in dieser Art der Forschung nicht ausgebildet. Jung hat nie versucht, sich Methoden für diese Art von Forschung anzueigen, wie z. B. systematische hermeneutische Methoden, theologische Exegese oder sozialwissenschaftliche Methodik (z. B. die Methodik der Konstruktion von Idealtypen von Max Weber), obwohl alle diese Methoden zu seiner Zeit bereits verfügbar waren. Dieser Widerspruch ist meines Erachtens bis heute ein ungelöstes Problem in der AP. Die Mehrzahl der jungianischen Publikationen gehört in den Bereich der hermeneutischen Interpretation bzw. der Anwendung von Methoden z. B. aus der Anthropologie, während nach wie vor behauptet wird, die AP sei biologisch-naturwissenschaftlich begründet – das Verhältnis der beiden *Welten* in der Begründung der AP ist unklar.

Das Fehlen einer angemessenen wissenschaftlichen Methodik führt in vielen Publikationen Jungs zu Verwirrung. Jung stellt das Material und die Bezüge extrem assoziativ und unsystematisch zusammen; es werden keine alternativen Interpretationen in Betracht gezogen, sondern die Aussagen werden einfach so wiedergegeben, wie er sie sieht. Das macht viele seiner Bücher äußerst schwer lesbar, z. B. *Symbole der Wandlung* (GW 5), und wurde deshalb von vielen Autoren kritisiert:

> »In the midst of her fantasies Miss Miller imagines a city of dreams. This provokes Jung to a discourse about cities in old cultures and mythologies. Then he states that cities and women have a relation to the land; which makes him think about the movement of the sun over motherly waters; which again reminds him of Frobenius' concept of the nekyia; this stimulates Jung to think of Noah's journey, but he adds that traveling is an expression of a wish for rebirth; this starts a discussion about the book of revelations; etc.« (Homans 1979, S. 66).

Der Autor zeigt deutlich, dass Jung in diesem Werk eher einen Bericht über seine eigenen Phantasien als eine systematische Interpretation von Mythen und Symbolen vorgelegt hat. Belmonte (1990) fasst in Bezug auf Jungs anthropologische Äußerungen die Kritik an seiner mangelnden Bereitschaft zusammen, die Einsichten und Erkenntnisse sowie die methodischen Prämissen anderer Disziplinen zu berücksichtigen:

»The exile of Jung to a place far beyond the borders of admissible argument in academic anthropology must be seen in the light of [...] Jung's own failure to invent and refine a terminology that would do justice to the novelty of his ideas. Nor did Jung ever clarify [...] the evolutionary premises of his psychology. [...] He uncritically accepted an instinctual and Lamarckian ground for the evolution of mind and embraced Haeckel's notion of ontogeny recapitulating phylogeny in the embryo as a fair description of the growth of the individual psyche. Like Konrad Lorenz and Edward Wilson, Jung was a sociobiological structuralist for whom the terms of mental life were at once transpersonal and preformed.« (Belmonte 1990, S. 48)

4.11 Transzendentalismus

Im Gegensatz zu seinem empiristischen Selbstverständnis ist Jungs Argumentation oft offensichtlich transzendental. Es kommt immer wieder zu Verwechslungen von transzendentalen und naturwissenschaftlichen Argumentationen, insbesondere im Pauli-Jung-Dialog, dem Versuch, den Archetyp unter Verwendung von Konzepten der Quantenphysik neu zu definieren. Dies wurde von mehreren Disziplinen massiv kritisiert. Auch zeitgenössische jungianische Autoren (Burda 2019) weisen deutlich darauf hin, dass Jung permanent zwischen den – sich widersprechenden – erkenntnistheoretischen Positionen des Realismus und des Konstruktivismus, zwischen dem vormodernen Denken in Anlehnung an die Theorien der Renaissance zur kosmologischen Einheit auf der einen Seite und der Trennung von esse et essentia (Wesen an sich und Erscheinung) in der kantischen Tradition auf der anderen Seite wechselt. Schließlich gibt es noch die Position: »Das Konzept des Unbewussten behauptet nichts, es bezeichnet nur mein Nichtwissen« (in einem Brief an Max Frischknecht 1943; Jung 1973).

4.12 Fragwürdiges wissenschaftliches Arbeiten

Problematisch ist, dass Jung die Wirklichkeit primär als innerpsychische Realität sieht – das Verhältnis von persönlich und objektiv ist unklar. Deshalb setzt er sein eigenes innerpsychisches Erleben mit empirisch belegten Tatsachen gleich. Für Jung mag seine Theorie ein gelungener Versuch sein, seine im Roten Buch niedergelegten Erfahrungen (bei der sogenannten Konfrontation mit dem Unbewussten) in einen kohärenten theoretischen Erklärungshintergrund einzubetten. Erstaunlicherweise wird in der AP – von wenigen Ausnahmen abgesehen (z. B. Saban 2019) – die Frage, ob diese Konzepte des Individuationsprozesses auch für andere Menschen relevant sind, fast nie gestellt. Vielleicht sind diese Erfahrungen mit sogenannten archetypischen Figuren nur Jungs persönliche Erfahrung und gelten nicht für andere

Menschen. Saban (2019) weist darauf hin, dass Jung, wie auch Freud, selbst nie eine formale Lehranalyse gemacht hat. Daher ist davon auszugehen, dass seine Art der Introspektion mit Fehlern behaftet sein könnte. Es gibt bei Jung, wie auch bei seinen direkten Nachfolgern, die Tendenz, der inneren Welt und ihren Anforderungen viel mehr Bedeutung beizumessen als der äußeren Realität – was ein Ergebnis einer neurotischen Entwicklung sein könnte (Kirsch 2004). Damit verbunden ist eine weitere Haltung Jungs, systematisch eine archetypische Erklärung zu wählen, und ebenso systematisch biografische Informationen als Erklärung auszublenden (Stadler 1997). Ein Beispiel dafür liefert Neher (1996), der Jungs berühmten Traum vom Misthaufen Gottes, der auf das Basler Münster fällt, alternativ mit Jungs schwieriger Beziehung zu seinem Vater erklärt, der Pfarrer war.

> »To summarize, it is clear that Jung's own experiences provided him with the initial motivation to develop a theory of unconscious content that arises not from our own life histories but from a nonpersonal source, which he eventually called the collective unconscious. But, after examining the experiences of his that he emphasized in his writings, we have seen that his claim that they cannot be explained in terms of his own life history is far from convincing.« (S. 72–74)

Normalerweise würde man bei der Entwicklung einer wissenschaftlichen Theorie folgendes erwarten: Jung hat ein persönliches Erlebnis, aus diesem Erlebnis heraus entwickelt er eine Hypothese über Strukturen der Psyche und psychische Veränderungsprozesse, er veröffentlicht diese Hypothese und stellt sie zur Diskussion. Es würde dann eine systematische Sammlung von Beweisen im Sinne von Belegen und Widerlegungen der Hypothese aus einschlägigen Forschungen und wissenschaftlichen Erkenntnissen folgen. Dies findet bei Jung und seinen Theorien jedoch nicht statt. Vielmehr galt seine Theorie für Jung nach 1916 als bewiesen und hatte absolute Gültigkeit. Danach präsentierte er ausschließlich Material, das in sein vorgefasstes Konzept passte, und sogar das nur sporadisch. Diese Tradition, keine systematische und unvoreingenommene Suche nach Belegen, die für oder gegen die Konzepte sprechen, zu betreiben und relevante Erkenntnisse benachbarter Disziplinen außer Acht zu lassen, beginnt mit Jung und setzt sich in der AP bis heute fort (Jones 2014).

> Ein Beispiel aus der Ethnologie: Jung spricht immer wieder von der Existenz menschlicher Universalien, von Bräuchen, Ideen oder Ritualen, die in jeder Kultur, jedem »Stamm« oder jeder Nation zu finden sind. Er setzt sich aber nie systematisch mit dem Forschungsfeld der Anthropologie auseinander, das zu seiner Zeit bereits vorhanden war. In Band 9 der Gesammelten Werke, der seine Veröffentlichungen zum Archetypenkonzept enthält, finden sich mehrere hundert Zitate, hauptsächlich aus der Religionswissenschaft, aber nur wenige ethnologische Forscher (Mircea Eliade, Marcel Mauss, Paul Radin, Baldwin Spencer, James Stevenson, Josef Winthius), und selbst diese werden nur in Fußnoten erwähnt. Jung zitiert Lévy-Bruhl (1921) mehr als 60-mal in seinen Werken, wobei er sich vor allem auf das Konzept der Participation mystique bezieht; Lévy-Bruhl ist jedoch ein anthropologisch orientierter Philosoph in der Tradition der Wissenschaft des 19. Jahrhunderts im Gegensatz zu einem empirisch orientierten Anthropologen. Die wichtigsten Ethnologen seiner Zeit – Marcel Mauss und

Bronislaw Malinowski – erwähnt Jung nur einmal. Dies zeigt, dass er ihre Werke kannte, sie jedoch nicht berücksichtigte. Dies ist vor allem im Fall von Malinowski (1924) erstaunlich, denn er forschte über das Auftreten des Ödipuskomplexes in verschiedenen Kulturen der Welt, was für Jung von Interesse gewesen sein müsste. Claude Lévi-Strauss (1949) wird überhaupt nicht erwähnt, obwohl er eine alternative Theorie zu Jungs Archetypen entwickelte und diese Ideen in den 1940er Jahren zu veröffentlichen begann.

Das hat sich bis heute nicht geändert. Ich habe noch nie erlebt, dass in jungianischen Publikationen auf ethnographische Datensammlungen wie *Standard Ethnographic Sample* (Naroll & Sipes 1973), *Standard Cross Cultural Sample* (Murdock & White 1969) oder die Fachzeitschrift *Cross-Cultural Research* verwiesen wurde. Sie alle könnten empirisch fundierte Antworten auf die Frage geben, ob und in welchem Ausmaß es kulturelle Ähnlichkeiten gibt. Jung behauptet lediglich, dass bestimmte Traditionen und Muster universell sind, ohne dies im Detail zu belegen. Tatsächlich zeigen Übersichten über die empirische Forschung in der Ethnologie, dass es nur sehr wenige Universalien gibt, und diese stützen Jungs Idee der Archetypen nicht (Brown 1991). Nicht Ähnlichkeit charakterisiert die Ideen und Praktiken der Völker, sondern Vielfalt und Variation (▶ Kap. 6). Die gleiche Kritik wurde von Literaturwissenschaftlern geäußert. Jung hat versucht, seine Methode auf literarische Werke anzuwenden, z. B. auf James Joyces *Ulysses* (GW 15).

> »This paper, however, can hardly be called an analysis of the novel, as Jung frankly says that the book bores and irritates him, the only beauty of it being that it perfectly expresses the futility and squalor of modern life.« (van Meurs 1990, S. 239)

Ein weiteres Beispiel betrifft das, was Jung als »autochthone Wiederentstehung« bezeichnet: Denn um zu argumentieren, dass Archetypen »nie im Bewusstsein […] [waren] und […] somit nie individuell erworben [wurden]« (GW 9/I, 88), musste Jung auch für alle seine Fallbeispiele ausschließen, dass es irgendeinen vorherigen Kontakt zu dem Bild oder der Idee durch die Person gab, die das archetypische Bild produzierte; dies bedeutet auch, Kryptomnesie bzw. alle Arten von subliminalen Erwerb bestimmter Motive, Bilder, Muster oder Geschichten auszuschließen. »Insbesondere ist es […] äußerst schwierig, wenn nicht gar unmöglich, nachzuweisen, dass ein behaupteter Archetyp nicht aus persönlicher oder allgemeiner kultureller Erfahrung entstanden sein kann und daher genetischen Ursprungs sein muss.« (Neher 1996, S. 86; ebenso Shelburne 1988, S. 67). Aber Jung scheint sich mit diesem Problem nicht zu befassen, und er unternimmt auch keine Versuche, Beweise für seine Annahme zu erbringen. Wir wissen heute sogar, dass der erste Fall, mit dem Jung sein Archetypenkonzept 1912 vorstellte, die Miss Miller aus GW 5, kein Pseudonym war, sondern eine bekannte darstellende Künstlerin, deren Spezialität es war, sich als Angehörige einer exotischen Volksgruppe zu verkleiden und die entsprechende Poesie zu rezitieren, so dass sie mit allem, was Jung mit dem kollektiven Unbewussten verband, durchaus vertraut war – insofern kann von einer autochthonen Wiederentstehung keine Rede sein, und das gesamte Fallbeispiel scheint fehlerhaft (Samuels 1998, S. 18).

Zusammenfassend lässt sich sagen, dass Jung sich nicht die Mühe macht, systematisch empirisches Material zu sichten, um seine Theorien zu überprüfen. Er wählt Inhalte aus, die seine Argumente stützen, und ignoriert die Notwendigkeit, seine Ideen zu belegen. Dieser Ansatz setzt sich fort. Ein Beispiel: Erich Neumanns (1949) berühmtes Werk *Ursprungsgeschichte des Bewußtseins*, in dem er Jungs Theorie über die Parallelen zwischen Mythologie und Bewusstseinsentwicklung ausbaut. Norbert Bischof (1996), Professor für Psychologie an der Universität Zürich, war einer der wenigen akademischen Psychologen, die Jungs Psychologie anerkannten und versuchten, sie empirisch zu überprüfen. Er wies nach, dass Neumann in seiner Publikation selektiv Mythologien verwendete, die seine Theorie bestätigten, und anderes Material systematisch ausschloss. Bischof bezog das von Neumann ausgeschlossene Material in seine Analyse ein und kam zu einem ganz anderen Fazit hinsichtlich der Beziehung von Mythologie und psychologischer Entwicklung. Ich habe in den jungianischen Publikationen zu Neumann nie einen Hinweis auf diese Kritik Bischofs gelesen, was aus meiner Sicht ein weiteres markantes Beispiel für die Fortsetzung einer Haltung der theoretischen Isolation in der AP bis in die Gegenwart darstellt.

4.13 Eine systemtheoretische Perspektive

Jung macht den Fehler zu glauben, dass, wenn es ähnliche Muster gibt, diese interindividuell in den Vorstellungen und Praktiken verschiedener Kulturen zu finden sind, es Informationen in jeder Person geben muss, die auf biologisch-genetische Weise eingeschrieben sind und die dann die beobachteten Ähnlichkeiten hervorbringen. So zu argumentieren ist nicht notwendig: Aus der Perspektive der Systemtheorie lässt sich allgemein sagen, dass die Bildung systematischer Muster ein Merkmal der Natur selbst ist, insbesondere von lebenden Systemen. Der Ozean erzeugt systematische Wellenmuster, Wetterphänomene folgen systematischen Mustern, Individuen und Gruppen entwickeln Routinen, um wiederholt auftretende Probleme zu lösen, Familien entwickeln systematische Muster von Regeln und Gewohnheiten usw. Aus Sicht der Systemtheorie ist es ein natürliches Merkmal physikalischer wie organischer Systeme, dass sie durch selbstähnliche Muster systematische Strukturen erzeugen. Die jungianische Auffassung, dass irgendwo im Menschen – in den Genen, der Hirnstruktur oder der biologischen Ausstattung – eine Vorlage gespeichert sein muss, die sich dann in sich wiederholenden Strukturen ausdrückt, ist ein verbreiteter Fehlschluss. Es ist nicht notwendig, eine angeborene Präkonfiguration anzunehmen, um die Entwicklung ähnlicher Strukturen im Leben der Menschen, in den Strukturen der Gesellschaft usw. erklären zu können. »Once this step is taken, a great deal of the crass reductionism that moores Jung's psychology melts away and his most valuable intuitions become available for reconsideration.« (Belmonte 1990, S. 47). George Hogenson (2005, S. 279) schlug vor, dass der Archetyp als »iteratives Moment in der Selbstorganisation der symbolischen

Welt« verstanden werden könnte. McDowell (2001) betonte, dass der Archetyp ein bereits existierendes Organisationsprinzip der Persönlichkeit sei. In den 1920er Jahren identifizierte die Berliner Schule der Gestaltpsychologie (Metzger 1954) eine Eigenschaft der kognitiven Struktur als die Fähigkeit, eine gute »Gestalt« zu schaffen. Dieses Gestaltprinzip wurde auch empirisch gestützt (Stadler & Kruse 1990). Der Faktor, der die Ähnlichkeit hervorbringt, wird Konvergenz genannt. Es ist das gleiche Prinzip, das die Körper von Fischen und Walen so ähnlich macht, obwohl sich die beiden Arten biologisch unterscheiden. Die Ähnlichkeiten entstehen, weil die Eigenschaften die beste Anpassung an dieselben Bedingungen sind.

Saunders und Skar (2001) haben diese Theorie an die AP angepasst. Sie argumentieren, dass Jung, wenn er vom Archetyp als Form ohne Inhalt spricht, eigentlich einen Prozess meint, der ähnliche Muster hervorbringt. Demnach sind psychologische Archetypen das emergente Produkt von Prozessen der Selbstorganisation des Gehirns. Die Systemtheorie in ihrer Anwendung auf Kognition besagt, dass, sobald das Gehirn ein Wahrnehmungs- und Interpretationsschema entwickelt hat, nachfolgende Informationen auf der Grundlage dieses bestehenden Musters verarbeitet werden. Dies erklärt, warum unterschiedliche Informationen zu ähnlichen psychologischen Konzepten verarbeitet werden. Dies ist eine Eigenschaft von selbstorganisierenden Systemen und bietet eine alternative Erklärung für die Archetypen:

> »When we employ a dynamical systems view of development, we no longer need the archetype-as-such to explain the formation of complexes. In fact we could do without it altogether and still have the same basic psychological system that Jung proposed.« (Skar 2004, S. 247)

In gewisser Weise findet sich der Gedanke der Selbstorganisation bereits bei Jung, wenn er davon spricht, dass die Psyche selbstregulierend ist. Diese Idee steht wiederum im Gegensatz zu Jungs Essentialismus an anderen Stellen – ein weiterer inhärenter Widerspruch.

Wie weiter unten ausgeführt, gibt es eine Überschneidung mit dem Standpunkt der funktionalistischen Schule der Ethnologie. Hier sind die Ähnlichkeiten zwischen den Völkern der Welt das Ergebnis der Tatsache, dass menschliche Gemeinschaften eine Reihe universeller Probleme haben, die gelöst werden müssen (z. B. die Vermeidung inzestuöser Beziehungen, die Nachkommen mit einem hohen Risiko genetischer Defekte hervorbringen). Da diese Probleme interkulturell ähnlich sind, sind auch die gefundenen Lösungen vergleichbar – eine solche systemische Perspektive kann die Beobachtung von interkulturellen Ähnlichkeiten erklären.

Mit dieser Sichtweise verbunden ist die Einsicht, dass einige Formen in der Umwelt des Menschen oder, einfach gesagt, in der Welt, eine bestimmte objektive Bedeutung haben, und dass es im Laufe des Lebens unvermeidlich ist, diese Bedeutung zu verinnerlichen. Als Beispiel möchte ich den Kreis bzw. die Kugel anführen. Man kommt im Laufe des menschlichen Lebens nicht umhin, zu erkennen, dass in der Natur perfekte Kreise/Kugeln zu beobachten sind, z. B. die Sonne, der Mond, das Wellenmuster, wenn ein Stein ins Wasser fällt, Blüten und Früchte usw. (viele weitere Beispiele finden sich bei Neher 1996, S. 79). Die klassische jungianische Argumentation geht davon aus, dass wir als Menschen nicht in der Lage wären, dies zu erkennen, wenn wir keine angeborene Vorlage hätten. Abgesehen davon, dass dies ein Missverständnis darüber ist, wie sich die menschliche Wahrnehmung entwickelt (bottom-up statt top-down; ▶ Kap. 5), ist es auch höchst unplausibel, dass die Natur den begrenzten Platz für Informationen im Genom nutzen würde, um die Entwicklung einer Wahrnehmung vorzubereiten, die allein schon durch Input aus der Umwelt erworben werden kann.

> »Further, when it comes to humanlike archetypes, such as the wise old man, it is even easier to imagine that they would be part and parcel of the experience of any culture in any historical, prehistoric, period.« (Neher 1996, S. 79)

Wenn Jungianer bis heute argumentieren, der Kreis sei ein biologisch präformiertes Symbol für Vollkommenheit, Vollständigkeit, Ganzheit usw., könnte man entgegenhalten, dass der Kreis geometrisch gesehen objektiv eine vollkommene Form ist und auch mathematisch als solche definiert werden kann. Daher ist es nicht verwunderlich, dass die Menschen den Kreis als Symbol für Vollkommenheit, Vollständigkeit, Ganzheit usw. verwendet haben (s. a. die Diskussion von Goodwyns Argumenten, ▶ Kap. 5).

4.14 Eine Geschichte der Kritik

Es ist interessant festzustellen, dass viele der Probleme, die in der klassischen Archetypentheorie in der obigen Darstellung identifiziert wurden, schon recht früh in der Entwicklung der AP aufgezeigt wurden, wie z. B. von Shelburne (1988, S. 66), der sowohl auf die definitorischen Probleme beim Archetypenbegriff hinwies als auch darauf, dass der Nachweis, Archetypen seien nicht durch Umwelterfahrungen erworben und daher angeboren, nicht gelungen ist. Wie die Ergebnisse der Umfrage (Roesler 2022) zeigen, gibt es noch immer keinen Konsens über die Definition, die Konzeptualisierungen beziehen sich noch immer auf veraltete Theorien und Konzepte, und die erkenntnistheoretischen und sonstigen Probleme, die ihnen innewohnen, werden noch immer weitgehend vernachlässigt. In der Geschichte der Kritik herrscht allgemeine Einigkeit darüber, dass Jungs Werke voller Widersprüche sind:

> »Jung repeatedly insisted that he did not have a theoretical system of his own. In so far as he claimed that his ideas were not theoretical abstractions but founded on his own direct clinical experience, he did not feel compelled to present them as a neat system with their own logical coherence, which would enable his readers to access them easily.« (Papadopoulos 1992a, S. XIV)

Wie der Autor darlegt, stützte sich Jung bei der Formulierung seiner psychologischen Ideen und Konzepte einerseits stark auf seine eigene innere Erfahrung. Andererseits versuchte er verzweifelt zu vermeiden, als Philosoph betrachtet zu werden, da er als Naturwissenschaftler angesehen werden wollte. Folglich werden viele seiner Ideen und Konzepte von ihm als nomothetische Aussagen, als empirisch begründete

Einsichten, wenn nicht gar als Wahrheiten dargestellt (z. B. wird die Anima als objektive Tatsache bezeichnet). Zweifellos war Jung innovativ in der Art und Weise, wie er die Introspektion in die Bildung einer psychologischen Theorie einführte. Seine wiederholten Behauptungen, seine Erkenntnisse seien als harte empirische Fakten zu betrachten, führen jedoch häufig zu Aporien. Jung neigt dazu, zwischen diesen Positionen zu schwanken – und die Hauptproblematik liegt darin, dass er sich dieses Widerspruchs nicht bewusst war:

> »At times he accepted archetypes and forms as synonymous and analogous and at other times he emphasized his claim that Plato's forms were metaphysical and transcendental whereas his own archetypes were empirical facts. [...] This claim demonstrates that he was not in a position to investigate this issue objectively; one cannot underestimate Jung's fear of being branded a philosopher when he was desperate in wishing to be recognized as a scientist.« (Papadopoulos 1992a, S. 4)

Mein Eindruck ist, dass die Tendenz, sich der inhärenten Spannungen und Widersprüche in der AP nicht bewusst zu sein, bis heute anhält. Viele jungianische Autoren argumentieren, wenn sie mit diesem Problem konfrontiert werden, dass Jungs widersprüchliche und paradoxale Behauptungen eine absichtliche und geniale Strategie waren, eine neue Form von Psychologie, z. B.:

> »The strains of positivism and romanticism warred in Jung's education and training but also produced a dialectical synthesis in which Jung could use the most advanced methods of reason and scientific accuracy to establish the reality of the irrational. It was Jung's romantic genius, and number two character, that allowed him to understand that humans, himself included, could be at one and the same time Western, modern, secular, civilized and sane – but also primitive, archaic, mythical and mad.« (Douglas 1997, S. 20)

Aus meiner Sicht ist dies eine Verherrlichung von Jungs Unfähigkeit, grundlegende erkenntnistheoretische und wissenschaftliche Standpunkte zu klären. Die Verwirrung liegt auf Jungs Seite: Es handelt sich nicht um eine systematische Strategie, sondern um ein Versagen, die Grenzen seines eigenen Denkens zu erkennen. Die ewige Verherrlichung Jungs mit dem Argument, er sei absichtlich – und in der Tat genial – paradox gewesen, muss als eine Immunisierungsstrategie betrachtet werden. Ich behaupte, dass diese Haltung sowohl bei Jung als auch in der Community die Ursache für die anhaltenden und schwerwiegenden theoretischen Probleme in der heutigen AP ist, z. B. das Fehlen einer konsensualen Definition von Archetypen, der Widerstand gegen theoretische Entwicklungen und Erkenntnisse in den einschlägigen Disziplinen und gegen eine Überprüfung der Theorie im Sinne von Forschung.

Papadopoulos (1992a, 1992b) fasst in seiner Übersicht der Kritik an Jungs Theorie mehrere Kritiken zusammen, die sich vor allem auf Jungs Rückgriff auf Philosophen beziehen. Zwar beansprucht Jung die Schärfe erkenntnistheoretischer Unterscheidungen bei Kant, löst diese aber bei der Unterscheidung von Realität und Phantasie wieder auf: »This is so because Jung not only recognizes fantasy but even puts it ahead of fact.« (ebd., S. 6). Wolfgang Giegerich (1975) wirft Jung in Bezug auf dieselbe Unterscheidung vor, unfähig zu sein, zwischen dem absoluten und dem empirischen zu unterscheiden, was zu einer unheilbaren Dissoziation zwischen seiner eigenen Psychologie und der Logik führt. Die genannten Punkte werden in der Kritik von Trevi (1992), die zu Beginn des Einführungskapitels zitiert wird,

4 Probleme und Kritik

zusammengeführt. Trevi zufolge gibt es bei Jung zwei verschiedene Tendenzen: eine kohärente und systematische Sicht des psychischen Lebens aufzubauen, und andererseits, sich von dieser systematischen Darstellung zu entfernen und einem im Wesentlichen erfahrungsbezogenen Inhalt Raum zu geben, der den theoretischen Rahmen aufbricht. Auf der einen Seite zementiert Jung seine Psychologie als Naturwissenschaft, auf der anderen Seite objektiviert Jung subjektive Erfahrung – das Problem, dass der Beobachter sich selbst als Objekt beobachtet, wird bei Jung nicht gelöst.

> »Besides this strenuously critical methodological position, sentences of the so-called objective science (i.e. naturalistic) of the psyche appear in the rhapsodic disorder which is characteristic of Jung. It does not matter that Jung, who also tries to unmask the naturalistic nature of psychological research from which he comes, continuously falls in the circle of the same naturalism.« (ebd., S. 363).

Trevi weist darauf hin, dass Jung verzweifelt danach strebte, einen überlegenen Standpunkt über all diesen Widersprüchen zu suchen, was aber nicht gelingt, und so bleibt seine Psychologie voller Widersprüche. Während er mit dem nomothetischen Ideal der Naturwissenschaften seine Psychologie als Wissenschaft konstituieren will, gibt er gleichzeitig die Wissenschaftlichkeit seiner Psychologie auf und reduziert sie auf die Erfahrung des Verstehens des psychischen Prozesses. Letztlich nimmt Jungs Psychologie den Charakter einer symbolischen oder metaphorischen Sprache an, eines hermeneutischen Unterfangens. Auf diesen Aspekt werde ich in meinem letzten Kapitel über den Kern der Archetypentheorie zurückkommen.

In Übereinstimmung mit vielen genannten Autoren gehe ich davon aus, dass hinter Jungs jahrzehntelangen Bemühungen, sein Archetypenkonzept in eine biologische Konzeption zu zwingen, die Notwendigkeit steht, seine Theorie gegen den Verdacht zu verteidigen, nicht wissenschaftlich zu sein. Jung (wie auch Freud) erhielt seine akademische Ausbildung als Mediziner, als Naturwissenschaftler. Er machte sehr deutlich, dass er sich immer als solcher und die Psychologie als Naturwissenschaft verstand, wie es z. B. in einem Seminar an der Universität Basel 1939 hieß: »Psychologie ist sozusagen die jüngste der **Naturwissenschaften** [Hervorhebung C. Roesler] und steht erst am Anfang ihrer Entwicklung.« Diese Haltung zeigt sich auch in Jungs Versuch, seine Theorie der psychischen Energie mit den Gesetzen der Thermodynamik in Einklang zu bringen, z. B. wenn er sich auf das Gesetz der Entropie bezieht, das für Jungs Theorie des Gleichgewichts der psychischen Energie grundlegend ist – ironischerweise werden diese Gesetze heute relativiert, was meines Wissens erstaunlicherweise in der AP nicht rezipiert wurde, da es zu einer Änderung des Begriffs der Energetik selbst geführt hätte. Es gibt viele andere Fälle, in denen Jung Konzepte aus der Physik für seine Psychologie nutzte, z. B. versucht er, den Energieaustausch zwischen Bewusstsein und Unbewusstem als ein System kommunizierender Röhren zu erklären. Zusammenfassend lässt sich sagen, dass Jung versuchte, seiner Psychologie die Gestalt einer Naturwissenschaft zu geben, zum einen, weil er aufgrund seiner naturwissenschaftlichen Ausbildung dazu erzogen wurde, und zweitens, weil er dies (unbewusst) als Abwehrstrategie brauchte, um als echter Wissenschaftler gesehen zu werden (z. B. GW 9/I, 90).

Habermas (1968) beschuldigte die Freud'sche Psychoanalyse des »szientistisches Selbstmissverständnisses« (S. 68). Gleiches gilt meines Erachtens auch für die AP. In der Tat befasst sich die gesamte Psychologie mit Bedeutung und als solche mit Bedeutungsstrukturen. Jung hat immer die Zentralität von *Sinn* betont. Dies ist nicht Naturwissenschaft, sondern impliziert notwendigerweise einen interpretierenden Geist.

Noch wichtiger ist meines Erachtens, was Jung fast sein ganzes Leben lang getan hat: psychologische Interpretationen von Texten, Träumen und Phantasien vorzunehmen. Seine praktische Herangehensweise an die Psychologie war hermeneutisch. Hier steht Jung also in einer langen Tradition der Hermeneutik, der Interpretation und der Kulturtheorie, auch wenn sein Selbstverständnis das eines Naturwissenschaftlers war. In der Praxis hingegen befasst sich seine Psychologie mit Kultur, Bedeutung und Interpretation und gehört daher zu den Geisteswissenschaften – so etwas wie eine *angewandte Geisteswissenschaft*. Alfred Lorenzer (1973) versuchte, die Psychoanalyse auf der Grundlage der Sozialwissenschaften umzudeuten und warf Freud und seiner Psychoanalyse Geschichts- und Gesellschaftsblindheit vor, die aus meiner Sicht auch auf Jung zutrifft. Aufschlussreich ist hier ein Vergleich mit der historischen Entwicklung in der Freud'schen Psychoanalyse: In der zweiten Hälfte des 20. Jahrhunderts hat sich die Freud'sche Tradition erfolgreich von Freuds überholter Trieblehre befreit, die viele Ähnlichkeiten mit Jungs biologistischer Konzeption der Archetypen aufweist. Meiner Meinung nach steht eine solche Entwicklung in der AP noch aus.

4.15 Kritik von außerhalb der AP

Jungs Archetypentheorie ist in der Anthropologie, der vergleichenden Mythologie, der vergleichenden Religionswissenschaft usw. bekannt und weit verbreitet. Daher gab es auch Kritik an Jungs Ideen über Archetypen von Wissenschaftlern dieser Bereiche, die keine Psychoanalytiker sind. Andrew Neher (1996) z. B. hat eine gründliche und detaillierte Untersuchung der Archetypentheorie durchgeführt, sowohl aus erkenntnistheoretischer Sicht als auch aus der Sicht relevanter Disziplinen. Er kritisiert auch explizit Jungs Art des Theoretisierens, die es unmöglich macht, zu klären, ob frühere Positionen geändert wurden: »The reason is that he rarely repudiated his earlier positions, so that, in most cases, it is difficult to tell whether a later position is intended to replace, or merely supplement, an earlier one« (S. 64). So habe er seine transpersonale Theorie als die einzige brauchbare Erklärung für Ähnlichkeiten in den Ausdrucksformen des Unbewussten dargeboten und voreilig die Rolle der persönlichen Erfahrung einerseits und der universellen kulturellen Erfahrung andererseits verworfen, was aber kaum überzeugend sei (S. 80).

Der Anthropologe Michael Witzel (2012) verweist darauf, dass zwar Ähnlichkeiten in Mythologien aus aller Welt zu finden sind, dass aber die behaupteten Archetypen keineswegs überall auf der Welt auftauchen, so dass die gefundenen

Ähnlichkeiten keineswegs durch eine einseitige Theorie wie die von Jung erklärt werden könnten. Schon gar nicht könne man Übereinstimmungen in langen narrativen Sequenzen aus biologischen oder Hirnstrukturen erklären (S. 13).

> »More importantly, if the Jungian explanation by archetypes were correct, we would expect that individual archetypes would indeed turn up in all parts of the globe. This, however, is debatable: not all of the supposed archetypes do indeed turn up worldwide.« (Witzel 2012, S. 13)

Noch grundsätzlicher ist die Kritik, die Lévi-Strauss (1970) in seinem strukturellen Ansatz zur Anthropologie formuliert hat. Interessanterweise versuchten sowohl Jung als auch Lévi-Strauss, Antworten auf dieselbe Frage zu finden, nämlich wie die scheinbaren Ähnlichkeiten in Mythologien verschiedener Ethnien erklärt werden können – was in der AP nicht erwähnt wird (außer von Gras, 1981). Lévi-Strauss weist auf einen spezifischen Fehler hin, der Jung in seinen Werken unterläuft, indem er eine biologisch begründete Verbindung zwischen einem Mythos oder mythologischen Bild und seiner Bedeutung annimmt.

> »This is comparable to the long-supported error that a sound may possess a certain affinity with a meaning.« (Lévi-Strauss 1970, S. 204)

Hilarion Petzold (2014; 439–40), der sich in seinen umfangreichen Arbeiten explizit mit Jung und seiner Archetypenlehre auseinandergesetzt hat, kritisiert, dass das, was Jung als Archetypen bezeichnet, besser als kulturell bedingte, kollektive mentale Repräsentationen im Sinne Moscovicis verstanden werden können. Petzold stellt klar, dass diese nur durch Sozialisation und Kulturalisierung von einer Generation zur anderen weitergegeben werden können. Er weist dann darauf hin, dass das, was Jung als archetypische Übereinstimmungen konzeptualisiert, je nach kulturellem Kontext durchaus unterschiedliche Konnotationen haben kann. So hat bspw. Wasser in der Sahara-Wüste eine ganz andere Bedeutung als in England, einer Nation von Seefahrern. Ein weiteres Beispiel sind die symbolischen Konnotationen der Sonne, die, wie er betont, im kühlen Norden weiblich ist, während sie im heißen Süden männlich ist. Andererseits ist es nicht notwendig, Ähnlichkeiten, wie z.B. die Tatsache, dass der Mond als weiblich angesehen wird, nur durch den Verweis auf universelle Archetypen zu erklären: »This may be because of the rough correspondences of the phases of the moon to the menstrual cycle of women [...] It is not difficult to see that this common symbolism, acquired through experience and not genetically, could account for the perception.« (Neher 1996, S. 75). Unter Bezugnahme auf die mythologischen Arbeiten, bei denen Jung mit Kerenyi zusammenarbeitete, argumentiert Petzold ähnlich wie Witzel, dass die vermuteten Ähnlichkeiten in mythologischen Motiven in der Detailforschung nicht zu finden seien. Generell wirft er Jung vor, soziale, ökologische und politische Kontexte von Mythologien, religiösen Überzeugungen und sozialen Praktiken zu vernachlässigen.

4.15.1 Jung im Umgang mit Kritik

In einem Artikel zu Jungs Schattenseiten (Roesler 2021) habe ich ausführlich dargelegt, dass Jung weitgehend unfähig war, mit Kritik umzugehen, die sich gegen seine Theorie richtete, oder diese zu verarbeiten. Das zeigte sich an verschiedenen Orten: im Psychologischen Club Zürich, in dem Jung einen ziemlich diktatorischen Debatten-Stil pflegte (Bair 2003); bei den Eranos-Tagungen, wo z. B. der Biologe Adolf Portmann die biologische Grundlage von Jungs Archetypenlehre kritisierte. Statt die Kritik anzunehmen, sprach Jung jedoch hinter dessen Rücken schlecht über Portmann (Shamdasani 2003; Healy 2017). Bair (2003) drückt es folgendermaßen aus: Jung begrüßte das Neue, solange es von ihm kam. Er fürchtete sich nicht davor, seinen Standpunkt zu ändern oder zu präzisieren oder zuzugeben, dass er sich geirrt hatte, aber nur, wenn er derjenige war, der es zuerst sagte. Er gestattete einen Dialog und Divergenzen, allerdings nur, wenn er das Schlusswort hatte. Es gab Schüler, die es wagten, seine Autorität in Frage zu stellen, kreative Ergänzungen oder neue Einsichten in seine Methode zu haben. Er brach die Beziehungen zu diesen Menschen einfach ab. Die andere Gruppe von Menschen bestand aus denjenigen, die bereit waren, ihm zu Füßen zu sitzen, auf sein Wort zu hören und es so weiterzugeben, wie er es vorgab. Viele von ihnen wurden später zu Autoren der jungianischen Literatur und werden in der Geschichte der AP am meisten zitiert. Es scheint, als ob seine Theorie für Jung schon sehr früh eine Wahrheit war. Er war nicht daran interessiert, seine Theorien wissenschaftlich zu überprüfen oder sie zur Diskussion zu stellen. Er hat sich im Laufe seiner Karriere immer weiter isoliert und eine Schutzmauer errichtet, die ab einem bestimmten Punkt weder von Personen noch von Fakten mehr durchbrochen werden konnte. Was er selbst als Introvertiertheit bezeichnet haben mag, scheint eine Art theoretische Isolation zu sein, die meiner Meinung nach auch heute noch in der AP zu beobachten ist. Das zeigt sich unter anderem daran, dass die von mir zitierte Kritik von Norbert Bischof oder Hilarion Petzold weder in Publikationen zitiert wird noch in der Lehre an Instituten auftaucht.

4.16 Ist die Archetypentheorie ein Glaubenssystem?

»If Jung's theory of archetypes and the collective unconscious is as flawed as it seems, we are faced with the question raised previously: why does it hold so much appeal – for Jung, for Jungian's, and for many others since Jung's time?« (Neher 1996, S. 82–83)

Für Jung war seine Theorie nicht nur eine Theorie, sondern eine starke Überzeugung, die auf seiner persönlichen inneren Erfahrung beruhte. Zwar ist dies bei Begründern von wissenschaftlichen Theorien nicht unüblich, allerdings war Jung offensichtlich nicht in der Lage, dieses Zustandekommen seiner Sichtweise auf der Basis seiner eigenen Erfahrungen in Rechnung zu stellen und in Bezug auf seine eigenen Ideen eine neutrale Haltung einzunehmen, das, was man in der akademischen Welt wissenschaftliche Skepsis nennt. Es wurde zu einem Glaubensbekenntnis, und auch wenn er an verschiedenen Stellen in seinem Werk sich bemüht, eine wissenschaftliche Haltung anzunehmen, so gibt es doch zahlreiche andere Stellen, an denen er seine Theorie wie eine Heilslehre verkündet. Mein Eindruck ist, dass diese Einstellung Jungs auf der Seite seiner Schüler und Anhänger wiederum häufig auf ein bestimmtes Bedürfnis nach einem solchen ganzheitlichen Glaubensbekenntnis stößt.

Dies wurde bereits von Neher (1996) beobachtet:

> »Much of the responsibility for the uncritical acceptance of Jung's theory, however, must be borne by his disciples, who have tended to view his ideas as gospel rather than as tentative hypotheses that require ongoing testing and development. [...] Whatever the reasons, the unfortunate consequence is that the theory of archetypes continues to flourish, and even make new inroads, unchecked by reason and thoughtful scrutiny.« (Neher 1996, S. 63)

Neher argumentiert, dass in der jungianischen Herangehensweise die in der Archetypentheorie enthaltene Idee der Universalität der Archetypischen Symbole zu der Gefahr führt, die persönlichen Implikationen – z. B. des Traums – zu ignorieren, obwohl diese erkannt werden müssen, um ein persönliches Problem zu lösen (S. 83). Ich denke, diese gefährliche Fehlinterpretation der Idee der Archetypen hat sich in der Geschichte der AP viele Male manifestiert (s. a. die Diskussion im letzten Kapitel).

Zweifellos ist in der jungianischen Literatur viel zu diesen Problemen veröffentlicht worden, und viele der Punkte, die ich hier anspreche, wurden bereits diskutiert. Dennoch habe ich den Eindruck, dass es außerhalb akademischer Kreise immer noch eine starke Tendenz gibt, Jung zu idealisieren, an sehr klassischen Positionen in der AP und an einer konservativen Lesart seiner Werke in der jungianischen Community festzuhalten. Es scheint, dass kritische Publikationen zu den hier aufgezeigten Problemen keine große Reichweite innerhalb der jungianischen Community hatten und nach wie vor haben. Viel schlimmer ist jedoch der Eindruck: Es scheint eine Überlegenheitshaltung zu geben, die sowohl bei Jung als auch bei vielen seiner Anhänger heute zu finden ist, in dem Sinne, dass ihr Modell, wie sich die Psyche entwickelt und wie Psychotherapie funktioniert, ultimativ ist, als seien sie im Besitz der Wahrheit über die Psyche. Dies hat zu einer Objektivierung und Ontologisierung von Konzepten geführt, die ursprünglich nur eine persönliche Erfahrung von Jung waren. Diese Überlegenheitshaltung hat auch zu einer Tendenz der Abschottung gegenüber Einsichten, Erkenntnissen und Ideen aus anderen Disziplinen geführt.

4.17 Schlussfolgerung: Nicht eine, sondern mehrere Theorien

Es wurde aufgezeigt, dass es nicht nur Jungs Schriften, sondern auch der allgemeine Stand der Archetypenlehre in der AP durch Verwirrung und das Fehlen einer einheitlichen Definition gekennzeichnet sind. Wenn also ein Autor versucht, die Existenz von Archetypen zu belegen, ist nicht klar, was mit diesem Begriff gemeint ist und welche der vielen Definitionen in dem jeweiligen Kontext angewendet wird.

Als Ergebnis der Analyse verschiedener Aussagen und Definitionen von Jung sowie der Community und als Versuch, eine Lösung für diese problematische Situation zu präsentieren, die den Kern der AP in Frage stellt, möchte ich die Idee vorschlagen, dass wir bei Jung – und in der Debatte um die Archetypentheorie in der AP – nicht eine kohärente Theorie, sondern mehrere verschiedene Theorien vorfinden. Diese müssen unterschieden und voneinander abgegrenzt werden. Die folgende Abbildung gibt einen Überblick über die vier verschiedenen Theorien, die sich zu Archetypen finden lassen. Sie sind als Versuch zu verstehen, die verschiedenen Denkansätze in Kategorien einzuteilen und eine theoretische Ordnung zu schaffen:

Biologie	Universalien Anthropologie	Prozesstheorie psychologischer Transformation	Transzendental
Angeboren Vererbung	Mythologie	Individuationsprozess	Platonische Ideen
Biologische Prädisposition	Religiöse Ideen		Kant'sche Kategorien
Instinkt/pattern of behavior	Kulturelle/soziale Muster	Stationen = Klassische Archetypen (Anima/Animus, Heldenweg etc.)	Psychoid Bipolarer Archetyp (infrarot-ultraviolett)
Gleiche Hirnstruktur	Phylogenese = Ontogenese		Synchronizität, unus mundus
Genetische Weitergabe	Ethnographische Parallelen	Alchemie Opus	
		➢ Psychotherapie	

Abb. 1: Vier verschiedene Theorien, welche Bestandteil der Archetypentheorie sind

4.17.1 Theorie 1: Eine Theorie biologisch präformierter (genetisch vererbter) mentaler Fähigkeiten

Nach dieser Theorie ist der Mensch bei seiner Geburt keine Tabula rasa. Aufgrund seiner biologischen Beschaffenheit, seines Genoms und der Ähnlichkeit seiner Gehirnstruktur usw. sind bestimmte vorgeformte Eigenschaften angeboren. Diese können die Form von instinktiven Verhaltensmustern annehmen: präformierte Kategorien, die die Wahrnehmung lenken und formen, und Muster, die die Bildung von Bildern, Ideen usw. steuern. Es wird davon ausgegangen, dass diese Merkmale oder Muster über den genetischen Code von einer Generation zur nächsten weitergegeben werden. Sie haben archaischen Charakter und können vor allem in regressiven Bewusstseinszuständen auftreten, insbesondere in der Psychopathologie, z. B. bei Psychosen. Es handelt sich um eine biologische Theorie, die in die Naturwissenschaften eingebettet ist und starke Verbindungen zur Medizin, der Humangenetik, den Neurowissenschaften und der Ethologie aufweist. Es werden Konzepte aus der Evolutionstheorie einbezogen, wonach der Mensch als Produkt einer langen evolutionären Entwicklungslinie betrachtet wird, weshalb er archaische Verhaltensweisen zeigt, die auf unsere tierischen Vorfahren zurückzuführen sind. Damit verbunden ist auch die Vorstellung, dass es eine *natürliche* Lebensweise für den Menschen gibt, eine Lebensweise, die vor dem Hintergrund unserer Evolutionsgeschichte und -entwicklung angemessen ist, also eine Lebensform, die *naturnah* ist bzw. den in unserer biologischen Veranlagung angelegten Bedürfnissen entspricht. Diese Theorie beinhaltet die Idee, dass wir über diese Art des menschlichen Lebens lernen können, indem wir auf die Geschichte der Menschheit zurückblicken.

4.17.2 Theorie 2: Eine anthropologische Theorie menschlicher Universalien

Diese Theorie gehört zum Bereich der Anthropologie und befasst sich mit der Annahme menschlicher Universalien, die bei Völkern aus aller Welt und aus verschiedenen Epochen zu finden sind. Der Schwerpunkt liegt auf Ähnlichkeiten, die kulturübergreifend in sozialen Regeln und Mustern, kulturellen Gewohnheiten und Symbolen/Bildern, religiösen Ideen, mythologischen Motiven und Erzählungen usw. zu finden sein sollen. Die Informationen stammen aus ethnologischen und archäologischen Funden aus traditonellen oder prähistorischen menschlichen Gesellschaften und Kulturen. Diese Theorie beinhaltet eine Idee, die als Homologie von Phylogenese und Ontogenese bezeichnet wird, was bedeutet, dass die psychologische Entwicklung des Individuums die evolutionäre und kulturelle Entwicklung der Menschheit rekapituliert. Zu dieser Idee gehört die Annahme einer Skala verschiedener Stufen der Entwicklungsreife von archaisch/»primitiv« bis entwickelt/»zivilisiert«, die dementsprechend sowohl auf die individuelle als auch auf die kulturelle und gesellschaftliche Entwicklung angewendet werden kann.

4.17.3 Theorie 3: Eine Prozesstheorie der psychologischen Transformation (in der Psychotherapie)

In dieser Theorie geht es um die Beschreibung von Transformationsprozessen, die in der Psychotherapie, aber auch in anderen Formen von Transformationsphasen im menschlichen Leben zu beobachten sind. Solche Transformationsprozesse können auch im Sinne von Dekomposition oder Regression und in bestimmten Fällen und Phasen der Psychopathologie beobachtet werden, nämlich im Verlauf einer psychotischen Entwicklung, die eine Abfolge bestimmter typischer Vorstellungen und Bilder hervorbringt. Die allgemeine Idee dieser Theorie ist eine Kraft innerhalb des menschlichen Organismus/der Psyche, die hinter diesem Prozess der psychologischen Transformation steht und das Ziel einer größeren Integration der Persönlichkeit bzw. Ganzheitlichkeit hat. Dies ist gleichbedeutend mit psychologischer Heilung und geistiger Gesundheit. Es beinhaltet die Vorstellung, dass die Integration der Gesamtheit einer Person, als Ganzheit bezeichnet, in der Psyche/im Unbewussten präformiert ist. Dazu gehört auch die Einzigartigkeit im Sinne der Individualität einer Person. Die zweite Idee dieser Theorie ist die Annahme, dass es eine allgemeine Form oder Gestalt des Transformationsprozesses hin zu Integration und Heilung gibt, welche auf alle Menschen anwendbar ist, und die, wenn sie expliziert wird, als Landkarte für den psychotherapeutischen Prozess verwendet werden kann. In der Archetypentheorie besteht die allgemeine Annahme, dass Modelle für diese universelle Landkarte in symbolischer Form in bestimmten kulturellen und religiösen Traditionen zu finden sind, nämlich in der Alchemie, in den mystischen Traditionen verschiedener Religionen (z. B. Gnosis, Yoga, dem buddhistischen Weg usw.), in religiösen Schriften (z. B. dem Evangelium, dem tibetischen Totenbuch usw.) sowie in Märchen und Mythen. Eines der Hauptziele Jungs bei der Entwicklung seiner Psychologie war es, eine universelle Systematik dieses Transformationsprozesses zu schaffen, die in der Praxis der Psychotherapie angewendet werden kann. Die Archetypen, die Jung detailliert beschreibt und die ich als *klassische Archetypen* bezeichnet habe (Anima/Animus, der Schatten, der alte Weise, die große Mutter, das Selbst, der Trickster, die Reise des Helden usw.), wurden als Stufen dieses Prozesses konzipiert. Dies zeigt, dass das Konzept des Archetyps für Jungs Psychologie wichtig ist, insbesondere weil es das erklärende Konzept hinter der Konzeptualisierung des Prozesses ist. Es wird davon ausgegangen, dass der Prozess und seine Stadien in der Psyche eines jeden Individuums, überall auf der Welt und in jeder Epoche präformiert sind. Die Ausbildung in den jungianischen Instituten zielt vor allem darauf ab, ein tiefes Verständnis für diesen Transformationsprozess zu schaffen, und die Forschungs- und Publikationstätigkeit in der jungianischen Welt trägt dazu bei, eine Karte dieses Prozesses zu erstellen. Ich würde sogar so weit gehen zu sagen, dass diese Theorie der Kern der AP ist. Im Folgenden werde ich diese Theorie daher als Kerntheorie bezeichnen. Diese Idee ist ein einzigartiger Beitrag von Jung zur Entwicklung der Psychotherapietheorie. Nach meinem Verständnis war er der erste, der diese Idee vorstellte, die wiederum einen starken Einfluss auf die Entstehung anderer Psychotherapieschulen hatte, nämlich die humanistischen und transpersonalen Ansätze (Roesler & Reefschläger 2022). Es ist jedoch anzumerken, dass es verschiedene Versionen des Transformationsprozesses gibt. Diese reichen von der Vorstellung eines zentrierenden Prozesses bis hin zu einer sehr detaillierten Karte mit einer Vielzahl von Etappen, wie sie bspw. in der Reise des Helden beschrieben wird.

Diese ersten drei Theorien könnten unter die sogenannte normal science subsumiert werden, d. h., sie sind Gegenstand spezialisierter wissenschaftlicher Disziplinen, z. B. Biologie, Anthropologie usw. Diese Disziplinen können die oben genannten Konzepte untermauern oder, besser noch, die oben zusammengefassten Theorien können an den zeitgenössischen Erkenntnissen und empirischen Beweisen dieser Disziplinen überprüft werden. Die Konfrontation mit zeitgenössischen Erkenntnissen wird in den folgenden Kapiteln für jede der oben genannten Teiltheorien separat durchgeführt. Wie ich oben im Abschnitt über die Kritik dargelegt habe, sind in den Theorien um den Archetypenbegriff in der AP häufig nomothetische Aussagen gemacht worden, die in diesem Sinne überprüft werden können.

4.17.4 Theorie 4: Eine transzendentale Theorie einer Einheitswirklichkeit

Diese Theorie versucht, die üblichen Grenzen der Wissenschaft, das sogenannte deterministische Modell, zu überschreiten und die Brücke zwischen Geist und Materie zu schlagen, indem sie auf Ideen und Konzepte der Quantenphysik zurückgreift. Diese Ideen wurden hauptsächlich im Pauli-Jung-Dialog entwickelt, einem Gespräch, das Jung über Jahrzehnte mit dem Physik-Nobelpreisträger Wolfgang Pauli führte (Gieser 2005). Ein Produkt dieses Gesprächs ist der Begriff der Synchronizität und die Idee des unus mundus, einer potenziellen Realität, in der Geist und Materie noch vereint sind, vergleichbar mit Ideen der Quantenphysik. Schon vor diesem Dialog führte Jung metaphysische Konzepte– von Plato und Kant – in seine Archetypenlehre ein. Diese Ideen weichen deutlich von den gewöhnlichen Wissenschaften ab, sind höchst spekulativ und stellen einen der Hauptgründe dar, warum Jung esoterisches Denken und Mystizismus vorgeworfen wurde. Es handelt sich um ein quasi-religiöses Konzept, das sogar mit vormodernen Formen des Denkens und der Spekulation (z. B. mittelalterlichen Kosmologien) verbunden ist, obwohl es versucht, diese spekulativen Ideen mit Konzepten der modernen Physik zu verbinden. Es kann als ein weiterer Versuch Jungs angesehen werden, dem Archetypenkonzept eine naturwissenschaftliche Grundlage zu geben. Aufgrund ihres spekulativen Charakters lassen sich diese Ideen nicht auf empirische Beobachtungen stützen. Dennoch hatten sie einen starken Einfluss auf die Entwicklung von Konzepten in der Parapsychologie und der zeitgenössischen Bewusstseinsforschung, wo sie weiterentwickelt wurden (für detaillierte Darstellungen s. Roesler 2014a, 2018a; Atmanspacher & Fuchs 2014; Atmanspacher, Römer & Walach 2002; Walach, Schmidt & Jonas 2011). Diese Ideen hatten auch einen starken Einfluss auf die Entwicklung von transpersonalen Psychologien, Psychotherapien und spirituell integrierten Therapien (Roesler & Reefschläger 2022). In dieser Hinsicht erwiesen sich diese Spekulationen als sehr bereichernd für verschiedene Gebiete.

Die vierte und letzte dem Archetypenkonzept inhärente Theorie gehört im Gegensatz zu den ersten drei nicht zum Bereich der normalen Wissenschaft, sie kann daher nicht im oben genannten Sinne geprüft werden und wird hier nicht weiter behandelt.

4.17.5 Fazit

Aufgrund der obigen Analysen der verschiedenen Definitionen, die in der AP für den Archetyp zu finden sind, und auf der Grundlage der Geschichte der Kritik lässt sich zusammenfassen, dass es ein hohes Maß an Verwirrung in Bezug auf den Archetyp gibt. Meine Schlussfolgerung aus dieser Analyse ist folgende: Dieser Mangel an Konsens und Klarheit in der Debatte um die Archetypen ist ein Produkt des Versuchs von Jung (und anderen), die vier oben genannten Theorien um jeden Preis zu kombinieren. Ich würde sogar so weit gehen zu behaupten, dass Jung auf die Idee fixiert war, diese verschiedenen Denkrichtungen und wissenschaftlichen Traditionen zu einem einzigen kohärenten Konzept zu verweben – *was gescheitert ist, weil es grundsätzlich unmöglich ist.* Dieser Versuch hat zu einem großen Durcheinander von Widersprüchen, Aporien, hochspekulativen Ideen und problematischen Annahmen über die Natur des Menschen usw. geführt, die oftmals unter dem Deckmantel nomothetischer Aussagen daherkommen. Das Ansehen der AP in der Wissenschaft wurde enorm beschädigt, in gewissem Sinne zu Recht, denn es ist nicht möglich, dieses theoretische Desaster zu überwinden und gleichzeitig das ursprüngliche Konzept von Jung beizubehalten. Die einzige geeignete Lösung, die ich sehe, ist, die verschiedenen theoretischen Elemente, wie oben beschrieben, in ihre Bestandteile zu zerlegen und sie auf ihre Übereinstimmung mit dem zeitgenössischen Stand des Wissens und den relevanten Disziplinen zu überprüfen, um zu sehen, was bestehen bleibt. Die folgenden Kapitel werden sich damit befassen. Frühere Praktiken, die oft in jungianischen Publikationen zu finden sind, haben ein einzelnes theoretisches Konzept oder einen empirischen Befund aus einer wissenschaftlichen Theorie oder Disziplin herausgegriffen und als *Beweis* dafür verwendet, dass Jung ursprünglich Recht hatte. Auch diese Haltung ist bereits kritisiert worden:

> »A Jungian writer knows a lot about some obscure tribe, or one particular fairytale, or one particular mythologem, or subatomic physics, and appears, in the Jungian world, to be a big authority on it. But when you actually go out and find academics who are into fairytales, or that particular tribe, or that particular myth, or mythology in general, or physics, what they have to say about the level of the sort of knowledge and sophistication shown by the Jungian is rather damning.« (Samuels 1998, S. 29)

Im Gegensatz dazu wird bei der vorliegenden Überprüfung folgende Methodik angewandt: Die verschiedenen Denkansätze und Theorien werden mit dem etablierten Wissen konfrontiert, wie es sich in den jeweiligen Disziplinen entwickelt hat. Falls erforderlich, werden historische Entwicklungen nachvollzogen, um frühere Missverständnisse zu erklären und aufzuzeigen, wie sie überwunden wurden. Im Zuge dieser Konfrontation der Archetypenlehre mit dem zeitgenössischen Wissen werden auch die historischen Vorläufer und einflussreichen Ideen, Theorien und Traditionen, die Jungs Theorie beeinflusst haben, beschrieben. Am Ende jeden Kapitels wird ein Fazit über die Gültigkeit der Archetypenlehre gezogen.

5 Biologie, Genetik und Vererbung

»Die Psychologie muß eine weitgehende Koinzidenz ihrer Tatsachen mit biologischen Gegebenheiten anerkennen, auch wenn sie Anspruch auf die Autonomie ihres Forschungsgebietes erhebt.« (GW 8, 232)

In diesem Kapitel wird die erste der vier oben skizzierten Theorien, die biologische Argumentationslinie, erörtert und mit zeitgenössischen Erkenntnissen und dem aktuellen Wissensstand der jeweiligen Disziplinen verglichen: Verhaltensbiologie, Humangenetik, Evolutionstheorie, Evolutionspsychologie und biologische Anthropologie.

5.1 Angeborenheit

Jung war offensichtlich davon überzeugt, dass Archetypen genetisch geprägt sind und über biologische Wege von einer Generation zur nächsten weitergegeben werden. Jon Mills (2018) gibt einen Überblick, an welchen Stellen Jung in seinen Werken auf diese biologische Argumentation Bezug nimmt. Jung argumentiert in diesem Zusammenhang, dass der Archetyp mit den Instinkten identisch oder ihnen zumindest ähnlich ist, und setzt ihn explizit mit dem Begriff *pattern of behaviour* aus der Verhaltensbiologie gleich. Er geht auch davon aus, dass sich typische Lebenssituationen und Erfahrungen, die sich in der Geschichte der Menschheit endlos wiederholt haben, in die biologische Ausstattung des Menschen eingeprägt haben – Jung verwendet den Begriff zwar nicht explizit, aber was er hier zeitgemäß zu vermitteln versucht, bedeutet, dass diese Erfahrungen das Genom verändert haben. Archetypen sind in dieser Konzeption also genetisch eingeprägt (daher: Archetypen), angeboren und gleichen oder ähneln Instinkten und Verhaltensmustern. Diese Auffassung ist in der Geschichte der AP immer wieder vertreten worden; bis in die jüngste Zeit und auch heute noch gibt es eine beträchtliche Anzahl von Jungianern, die sich eng an Jungs biologisches Konzept der Archetypen halten (z. B. McCully 1971, Gordon 1985, Humbert 1988, Krieger 2019, in gewissem Umfang auch Goodwyn 2020a, 2020b). Solche Vorstellungen gehören nicht der Vergangenheit an, sondern wurden auch in der Befragung als ein weit verbreitetes Argumentationsmuster festgestellt. Die Vorstellung, dass Archetypen und Instinkte eng miteinander verwandt sind und dass Instinkte ein wesentlicher Faktor in der menschlichen

Psychologie sind, wird auch in sehr aktuellen Publikationen, die sich auf zeitgenössische neurowissenschaftliche Erkenntnisse stützen, wiedergegeben (Alcaro et al. 2017; s. u.).

Der wichtigste Vertreter des biologischen Zugangs zu Archetypen war lange Zeit Anthony Stevens (1983, 2003). Nach seiner Auffassung sind Archetypen genetisch kodiert und vererbt – dies erkläre ihre Universalität. Stevens argumentiert, dass es ein Kontinuum von Verhaltensweisen gibt, das von umweltstabilen bis zu umweltlabilen Verhaltensweisen reicht. Stevens behauptet, dass Jung das archetypische Plädoyer der phylogenetischen Psyche so konzipiert hat, dass es die grundlegenden Muster des menschlichen Lebens in einer Weise bestimmt und koordiniert, die für alle Mitglieder der Spezies charakteristisch ist. Er argumentiert weiter, dass unbewusste Bilder auch Teil des Grundrisses sein können, auf dem Verhaltenssysteme beruhen, und kommt zu dem Schluss, dass der Archetyp aus biologischer Sicht ein uralter, genetisch bedingter Auslöser oder Hemmstoff ist, der unser Verhalten direkt beeinflusst. Er veranschaulicht dieses Argument am Beispiel der Bindungstheorie und des Bindungsverhaltens, das er als eindrucksvolles Beispiel für biologisch begründete, genetisch bedingte Verhaltensmuster ansieht (s. u. für eine ausführliche Diskussion der Ergebnisse der Bindungsforschung und der zeitgenössischen Sichtweisen in der Bindungstheorie). Ein weiterer Befürworter des Paradigmas der biologischen Vererbung ist John R. Haule (2004, 2011). Er argumentiert, dass es eine beachtliche Synthese zwischen der modernen Genetik, dem darwinistischen Paradigma im Allgemeinen und Jungs Ideen über den Archetyp gibt: »These were to be archetypal realities, passed on through DNA, and expressed in distinctive neuronal tracts in the brain. They would include customs and laws regarding property, incest, marriage, kinship, and social status; myths and legends […]« (2004, S. 154).

5.2 Der Verlauf der Debatte in der AP

Interessanterweise hat sich der Stand der Debatte in der AP weit von diesen reduktionistischen und biologistischen Konzeptualisierungen entfernt, und das schon seit geraumer Zeit. Die Grenzen der biologischen Argumentation wurden bereits von George Hogenson in seiner Debatte mit Anthony Stevens auf dem Kongress der IAAP im Jahr 2001 dargelegt (Stevens, Hogenson & Ramos 2003; Überblick Hogenson 2019). Man könnte sagen, dass nach dieser Debatte und einer Veröffentlichung von Hogenson (2001; s. a. 2003) aus demselben Jahr klar war, dass eine Position wie die von Stevens, die man als naiven Innatismus und biologischen Reduktionismus bezeichnen könnte, nicht mehr aufrechterhalten werden konnte:

> »[…] one would have to say that the archetypes of the collective unconscious do not exist, in the sense that they cannot be said to be some place. They are not in the genome.« (Hogenson 2003, S. 19)

5 Biologie, Genetik und Vererbung

Schon damals gab es eine Fülle von Belegen aus der Biologie, Genetik, Entwicklungspsychologie usw., die eindeutig gegen die biologische Annahme sprechen. Zunächst einmal ist man sich in der Verhaltensbiologie einig, dass der Mensch keine Instinkte hat (s. u.). Es gibt einige grundlegende Reflexe bei Neugeborenen, die aber schnell verlorengehen und durch mentale Muster ersetzt werden, die auf Erfahrung beruhen. Das Verständnis des menschlichen Genoms führte zu der Einsicht, dass symbolische Informationen nicht genetisch kodiert werden können. Und selbst wenn es genetisch vorgeformte mentale Muster gibt, unterliegen sie über epigenetische Prozesse einem starken Einfluss der Umwelt. Das Schlüsselkonzept der zeitgenössischen Theorien zur menschlichen Entwicklung ist daher die Gen-Umwelt-Interaktion. Eine detaillierte Analyse dieser zeitgenössischen Erkenntnisse und ihrer Implikationen für die Archetypenlehre wurde bereits von Jean Knox (2003) vorgelegt.

> »The fact that animals demonstrate patterns of automatic motor action, [...] is mistakenly used by Jungians as the basis for arguing archetypes are also an inherited pattern of mental representation, imagery and thought, apparently part of our genetic make-up. [...] mental imagery and thought are the result of much more complex interactions between brain, mind and environment, in which genetic ›hard-wiring‹ plays virtually no part.« (Knox 2009, S. 311)

In der Fachwelt, die sich in den letzten zwei Jahrzehnten mit der Archetypenlehre befasst hat, besteht ein starker Konsens darüber, dass Jungs Annahme einer biologisch-genetischen Weitergabe von Archetypen nicht mehr haltbar ist; dieser Konsens hat sich in einer Reihe von Veröffentlichungen der letzten 20 Jahre niedergeschlagen (Roesler, 2012a; 2012b, 2012c; Merchant, 2019). Im Gegensatz zu dieser Klärung in der Fachliteratur scheint der Stand der Debatte nur wenige oder gar keine Auswirkungen auf die Lehre der Archetypen in jungianischen Ausbildungsinstituten zu haben. Ich gehöre zum Lehrkörper einiger Institute, und mir scheint, dass Ausbildungskandidaten oft so über Archetypen unterrichtet werden, als sei seit Jungs Zeiten nichts geschehen. Das Gleiche gilt für viele jungianische Publikationen, die immer noch einen undifferenzierten biologischen Ansatz für die Archetypenlehre verwenden, der fast identisch ist mit dem in Jungs späten Jahren. Bereits 2003 wies Jean Knox auf dieses Problem hin, indem sie konstatierte, dass in der jungianischen Psychologie oft völlig überholte Konzepte verwendet werden, insbesondere wenn es um Archetypen geht. Eine solche Ignoranz gegenüber zeitgenössischen Erkenntnissen und Debatten stellt natürlich ein massives Problem dar, wenn die AP heute versucht, in der akademischen Psychologie einen Platz zu finden. Merchant (2009) schlägt sogar vor, die Verwendung des Begriffs Archetyp selbst zu hinterfragen:

> »If contemporary neuroscience does ultimately reveal that the archetype-as-such is not innate as originally conceived, then the question arises – is the word ›archetype‹ itself too suffused with innatism and preformationism meanings to prevent confusion? [...] [For] if we think, act and clinically practise as if archetypes are a priori, innate psychic. structures which determine psychological life when this is not the case, then we could become irrelevant to the broader psychotherapeutic community.« (Merchant 2009, S. 355)

Folglich entwickelten Autoren wie Hogenson, Knox und Merchant das, was heute als Emergenz-Position bezeichnet wird, die versucht, den aktuellen Stand der Genetik, der Entwicklungspsychologie und der Neurowissenschaften mit der Archetypentheorie zu integrieren, die im Folgenden ausführlich diskutiert wird. In einem ersten Schritt soll jedoch die Frage erörtert werden, ob es beim Menschen Instinkte/Verhaltensmuster gibt.

Primär ist festzuhalten, dass die von Jung gezogene Parallele zwischen Archetypen beim Menschen und Instinkten bei Tieren nicht haltbar ist. Norbert Bischof, Psychologieprofessor und Ethologe der Schule von Konrad Lorenz, hat eine sehr differenzierte Untersuchung der jungianischen Theorie vor dem Hintergrund der modernen Entwicklungspsychologie und Ethologie veröffentlicht (Bischof 1996). Er weist sehr deutlich darauf hin, dass es keine Parallele zwischen instinktiven Mustern bei Tieren (z. B. wie Vögel ihr Nest bauen) einerseits und komplexen symbolischen Strukturen wie mythologischen Geschichten oder Ritualen beim Menschen andererseits geben kann. In der Ethologie (Bischof 1985/2020) ist Instinkt ein Fachbegriff und als solcher mit drei Komponenten klar definiert:

1. ein Auslösemechanismus, d. h., es gibt einen bestimmten Reiz in der Umwelt, der vom Individuum wahrgenommen werden kann, der dann
2. einen Impuls auslöst, der zu
3. einem ererbten koordinierten Handlungsmuster führt.

Dies gibt es beim Menschen nicht (ebd.). Menschliche Säuglinge haben keine ererbten Handlungsprogramme, sondern nur bestimmte Reflexe, die zum Teil nur in den ersten Lebenstagen gezeigt werden können und dann schnell wieder verschwinden. Die Innervation der Extremitäten ist beim Menschen sehr unspezifisch und entwickelt sich erst durch Anleitung und/oder Ausprobieren zu spezifischen Handlungsmustern.

Im Gegensatz zu diesen Erkenntnissen sieht Jung sich selbst und alle Menschen im Allgemeinen als Objekte archetypischer Kräfte, die sich der Entfaltung dieser Kräfte nicht widersetzen können, da ihnen eine instinktive Kraft[7] zugeschrieben wird. Im Konzept des Individuationsprozesses wird dies sogar als der Sinn des Lebens hervorgehoben – das Potenzial zu erfüllen, das (biologisch) in der Person verwurzelt ist. In der Entfaltung der archetypischen Kräfte liegt eine gewisse Unvermeidlichkeit.

Bischof (1997) hat die Analogie Archetyp – Angeborener Auslösemechanismus (AAM) in der Ethologie anhand des »Kindchenschemas« (Eibl-Eibesfeldt 1987) und des Archetyps des (göttlichen) Kindes (Jung GW 9/I) näher untersucht, um zu prüfen, ob sich Parallelen zwischen Ethologie und Psychologie ziehen lassen. Das Kindchenschema besteht darin, dass bei den meisten Tierarten der Kopf der Jungtiere im Verhältnis zum Körper größer und das Gesicht kompakter ist, was eine gedrungene Nase bedeutet oder dass Augen, Nase und Mund näher beieinander liegen usw. Diese Form stellt für das erwachsene Individuum einen Auslöser dar, der unter anderem Aggressionen hemmt und Fürsorgeverhalten auslöst. Bischof kontrastiert Jungs Ausführungen zum Kind-Archetypus, insbesondere zu den bildlichen

---

7 »Wenn sich im Leben etwas ereignet, was einem Archetypus entspricht, wird dieser aktiviert, und es tritt eine Zwanghaftigkeit auf, die, wie eine Instinktreaktion, sich wider Vernunft und Willen durchsetzt [...]« (GW 9/I, 99).

Darstellungen, in denen das Kind erscheint. Sein Fazit: »Diese beiden Deutungsmuster liegen meilenweit auseinander […]. Für das ethologische Konzept ist der zentrale Punkt offensichtlich die physiognomische Erscheinung der kindlichen Gestalt. Es gibt ganz bestimmte formale Merkmale, die wie ein Schlüssel ins Schloss des Wahrnehmungsfilters passen müssen, der das Fürsorgeverhalten auslösen soll« (Bischof 1997, S. 121 f.). Ein solches Schlüssel-ins-Schloss-Prinzip gibt es beim Menschen nicht, und das gilt auch für das Fürsorgeverhalten, das ausgelöst werden soll: Zum Fürsorgeverhalten hat eine Meta-Analyse kulturübergreifender Studien gezeigt, dass es kein universelles Muster für Fürsorgeverhalten beim Menschen gibt (Ahnert 2010). Für die bildlichen Darstellungen, die Jung als Manifestationen des Kindheitsarchetyps erforschte, trug das Kind eine symbolische Bedeutung, die durch die räumliche Symbolik vermittelt wird (Bischof 1997, S. 122). Das Problem ist also, dass Jung zwei Entitäten nebeneinanderstellt, die auf kategorial unterschiedlichen Ebenen liegen. Auf der einen Seite steht ein instinktives Verhaltensmuster, fast auf der Ebene eines Reflexes, und auf der anderen Seite eine mehr oder weniger komplexe symbolische Sinnstruktur. Genau dieses Problem zieht sich durch Jungs gesamte biologische Argumentation zu den Archetypen. Verhaltensmuster von Vögeln können nicht mit komplexen, bedeutungsvollen Mustern wie Ritualen oder mythologischen Geschichten beim Menschen gleichgesetzt werden. Andererseits scheint es Bischof zufolge durchaus plausibel, dass es im Gegensatz zu Instinkten tatsächlich bestimmte Kategorien der Wahrnehmung und Logik gibt, die im Menschen biologisch vorgegeben sind. Diese Kategorien organisieren Wahrnehmung und Verhalten in bestimmte Richtungen. Bischof (1985/2020) nennt: die Unterscheidung von Figur und Hintergrund, Wahrheit und Erscheinung, Hauptsache und Nebensache, Kausalität und das Konzept der Identität in dem Sinne, dass etwas über Zeit und Situationen hinweg gleichbleibt. Säuglinge können bspw. schon im Alter von wenigen Monaten erkennen, ob ein sich bewegendes Objekt ein lebender Organismus ist oder nicht (s. u.). Leider wurde diese differenzierte Arbeit von Bischof in der AP nie beachtet, wie dies bei einer Reihe von wichtigen wissenschaftlichen Erkenntnissen der Fall ist.

5.3 Das Primat der Bilder

Vieles von dem, was oben erwähnt wurde, gilt auch für Jungs Verwendung des Begriffs Bild und seine Vorstellung, dass Bilder primär sind. Wie die Ethologie eindeutig feststellt, werden menschliche Säuglinge ohne vorgeformte Bilder geboren. Sie verfügen noch nicht einmal über die neuronalen Fähigkeiten, visuelle Repräsentationen zu konstruieren und im Gehirn zu speichern, bevor sie mindestens sechs Monate alt sind. Ein Befürworter eines modifizierten biologischen Ansatzes für Archetypen, Goodwyn (2020a), stellt klar: »We do not inherit images« (S. 924). Dennoch argumentieren auch in aktuellen Publikationen jungianische Autoren weiterhin mit dem Primat der Bilder unter völliger Vernachlässigung der jeweiligen wissenschaftlichen Erkenntnisse (z. B. Dorst, 2015). Die ersten psychischen Repräsentationen sind Verkörperungen, keine Bilder.

> »The result of this outlook was that Jung failed to adequately take into consideration the role of the body and the wider material environment in the creation of meaningful images.« (Connolly 2018, S. 73)

Mark Solms (2016) weist darauf hin, dass in angeborenen Gehirnstrukturen keine Bilder gespeichert werden. Bilder, wie z. B. in Träumen, sind sekundäre Produkte, die vorbewusste oder sogar bewusste Prozesse beinhalten. Das bedeutet, dass es keine primären Bilder gibt, d. h., es gibt keine Bilder, die völlig unbewusst sind, noch nie bewusst waren und nicht aufgrund von Erfahrungen entstanden sind.

Colman (2016) argumentiert in ähnlicher Weise:

> »[...] symbolic imagination is not shaped by pre-existing psychic forms so much as being the means by which it is possible to conceive of such forms in the first place. Ontologically, the image is primary and the abstract forms were present for the levels of symbolic thought being constituted by rather than being constitutive of symbolic imagination.« (Colman 2016, S. 16)

5.4 Das Argument der Ähnlichkeit der Gehirnstruktur

Eine weitere Argumentationslinie, die sich sowohl bei Jung als auch in neueren Veröffentlichungen in der AP (sowie in der Umfrage, Roesler 2022) findet, ist die Annahme, dass alle Menschen die gleiche Gehirnstruktur haben. Die Befürworter einer biologischen Fundierung von Archetypen argumentieren, dass die Ähnlichkeiten in sozialen Mustern, religiösen Vorstellungen usw., die als archetypisch angesehen werden, durch diese allgemeine Ähnlichkeit der Gehirnstruktur bei allen Menschen zustande kommen (z. B. Stevens 2003, Haule 2011). Diese Sichtweise wurde lange Zeit von Hirnforschern geteilt, die große Stichproben untersuchten und Hirnregionen identifizierten, von denen man annahm, dass sie der Ausgangspunkt für bestimmte Prozesse oder Fähigkeiten sind. In den letzten Jahren hat sich jedoch ein Wandel in der Hirnforschung vollzogen, der auf detaillierteren Untersuchungen interindividueller Unterschiede in der neurologischen Leistung sowie der funktionellen Hirnstruktur beruht. Eine Gruppe am University College London (Foulkes & Blakemore 2018) hat sich intensiv mit der Untersuchung individueller Unterschiede in der Reifung des Gehirns bei Jugendlichen und jungen Erwachsenen beschäftigt und dabei erhebliche Unterschiede im Zeitrahmen der Reifung verschiedener Teile des Gehirns festgestellt. Sie argumentieren, dass die Ausbildung der funktionellen Struktur des Gehirns nicht allein genetisch präformiert ist, sondern auch Einflüssen aus der Umwelt und dem sozialen Netzwerk von Familie und Freunden unterliegt. Noble et al. (2015) konnten zeigen, dass die Unterschiede eng mit dem sozioökonomischen Status der Eltern zusammenhängen: Je höher der

Status, desto größer war die kortikale Oberfläche in vielen Hirnregionen im gleichen Alter. Diese Unterschiede führten auch zu höheren Kompetenzen in den Bereichen Sprache, Lesen, soziale Kognition und anderen Bereichen der intellektuellen Leistung (vgl. Seghier & Price 2018). Generell gilt also, dass die Teile des Gehirns, die sich evolutionär später entwickelten, in viel stärkerem Maße Umwelteinflüssen, z. B. im Sinne von Bildung, unterliegen, als bisher angenommen wurde. Dies ist erneut ein eindrucksvolles Beispiel dafür, wie irreführend Forschung sein kann, wenn sie von vorgefassten Theorien und Überzeugungen des Präformationismus ausgeht, in diesem Fall von dem unhinterfragten Vorurteil, dass menschliche Gehirne von Natur aus ähnlich sind. In dieselbe Richtung argumentiert Verhoeven (2011), dass wir in der Anthropologie nicht von einer biologischen Grundlage religiöser Repräsentationen ausgehen sollten, nur weil dies Kategorien sind, die für das Denken gut und daher dauerhafte Bestandteile des menschlichen Geistes sind.

5.5 Genetik

Jung argumentiert, dass Archetypen im Erbgut des Menschen zu finden sind. Diese sehr allgemeine Annahme wurde in der AP immer wieder aufgegriffen, sowohl in der Vergangenheit als auch in neueren Publikationen und der Umfrage (Roelser 2022). Deshalb soll im Folgenden der Stand der Genetik, mit besonderem Augenmerk auf die Humangenetik, zusammengefasst werden. Ganz allgemein gesprochen sind Instinkte bei Tieren, z. B. das Muster, wie der Webervogel sein Nest baut, mit Sicherheit genetisch geprägt und werden von Generation zu Generation weitergegeben, d. h., es ist kein Lernen oder keine Erfahrung notwendig, damit die Vögel dieses Muster ausführen. Ein komplexes mythologisches Konzept, d. h. ein kognitiver Inhalt, lässt sich nicht genetisch kodieren. Erstens kodieren Gene nur den Bau bestimmter Proteine, was wiederum bestimmte biologische Prozesse nach sich zieht – nicht aber symbolische Information. Zweitens ist der Platz, um solch komplexe Informationen im Genom zu speichern, einfach nicht vorhanden. Die vorhandenen Gene (seien es 24.000 oder gar 100.000) würden niemals ausreichen, um die Kodierung dessen zu erreichen, was in Jungs Theorie als Archetypen begriffen wird – zudem soll die Zahl der Archetypen ja angeblich unbegrenzt sein. Die biologisch-genetische Hypothese der Archetypen müsste erklären, wie solch komplexe symbolische Strukturen wie z. B. der Heldenmythos, eine narrative Struktur, oder die Anima mit all ihren Attributen usw. im menschlichen Geist zustande kommen.

In der Humangenetik ist die Aussage, dass Gene nicht als Träger komplexer symbolischer Informationen dienen können, sehr eindeutig. Nur subkortikale Strukturen entstehen durch genetische Kontrolle in der frühen menschlichen Entwicklung. Symbolische Informationen benötigen jedoch Netzwerke im Neokortex, die sich erst im Laufe der Entwicklung, weit über das erste Lebensjahr hinaus, bilden (Knox 2003). Das bedeutet, dass Archetypen im Sinne komplexer symbolischer Strukturen grundsätzlich nicht genetisch codiert werden können und die vorhandenen angeborenen mentalen Strukturen so rudimentär bzw. nur auf Sinneswahrnehmung ausgerichtet sind, dass sie von diesen komplexen symbolischen Mustern weit entfernt sind.

Es hat schon verschiedenste Versuche von Jung und anderen nach ihm gegeben, das biologisch-genetische Konzept der Archetypen zu retten. Jung war sich in gewisser Weise auch des Problems bewusst, dass symbolische Informationen nicht genetisch kodiert werden können. Er unterschied daher seit 1947 zwischen dem Archetypus als solchem, der nur ein Kern und inhaltsleer ist, und dem konkreten archetypischen Bild, das in der Tat einen kulturell unterschiedlichen Inhalt hat. Jungs Behauptung eines genetisch angelegten Archetyps beruht auf dem fragmentierten Wissen der Genetik zu seiner Zeit. Die tatsächliche Funktionsweise der Gene, soweit wir sie heute kennen, unterscheidet sich deutlich von der Vorstellung, die Jung zugrunde legte und die auch in vielen aktuellen Argumenten auftaucht. Diese überholte Vorstellung wird als »Blaupausen-Modell« bezeichnet (Knox 2003) und ist ein Synonym für genetischen Determinismus: Der genetische Code liefert einen Bauplan, in dem der gesamte Aufbau eines Menschen und auch seines Gehirns vorbestimmt ist, und dieser Bauplan wird in der frühen Entwicklung abgelesen und umgesetzt. Im Gegensatz zu diesem überholten Modell und basierend auf zeitgenössischen Erkenntnissen über die Funktionsweise von Genen stellt selbst ein Verfechter eines evolutionär-genetischen Ansatzes der Archetypentheorie wie Goodwyn (2020a) fest:

> »Genetics can tell us about the effects of the absence or presence of a particular protein, or it can tell us about biomarkers for various mental illnesses, but for more specific questions about psychic contents, genes are not very useful because the processes involved are just far too complex. It is a long and labyrinthine journey from gene to psyche (even ignoring the difficulties of the mind-body problem), with ultra-complex details we can barely track and the danger of cross category errors (like asking how genes can encode symbols) looming around every corner.« (S. 2–3)

5.6 Epigenetik

In den letzten Jahren hat man herausgefunden, dass es verschiedene Mechanismen gibt, durch die Gene mit ihrer Umwelt interagieren. Biologische und genetische Strukturen können sogar durch soziale und mentale Einflüsse während der Entwicklung verändert werden (Bauer 2002, Meaney 2010, Cassidy & Shaver 2018).

> »We have learned that genes are not only instruments of inheritance in evolution but also targets of molecular signals originating both within the organism and in the environment outside it. These signals regulate development. Rapid progress in understanding these molecular genetic mechanisms has revealed an unexpected potential for plasticity, which can enable relatively few evolutionarily conserved cellular processes to be linked together by differential gene expression into a variety of adaptive patterns that respond to environmental changes, as well as to genetic mutations. The resulting plasticity allows a variety of deve-

lopmental pathways, evident in both behavior and physiology, to be generated from the same genome.« (Polan & Hofer 2018, S. 118)

Es scheint, dass es bestimmte sensible Perioden für die Entwicklung bestimmter Fähigkeiten und Kompetenzen gibt, wie etwa den Spracherwerb oder die Entwicklung einer sicheren Bindung. Dies zeigt wiederum, dass die genetische Ausstattung nur dafür verantwortlich ist, den menschlichen Säugling und das Kind darauf vorzubereiten, besonders empfindlich auf Umweltreize zu reagieren, nämlich auf das Verhalten und die Interaktion der Betreuungsperson, aber sie formt oder präformiert dies nicht.

Diese Mechanismen der Gen-Umwelt-Interaktion werden Epigenetik genannt und sind in meiner früheren Veröffentlichung über Archetypen (Roesler 2016, S. 92–105) ausführlich beschrieben worden. Besonders bemerkenswert ist die neue Erkenntnis, dass die Genexpression durch frühe Erfahrungen in der Gebärmutter und in den ersten Lebensmonaten verändert werden kann. Ein Beispiel wäre die Veränderung der Reaktion auf Stress (Bauer 2006, Meaney 2010): Die mütterliche Fürsorge in den ersten Lebensmonaten führt über verschiedene neurobiochemische Zwischenschritte dazu, dass die Methylgruppen vom Genschalter des Glukokortikoidrezeptor-Gens entfernt werden, so dass das Gen dauerhaft ablesbar ist. Dies bewirkt einen dauerhaft niedrigeren Spiegel von Stresshormonen (z. B. Cortisol) und stellt somit einen dauerhaften Puffer gegen Stress dar. Basierend auf diesen Studien von Meaney (2010) sind die Prozesse rund um die Etablierung von Stressbewältigungsmechanismen auf biologischer Ebene mittlerweile sehr gut erforscht (Roth 2019). Neben den oben genannten Prozessen, bei denen die Qualität und Intensität der mütterlichen Fürsorge die Entwicklung der Regulationsmechanismen für Stresshormone moduliert, wurde festgestellt, dass auch das pränatale Stressniveau der werdenden Mutter einen Einfluss auf die Entwicklung der Stressachse im Embryo hat. Nach der Geburt können belastende Ereignisse sowohl für das Kind als auch für die Mutter, z. B. eine konflikthafte Trennung der Eltern, vergleichbare Auswirkungen haben und zu lang anhaltenden Veränderungen auf biologischer Ebene führen, z. B. in der Dichte der Rezeptoren für bestimmte Hormone, z. B. Oxytocin. Dadurch werden die allgemeine Fähigkeit zur Stressregulation und -bewältigung sowie das Selbstregulierungssystem dauerhaft verändert. Daraus lässt sich schließen, dass psychosoziale Erfahrungen, z. B. das Ausmaß der mütterlichen Fürsorge, weitreichende und lang anhaltende Auswirkungen auf der biologischen Ebene haben.

Diese letzte Beobachtung spielt auf die berühmte Debatte *Anlage oder Umwelt* an, die die Diskussion in der Entwicklungspsychologie während des gesamten 20. Jahrhunderts beherrscht hat. Diese Frage, ob ein biologisches System oder Umweltfaktoren bei der Ausbildung psychischer Merkmale vorherrschen, ist durch die Erkenntnisse der Epigenetik im Grunde beantwortet – beides ist zutreffend. Die interessante Frage dabei ist: Wie gestaltet sich die Wechselwirkung zwischen den beiden Variablen?

5.7 Gen-Umwelt-Interaktion

Bakermans-Kranenburg & van Ijzendoorn (2018) geben einen umfassenden Überblick über die Erkenntnisse der zeitgenössischen Forschung zur Epigenetik und zu den Mechanismen der Interaktion zwischen Gen und Umwelt. Diese Erkenntnisse stehen in starkem Kontrast zu früheren Vorstellungen, bei denen davon ausgegangen wurde, dass die genetische Ausstattung jedes Individuums unveränderlich ist, von der Empfängnis an entsteht und über die gesamte Lebensspanne hinweg im Wesentlichen gleich bleibt. Es wurde festgestellt, dass selbst eineiige Zwillinge mit identischer DNA-Struktur sich in der Genexpression auseinander entwickeln können, weil sich das Epigenom, das die Genexpression beeinflusst, verändert. Dreijährige Zwillinge weisen etwa 1.000 Unterschiede in der Genexpression auf, im Alter von 50 Jahren mehr als 5.000. Spezifische epigenetische Veränderungen wurden auch als Folge von Kindesmisshandlung in Waisenhäusern und bei Kindern festgestellt, deren Mütter während der Schwangerschaft Gewalt ausgesetzt waren. Kleine Abweichungen im *Depressionsgen* (5-HTTLPR) erhöhen das Risiko einer Depression – allerdings nur in Verbindung mit negativen Kindheitserfahrungen (ebd., S. 163). Belsky (2009) hat dafür den Begriff »differentielle Anfälligkeit« (»differential susceptibility«) geprägt.

Zusammengenommen bedeuten diese Ergebnisse vor allem eines: Auch wenn der Mensch zweifellos mit genetischen Informationen konstruiert ist, spielen die Erfahrungen, vor allem die in den frühen Entwicklungsphasen und vor allem die Erfahrungen in den Beziehungen zu den Bezugspersonen, eine wesentliche Rolle dabei, welche genetischen Informationen abgelesen werden können (Marcus 2004, S. 98). Erfahrungen bewirken letztlich eine sehr unterschiedliche Ausprägung derselben genetischen Prädispositionen, und bestimmte Gene können durch bestimmte Erfahrungen aktiviert werden. Das Schlüsselwort der modernen Entwicklungstheorie lautet daher nicht mehr *Bauplan*, sondern *Wechselwirkung*. Die Debatte *Anlage oder Umwelt* ist damit obsolet geworden.

Eine besonders wichtige Auswirkung betrifft die Universalität der Archetypen. Jung ging davon aus, dass die Archetypen bei allen Menschen in gleicher Weise vorhanden sind und dass dies nur gewährleistet ist, wenn die Archetypen genetisch verankert sind. Die Epigenetik stellt dies in Frage. Selbst wenn etwas genetisch veranlagt ist, bedeutet es nicht, dass es auch bei allen Genträgern zu den gleichen Eigenschaften führt; dies hängt in hohem Maße von Umwelteinflüssen ab, so dass die Aussage *Dasselbe Gen ist bei verschiedenen Menschen vorhanden* kaum Bedeutung hat. Das bedeutet auch, dass das Argument, Archetypen entstünden durch den gleichen Aufbau des menschlichen Gehirns, obsolet wird, weil diese Ähnlichkeit keineswegs gegeben ist. Wenn Menschen im Laufe ihres Lebens unterschiedliche Erfahrungen machen, dann haben sie letztlich auch unterschiedliche Gehirne, weil die Erfahrungen Einfluss auf die Struktur des Gehirns haben. Hinzu kommt die Einsicht in die hohe Empfindlichkeit der biologischen Entwicklung gegenüber Kontextbedingungen. Selbst kleinste Einflüsse können im Laufe der Entwicklung massive Veränderungen auslösen, so dass selbst bei optimaler Steuerung von Gen-

und Umweltbedingungen praktisch keine Vorhersagen über die Ausbildung von Merkmalen möglich sind.

Dies kollidiert vor allem mit einer Auffassung Jungs, die sein gesamtes Werk durchdringt: dass die Individualität und die psychische Eigenart eines Menschen angeboren, vorgeformt und unabhängig von äußeren Einflüssen sind – die Archetypenlehre ist nur die prominenteste Form dieser Grundvorstellung (s. a. Roesler 2016). Diese Überbetonung der Autonomie des Individuums und des Inneren ist sicherlich, um Jungs eigene Worte zu verwenden, seine »persönliche Gleichung«. Jung hat einen enormen Beitrag zur Rehabilitierung der inneren Welt und der Phantasie, der Introversion und der individuellen Entwicklung in der Psychologie unserer eher extravertierten Kultur geleistet. Diese Orientierung hatte meiner Meinung nach jedoch den Nachteil, dass sie die Bedeutung für die Entwicklung zwischenmenschlicher Beziehungen weitgehend vernachlässigte. Darüber hinaus kann man sagen, dass die aktuellen Erkenntnisse der Epigenetik die Bedeutung der Umweltbedingungen und insbesondere die der frühen Beziehungen zu den Bezugspersonen nur noch verstärken, nämlich dass derselbe Genotyp in Abhängigkeit von den Umweltbedingungen und hier vor allem von den Erfahrungen in engen Beziehungen zu völlig unterschiedlichen Ausprägungen führt, nicht nur psychisch, sondern auch körperlich. Die Konsequenzen für die Rolle, die Beziehungen in der Entwicklung und in der Psychotherapie spielen, werden im letzten Kapitel diskutiert.

5.8 Temperament

Jung mit seinen Ideen zur Typologie (GW 6) kann zu jenen Wissenschaftlern gezählt werden, die stark für interindividuelle Unterschiede im Temperament plädieren. Die interessante Erkenntnis neuerer Studien zu Temperamentsunterschieden ist, dass die mit dem Temperament verbundenen psychologischen Qualitäten – im Gegensatz zu früheren Vorstellungen, wonach sie stabile, von Umweltunterschieden unbeeinflusste Persönlichkeitsorientierungen bilden – die Grundlage für die Plastizität des Gehirns und für die Flexibilität bei der Reaktion auf Veränderungen in der Umwelt sind.

> »The studies highlight the interactive nature of these underlying material participation in behavior, cognition, and emotion, in so far as the effects of temperament and their underlying structures are often mediated and/or moderated by aspects of the physical and social environments.« (Vaughn & Bost 2018, S. 205)

Seit einigen Jahren suchen Neurobiologen und Neuropsychiater nach Genen oder Genkombinationen, die für den Ausbruch von psychischen Störungen und psychiatrischen Krankheiten verantwortlich sind. Diese Bewegung wurde stark von der Pharmaindustrie unterstützt, in der Hoffnung, Medikamente zu finden, die psychiatrische Störungen heilen könnten. Nach mehr als zwei Jahrzehnten dieser

Art von Forschung sind die Ergebnisse äußerst enttäuschend. Es wird immer deutlicher, dass selbst sehr komplexe Kombinationen von Genen nur einen sehr geringen Prozentsatz der Varianz ausmachen, also der Einflüsse, die für den Ausbruch psychischer Erkrankungen verantwortlich sind (Plomin et al. 2013). So wurden bspw. mehr als 1.000 Gene und ihre Kombinationen mit Depression in Verbindung gebracht, aber selbst in den größten Stichproben und unter Berücksichtigung aller dieser Genvarianten können sie nicht mehr als 2–4 % der Unterschiede zwischen Menschen, die an Depressionen leiden, und solchen, die im Laufe ihres gesamten Lebens nie etwas dergleichen erleben, erklären.

> »In fact, the search for main effects in genetics of human behaviours and disorders has been generally disappointing even to the most influential and optimistic gene hunters. Ever larger samples account for ever smaller variants in traits on the level of singular genotypes. [...] It seems safe to conclude that the intergenerational transmission gap between parental and child attachments cannot be breached by genes alone or by separate accounts of genetic and environmental input.« (Bakermans-Kranenburg & van Ijzendoorn 2018, S. 173)

5.8.1 Der biologische Ansatz in der Psychologie und Psychiatrie und seine verheerenden Auswirkungen

Autoren im Bereich der AP, die dazu neigen, die biologische Grundlage der Archetypen zu betonen, vernachlässigen oft die Tatsache, dass der biologische Ansatz in der Psychologie und Psychiatrie, abgesehen davon, dass er nicht in der Lage ist, verlässliche Zusammenhänge zu finden oder wirksame Behandlungen anzubieten, verheerende Auswirkungen auf den Bereich der Psychotherapie und die Behandlung psychischer Störungen hatte. Andrew Scull (2021) beschreibt in seinem Überblick über die Entwicklung der amerikanischen Psychiatrie seit den 1980er Jahren die Abkehr von der Psychoanalyse und dem Versuch, die Ursachen psychischer Störungen zu verstehen, hin zur Biologie, den Neurowissenschaften und der Genetik sowie den Versuch, psychische Störungen mit Pharmazeutika zu behandeln, und die massiven Schäden, die dies für die Versorgungsstrukturen verursacht hat. Als Folge dieses Ansatzes spielt die Psychotherapie in der Psychiatrie praktisch keine Rolle mehr und wurde durch unwirksame Medikamente ersetzt, obwohl es starke empirische Belege dafür gibt, dass die Psychotherapie bei den meisten wichtigen psychischen Störungen äußerst wirksam – und sogar kostengünstiger – ist.

> »There is increasing scientific consensus that ›despite our wishing it were so, individual gene variants of large effect appear to have a small to non-existent role in the aetiology of major psychiatric disorders‹. [...] Genes, it seems, are not fate, and the thousands of alleles that contribute a small additional risk of illness do not operate ›in a simple deterministic manner‹. Developmental and environmental factors must play a crucial role in whether the ›nudge‹ of these alleles manifests itself in mental disorder, which suggests that the overemphasis on the biology of mental disorder has been a strategic mistake.« (S. 3–4).

Wie schwierig wird es dann sein zu argumentieren, dass so komplexe Entitäten wie die Anima oder der Heldenmythos durch genetische Information übertragen werden? Dies hat direkte Auswirkungen auf die angenommene Universalität der Archetypen. Jungs Idee war, dass die Behauptung der Universalität von Archetypen nur dann theoretisch verteidigt werden kann, wenn der Archetyp als genetisch fixiert konzeptualisiert wird. Wie wir heute sehen, bedeutet die Tatsache, dass eine Person ein bestimmtes Gen in sich trägt, nicht unbedingt, dass dieses Gen auch aktiviert wird, da dies sehr stark von Umweltfaktoren abhängt. Genetische Ähnlichkeit ist also nicht gleichbedeutend mit ähnlichen Eigenschaften von Personen. Es lässt sich festhalten: Komplexe Archetypen (symbolische Muster) können nicht genetisch vererbt werden; Umweltfaktoren, insbesondere die Interaktion mit Bezugspersonen, haben einen enormen Einfluss auf die Genexpression – sie können die Entwicklung viel stärker beeinflussen als erbliche Faktoren; die Ähnlichkeit und Universalität von archetypischen Mustern kann nicht durch genetische Kodierung gesichert werden. Merchant (2009) hat als Reaktion auf diese Erkenntnisse sogar vorgeschlagen, den Begriff Archetyp aufzugeben, da er zu sehr mit Konzepten des Innatismus konfundiert wird. Ich stimme Knox (2003) zu, die dieses Argument viel ausführlicher dargelegt hat: Wir Jungianer können unsere Theorie der Archetypen nicht weiter auf wissenschaftliche Annahmen stützen, die durch neuere Forschungen falsifiziert wurden, wenn wir nicht Gefahr laufen wollen, in der wissenschaftlichen Welt belächelt zu werden. Es ist wichtig, dass wir aufhören zu behaupten, dass Archetypen genetisch vererbt werden, wenn wir ernst genommen werden wollen. Auf der Grundlage dieser Erkenntnisse hat sich eine starke Bewegung in der AP von dem als naiven biologischen Determinismus bezeichneten Ansatz verabschiedet und eine neue Hypothese über die Entstehung von Archetypen aufgestellt.

5.9   Das Emergenzmodell von Archetypen

Im Anschluss an die oben erwähnte Debatte zwischen Hogenson und Stevens formulierten mehrere Jungianer (Knox 2003; Hogenson 2004; Merchant 2006) einen neuen konzeptionellen Rahmen für die Erklärung von Archetypen, der auf dem Prinzip der Emergenz beruht.

> »[…] archetypes are the emergent properties of the dynamic developmental system of brain, environment and narrative.« (Hogenson 2001, S. 607)

Die ausgefeilteste Formulierung dieses Ansatzes findet sich in Jean Knox' (2003) Buch *Archetype, Attachment, Analysis*: Hier sieht sie die Entwicklung ausgehend von genetisch festgelegten Mechanismen, die jedoch nur Prädispositionen für die Entwicklung sind, die zur Entfaltung bestimmte Hinweise aus der Umwelt benötigen.

> »Innate mechanisms are activated by environmental cues, interacting with them and organizing them, leading to the formation of primitive spatial and conceptual representations (image schemas or archetypes). These form the foundation on which later, more complex representations can be built.« (Knox 2001, S. 631)

Bei diesem Ansatz wird die Rolle von Umwelt und Sozialisation bei der Bildung von Archetypen eindeutig anerkannt.

> »The crucial point is that such imagery would be arising out of mind brain structures which are themselves derived from early preverbal developmental experience and not from innate archetypes. The ramifications are substantial, for the very existence of archetypes as Jung conceived them is called into question.« (Merchant 2009, S. 342)

Merchant (2012) hat die Implikationen dieser Erkenntnisse für die Theorie der Archetypen sowie den aktuellen Stand der Debatte zwischen den Befürwortern einer biologischen Fundierung der Archetypen und den Anhängern einer interaktionistischen Sichtweise hervorragend zusammengefasst. Interessanterweise kommt Merchant in diesem neueren Werk durch die Durchsicht von Jungs eigenen Fallstudien, mit denen er die genetische Veranlagung von Archetypen nachzuweisen suchte, zu der Erkenntnis, dass alle diese klassischen Fallstudien durchaus ohne die strikte Annahme biologisch vererbter Archetypen erklärt werden können (vgl. ausf. Roesler 2016).

Beachte: Diese Definition von Archetypen erkennt eindeutig an, dass diese sich »aus der Erfahrung heraus entwickeln« und ein Produkt der frühen Entwicklung sind – dies steht in starkem Gegensatz zu Jungs ursprünglicher Definition, der zufolge Archetypen kein Produkt der Erfahrung sind und nie Teil der Erfahrung des Individuums waren.

5.10 Kritik an der emergentistischen Position

Der Emergenzansatz für Archetypen ist jedoch angesichts des theoretischen Problems, das wir zu lösen haben, nicht zufriedenstellend. Die Aussage, dass Archetypen emergente Eigenschaften sind, erklärt nicht wirklich im Detail, wie diese Eigenschaften zustande kommen; das Konzept bleibt zu vage, wie z. B. im obigen Zitat von Hogenson. Maloney (1999) stellt fest: »There are neither genetic effects without environments, nor are there environmental effects without genes. There is only a complex interplay that creates an emergent regularity, the features of which have yet to be fully described« (S. 105–106). Solange niemand eine detaillierte Erklärungslinie der Entwicklung von einem angeborenen Schema zu etwas so Komplexem wie dem *Heldenmythos* ziehen und dabei beweisen kann, dass diese Entwicklung bei jedem Menschen in gleicher Weise abläuft, bleibt dieser Ansatz nicht überzeugend.

Knox behauptet, dass die entstehenden archetypischen Strukturen universell sind, weil die Umweltbedingungen in diesem frühen Entwicklungsstadium überall die gleichen sind:

> »[…] these image schemas […] are not innate, but already reflect a considerable degree of learning. The pattern of learning is nearly identical for all children because certain key features of the environment that the child's attention is focused on remain constant across all cultures.« (Knox 2003, S. 61–62)

Müssen wir nicht davon ausgehen, dass es mehr Unterschiede als Gemeinsamkeiten in der Entwicklung von Kindern gibt, wenn die Forschung kulturübergreifend nicht einmal grundlegende Gemeinsamkeiten in den Erziehungsstrategien finden kann (Ahnert 2010)? Wie Knox (2009) betont hat, benötigen die angeborenen Voreinstellungen Hinweise aus der Umwelt, um aktiviert zu werden. Diese komplexe Interaktion wird durch ein Minimum an genetischer Information erreicht, setzt aber die Existenz einer Betreuungsperson voraus, die in einer sehr spezifischen Weise auf den Säugling reagiert, ein Punkt, der in diesem Stadium von Knox' Argumentation implizit bleibt. Ist die Bezugsperson bspw. ständig betrunken und erkennt die Signale des Säuglings nicht, kommt keine Entwicklungssequenz in Gang, und die genetische Information bleibt wirkungslos. Solche Entwicklungen finden sich z. B. bei dem oben erwähnten Glucocorticoid-Rezeptor-Gen, wo ein Mangel an mütterlicher Fürsorge tatsächlich zu einer Persönlichkeit mit einem viel geringeren Schutz gegen Stress führt. Dies wiederum widerlegt das Argument, Archetypen würden auf der universellen Ähnlichkeit der Gehirnstruktur beruhen (z. B. Stevens 2003). Tatsächlich haben Menschen unterschiedliche Gehirne, je nachdem, welche (frühen) Erfahrungen sie gemacht haben. Selbst etwas so Grundlegendes wie Gehalten-werden wird, wie wir wissen, nicht von jedem Individuum zuverlässig erlebt.

Darüberhinaus kann Knox zwar eine detaillierte Entwicklungslinie von der genetischen Prägung bis zum image schema ziehen, doch scheint mir, dass die Endprodukte dieser Entwicklung immer noch auf einer so primitiven und grundlegenden Ebene angesiedelt sind, dass zwischen diesen primitiven Schemata und den Konzepten, von denen Jung spricht, eine große Diskrepanz besteht.

Meiner Ansicht nach ist das Emergenzmodell keine wirkliche Lösung zur Erklärung der Universalität von komplexen symbolischen Archetypen (vgl. Merchant 2009, 2020). Es gibt zu viele Variablen auf dem Entwicklungsweg, welche den Prozess der Aneignung stören könnten, zumindest in dem Maße, dass es große Unterschiede in den so angeeigneten Archetypen geben würde – sie wären also nicht mehr universell. Wie oben dargelegt, führt selbst dieselbe genetische Information nicht unbedingt zu ähnlichen Entwicklungen; die frühen Entwicklungsprozesse und ihre Errungenschaften können leicht gestört werden; selbst die Struktur des Gehirns ist von Mensch zu Mensch nicht gleich (Bauer 2002). Ich muss daher schlussfolgern, dass auch das Emergenzmodell keine Lösung für das allgemeine Problem darstellt. Zumindest aber macht diese Position deutlich, dass wir die Annahme einer genetischen Vererbung komplexer symbolischer Archetypen aufgeben sollten, denn alles, was wir heute über Genetik wissen, spricht dagegen. Das Modell akzeptiert auch, dass es wesentliche Einflüsse auf die Bildung von Archetypen durch Sozialisation und Enkulturation gibt.

5.11 Selbsterzeugtes Lernen

Die entscheidende Frage lautet nach wie vor: »Just how do genome and environment combine to causally contribute to the development of the collective unconscious (meaning the unconscious contents that are universal by virtue of our species' inheritance) and its archetypes, if at all?« (Goodwyn 2020a, S. 914; vgl. auch Stevens et al. 2003, S. 368: »The crucial question in a discussion of biology and psyche is not whether the two domains are linked, but how they are linked«). Das von Goodwyn (2020a, 2020b) vorgestellte Konzept der Gen-Umwelt-Koaktion betont, dass es genetische Ausgangspunkte gibt, die in gewissem Sinne für einen bestimmten Umweltinput gemacht sind, z. B. die Fähigkeit zum Spracherwerb oder das System der Basisemotionen (s. u.).

> »The important thing to remember, though, is that the genome decides which kind of environmental input is relevant or not (by sending out specific environmental variable-detecting gene products), and the genome decides the circumstances required to seek out such input. […] The point is that the mere presence of ›environmental input‹ does not automatically imply ›not innate‹. It depends on how such input is used.« (Goodwyn 2020a, S. 916)

Er weist dann darauf hin, dass nicht alle Lerninhalte das Ergebnis von *lokal beobachteten oder kulturell vermittelten* Inhalten sind, die nur in der persönlichen Geschichte des Einzelnen vorkommen. Manches Lernen ist selbstgesteuert und universell und würde in jeder Umgebung stattfinden, z. B. das Erlernen des aufrechten Gangs.

> »Thus, an archetypal element is defined as a universally self-organizing, emotionally significant, embodied symbolic association. They arise in everyone as a result of species-typical gene-environment co-action that does not require learning in the above sense. Any learning involved in the construction of these is purely self-directed learning that will be immediately obvious to any normally developing member of species Homo sapiens.« (ebd., S. 926)

Beispiele für solche verkörperten symbolischen Verknüpfungen sind: Kälte = soziale Isolation, Hitze/Feuer = intensive Emotionen, runde Form = Ganzheit.

5.12 Kritik an Goodwyns Position

Goodwyn argumentiert, dass ähnliche mentale Strukturen das Ergebnis von selbstgesteuertem Lernen sind, aber er übersieht die Möglichkeit, dass diese Ähnlichkeiten durch Erfahrungen mit vergleichbaren Bedingungen in der Außenwelt hervorgebracht werden können. Es ist nicht notwendig, eine vorgeformte Kategorie von oben und unten zu haben, da es keine Möglichkeit gibt, die Wahrnehmung der Schwerkraft zu umgehen. Es ist ebenso nicht notwendig, ein vorgefertigtes Muster für einen Kreis zu haben, da es in der Natur perfekte Kreise gibt, z. B. die Sonne, den Mond usw., und, wie ich oben dargelegt habe, der Kreis an sich (objektiv/mathematisch) eine perfekte Form ist, so dass es nicht verwunderlich ist, dass er in verschiedenen Kulturen mit Perfektion und Ganzheitlichkeit verbunden wurde. Es besteht kein Zweifel, dass solche Entwicklungsprozesse, wie sie Goodwyn beschreibt, existieren und dass sie einen beträchtlichen Teil der Lernprozesse beim Menschen erklären können. Wir werden außerdem weiter unten bei der Diskussion zeitgenössischer Theorien über angeborene geistige Fähigkeiten sehen, dass mehrere der von Goodwyn beschriebenen Elemente tatsächlich Teil der biologischen Ausstattung des Menschen sind. Dennoch kann dieser Ansatz nicht erklären, wie solch komplexe symbolische Strukturen wie die Anima, der alte Weise oder die Reise des Helden zustande kommen können. Es ist offensichtlich, dass die Beispiele, die Goodwyn anführt, weit von solchen komplexen Strukturen entfernt sind (s. a. Roesler 2023). John Merchant (2020) betont, dass Goodwyns Argument die Betonung auf das Genom in der Gen-Umwelt-Koaktion legt (S. 132). Zwar verfalle Goodwyn nicht in vereinfachende Annahmen über den Präformationismus, was, wie Merchant anmerkt, unter Jungianern weit verbreitet ist, aber er kritisiert die Überbetonung der biologischen Seite der Interaktion und die Vernachlässigung des Einflusses von Umwelteinflüssen und Entwicklung.

>»Critically, once developmentally produced mind/brain (image schema) structures are in place, they have the capacity to generate psychological life. Imagery can then appear as if it is innately derived when that is not the case. [...] Fundamental to this approach is the recognition that although genes are essential to development, heredity, and evolution, they **are not causally privileged**, but, rather, are part of the individual's entire developmental system. I argue that evolutionary explanation cannot be complete without developmental explanation because it is the process of development that generates the phenotypic variation on which natural selection can act.« (S. 133, Hervorhebung C. Roesler)

Noch bedeutsamer könnte die Tatsache sein, dass Goodwyn, obwohl er die biologische Seite betont, implizit eine wichtige Rolle der Erfahrung einführt. Diese Definition weicht insofern deutlich von Jungs ursprünglicher Konzeptualisierung ab, da laut dieser die Archetypen nicht mehr vor jeglicher persönlichen Erfahrung vorgeformt sind. Dasselbe gilt für die oben erwähnte emergentistische Position: »Archetypes [...] [are] emergent structures resulting from a developmental interaction between genes and the environment that is unique for each person« (Knox 2003, S. 8). Dies führt zu einer großen Verschiebung in den zeitgenössischen Konzeptualisierungen von Archetypen, die (frühen Lebens-)Erfahrungen eine große Rolle bei der Entstehung von Archetypen zuschreiben – dies ist ein großer Unterschied zur klassischen Archetypentheorie.

5.13 Jung, evolutionäres Denken und die darwinistische Theorie

Auch wenn Jung sehr evolutionistisch argumentiert, scheint er Darwins Theorie (1859, 1871) nicht ganz verstanden zu haben, da diese – mit ihren modernen Rekonzeptualisierungen (Huxley 1948, Pigliucci 2010) – deutlich darauf hinweist, dass die einzigen Antriebsmechanismen der Evolution Mutation und Selektion sind. Jung zitiert Darwin nur zweimal in den GW, obwohl der gesamte biologische Gedankengang seiner Archetypentheorie auf einem evolutionären Ansatz für die menschliche Entwicklung beruht. Es scheint, dass Jung nur eine sehr vage Vorstellung von der Evolutionstheorie hatte und sich nicht sonderlich für diese interessierte.

Jung argumentiert, dass Archetypen das Ergebnis von Niederschlägen von Erfahrungen des frühen Menschen sind, die sich immer wieder wiederholen. Dies steht in starkem Gegensatz zu den Erkenntnissen der modernen Evolutionstheorie, die besagt, dass die einzigen Mechanismen, die zur Veränderung des Genoms beitragen, Mutation und anschließende Selektion sind. Es gibt keinen Mechanismus, durch welchen Erfahrungen den genetischen Code verändern können, die sogenannte Weismann-Barriere (Huxley 1948): alle epigenetischen Veränderungen, die sich im Laufe des Lebens eines Individuums angesammelt haben, werden im Genom der Keimzellen gelöscht. Die Argumentationsweise, die bei Jung zu finden ist, wird Lamarckismus genannt und bezieht sich auf eine frühe Evolutionstheorie von Jean-Baptiste de Lamarck, die von der darwinistischen Theorie widerlegt wurde – allerdings wird auch Lamarck von Jung nicht zitiert. Jungs Argumentation führte 1948 auf der Eranos-Konferenz in Ascona zu einer Konfrontation mit dem Biologen Adolf Portmann, der Jung darauf hinwies, dass seine Argumentation nicht den zeitgenössischen Erkenntnissen der Evolutionsbiologie entspräche (Shamdasani 2003). Daraufhin führte Jung das Konzept des Archetyp-an-sich ein, was aber, wie oben erwähnt, keine Lösung dieses Problems darstellt. Hinzu kommt: »Although Lamarck's theory was clearly outdated long before he died, as far as I know Jung never repudiated his Lamarckian orientation.« (Neher 1996, S. 66). Diese Haltung gegenüber der Evolutionstheorie, die bei Jung sichtbar wird, sagt uns, dass Jung nicht nur die Evolutionstheorie nicht wirklich verstanden hat, sondern auch an diesen biologischen Konzepten nicht interessiert war. Abgesehen davon, dass er Evolutionstheorien weder korrekt zitiert noch nutzt, hat Jung sein Wissen über die theoretischen Entwicklungen der Evolutionstheorie offenbar nie aktualisiert. So hätte er z.B. Huxleys moderne Synthese der darwinistischen Theorie, die erstmals 1942 veröffentlicht wurde, lesen können; auch über die Entdeckung des DNA-Codes durch Oswald Avery und Kollegen im Jahr 1944 und die Konsequenzen für das Verständnis der evolutionären Entwicklungen hätte er sich informieren können, wenn er daran interessiert gewesen wäre. Auch den Fachbegriff pattern of behavior verwendete er und führte ihn Ende der 1940er Jahre in seine Archetypentheorie ein, als er auf die ersten Veröffentlichungen zur Ethologie, z.B. von Konrad Lorenz (1941) und Nico Tinbergen (1951), stieß, allerdings wiederum ohne diese Veröffentlichungen zu zitieren. Selbst in dem ganzen Kapitel mit dem Titel *Pattern of behaviour und Archetypus* (GW 8, paras. 397–420), das 1947 veröffentlicht wurde, ist der einzige Hinweis auf die Biologie eine deutsche Übersetzung von 1909 von Conway Lloyd Morgans *Animal Life and Intelligence* von 1890. Paradoxerweise betont Morgan in seinem Modell der Ethologie den Punkt, dass die Evolution des Bewusstseins nicht allein durch Biologie erklärt werden kann. Er vertritt auch den Standpunkt, dass in der Ethologie nur beobachtbares Verhalten als eine angemessene wissenschaftliche Beschreibung angesehen werden sollte, und war damit ein Vorläufer des Behaviorismus. Dies zeigt erneut, wie nachlässig, ja schlampig, Jung mit wissenschaftlichen Erkenntnissen und deren Verwendung in seinen Theorien umging. Es scheint mir, dass er diese naturwissenschaftlichen Konzepte lediglich als Rechtfertigungsstrategie verwendet hat, um den Eindruck zu erwecken, dass seine

Archetypenlehre eine echte naturwissenschaftliche Theorie sei, und um sie so gegen Kritik zu schützen (s. a. Trevi 1992, Papadopoulos 1992a). Paradoxerweise ist der biologische Teil der Archetypentheorie der umstrittenste und fragwürdigste geworden.

Andrew Neher (1996) weist in seiner detaillierten Analyse der wissenschaftlichen Grundlage von Jungs Archetypentheorie auf einige weitere Probleme im Zusammenhang mit der Evolutionstheorie hin. Er verweist auf Jungs Argument, dass Archetypen aus endlos wiederholten typischen Erfahrungen der frühen Menschen entstehen, da sich dieser Prozess aber über riesige Zeiträume erstreckt, sei anzunehmen, dass die Erfahrungen verschiedenartig waren, daher müssten sich auch verschiedene Archetypen entwickelt haben; dies widerspricht direkt Jungs Argument, dass wir alle die identischen Archetypen erben. Bezüglich der vielen inhärenten Widersprüche verweist er dann auf Jungs Überzeugung, dass der Äther (ein Konzept aus der Antike) ein universeller Archetyp sei. Da es den Äther tatsächlich aber nicht gibt, kann dieser angebliche Archetyp nicht aus Erfahrungen der frühen Menschen entstanden sein (Neher 1996, S. 69). Stand der Evolutionstheorie ist dagegen, dass wir als Spezies vor allem durch unsere Flexibilität gekennzeichnet sind, neue Wege des Umgangs mit Problemen in der Welt zu entwickeln; diese werden nicht durch Gene, sondern durch kulturelle Überlieferung weitergegeben:

»The analysis above demonstrates that although Jung's theory of archetypes draws upon notions of evolution and genetics, he did not base his arguments on well-established principles in these disciplines.« (ebd., S. 70–71)

Beschäftigt man sich mit zeitgenössischer Evolutionstheorie, wird schnell deutlich, dass sich die heutigen Ansichten stark von den ursprünglichen darwinistischen Vorstellungen entfernt haben. Ein sehr interessanter Befund für die Diskussion der Archetypentheorie stammt von dem Anthropologen Henry Harpending (Weiss 2018): Er konnte zeigen, dass die Mutationsrate des menschlichen Genoms sich im Laufe der Entwicklung des Homo sapiens entsprechend der kulturellen Entwicklungen verändert hat. So änderte sich die Mutationsrate bspw. vor 40.000 Jahren, als der Homo sapiens begann, Europa zu besiedeln, und sie beschleunigte sich erneut um den Faktor 100 vor etwa 5.000 Jahren durch die Einführung der Landwirtschaft und der damit einhergehenden massiven Veränderungen der Lebensweise. Dies zeigt, dass evolutionäre Prozesse mit Umweltveränderungen und insbesondere mit kulturellen Faktoren interagieren, so dass sich die Arten schneller an veränderte Lebensbedingungen anpassen können. Man kann in der Tat behaupten, dass der Homo sapiens durch die Entwicklung von Kultur und Zivilisation seine eigene biologische Evolution verändert hat.

5.14 Ein Überblick über die Erkenntnisse der zeitgenössischen Evolutionspsychologie

Nach der Veröffentlichung Darwins (1859) wurden die Evolutionstheorie auf die menschliche Entwicklung und auch die Psychologie angewandt, um die Besonderheit bestimmter menschlicher Verhaltensweisen zu erklären. Dieser Gedankengang hat sich zu der heutigen Evolutionspsychologie entwickelt (die folgende Darstellung folgt dem Überblick von Buss, 2015). Jung war sehr stark von diesen Ideen beeinflusst, die wiederum einen enormen Einfluss auf die Ausgestaltung seiner Archetypentheorie hatten. Die Begründer der biologischen Disziplin der Verhaltensbiologie, Niko Tinbergen (1951) und Konrad Lorenz (1941), begannen in den 1930er Jahren zu publizieren. Die Themen, für die sie sich interessierten, waren die unmittelbaren und entwicklungsbedingten Einflüsse auf das Verhalten, die Funktion des Verhaltens, der adaptive Zweck sowie die evolutionären Ursprünge. Sie prägten die Begriffe Instinkt bzw. pattern of behaviour (Tinbergen 1951), die stereotypischen Verhaltensabläufe, denen ein Tier folgt, nachdem sie durch einen genau definierten Reiz ausgelöst wurden. Sie fanden heraus, dass das Tier, sobald ein solches pattern ausgelöst wurde, dieses bis zum Ende ausführt. Dieses Konzept findet sich in Jungs Idee wieder, dass ein Archetyp, sobald er aktiviert ist, das Individuum dazu zwingt, sein gesamtes Muster zu erfüllen. Dies zeigt, wie sehr Jung von dieser Art des biologischen Denkens beeinflusst wurde. Ein weiteres Beispiel findet sich bei Lorenz (1941), der eine nahezu identische Sprache wie Jung verwendet: »Unsere Erkenntnis- und Wahrnehmungskategorien, die uns vor der individuellen Erfahrung gegeben sind, sind aus demselben Grund an die Umwelt angepasst, aus dem das Pferd an die Ebenen angepasst ist, bevor es geboren wird, und die Flosse des Fisches an das Wasser angepasst ist, bevor der Fisch aus dem Ei schlüpft« (S. 99). Ein Höhepunkt in der Entwicklung der Evolutionspsychologie wurde mit der Theorie der Soziobiologie erreicht (Wilson 1975). In dieser Theorie wurden weitreichende Erklärungen für menschliches Verhalten gegeben, die auf genetische Prägungen zurückgehen, doch diese Annahmen wurden von Beginn an stark kritisiert:

> »Despite Wilson's grand claims for the new synthesis that would explain human nature, he had little empirical evidence on humans to support his views. The bulk of the scientific evidence came from nonhuman animals, many far removed genetically from humans. Most social scientists could not see what fruit flies had to do with people« (Buss 2015, S. 16).

Zeitgenössische Darstellungen in der Evolutionspsychologie nehmen eine vorsichtigere Haltung ein, und selbst Befürworter eines soziobiologischen Ansatzes betonen, dass die kulturelle Vielfalt in unserer Spezies extrem ausgeprägt ist (Chapais 2017). Im Folgenden einige Grundlagen zur Evolutionspsychologie (für Details s. Buss 2015):

Menschliches Verhalten ist nicht genetisch determiniert! Menschliches Verhalten kann nicht ohne zwei Komponenten auftreten: entwickelte Adaptionen und Umweltinput, der die Entwicklung und Aktivierung dieser Adaptionen auslöst. »So notions of genetic determinism – behavior is caused by genes without input or influence from the environment – are simply false. They are in no way implied by evolutionary theory« (S. 17). Es ist ein Missverständnis zu unterstellen, dass einige menschliche Verhaltensweisen, die laut Evolutionstheorie durch evolutionäre Entwicklungen beeinflusst werden, unempfindlich gegenüber Veränderungen sind. Im Gegensatz dazu gibt uns das Wissen um unsere gewachsenen sozialpsychologischen Anpassungen und die sozialen Einflüsse, die sie auslösen, die Macht, dieses soziale Verhalten zu ändern, wenn wir das wollen. Grundsätzlich sind evolutionär geprägte Verhaltensweisen in der Regel darauf ausgerichtet, bestimmte Probleme zu lösen, und sind daher adaptiv. Die unten genannten Erkenntnisse sind das Ergebnis einer systematischen Untersuchung von Evolutionshypothesen (Zusammenfassung bei Buss 2015), die sich auf Vergleiche von verschiedenen Spezies, von Menschen in verschiedenen Kulturen, von physiologischen Reaktionen und Hirnbildern von Menschen, von Menschen mit verschiedenen Genen, von verschiedenen Geschlechtern innerhalb einer Spezies, von verschiedenen Individuen und von Vergleichen derselben Individuen in verschiedenen Kontexten stützt. Sie stützt sich auch auf archäologische Funde, Vergleiche mit zeitgenössischen Jäger- und Sammlergesellschaften, Berichte von Beobachtern, Laborexperimente usw.

Der Mensch lebt in Gruppen und hat soziale Hierarchien; es ist für den Menschen sehr wichtig, Mitglied einer sozialen Gruppe zu sein und zu bleiben. Ausgestoßen zu werden ist eine der großen Ängste der Menschen. Die Zugehörigkeit zu einer Gruppe beinhaltet, dass die Ressourcen mit dem Aufstieg in der Hierarchie zunehmen, und daher gibt es Wettbewerb und die Angst, die Stellung innerhalb der Gruppe zu verlieren. Die evolutionären Gründe für diese Tendenz, in Gruppen zu leben, liegen in der Notwendigkeit, unter steinzeitlichen Bedingungen Großwild zu jagen, eine Aufgabe, die nur in Gruppen durch Kooperation möglich ist.

Daher lässt sich beim Menschen eine genetisch bedingte Tendenz zur Zusammenarbeit und zum Altruismus feststellen. Es gibt verschiedene Formen des Altruismus, doch es scheint, dass der selektive Altruismus unterstützt wird, der auf Verwandtschaft als Prädiktor für helfendes Verhalten beruht. Verwandtschaftsklassifizierungssysteme scheinen auf einer universellen Grammatik zu beruhen, die genealogische Distanz, sozialen Rang und Ähnlichkeit der Gruppenzugehörigkeit umfasst. Außerdem scheint der Mensch die biologische Fähigkeit zu besitzen, Verwandtschaft durch Assoziation, Geruch und Gesichtsähnlichkeit zu erkennen. Die Notwendigkeit zur Zusammenarbeit erklärt auch, warum Menschen Familien bilden, was im Tierreich sehr selten ist und nur bei etwa 3 % aller Säugetiere vorkommt. Eine weitere Eigenschaft, die in die Kategorie der Kooperation und des Altruismus fällt, ist die einzigartige menschliche Eigenschaft, langfristige Freundschaften zu schließen.

Als Folge des Lebens in Gruppen mit bis zu 150 Mitgliedern (die angenommene größte Gruppengröße unter steinzeitlichen Bedingungen) hat der Mensch mit typischen Problemen sozialer Konflikte zu kämpfen, die es zu regulieren gilt. In der Evolutionspsychologie geht man davon aus, dass dies der Grund für die Entwicklung der Moral ist, einschließlich der Entwicklung von Emotionen wie Scham. Vor allem aber dient es als Erklärung für die Entwicklung des großen menschlichen Gehirns und seiner hohen intellektuellen Fähigkeiten. Der Grund dafür ist, dass die sozialen Probleme, die mit dem Leben in komplexen sozialen Gruppen einhergehen, kom-

5.14 Ein Überblick über die Erkenntnisse der zeitgenössischen Evolutionspsychologie

plexe soziale Fähigkeiten erfordern, wie z. B. das Bilden von Koalitionen, das Bestrafen von Betrügern, das Erkennen von Täuschungen und das Aushandeln komplexer und wechselnder sozialer Hierarchien. Die Entwicklung der Mentalisierungsfähigkeit ist ein weiteres Produkt, da sie die Vorhersage des Verhaltens anderer ermöglicht.

Evolutionär entstandene Gewohnheiten oder Verhaltenstendenzen dienen dazu, den Menschen vor Gefahren zu schützen. Daher treten die häufigsten menschlichen Phobien in allen Kulturen gegenüber Schlangen, Spinnen, Höhen, Dunkelheit und fremden Männern auf, nicht aber gegenüber anderen Reizen, wie z. B. Kaninchen. Hinsichtlich der Lebensräume hat der Mensch eine Vorliebe für ressourcenreiche Landschaften und Orte entwickelt, an denen man sehen kann, ohne gesehen zu werden – die sogenannte Savannenhypothese.

Die Evolutionspsychologie hat sich viel mit Sexualverhalten, Paarungsstrategien und den entsprechenden Unterschieden zwischen dem männlichen und weiblichen Geschlecht beschäftigt. Frauen scheinen Männer mit Ressourcen, hohem Status und Eigenschaften zu bevorzugen, die sie in die Lage versetzen, Ressourcen für ihre Familie und ihre Nachkommen zu produzieren, aber Frauen suchen auch nach Zeichen für Bindung, für die Liebe ein Signal ist. Im Allgemeinen suchen Frauen also nach Ressourcen, Verbindlichkeit und Schutz, daher suchen sie bei Männern auch nach Anzeichen für gute Gesundheit, denn diese Eigenschaften signalisieren, dass der Mann ein guter Versorger und ein guter Vater sein wird. Männer hingegen scheinen bei Frauen nach Signalen für eine hohe Fruchtbarkeit oder einen hohen Reproduktionswert zu suchen und halten daher Ausschau nach Anzeichen für Jugend und Gesundheit, z. B. klare Haut, volle Lippen, symmetrische Züge usw., die zusammen das ausmachen, was gewöhnlich als weibliche Attraktivität angesehen wird.

Einer der größten Unterschiede zwischen Männern und Frauen in Bezug auf die Sexualität ist der Unterschied im Wunsch nach sexueller Vielfalt. Es wurde oft argumentiert, dass das Hauptinteresse der Männer darin bestünde, ihr Sperma zu verbreiten, während Frauen ein großes Interesse daran haben, einen langfristigen Partner auszuwählen und seine Qualitäten zu überprüfen, bevor sie Sex haben, da ihre *Investition* viel höher ist. Diese Argumentation vernachlässigt jedoch die Tatsache, dass eine Frau unter steinzeitlichen Bedingungen allein nicht in der Lage wäre, Kinder aufzuziehen oder gar ihr Überleben zu sichern, so dass es für beide Geschlechter aus evolutionärer Sicht die effektivste Strategie wäre, bei der Betreuung des Nachwuchses zusammenzuarbeiten. Dies ist empirisch belegt und erklärt die kulturübergreifende Befürwortung langfristiger heterosexueller Beziehungen, die auch durch die Ehe sanktioniert werden, die nahezu zu 100 % universell ist.

Abgesehen von den oben erwähnten Selektionsstrategien scheint es im Gegensatz zu weit verbreiteten Annahmen nur geringe (und statistisch nicht signifikante) Unterschiede zwischen den Geschlechtern im Sozialverhalten (Hyde 2005) zu geben, was sogar die Neigung zur Untreue betrifft (Conley 2011). Auch viele der angeblichen Unterschiede – Frauen seien gesprächiger, hätten eine höhere Empathiefähigkeit etc. – konnten empirisch nicht nachgewiesen werden (Mehl et al. 2007, Meyer 2015). Anthropologen gehen sogar davon aus, dass in prähistorischen Jäger- und Sammlergesellschaften auch Frauen Jägerinnen und Kriegerinnen waren, wie es in 32 heute noch existierenden Jäger- und Sammlergesellschaften zu finden ist (Hill et al. 2011). In ihrem Überblick über die neurowissenschaftliche Forschung zu den Unterschieden im Gehirn zwischen den Geschlechtern zeigt Rippon (2019), dass es, wenn überhaupt, nur kleine Unterschiede gibt. Wenn ein einzelnes Gehirn untersucht wird, ist es nicht möglich zu sagen, ob es männlich oder weiblich ist. Es gibt zwar Unterschiede in der Masse, aber es ist nicht klar, was das bedeutet und ob und welche Auswirkungen das auf die Funktionalität des Gehirns hat. Generell lässt sich sagen, dass die Unterschiede zwischen Individuen, auch innerhalb eines Geschlechts, größer sind als zwischen den Geschlechtern. Die Autorin weist darauf hin, dass in den historischen Anfängen dieser Art von vergleichender Forschung eine gewisse Absicht bestand, wissenschaftliche Beweise für die Unterlegenheit der Frau zu erbringen, die dann als Legitimation für die Rolle der Frau in der Gesellschaft dienen konnten. Diese Erkenntnisse haben weitreichende Auswirkungen auf die Archetypenlehre, nämlich auf die Konzepte von Anima und Animus – sie widerlegen praktisch Jungs Annahmen auf diesem Gebiet.

Da die Evolutionspsychologie davon ausgeht, dass genetisch vererbte Verhaltenstendenzen auf die Lösung bestimmter Probleme und Aufgaben abzielen, wurde auch festgestellt, dass es beim Menschen universelle kognitive Fähigkeiten gibt: die allgemeinen Fähigkeiten zu lernen, zu imitieren, Mittel-Zweck-Beziehungen zu berechnen und Kausalität abzuleiten, Ähnlichkeiten zu bestimmen, Konzepte zu bilden, sich Dinge zu merken und Repräsentativität zu ermitteln. Der Mensch neigt auch dazu, Schlussfolgerungen im Sinne der Bildung von Mustern und Strukturen zu ziehen, die dazu dienen, Komplexität zu reduzieren. Es gibt auch den sogenannten hyperaktiven Handlungserkennungsmechanismus, der dazu führt, dass wir hinter unsichtbaren Kräften quasi-menschliche Akteure erschließen, was als Grund für die Entwicklung von Religion angesehen wird (Buss 2015).

5.15 Angeborene mentale Fähigkeiten

Wir wissen heute, dass es tatsächlich angeborene mentale Muster gibt: Die Emotionsforschung hat bewiesen, dass es grundlegende Emotionen gibt, die wir bei jedem menschlichen Säugling finden und die auch von Menschen aus allen Kulturen entschlüsselt werden können (Ekman et.al. 1987); es gibt angeborene mentale Systeme für den Spracherwerb und es gibt primitive Wahrnehmungs- und Verhaltensprogramme, z. B. die Gesichtserkennung (Knox 2003). Es gibt auch Hinweise aus experimentellen Studien, dass Menschen weltweit bestimmte universelle Verbindungen zwischen Farben und Emotionen haben, so z. B. Rosa mit Liebe, Grün mit Zufriedenheit, Weiß mit Erleichterung usw., aber es gibt auch eine beträchtliche Anzahl von Farben, denen nur kulturspezifische Bedeutungen zugeschrieben werden.

Dies sind wichtige Erkenntnisse, denn sie zeigen, dass Jung Recht hatte und die Behavioristen seiner Zeit mit ihrer Annahme, der menschliche Säugling sei eine

Tabula rasa, falsch lagen. Die Tabula-rasa-Hypothese ist zweifelsfrei widerlegt (Pinker 2002). Aber sind diese angeborenen geistigen Fähigkeiten dasselbe wie Archetypen oder sind sie ein Beweis dafür, dass die klassische Archetypentheorie richtig ist? Selbst ein Befürworter einer solchen Auffassung von angeborenen mentalen Strukturen wie Lieberman weist darauf hin:

> »Imitation is probably the most important mechanism for the transmission of human culture. There is no need to postulate a special purpose innate fork use brain mechanism to account for the way that children learn to use forks [...] Imitation and a desire to be like others clearly can account for most of the short-term changes in human culture, and perhaps for most of its major achievements.« (Lieberman 1993, S. 142)

Daher ist es notwendig, diese Erkenntnisse genauer zu betrachten. Es gibt eine Reihe menschlicher Eigenschaften und geistiger Fähigkeiten, die offenbar genetisch verankert sind (Lieberman 1993). Es handelt sich dabei um bestimmte Denkmuster, z. B. hierarchische Kategorisierungssysteme, Nachahmung und selbstloses Verhalten in dem Sinne, dass Menschen zur Kooperation neigen, zumindest gegenüber nahen Verwandten. Der Mensch verfügt über angeborene Hirnmechanismen, die den Erwerb von Sprache erleichtern und strukturieren. Dies ist mit einer kritischen oder sensiblen Phase im Leben verbunden, die hauptsächlich die frühe Kindheit bis zum Alter von etwa acht Jahren umfasst.

Bereits im 19. Jahrhundert gab es eine Debatte über angeborene Affekte oder Emotionen. Darwin (1871) schlug Freude, Überraschung, Interesse, Angst, Kummer, Ärger, Verachtung und Scham vor. Im Anschluss an Darwin veröffentlichte William McDougal 1908 sein bekanntes Werk *Social Psychology*, in dem er sich mit dem Einfluss der Instinkte auf die menschliche Persönlichkeit befasste. Diese Arbeit war Jung bekannt und er bezog sich zweifellos auf diese Gedanken, wobei McDougal selbst recht skeptisch war, was das Ausmaß dieses Einflusses betraf, er lehnte z. B. die Vorstellung ab, dass es etwas wie einen religiösen Instinkt gebe. Vor dem Hintergrund dieser historischen Entwicklung der Forschung und Theoriebildung über grundlegende Emotionen oder instinktive Muster, die dem Menschen gegeben sind, hat die Theorie von Jaak Panksepp (1998, 2011) die größte Aufmerksamkeit im Bereich der Neurowissenschaften und der Psychologie erhalten. Die Theorie ist empirisch sehr gut fundiert. Der Mainstream der Neurowissenschaften stimmt mit den Grundgedanken dieses Ansatzes überein, der als neuroaffektive Theorie oder Theorie der Basisemotionssysteme bezeichnet wird. Panksepp identifizierte sieben grundlegende affektive Systeme: SEEKING (Erwartung), FEAR (Angst), RAGE (Wut), LUST (sexuelle Erregung), CARE (Fürsorge), PANIC/GRIEF (Verlassenheitspanik/Traurigkeit), PLAY (soziale Freude) (Panksepp 2011). Diese Basisemotionssysteme sind vererbt, sie funktionieren auf einer subkortikalen, also automatischen Ebene, sie verbinden die Aktivierung bestimmter Emotionen eng mit festgelegten Verhaltensmustern, wie Flucht oder Erstarren. Diese Basisemotionssysteme bilden geschlossene neurobiochemische Schaltkreise im Gehirn, sie sind fest verdrahtet, arbeiten mit spezifischen Neurotransmittern und Hormonen und sind daher durch Erfahrung oder Lernprozesse nicht zu beeinflussen. Es ist zu beachten, dass diese grundlegenden Emotionssysteme nur in existenziellen Situationen, wie z. B. bei lebensbedrohlichen Ereignissen, aktiviert werden und dann die Funktion höherer mentaler Prozesse, wie sie z. B. im präfrontalen Kortex angesiedelt sind, abschalten. Sind sie einmal aktiviert, lassen sie sich von der Person nur sehr schwer beeinflussen. Diese grundlegenden Emotionssysteme sind in gewissem Sinne Lebensretter, da sie um existenzielle Bedürfnisse und Situationen kreisen. Erst im Laufe der psychischen Entwicklung des Menschen ist es möglich, die Schwelle für die Aktivierung dieser Basissysteme zu erhöhen, z. B. kann der Mensch die Schwelle für die Aktivierung von Existenzangst und Fluchtimpulsen erhöhen.

Wichtig ist auch, dass im menschlichen Gehirn Bottom-up- und Top-down-Prozesse unterschieden werden, die über Regulationssysteme miteinander verbunden sind. Neuropsychologische Systeme wie die Basissysteme von Panksepp werden in den kognitiven Neurowissenschaften als Bottom-Up-Prozesse bezeichnet; beim Menschen werden sie durch Top-Down-Mechanismen, z. B. gesteuert durch den präfrontalen Kortex, reguliert, bis hin zur völligen Hemmung. Diese Regulationsmechanismen sind vollständig abhängig von der individuellen Erfahrungsgeschichte, vor allem in den primären Beziehungen.

Die Erkenntnisse um diese Basisemotionssysteme zeigen deutlich, dass die genetische Information im Gegensatz zu Jungs Gedanken nicht direkt Verhaltensweisen aktiviert, sondern einen Affekt auslöst, der bewusst erlebt wird und dann Handlungstendenzen auslöst. Es gibt also keinen direkten Weg von den Genen zum Verhalten, zumindest wenn es um die hier diskutierten grundlegenden Emotionssysteme geht, sondern der Weg führt von den Genen über die Emotionen zum Verhalten. Selbst wenn die affektive Neurowissenschaft also genetisch fixierte Muster gefunden hat, kodieren diese nicht direkt Verhalten, sondern nur Emotionen. Die fixierten Muster reagieren auch nicht auf auslösende Reize, wie dies bei instinktiven Verhaltensweisen von Tieren der Fall ist – so füttern bspw. Vögel ihre Jungen automatisch, wenn sie mit ihrem weit geöffneten Schnabel und bestimmten akustischen Signalen konfrontiert werden. Sie denken nicht darüber nach, ob sie sie füttern wollen oder ob es ihr eigener Nachwuchs ist oder nicht usw. Aus diesem Grund kann der Kuckuck sein Ei in das Nest anderer Vögel legen und sich auf das fixierte Muster verlassen, das die Vogeleltern veranlasst, dieses fremde Ei auszubrüten und das Küken zu füttern. Im Gegensatz zu einem solchen Instinktmuster erzeugen die hier beschriebenen Grundemotionssysteme beim Menschen existenzielle Bedürfnisse, die über Emotionen aktiviert werden und zu typischem, meist auf die Bezugspersonen gerichtetem Verhalten führen.

Diese Erkenntnisse der affektiven Neurowissenschaft wurden von einer Reihe führender Neurowissenschaftler wie Damasio (2011) und LeDoux (2012) bestätigt, aber auch von dem Neuropsychoanalytiker Mark Solms (2015, 2016), der ebenfalls wesentlich zu einem besseren Verständnis psychoanalytischer Konzepte im Lichte neurowissenschaftlicher Forschung beigetragen hat, nämlich dem Verhältnis von Bewusstsein und Unbewusstem. Die Erkenntnisse der affektiven Neurowissenschaft hatten das interessante Ergebnis, dass die Entwicklung des Bewusstseins grundlegend neu konzeptualisiert werden musste. Die primären Affekte sind in subkortikalen Regionen verankert und nicht im Kortex. Sie benötigen Bewusstsein, damit sie vom Individuum wahrgenommen werden und dieses über die Notwendigkeit, zu handeln, entscheiden kann. Emotionen sind in diesem Sinne Valenzen, d. h., sie weisen auf unerfüllte Bedürfnisse hin. Folglich, argumentiert Solms (2023), muss man schon bei den Wirbeltieren Bewusstsein als einen affektiven Evaluierungsprozess annehmen, weil sonst das Gesamtsystem nicht funktionieren würde. »This contrasts with traditional wisdom – actually prejudice – that the subcortical realm in isolation is unconscious. That is conventional, but in our opinion not consistent with the evidence« (Panksepp et al. 2017, S. 189).

Das hat die interessante Konsequenz, dass im Gegensatz zu Jung das Bewusstsein entwicklungsmäßig primär ist, nicht das Unbewusste. Die für Jungs gesamte Psychologie und auch für die Archetypenlehre konstitutive Vorstellung, dass das Unbewusste primär ist und sich das Bewusstsein langsam aus einem *Ozean des Unbewussten* entwickelt, muss also vor dem Hintergrund dieser neurowissenschaftlichen Erkenntnisse als widerlegt gelten.

Es ist sehr wichtig festzuhalten, dass die grundlegenden Emotionssysteme nicht von der psychologischen Entwicklung im Laufe des Lebens beeinflusst werden und dass sie nicht die Grundlage für Prozesse höherer Ordnung bilden. Im Gegensatz dazu entwickeln sich diese sekundären Prozesse unabhängig von den primären Basisemotionssystemen und werden definitiv nicht vererbt (Panksepp et al. 2017). Wollte man also argumentieren, dass Panksepps neuroaffektive Systeme eine moderne Konzeption dessen sind, was Jung als Archetypen bezeichnete (z. B. Alcaro et al. 2017), muss diese Parallele als unzulässig angesehen werden. Die grundlegenden Emotionssysteme sind weder mit Bildern oder Erzählungen verbunden, noch bilden sie Verbindungen mit Prozessen höherer Ordnung, wie z. B. kulturellen Ausdrucksformen, wie dies von Jung in Bezug auf Archetypen behauptet wurde (GW 3, 582; GW 9/I, 348).

Außerdem bilden die grundlegenden Emotionssysteme sehr primitive Verhaltensmuster, welche sehr klar definiert sind (z. B. Flucht oder Erstarren) und somit nichts mit dem zu tun haben, was Jung als Archetypen beschrieben hat. In Tierversuchen ist es tatsächlich möglich, die Verbindung zwischen dem Kortex und den neokortikalen höheren Funktionen – im Sinne von erlernten Verhaltensweisen – von den subkortikalen Strukturen zu trennen, wobei das Tier dennoch in der Lage ist, auf der Grundlage seiner grundlegenden Emotionssysteme zu überleben. Diese Experimente, so schrecklich sie auch sein mögen, zeigen deutlich, dass es keine Verbindung zwischen ererbten (instinktiven) Verhaltensmustern und den höheren kortikalen Strukturen gibt, die sich entwickeln. Aus evolutionärer Sicht ergibt dies Sinn, da sich diese grundlegenden Emotionssysteme und ererbten Verhaltensmuster entwickelt haben, um das Überleben des Tieres/der Person zu sichern, und daher durch Erfahrung und Reflexion unverändert bleiben. Sie haben sich zu festen Mustern entwickelt und werden in dieser festen Form genetisch weitergegeben, weil sie Notfallprogramme sind, von denen das Überleben abhängt. Das massive Wachstum des Neokortex hingegen schon bei den Menschenaffen und später bei Menschen geht auf eine einzige Genvariante zurück, ARHGAP 11 B (Panksepp et al. 2017, S. 199). In den ersten Lebensmonaten werden im kindlichen Gehirn eine große Anzahl von zunächst sinnleeren Synapsen gebildet, so dass das menschliche Gehirn im Alter von acht Monaten die höchste Dichte an synaptischen Verbindungen im Laufe des Lebens aufweist. Danach bleiben nur noch die Synapsen übrig, die genutzt und damit mit Bedeutungen aufgrund von Erfahrung verknüpft werden, die anderen verschwinden: »use it or lose it«. *Dies impliziert, dass es keine gene-*

tisch kodierte Spezifität im Sinne von Inhalten in kortikalen Strukturen gibt. Diese Befunde bedeuten einen massiven Schlag gegen die klassische jungianische Theorie, denn sie implizieren, dass, soweit es beim Menschen Muster gibt, die man im Sinne der oben genannten primären Emotionssysteme als instinktiv[8] bezeichnen könnte, diese unabhängig von allen höheren kognitiven Prozessen bleiben und letztere völlig abhängig von Erfahrung und Lernen sind. Jungs allgemeine Idee ist, dass die Triebe als ursprünglich physiologische Prozesse mit psychologischen Prozessen höherer Ordnung verbunden werden, »was ich als Psychifikation bezeichne« (GW 8, 234) – dies ist nun widerlegt.

Andererseits zeigen diese Befunde, dass Bewusstsein und Subjektivität auf einer grundlegenden Ebene primär sind, und zwar insofern, als sie in Affekten verwurzelt sind, die vererbt werden. Es gibt tatsächlich eine angeborene Basis für Bewusstsein und Subjektivität – dies ist zu unterscheiden von einem Selbstgefühl im Sinne von gespeicherten Erfahrungen. Dies hat die erstaunliche Konsequenz, dass das »Es« bewusst ist, wie Solms und Panksepp (2012) betonen. Dennoch haben Psychologen die Erkenntnisse der affektiven Neurowissenschaft genutzt, um Jungs Vorstellungen von Archetypen zu unterstützen (Alcaro et al. 2017) – man kann nur so argumentieren, wenn man angeborene Mechanismen mit Archetypen gleichsetzt. Dies ist ein gutes Beispiel für die Fehlinterpretationen, die sich aus den ungeklärten Definitionen von Archetypen ergeben.

5.16 Bindungstheorie und -forschung

Die zahlreichen Ergebnisse der Bindungsforschung stützen nachdrücklich die Hypothese der Universalität von Bindungsbedürfnissen und -mustern. In allen weltweiten Studien wurde beobachtet, dass Kinder in Stresssituationen Bindungsverhalten zeigen und eine bevorzugte Bindung zu einer oder mehreren Bezugspersonen haben; dennoch gibt es Raum für interkulturelle Unterschiede und kulturspezifische Formen von Bindung und Erziehungsstrukturen (Mesman et al. 2018, S. 866). Die Befunde der Bindungsforschung stützen auch andere Universalitätshypothesen: gemäß der Normativitätshypothese ist die Verteilung von Bindungsmustern (z. B. sichere versus unsichere) kulturübergreifend mehr oder weniger gleich (Cassidy & Shaver 2018). Unsichere Muster finden sich nicht nur in sogenannten »zivilisierten« Kulturen, sondern auch in sogenannten »primitiven« Gesellschaften. Diese werden typischerweise im jungianischen Denken als naturnäher angesehen. Auch die Sensitivitätshypothese könnte bestätigt werden: die Unterschiede in der Bindungssicherheit hängen mit der Feinfühligkeit der Betreuungspersonen zusammen, die auf die Bedürfnisse des Kindes eingehen. Dies wiederum stützt selbstverständlich die allgemeine Vorstellung, dass die Ausbildung der Persönlichkeit keineswegs gene-

---

8 Panksepps Verwendung des Begriffs »instinktiv« für diese Mechanismen ist in den Neurowissenschaften umstritten.

tisch bedingt ist, sondern das Ergebnis von Erfahrungen insbesondere in der Interaktion mit den Bindungspersonen darstellt (Rothbaum et al. 2000).

5.17 Bindung und Evolution: Environment of evolutionary adaptedness (EEA)

> »For most of our evolutionary history, humans were hunters and gatherers who lived in small, cooperative groups. [...] Participation in the daily functioning of small, cooperative groups may in fact have been the predominant survival strategy of early humans. These likely features of the social EEA must be considered when conceptualizing attachment theory within an evolutionary framework.« (Simpson & Belsky 2018, S. 96)

Der Mensch ist nicht an eine bestimmte biologische Umwelt evolutionär angepasst, sondern an das Leben in seiner sozialen Gruppe, egal wo auf der Welt. Die wichtigste evolutionäre Funktion der frühen sozialen Erfahrung besteht darin, die Kinder auf die sozialen Umgebungen vorzubereiten, denen sie im Laufe ihres Lebens begegnen werden. Vor diesem Hintergrund sind langfristige Paarbindungen das vernünftigste Modell, da es die höchste Wahrscheinlichkeit für das Überleben der Nachkommen bietet; außerdem ist es wahrscheinlich das geeignetste Umfeld für die Entwicklung komplexer sozialer Kompetenzen. Andererseits bedeutet dies, dass die Qualität der Umwelt in den ersten Lebensjahren langanhaltende Auswirkungen auf die psychosoziale Entwicklung haben kann, einschließlich der sozialen Kompetenz und der Entwicklung spezifischer Paarungs- und Erziehungsstrategien bei beiden Geschlechtern.

Menschliche Säuglinge wären ohne die Fürsorge eines erfahreneren Erwachsenen, der in der Lage ist, ihre physiologischen Grundbedürfnisse und ihr Stressniveau zu regulieren, nicht überlebensfähig, da Säuglinge nicht in der Lage sind, diese grundlegenden physiologischen und psychologischen Bedürfnisse selbst zu befriedigen. Das frühe Umfeld der evolutionären Anpassungsfähigkeit des Menschen erforderte die grundlegende Fähigkeit, sich emotional zu binden, um zu überleben und soziale Kompetenz zu entwickeln. Da die Umwelt des Menschen hauptsächlich aus Situationen besteht, in denen ein hoher Bedarf an Kooperation und komplexer sozialer Interaktion besteht, sind dies die Kompetenzen, auf die menschliche Kinder vorbereitet werden müssen. *Die evolutionäre Angepasstheit des Menschen beinhaltet also den Erwerb komplexer sozialer und interaktiver Kompetenzen, die nur durch Erfahrungen in einem sozialen Netzwerk selbst möglich sind, sie können nicht durch Gene vorgeformt werden.* Die genetische Ausstattung bereitet den Säugling lediglich darauf vor, hochsensibel für soziale Interaktionen zu sein.

> »Infants differ rather drastically in the quality of their attachment relationships, and attachment theory hypothesizes that this attachment performance is largely, albeit not exclusively, environmentally determined [...] as a consequence of childrearing experiences with parents and other caregivers. [...] The parallel to language development is useful here. Every child is born with the capacity to learn a language, but the specific language envi-

ronment determines the kind of language to be learned.« (Bakermans-Kranenburg & van Ijzendoorn 2018, S. 155)

Generell gilt also, dass die Bindungssicherheit von Kleinkindern nicht vererbbar ist (ebd.).

Die Erkenntnisse der Bindungsforschung weisen auch darauf hin, dass die Entwicklung des Selbst des Menschen fast ausschließlich auf interpersonellen Prozessen beruht. Der neugeborene Säugling verfügt nur über einige grundlegende Fähigkeiten, um die Bezugsperson in eine Form der Interaktion zu ziehen, z. B., indem er den Gesichtsausdruck nachahmt oder andere Signale gibt, die dann von der Bezugsperson als Initiative zur Kommunikation interpretiert werden. Eine Entwicklung, die von diesen grundlegenden Initiativen ausgeht, findet aber nur statt, sofern es eine Bezugsperson gibt, die die Signale wahrnimmt und feinfühlig auf sie eingeht. Ist dies der Fall, kann sich das Kind zunehmend auf die Anwesenheit der Betreuungsperson verlassen und die erwachsene Person zur Regulierung seiner Bedürfnisse und Gefühle nutzen. Die Art und Weise, wie die erwachsene Bezugsperson reagiert, z. B. einfühlsam oder nicht, bestimmt die internalisierte Repräsentation dieser Interaktionen (Stern 1985: representations of interactions generalized). Das Selbst, das sich in solchen Prozessen herausbildet, wird also durch zwischenmenschliche Prozesse, durch Interaktionen konstituiert. Es gibt keine Möglichkeit, wie das Kind sein Selbst individuell und unabhängig entwickeln könnte. Selbst wenn Kinder eine frühe Form des Selbst gebildet haben, wenden sie immer noch »social referencing« an: Wenn sie mit einer neuen Erfahrung konfrontiert werden, suchen sie als erstes im Gesicht der Betreuungsperson nach Anzeichen dafür, wie diese Erfahrung zu interpretieren ist. Diese Ideen wurden in der Theorie des sozialen Gehirns zusammengefasst (Pfaff 2013), die im Wesentlichen darauf hinweist, dass das Gehirn des Menschen weitgehend eine soziale Konstruktion ist. Dies ist übrigens auch ein Argument gegen die Soziobiologie von Dawkins oder Wilson, die für einen grundlegenden Egoismus des Menschen plädierten.

> Das dialogische Selbst – Jung und Buber: Die allgemeine Idee dieses zwischenmenschlichen Prozesses, welcher das Selbst formt, findet sich in einer frühen Form in den Werken von Martin Buber wieder: das Ich wird am Du. Als Buber in den 1920er Jahren von einem Mitglied des Psychologischen Clubs in Zürich eingeladen wurde, versuchte Jung interessanterweise, die anderen Mitglieder des Clubs davon abzuhalten, an dieser Veranstaltung teilzunehmen, und nutzte die Gelegenheit nicht, um mit Buber in einen Dialog zu treten (Bair 2003). Man könnte interpretieren, dass Jung die Auffassung Bubers als absolut konträr zu seiner eigenen erkannte, da er eine individualistische Sicht der Entwicklung vertrat, Buber dagegen eine interpersonelle Sicht.

5.18 Das soziale Gehirn: Kooperation und reziproker Altruismus

Wie oben dargelegt, ist das Umfeld der evolutionären Anpassung des Menschen das einer Gruppe von Menschen, die enge soziale/zwischenmenschliche Beziehungen eingehen und beim Jagen und Sammeln, aber auch bei der Kindererziehung kooperieren. Die hohe Qualität der Kooperation beim Menschen war unter steinzeitlichen Bedingungen offenbar ein starker Vorteil für eine effektivere Jagd und stellte somit einen Selektionsvorteil dar. Kooperative Personen, die zuverlässig in der Zusammenarbeit waren, die bei der Aufteilung des Jagdwildes gerecht vorgingen, die sich bei gemeinsamen Aktivitäten gut koordinieren konnten usw., wurden bevorzugt. Deshalb wurde, wie evolutionäre Anthropologen argumentieren (Tomasello 2021, de Waal 2019), in der menschlichen Evolution ein genetisches Grundgerüst selektiert, das für diese komplexen Formen der Kooperation, Sozialität und Kommunikation gut vorbereitet war.

Es gibt beim Menschen eine angeborene Tendenz zur Kooperationsbereitschaft gegenüber anderen Menschen. Dies wurde vor allem durch die Studien von Michael Tomasello (2021) am Max-Planck-Institut für evolutionäre Anthropologie in Leipzig untersucht. Bereits Säuglinge im ersten Lebensjahr zeigen Kooperation und Altruismus im Sinne von unaufgeforderter Unterstützung anderer, und dies ist kein Ergebnis von Sozialisation. Die evolutionäre Grundlage für dieses Verhalten ist die Notwendigkeit unter steinzeitlichen Bedingungen zu kooperieren und sich gegenseitig zu unterstützen, um als Gruppe zu überleben. Diese angeborene Tendenz zur Kooperation enthält mehrere grundlegende Elemente: Menschliche Säuglinge haben von den ersten Tagen nach der Geburt an die Fähigkeit, den Gesichtsausdruck ihrer Bezugspersonen zu imitieren und so mit ihnen in Resonanz zu gehen. Sie können das aufgrund der Existenz von Spiegelneuronen und daher kann man sagen, dass der menschliche Säugling für zwischenmenschliche Resonanz vorgeformt ist (Bauer 2019). Menschliche Säuglinge haben die Fähigkeit, ein sogenanntes referentielles Dreieck zu bilden, d. h., sie sind in der Lage, eine andere Person, z. B. die Bezugsperson, dazu zu bringen, sich gemeinsam mit dem Säugling auf ein drittes Objekt zu fokussieren. Sie können dies durch Blickkontakt, durch das Zeigen auf Dinge und später durch Sprechen erreichen, was zur reziproken Unterstützung führt (Tomasello 2021). Im Gegensatz dazu verfügen Primaten wie Schimpansen nicht über diese Fähigkeit (de Waal 2019). Ein weiterer Bereich ist die Fähigkeit zur Sprache. Im Alter von drei Jahren gibt es eine weitere Errungenschaft bei Kindern, da sie nun in der Lage sind zu verstehen, dass sie Mitglieder einer Gruppe, z. B. einer Familie, sind, eines der Grundbedürfnisse des Menschen. Kinder in diesem Alter beginnen, sich auf die Regeln zu konzentrieren, die in der Gruppe gelten, und neigen dazu, andere Kinder zu korrigieren, wenn sie diese nicht einhalten. Vor allem Kinder, aber auch Erwachsene in menschlichen Gruppen neigen sehr stark zur Konformität, dazu, ein respektiertes und akzeptiertes Mitglied einer Gruppe zu sein und deren Regeln zu verstehen und zu befolgen. Bereits im Alter von fünf Jahren haben Kinder einen Sinn für Gerechtigkeit und Solidarität und identifizieren sich mit anderen. Im Alter von sieben oder acht Jahren beginnen Kinder in traditionellen Kulturen in der Regel, Aufgaben für die Gruppe zu übernehmen, z. B. das Hüten einer Schafsherde (Tomasello 2021).

Diese Forschungsrichtung leugnet nicht, dass auch im Menschen ein gewisses Maß an Egoismus vorhanden ist, es wird hier jedoch darauf hingewiesen, dass der starke Egoismus, den wir in den modernen, insbesondere den westlichen Gesellschaften erleben und der zur Herausbildung des Kapitalismus geführt hat, ein Produkt der Jungsteinzeit zu sein scheint, in der Landwirtschaft, Handel und der Besitz von Land und anderen Gütern entstanden. Anthropologen, die zum ersten Mal mit traditionellen Völkern in Kontakt kamen, berichten in der Regel, dass sie sehr freundlich aufgenommen wurden und Unterstützung erhielten, auch ohne darum zu bitten (Hrdy 2009). Auch in zivilisierten Kulturen auf der ganzen Welt ist Gastfreundschaft einer der höchsten Werte.

5.19 Transaktionale Kausalität: Wie Kultur die Evolution beeinflusst

Wir haben oben bereits gesehen, dass der genetische Code nicht allein die Prozesse der Genexpression bestimmt, sondern dass diese Prozesse durch epigenetische Faktoren moduliert werden. Tomasello (2021) fügt eine weitere Perspektive zu diesen Prozessen hinzu: Nicht nur die Expression von Genen wird durch Umweltfaktoren aktiviert, sondern auch der Zeitpunkt dieser epigenetischen Einflüsse spielt eine entscheidende Rolle, da sie sehr unterschiedliche Sequenzen der Expression ganzer Gruppen von Genen bewirken können. Die Reihenfolge, in der solche Gene aktiviert werden, kann große Unterschiede in den phänotypischen Auswirkungen machen. Nun argumentiert Tomasello, dass, wie oben gezeigt wurde, die genetische Ausstattung von Säuglingen sie auf unterschiedliche Weise auf komplexe soziale Interaktionen vorbereitet, auf das Interesse an anderen Menschen, auf die Fähigkeit, emotionale Signale im Gesicht zu verstehen, selbst Signale zu geben usw., jedoch ist dies nur der Beginn. Es braucht ein hochkompetentes soziales Gegenüber, um auf diese Initiativen zu reagieren. Und es ist nicht nur dessen Vorhandensein, sondern auch die Tatsache, dass menschliche Säuglinge in eine Kultur, einen komplexen soziokulturellen Kontext hineingeboren werden. Tomasello vertritt die Auffassung, dass soziokulturelle Institutionen so konzipiert sind, dass sie an entscheidenden Punkten in der Entwicklung eines menschlichen Kindes zum Einsatz kommen, um bestimmte genetisch vorgeformte soziale Kompetenzen zu aktivieren, die sich ohne Kultur nicht (oder nicht auf so komplexe Weise) entwickeln würden. Und weil sich in einem früheren Entwicklungsstadium bereits bestimmte Fähigkeiten herausgebildet haben (z. B. die Kommunikation durch Sprache, da eine Bezugsperson anwesend ist, die mit dem Kind spricht), ist das menschliche Kind in der Lage, im Laufe der Ontogenese weitere Kompetenzen zu entwickeln. Der Grund dafür ist, dass diese vorgebildeten Fähigkeiten in einem späteren Stadium durch spezifische kulturelle Bedingungen aktiviert werden. So entwickeln menschliche Kinder in den ersten drei Lebensjahren in der Regel interpersonelle, soziale und kommunikative Kompetenzen in einer dyadischen Interaktion mit ihren primären Bezugspersonen. Auf der Grundlage dieser Entwicklung sowie der Reifungsprozesse des Organismus werden sie im Alter von drei Jahren fähig, soziale Beziehungen zu anderen Kindern ihres Alters innerhalb von Gruppen aufzubauen. Sie entwickeln die Fähigkeit, sich im Spiel mit anderen zu koordinieren (deshalb werden Kinder in diesem Alter in den Kindergarten gegeben). Dies wird als transaktionale Kausalität bezeichnet: Fähigkeiten, die sich durch Reifung entwickeln, bilden die Grundlage für neue Formen von Erfahrungen und Lernen, und diese Lernerfahrungen sind dann die direkte Ursache für die weitere Entwicklung. Menschliche Kulturen haben sich in einer Weise entwickelt, die diesen Prozess optimal unterstützt. Die menschliche Kultur und das menschliche Genom wirken in der Ontogenese eng zusammen, um die einzigartigen menschlichen Fähigkeiten der soziokulturellen Zusammenarbeit zu bilden. Die kognitive und soziale Ontogenese des Menschen hängt von diesen Transaktionen zwischen dem Individuum und der es umgebenden reichen kulturellen Ökologie ab. Dieses transaktionale Modell wird auch als Theorie der Entwicklungssysteme oder evolutionäre Entwicklungspsychologie bezeichnet. Dieser transaktionale Ansatz steht in scharfem Gegensatz zu Ansichten, die man als nativistisch bezeichnen könnte – darunter die von Jung –, die argumentieren, dass bestimmte Fähigkeiten ausschließlich angeboren sind. Der transaktionale Ansatz geht dagegen davon aus, dass es nur genetisch vorgeformte Verhaltenstendenzen gibt, die in gewisser Weise die Existenz bestimmter kultureller Institutionen (z. B. Schulen für den Unterricht) voraussetzen, die dann eine Abfolge von sozialen und kognitiven Entwicklungen aktivieren.

Grundlage hierfür ist die einzigartige menschliche Fähigkeit, ein *Wir* zu bilden, einen gemeinsamen Akteur mit gemeinsamen Absichten, Wissen und soziokulturellen Werten. Diese Prozesse haben umgekehrt die Evolution der Menschheit beeinflusst. Da frühe menschliche Gruppen unter steinzeitlichen Bedingungen erfolgreicher waren, wenn sie auf komplexe Weise zusammenarbeiten konnten, entstand die Notwendigkeit, die Zeit der Kindererziehung zu verlängern. In der Folge wurden Unterricht und Lehre erfunden, was zur Herausbildung einer menschlichen Kultur führte, in der die Eltern bis weit in das Jugendalter für Nahrung und Informationen sorgen, so dass die Kinder große Mengen an kulturellen Informationen erwerben können. Alle oben erwähnten genetisch vorgeformten Fähigkeiten zur Kooperation, zum Verstehen und Teilen von Intentionalität, zum Altruismus usw. sind darauf ausgerichtet, die Entwicklung einer geteilten Intentionalität auf Basis kooperativen Handelns zu ermöglichen. Dazu gehören die Fähigkeit, die Perspektive anderer einzunehmen, dieselbe Sache aus verschiedenen Blickwinkeln zu betrachten, Informationen über Signale auszutauschen, an die Zukunft zu denken im Sinne von Plänen für kooperatives Handeln, anderen zu helfen, damit sie in guter Verfassung sind, wenn ihre Kooperation benötigt wird, einen Sinn für Gerechtigkeit zu entwickeln, eine Rolle in einem Spiel zu übernehmen im Sinne der Einnahme einer Position in einer koordinierten Aktion (z. B. Jagd) und die innere Welt anderer zu verstehen im Sinne von Mentalisierung.

Folglich bilden Gruppen, die aus solchen Individuen bestehen, im Laufe der Zeit Konventionen im Sinne von Regelsystemen (z. B. wie Jagdbeute geteilt wird), sie bilden gemeinsame Symbolsysteme für den Austausch und Hierarchien im Sinne von Systemen unterschiedlicher Positionen in koordinierten Handlungen – kurz gesagt: Kultur. Andererseits macht es die Zugehörigkeit zu einer solchen Kultur notwendig, das Regelsystem dieser Gruppe im Laufe der Entwicklung zu verstehen und zu übernehmen. Daher war es für Kinder ein Selektionsvorteil, Ältere nachahmen zu können, Unterweisungen und Lehre anzunehmen und eine Tendenz zu haben, sich den Regeln und Werten der eigenen Gruppe anzupassen, um eine Art Gruppenidentität aufzubauen. Dieser Ansatz erklärt übrigens auch, warum in menschlichen Gruppen nur etwa 50 % der Kinderbetreuung von der eigenen Mutter übernommen wird. Das liegt daran, dass sie von einer ganzen Gruppe Erwachsener betreut werden – was als kooperative Aufzucht bezeichnet wird (Hrdy 2009) –, die ein einzigartiges Umfeld für die Entwicklung komplexer sozialer Kognition bietet, da sich die Kinder an verschiedene andere Menschen anpassen und unterschiedliche Gemütszustände verstehen müssen usw.

Diese Sichtweise wird auch durch empirische Befunde gestützt, die zeigen, dass das Gehirn des menschlichen Säuglings im Gegensatz zu anderen Säugetieren, auch Primaten, nur 20 % des Gewichts eines erwachsenen Gehirns hat. Dies verdeutlicht, dass die Gehirnsubstanz eines erwachsenen Menschen durch Erfahrungen und die während der Sozialisation und Kulturalisierung aufgenommenen Informationen geformt wird. Das vergleichsweise langsame Wachstum des menschlichen Gehirns während der Kindheit und Jugend ist eine Anpassung an die kultivierte Lebensweise des Menschen, was bedeutet, dass der Mensch eine große Menge an Kompetenzen und Wissen erwerben muss, um ein vollwertiges Mitglied seiner Art zu werden.

Der Mensch hat mit anderen Säugetieren eine evolutionäre Entwicklung gemeinsam, die die quergestreiften Muskeln des Gesichts und des Kopfes in denselben Hirnstammbereichen reguliert, welche auch die beruhigende Wirkung des Vagus auf das Herz hervorrufen. Die Begegnung mit (den Gesichtern der) anderen löst also nicht automatisch Abwehrmechanismen aus, sondern schafft im Gegenteil ein Bedürfnis nach Nähe zu Artgenossen, was eine beruhigende Wirkung hat. Im menschlichen Nervensystem sind bestimmte Merkmale der zwischenmenschlichen Interaktion angeborene Auslöser für adaptive biologische Verhaltenssysteme, die ihrerseits Gesundheit und Heilung fördern können (Cozolino 2006).

Die biokulturelle Theorie (Müller-Schneider 2019) beschreibt das Zusammenspiel zwischen den biologischen Grundlagen einerseits und den sozialen Formen der Gesellschaft. In Jungs Modell gibt es die allgemeine Idee, dass die Genetik für Ähnlichkeit sorgt. Ausgehend von den heutigen Erkenntnissen der Genetik kann man sagen, dass auch das Gegenteil der Fall sein kann. Das hat damit zu tun, dass beim Menschen, wie auch bei fast jeder anderen Spezies, für einige Gene eine Reihe verschiedener Varianten existieren. Ein Beispiel aus dem Paarungsverhalten: Die Neigung, in romantischen Beziehungen den Partner zu betrügen, also eine Affäre zu haben, scheint tatsächlich von bestimmten Genvarianten abhängig zu sein, d. h., es gibt einen Erbfaktor (Zietsch et al. 2015). Interessant ist, dass es keinen signifikanten Unterschied zwischen den Geschlechtern gab, sondern innerhalb der Geschlechter. Diese Tendenz wird als Polyamorie oder Sozio-Sexualität bezeichnet. Das Genom ist in diesem Fall also nicht dafür verantwortlich, dass sich die Menschen ähneln, sondern dass sie sich sehr stark unterscheiden. Dasselbe wurde für die Neigung, ein guter Vater bzw. eine gute Mutter zu sein, festgestellt. Bei beiden Geschlechtern gibt es zwei unterschiedliche erbliche Phänotypen, die dafür verantwortlich sind, ob man dazu neigt, die Verantwortung für den Nachwuchs zu übernehmen oder nicht (Wlodarski et al. 2015).

Eine weitere wichtige Erkenntnis ist, dass die Vererbung eines genetischen Merkmals nicht automatisch gegeben ist, sondern von der Qualität der Umwelt abhängt. In Umgebungen ohne viel Raum für individuelle Freiheit können unterschiedliche genetische Prädispositionen keine so starken Auswirkungen auf den Phänotyp haben, wie in offenen Gesellschaften mit einer Vielzahl von Verhaltensoptionen (Charmantier & Garant, 2005; Guo & Marcus 2012. In modernisierten, liberalen Gesellschaften haben verschiedene genetische Varianten mehr Möglichkeiten, individuelle Unterschiede in der sexuellen Orientierung auszudrücken und hervorzubringen. Dies wird als biokulturelles Zusammenspiel von genetischer Variation und kulturellem Umfeld bezeichnet.

Offenbar gibt es eine biologische Grundlage für das menschliche Paarungsverhalten und die Paarbindung: Obwohl postmoderne Gesellschaften ein Höchstmaß an persönlicher Freiheit und Entfaltung der Individualität aufweisen, strebt die große Mehrheit (mehr als 90%) eine monogame, langfristige Paarbeziehung an, die auf Liebe und gegenseitiger Treue beruht (Müller-Schneider 2019). Generell lässt sich sagen, dass der Mensch die Veranlagung hat, dauerhafte monogame Paarbeziehungen einzugehen. Wie oben aufgezeigt, ist das menschliche Kind viele Jahre auf Unterstützung durch Bindungspersonen angewiesen, um komplexe soziale Kompetenzen zu erlernen. Unter steinzeitlichen Bedingungen wäre die Mutter allein jedoch nicht in der Lage, diese Betreuung über mehrere Jahre hinweg zu gewährleisten, so dass es notwendig gewesen wäre, den Vater (und alle anderen Gruppenmitglieder) in ein stabiles System der Kinderbetreuung einzubeziehen. Im Gegensatz zu modernen Vorurteilen wurde in ethnografischen Studien festgestellt, dass in Jäger- und Sammlergesellschaften in der Regel die Väter und die Männer der Gruppe im Allgemeinen in ein gemeinsames System der Kinderbetreuung eingebunden sind (Chapais 2011). In einigen Fällen wird sogar ein größerer Teil der Kinderbetreuung von den Vätern/Männern der Gruppe übernommen, und in diesen Fällen wird sogar die Jagd wie auch das Sammeln von Früchten usw. von den Frauen durchgeführt. Eine andere Theorie, die sich aus diesen Studien und Erkenntnissen ergibt, besagt, dass mit der Entwicklung von Waffen der Wettbewerb der Männer um die Frauen zu verheerenden Kämpfen und dem Verlust von Menschenleben geführt hätte, was wiederum die menschlichen Gesellschaften geschwächt hätte. Daher wurde in der Evolution der menschlichen Gesellschaften eine stabile Paarbeziehung gefördert (s. a. die Zehn Gebote im Alten Testament). Dies ist sowohl eine kulturelle Errungenschaft als auch eine biologische Grundlage. In Bezug auf die Frage, was archetypisch ist, kann man also sagen, dass die Prävalenz monogamer Ehen das Ergebnis einer Kombination aus biologischen und sozialen Prozessen ist (Müller-Schneider 2019).

Der Versuch der Soziobiologie (z.B. Wilson 1975), Soziologie und Psychologie unter die Biologie zu subsumieren, muss daher als gescheitert angesehen werden

(Richter 2005). Interessanterweise weist Dawkins (1976) in seinen späteren Veröffentlichungen darauf hin, dass menschliches Verhalten nicht als genetisch determiniert angesehen werden kann, und führte den Begriff »Mem« ein, das kulturelle Äquivalent des Gens. Dieses Konzept wurde von der britischen Psychologin Susan Blackmore (1999) erweitert. Es wird definiert als die kleinste Einheit kultureller Information, die repliziert und an nachfolgende Generationen weitergegeben werden kann. Insofern unterscheidet sich menschliche Evolution von allen anderen Arten, weil wir, neben der intergenerationalen Weitergabe von erblicher Information, auch den Weg der kulturellen Weitergabe über Symbolsysteme besitzen (Kugler 2003, S. 273; ▶ Kap. 6).

Die Fähigkeit des Menschen, Kultur zu bilden, ist Teil des Genoms, bildet aber faktisch ein sekundäres System der Vererbung. Dieses System ist als kollektives Wissen oder Gedächtnis organisiert, aber im Gegensatz zu Jungs Theorie ist es nicht in der Biologie/dem Genom begründet. Es wird in symbolischer Form gespeichert und von Generation zu Generation als Wissen in Form von Sprache weitergegeben. Diese Fähigkeit hat zu einem enormen Anstieg der Anpassungsfähigkeit beigetragen. Es besteht kein Zweifel, dass es so etwas wie eine genetisch geprägte, biologische Tiefenstruktur des Menschen gibt – kurz: die menschliche Natur. Dies ist aber nicht zu verwechseln mit einem reduktionistischen Verständnis, dass menschliches Verhalten direkt genetisch geprägt ist. Menschliche Natur bedeutet, dass es artspezifische angeborene Tendenzen gibt, z. B. die menschliche Tendenz zur Kooperation.

Die evolutionäre Entwicklung des Menschen wird in zeitgenössischen Theorien als eine Ko-Evolution von Genen und Kultur gesehen (Pinker 2010). In diesem Sinne ist die Entwicklung keine Einbahnstraße. Das hat mit der extrem hohen Plastizität des Gehirns zu tun, das auf Erfahrungen reagiert, in dem Sinne, dass bestimmte Erfahrungen vor allem in der frühen Sozialisation als Rückkopplung für die Ausprägung bestimmter Gene wirken. Manche Gene brauchen sogar bestimmte Erfahrungen in Form von Hinweisen aus der Umwelt, um aktiviert zu werden. Es ist auch zu beachten, dass es große Unterschiede zwischen verschiedenen Teilen des Genoms gibt, insofern, dass einige extrem plastisch sind und auf Umweltreize reagieren, während andere genetisch stark strukturierten synaptischen Anordnungen folgen (z. B. Panksepps neuroaffektive Systeme). Aber im Allgemeinen kann man sagen, dass alle Strukturen, die mit Bedeutung verbunden sind oder Bedeutung produzieren, das Produkt von Erfahrung und Sozialisation sind und daher von außen kommen, aus Erfahrung, Sozialisation und Enkulturalisierung, und nicht aus dem Genom. Diese Theorielinie zeigt sehr deutlich, dass es so etwas wie Instinkte im menschlichen Verhalten nicht gibt, sondern dass die genetisch begründeten Einheiten auf der Ebene der Motivationen angesiedelt sind. So gibt es z. B. das menschliche Grundbedürfnis, einen Partner zu finden. Wie das zu tun ist, in welchen Kontexten usw., ist in sozialen Skripten festgelegt.

Im Kern aller menschlichen Motivationen steht das Bedürfnis, zwischenmenschliche Akzeptanz, Wertschätzung und Zuwendung zu erfahren. In diesem Sinne liegt die Tendenz zu sozialer Resonanz und Kooperation in der menschlichen Natur begründet. Der Mensch wird bei diesen Motivationen von seinen Emotionen geleitet. Generell lässt sich also sagen, dass, selbst wenn eine genetische Veranlagung für bestimmte Motivationen besteht, Gene niemals direkt bestimmte Verhaltensweisen aktivieren, sondern nur die Aktivierung von Emotionen, die als Signale für verschiedene Ziele oder Gefahren dienen, stattfinden kann. Diese Emotionen lösen wiederum bestimmte Verhaltensweisen aus.

5.20 Das Selbst ist beziehungsorientiert: Beziehung ist vorrangig, nicht das Individuum

Es wird also immer deutlicher, dass die genetische Ausstattung des Menschen auf Interaktion mit anderen Menschen und Sozialität ausgerichtet ist. Hier stimmen die Bindungstheorie und Bindungsforschung überein mit Ansätzen wie Social Embedded Brain (Northoff 2015) und Cultural Neuroscience, ein interdisziplinäres Feld, das die Beziehung zwischen Kultur und menschlichen Gehirnfunktionen untersucht und darauf abzielt, die intrinsisch biosoziale Natur der funktionalen Organisation des menschlichen Gehirns zu erforschen (Shihui et al. 2012). Aus diesen Erkenntnissen haben sich in der Psychoanalyse die relationale und die intersubjektive Schule entwickelt, die auf der Säuglingsforschung der Boston Process of Change Study Group beruhen (Stern 1985). Der Grundgedanke dabei ist, dass die Psyche durch die frühen Interaktionserfahrungen des Kindes in seinen Beziehungen zu den Bezugspersonen strukturiert und praktisch aufgebaut wird. Es ist auch anzumerken, dass der für die orthodoxe Psychoanalyse so grundlegende Begriff des Triebes in den zeitgenössischen Schulen der Freud'schen Tradition inzwischen verworfen und als Konzept der Motivationen neu formuliert wurde (z. B. Lichtenberg et al. 2009):

> »Post-Freudian's, for instance, have replaced Freud's pleasure principle as the primary biological drive with the idea of the need for relationship and relatedness as our most basic human longing. Wherever we turn across the psychodynamic spectrum, we see therapy more concerned with engagement […] and other disorders of relatedness.« (Tacey 1998, S. 228)

Diese Ideen sind bereits in einige Schulen der jungianischen Psychologie eingeflossen:

> »For relational analysts, the social aspect of our being is fundamental to psychological life – it is not an add-on or a separate domain of our existence. This leads to a critique of what Stolorow and Atwood call ›the myth of the isolated mind‹. […] It is not simply that the mind develops in the social context of relationships with others; there is a more fundamental idea here that the mind itself is social and that the private subjective self, the intrapsychic inner world, is subsequent to and contingent upon the relational context in which it is embedded.« (Colman 2018, S. 130)

Von Mario Schlegel (2018) wurden diese Erkenntnisse der evolutionären Anthropologie schon frühzeitig hinsichtlich ihrer Konsequenzen für die Archetypentheorie zusammengefasst.

Diese Vorstellungen sind das Gegenteil von dem, was Jung sich unter der Entwicklung einer Person vorstellte, indem er den Schwerpunkt auf das legte, was aus dem Individuum herauskommt (*der Mythos des isolierten Geistes*). Mit Archetypen sind hier präformierte Strukturen gemeint, die sich unabhängig von Erfahrungen in interaktionellen Beziehungen entwickeln (*autochthone Entwicklung*). Diese Erkenntnisse haben natürlich weitreichende Folgen für die Praxis der jungianischen Psychotherapie: Wenn der Therapeut, wie in der klassischen Schule, darauf wartet, dass sich eine autochthone Entwicklung aus der Person selbst heraus entfaltet, die auf genetisch geprägten Archetypen beruht, könnte dies möglicherweise nicht geschehen. Sollte der Schwerpunkt nicht viel mehr auf der Schaffung einer bestimmten Beziehungsqualität liegen, wie es die relationalen Schulen der Psychoanalyse vorschlagen? Aber wenn ja, in welchem Verhältnis stehen dann die Idee der Archetypen und einer archetypischen Entwicklung der Person im Verlauf der Psychotherapie einerseits und der Beitrag der therapeutischen Beziehung andererseits? Mir scheint, dass dieses Verhältnis selbst in den zeitgenössischen Schulen der jungianischen Psychologie nicht wirklich geklärt ist (▶ Kap. 10).

5.21 Fazit

Zusammenfassend lässt sich sagen, dass diese aktuellen Konzeptualisierungen der Humangenetik, der Entwicklungspsychologie und der Neurowissenschaften eindeutig das widerlegen, was als Theorie 1 beschrieben wurde: einer biologischen Konzeptualisierung von Archetypen. Es besteht kein Zweifel daran, dass es beim Menschen angeborene Fähigkeiten und Verhaltenstendenzen gibt, diese sind jedoch das Gegenteil von dem, was Jung sich unter biologisch verwurzelten Archetypen vorstellte: Es handelt sich bei all diesen angeborenen Elementen nicht um Strukturen und Inhalte, sondern nur um Fähigkeiten, die alle darauf ausgerichtet sind, Beziehungen zu schaffen, zu einer Gruppe zu gehören, Interaktionen zu initiieren und an Kommunikation, Kooperation und Sozialität teilzunehmen usw. Die Archetypen, die Jung im Sinn hatte, können angesichts der oben genannten Erkenntnisse nicht als biologisch oder genetisch begründet angesehen werden.

In der Debatte mit George Hogenson auf dem IAAP-Kongress von 2001 argumentierte Anthony Stevens (et al. 2003, S. 370): »Evolutionary psychologists and psychiatrists [...] have announced the presence of neuropsychic propensities which are virtually indistinguishable from archetypes«. In gleicher Weise begehen zeitgenössische jungianische Autoren oft den Fehler, einige der oben dargestellten Befunde als *Beweise* für die biologische Theorie der Archetypen, für Konzeptionen des Innatismus, des biologischen Präformationismus usw. zu verwenden, ohne zu berücksichtigen, dass die Archetypen der klassischen Archetypenlehre – Anima und Animus, die Heldenreise usw. – sich völlig von den Fähigkeiten unterscheiden, die sich als biologisch verwurzelt erwiesen haben. Ich würde also schlussfolgern, dass Theorie 1 in gewissem Sinne legitim ist, was meint, dass es tatsächlich biologisch vorgeformte mentale Fähigkeiten beim Menschen gibt – allerdings hat dies nichts mit der Archetypentheorie zu tun. Wenn also Autoren der AP weiterhin argumentieren, dass es Belege für angeborene psychologische Neigungen gibt, so ist dies zwar richtig, aber keineswegs ein Beleg dafür, dass die Archetypen der AP biologisch verankert sind. Theorie 1 und Archetypentheorie sollten nicht verwechselt werden. Ich würde auch vorschlagen, den Begriff Archetyp nicht mehr für die oben vorgestellten Konzepte und Erkenntnisse zu verwenden, da dies eher Verwirrung stiftet als Klarheit zu schaffen.

Warum ist es überhaupt so wichtig, den Archetyp als biologisches Konzept zu beschreiben, selbst für zeitgenössische Theoretiker? Es ist, als sei die Archetypenlehre, wenn sie mit zweifelhaften naturwissenschaftlichen Begriffen und höchst fragwürdigen pseudo-biologischen Argumentationen bewaffnet wird, dadurch eine bessere Theorie. Bedeutet das nicht, den gleichen Fehler wie Jung zu begehen: die Archetypenlehre als Teil der Naturwissenschaften, nämlich der Biologie, zu konzeptualisieren, um die Theorie gegen Kritik zu verteidigen, um sie zu einer *echten wissenschaftlichen Theorie* zu machen? Wir haben gesehen, dass eine Reihe von Wissenschaftlern schon sehr früh in der Entwicklung der AP deutlich darauf hingewiesen hat, dass es sich bei diesem Versuch um eine Verteidigungsstrategie handelt, mit der Jung versucht hat, als Wissenschaftler angesehen zu werden, ohne Rücksicht auf den aktuellen Stand der Biologie zu nehmen – ja, ohne sich überhaupt dafür zu interessieren. Der Versuch, die Archetypenlehre in der Biologie zu verankern, war von Beginn an ein Irrweg – zum Teil auch bedingt durch Jungs akademischen Hintergrund als Mediziner und damit als Naturwissenschaftler und seiner Überzeugung, dass die Psychologie eine Naturwissenschaft sei. Aus meiner Sicht ist es an der Zeit, diese Theorie aufzugeben und klar anzuerkennen, dass die AP und ebenso die Archetypenlehre nicht zu den Naturwissenschaften gehören. Es gibt keinen Grund, derartige Versuche fortzuführen, eine biologische Grundlage für die Archetypentheorie zu schaffen, da sie dadurch nicht zu einer wissenschaftlichen Theorie wird, im Gegenteil, solche Versuche sind höchst fragwürdig geworden und machen die Archetypentheorie unwissenschaftlich. Das bedeutet allerdings nicht, dass Archetypen nichts mit dem zu tun haben, was man als menschliche Natur bezeichnen könnte. Die biologische und genetische Ausstattung des Menschen spielt eine Rolle dabei, welche Verhaltensmuster, sozialen Regeln und kulturellen Kontexte wir entwickeln. Aber es ist nicht notwendig – und ich würde sagen, es ist nicht einmal möglich – zu untersuchen, was mit dem Begriff Archetyp auf der Ebene der Gene, der Gen-Umwelt-Interaktion, der Instinkte und Verhaltensmuster usw. gemeint ist. Hierbei handelt es sich um das, was man in der philosophischen Erkenntnistheorie als Kategorienfehler bezeichnet. Aus meiner Sicht ist die AP seit Jahrzehnten in nutzlosen akademischen Debatten über verschiedene biologische Wege gefangen, auf der verzweifelten Suche nach einer biologischen Erklärung für das Entstehen von Archetypen. Die übergreifende Frage aus der Sicht der Archetypenlehre wäre stattdessen: Was ist für den Menschen angemessen und charakteristisch? Diese Frage ist in der Anthropologie eingehend untersucht worden, weshalb im nächsten Kapitel der aktuelle Stand der Forschung in diesem Bereich erörtert werden soll.

6 Anthropologie

Jungs Theorie der Archetypen enthält Ideen aus dem Bereich der Anthropologie, insbesondere weitreichende Annahmen über menschliche Universalien: Er behauptet, dass kulturübergreifend Ähnlichkeiten in sozialen Regeln und Mustern, kulturellen Gewohnheiten und Symbolen/Bildern, religiösen Überzeugungen und Ideen, mythologischen Motiven und Erzählungen usw. zu finden sind. Im Verlauf solcher Argumentationen bezieht sich Jung häufig auf ethnologische Theorien und Befunde für solche kulturübergreifenden Ähnlichkeiten sowie auf Erkenntnisse aus prähistorischen menschlichen Gesellschaften. Jung kannte eine Reihe von Theorien aus dem Bereich der Anthropologie seiner Zeit und zitiert sie. Aber das Bild, welches immer noch in zeitgenössischen Publikationen (z. B. Boechat 2022) vermittelt wird, dass Jung systematisch Mythologien und andere Ideen traditioneller Gesellschaften untersuchte, ist aus meiner Sicht Teil der Legende um Jung und seine Art, Wissenschaft zu betreiben. In den Passagen der gesammelten Werke, die sich auf anthropologische Theorien und Befunde beziehen, kann ich keine Systematik im Sinne einer unvoreingenommenen Suche nach Belegen, die für oder gegen die eigene Theorie sprechen, erkennen; auch die bereits zu seiner Zeit vorliegenden Befunde ethnologischer Feldforscher hat er nicht systematisch genutzt. Vielmehr scheint er sehr selektiv nur das Material vorgelegt zu haben, dass er für geeignet hielt, um seine Vorstellungen zu stützen. Ein Beispiel dafür ist die Publikation *Der Mensch und seine Symbole* von Jung und seinen Schülern v. Franz, Henderson, Jacobi und Jaffé (1964), die man als eine der bereits erwähnten »Just-So«-Erklärungen charakterisieren könnte: Der Schwerpunkt liegt auf Jungs Theorie, die mit Beispielen aus Kulturen und Religionen illustriert wird, aber nur mit solchen, die in den theoretischen Rahmen passen; es gibt keine Methodik, keine Systematik der Datenerhebung, keinen Verweis auf andere anthropologische Studien, auch die Zitate stammen fast ausschließlich von jungianischen Autoren oder sind lediglich Quellen für die besprochenen Mythen und Märchen – das ist Phantasieren unter dem Deckmantel einer wissenschaftlichen Studie.

Die wenigen Verweise, die Jung in den gesammelten Werken auf ethnologische Forscher (Mircea Eliade, Marcel Mauss, Levy-Bruhl, Paul Radin, Baldwin Spencer, James Stevenson, Josef Winthius) macht, sind oft nur als Fußnoten vorhanden. Jung war offenbar sehr angetan von Lévy-Bruhl (1912/1921) und zitiert ihn mehr als 60-mal in seinen Werken, wobei er sich vor allem auf das Konzept der Participation mystique bezieht. Aber Lévy-Bruhl ist eher ein anthropologisch orientierter Philosoph in der Tradition der Wissenschaft des 19. Jahrhunderts als ein empirisch orientierter Anthropologe. Die wichtigsten empirisch forschenden Ethnologen seiner Zeit – Marcel Mauss und Bronislaw Malinowski – werden von Jung nur einmal erwähnt. Das bedeutet, dass er ihre Werke kannte, sich aber entschied, sie nicht zu verwenden. Wie schon erwähnt, ist das erstaunlich, weil Malinowski (1924) das Auftreten des Ödipuskomplexes in verschiedenen Kulturen der Welt untersuchte, was doch für Jung von Interesse hätte sein müssen. Claude Lévi-Strauss (1949) wird nicht erwähnt, obwohl er eine interessante Alternativtheorie zu Jungs Archetypentheorie entwickelte und diese Ideen in den 1940er Jahren zu veröffentlichen begann. Auch hier wieder zeigt sich, wie schon bei der Evolutionstheorie, dass Jung sich für die eigentlichen Theorien und Erkenntnisse, hier ethnologische, nicht wirklich interessierte, sondern nur Bruchstücke daraus verwendete, die in sein vorgefasstes Konzept hineinpassten.

Mein Eindruck ist, dass sich dieser Umgang mit Erkenntnissen aus der Anthropologie in der AP fortgesetzt hat, in den Arbeiten von Erich Neumann und bis in die Gegenwart (Boechat 2022).

Zweifellos interessierte sich Jung vor allem für traditionelle Kulturen und unternahm abenteuerliche Reisen (z. B. zum Mount Elgon in Afrika und zum Taos Pueblo im Südwesten der USA), um solche Völker persönlich kennenzulernen und mehr über ihre Weltanschauungen zu erfahren. Die Art und Weise, wie er Daten sammelte und Personen dieser traditionellen Völker befragte, kann jedoch keineswegs als echte ethnografische Forschung bezeichnet werden. Auch wenn systematische Methoden für solche Forschung bereits zu seiner Zeit zur Verfügung standen, schien er nicht wirklich an einer wissenschaftlichen Datenerhebung, einer sorgfältigen Prüfung von Hypothesen usw. interessiert gewesen zu sein, sondern eher daran, Beweise für seine bereits vorgefassten Ideen zu finden – und folglich interpretierte er das, was er feststellte, gemäß seines eigenen Denkrahmens.

6.1 Die Homologie von Phylogenese und Ontogenese

Bei Jung gibt es einen Grundgedanken, der für das Verständnis seiner Werke von großer Bedeutung ist: dass sich die Archetypen über Jahrtausende in der Geschichte der Menschheit herausgebildet haben und somit durch die Untersuchung der frühen Kulturen und der Vorgeschichte rekonstruiert werden können. Sie finden sich auch bei sogenannten »Naturvölkern«, ihren Ritualen, Glaubensvorstellungen und Mythologien, und sie wiederholen sich in der individuellen Entwicklung des modernen Menschen (die Bezeichnung Naturvölker wird in der wissenschaftlichen Ethnologie nicht mehr verwendet, weil sie impliziert, diese Völker seien natürlich/nahe an der Natur im Gegensatz zu Kulturvölkern; allgemeine Auffassung ist dagegen heute, dass alle menschlichen Gemeinschaften, auch Jäger-Sammler-Gruppen, immer schon Kultur haben, z. B. Sprache, Geschichten, Werkzeuge etc.). Die Archetypen (als Strukturen des kollektiven Unbewussten) bilden die Grundlage all dieser Entwicklungen, des Historischen, Kulturellen, Mythologischen, Religiösen und Individuellen. Dieser sehr grundlegende Gedanke in Jungs Werken wurde später in Erich Neumanns (1949) *Ursprungsgeschichte des Bewusstseins* im Detail entfaltet. Diese Theorie beinhaltet eine Idee, die als Homologie von Phylogenese und Ontogenese bezeichnet wurde: die Entwicklung des Individuums (Ontogenese) rekapituliert die Geschichte und Evolution der Spezies (Phylogenese). Die Idee wurde von Erich Haeckel in die Biologie eingeführt und das Konzept trifft tatsächlich auf die vorgeburtliche Embryonalentwicklung des Menschen zu, allerdings nur auf biologischer Ebene (z. B. durchläuft der menschliche Embryo Entwicklungsphasen, in denen er für kurze Zeit Merkmale wie Kiemen usw. entwickelt). Bereits im 19. Jahrhundert wurde dieses ursprünglich biologische Konzept auf den Bereich der psychologischen Anthropologie ausgeweitet, was bedeutet, dass die psychologische Entwicklung des Individuums die evolutionäre und kulturelle Entwicklung der Menschheit als Ganzes rekapituliert. Zu dieser Vorstellung gehört die Annahme einer Skala verschiedener Reifegrade der Entwicklung von archaisch/»primitiv« bis entwickelt/»zivilisiert«, die sich dementsprechend sowohl auf die individuelle Entwicklung als auch auf die Entwicklung von Kulturen und Gesellschaften anwenden lässt.

In Jungs Weltbild gab es eine klare Hierarchie hinsichtlich der Differenzierung der Kultur und, damit verbunden, der psychologischen Entwicklung: Er war davon überzeugt, dass sich die »traditionellen« Völker auf einer »primitiveren« Ebene der Kulturalisierung wie auch der individuellen psychologischen Entwicklung befanden und dass sich dies in ihren Mythologien, sozialen und religiösen Praktiken, aber auch in ihrer psychischen Funktionsweise zeigte. Diese Sichtweise beinhaltet die Annahme, dass sogenannte »Primitive« auf der gleichen psychologischen Entwicklungsstufe leben wie frühe Formen des Homo sapiens, z. B. steinzeitliche Jäger- und Sammlergruppen, einerseits und wie kleine Kinder andererseits (z. B. GW 8, 95–98). Mehr noch, diese Sichtweise beinhaltet die Annahme, dass in der Psychopathologie eine Degeneration, Regression oder Auflösung des sogenannten »zivilisierten« Geisteszustandes der westlichen Menschen stattfinde, die zu einem Geisteszustand auf einer »primitiveren« Ebene führe, der in diesem Modell mit dem Geisteszustand und der psychologischen Funktionsweise früherer, »primitiverer« Völker und/oder dem von Kindern gleichgesetzt wird.

Ein gutes Beispiel für diese Denkweise in Jungs Werken findet sich in seinem Text *Über die Energetik der Seele* (GW 8) im Kapitel *Der primitive Begriff der Libido*. Hier argumentiert Jung anhand einer Zusammenstellung von Zitaten aus der Anthropologie, dass es in der Psyche der »Primitiven« ein mächtiges energetisches Prinzip gäbe, für das Jung den Begriff »Mana« prägt. Dies führt ihn schließlich zu der These, dass es sich bei den »Primitiven« um das handele, was Lévy-Bruhl (1912) »Participation mystique« genannt hat – Lévy-Bruhl bezeichnet die »Primitiven« sogar als »les societés inférieures« (dt: »die minderwertigen Gesellschaften«). Jung argumentiert, dass die »Primitiven« sich nicht von den Auswirkungen dieser Energie distanzieren oder darüber reflektieren könnten, ähnlich wie bei Kindern. Er behauptet sogar, dass sie kein Konzept von dieser Energie hätten, sondern sie nur als ein psychisches Phänomen erlebten. Dies ist es, was Jung als »primitive Mentalität« bezeichnet (s. a. den Text unter dem Begriff »Archaismus« in GW 6, 754).

> »Bei uns wäre es ein psychologischer Energiebegriff, beim Primitiven aber ist es ein psychisches Phänomen, das als mit dem Objekt verbunden wahrgenommen wird. Eine abstrakte Idee gibt es beim Primitiven nicht, in der Regel sogar nicht einmal einfache konkrete Begriffe, sondern nur Vorstellungen.« (GW 8, 127)

Jung stellt in diesem Text klar, dass er die sogenannten »Primitiven« nicht nur auf einer niedrigeren Stufe der kulturellen, sondern auch der psychologischen Entwicklung sieht. In einem anderen Text argumentiert Jung (GW 8, 668), dass er das kleine Kind und den »Primitiven« auf einer gemeinsamen psychologischen Entwicklungsstufe sieht, ohne Anzeichen von Ich-Bewusstsein, stark beeindruckt von den Ausdrucksformen ihrer eigenen Psyche und magischen Überzeugungen verfallend. In Anlehnung an Levy-Bruhls Konzept der Participation mystique – hier mit »Identität« übersetzt – schreibt Jung:

> »Die Identität rührt wesentlich von der notorischen Unbewußtheit des kleinen Kindes her. Das ist auch die Verbindung mit dem Primitiven: er ist ebenso unbewußt wie ein Kind. Die Unbewußtheit bedingt die Nichtunterscheidung. Noch ist kein deutlich unterschiedenes Ich vorhanden, sondern nur Geschehnisse, die mir oder einem anderen angehören können.« (GW 17, 83)

Jung erörtert dann, was passieren würde, wenn Kinder keine Schulen besuchen würden:

> »Die Kinder würden in höherem Maße unbewußt bleiben. [...] Es wäre ein primitiver Zustand, das heißt wenn solche Kinder zum Erwachsenenalter kämen, so wären sie trotz aller natürlichen Intelligenz Primitive, das heißt ›Wilde‹, etwa wie Angehörige eines intelligenten Neger- oder Indianerstammes. Sie wären beileibe nicht einfach dumm, sondern bloß instinktiv intelligent, sie wären unwissend und darum ihrer selbst und der Welt unbewußt. Sie würden ihr Leben auf einer bedeutend tieferen Kulturstufe beginnen und sich von den primitiven Rassen nur wenig unterscheiden.« (GW 17, 104)

Ein paralleles Beispiel von Neumann, der diese Ansicht unkritisch teilt:

> »Klein, schwach, die meiste Zeit schlafend, d. h. größtenteils unbewusst, treibt [der Mensch der Frühgeschichte] im Instinktiven wie ein Tier« (Neumann 1963, S. 92)

6.1.1 Giegerichs Kritik

Der bekannte jungianische Autor Wolfgang Giegerich (1975) hat bereits 1975 sehr scharf auf die Problematik dieser Homologievorstellung hingewiesen. Er kritisiert die oben erwähnten Versuche von Jung und Neumann grundlegend und unterscheidet klar zwischen Kulturentwicklung und Phylogenese. Er kommt zu dem Schluss, dass es unmöglich ist, für irgendeine Art von psychologischer Evolution in der Geschichte zu argumentieren und charakterisiert Neumanns Arbeit als Fiktion und spekulative Konstruktion. Diese Ideen sind an sich ein Mythos, eine archetypische Phantasie. Die Problematik besteht darin, dass diese Mythen als Wissenschaft dargestellt werden. Es gibt eine Reihe von Autoren, die in dieselbe Richtung argumentieren und Jungs Modelle als Produkt einer Sehnsucht nach einem konfliktfreien Einssein, einem verlorenen Paradies, kritisieren und für eine archetypische Psychologie plädieren, die frei von falschen ontologischen Reduktionismen ist (z. B. Papadopoulus 1992a). Interessant ist, dass, obwohl Giegerichs Kritik bereits 1975 formuliert wurde, Neumanns Ansatz in neueren Publikationen immer noch verteidigt wird und das zentrale Argument der Kritik nicht wirklich verstanden wird. Walch (2005) wirft Giegerich Missverständnisse und eine destruktive Tendenz vor, bei dessen Versuch, Neumanns Annahmen mit Fakten aus der Mythologieforschung zu konfrontieren. Das zentrale Argument ist auch hier, wie in so vielen Beiträgen der AP, dass die Archetypen im kollektiven Unbewussten angesiedelt seien und daher nicht mit empirischen Erkenntnissen der sogenannten »positivistischen« Wissenschaften verglichen oder erklärt werden könnten.

6.2 Die Homologie-Hypothese in der Geschichte der Anthropologie

Die oben dargestellte Idee der Homologie war in der Anthropologie des 19. und frühen 20. Jahrhunderts weit verbreitet. In der deutschen Romantik findet sich dieser Gedanke bereits bei Wilhelm v. Humboldt und Johann Gottfried Herder, die ihn als »Volksgeist« vorstellten (Wolfradt 2021). Wilhelm Wundt wurde mit der 1888 erschienenen *Völkerpsychologie* zum Hauptvertreter dieser Sichtweise und war bekanntlich sehr einflussreich für die Entwicklung der Jungschen Ideen. Wundt schlug die evolutionistische Idee einer Stufentheorie vor: 1. »primitive« Phase; 2. totemistische Phase; 3. Zeitalter der Helden und Götter; 4. Entwicklung zur Humanität. Ebenso wichtig für Jung waren die Ideen von Adolf Bastian (1881), der das Konzept der »Elementargedanken« vorstellte, die die Grundlage einer »psychischen Einheit der Menschheit« bilden – ein Konzept, das offensichtlich die Grundlage für Jungs Archetypentheorie bildete. Lévy-Bruhl (1912) schließlich – den Jung sehr schätzte – ging davon aus, dass »primitive Völker« nur zu unlogischen Denkweisen fähig und daher anfällig für magische Vorstellungen seien, eine Sichtweise, die Jung unreflektiert übernahm. Diese Vorstellungen spielten bis weit ins 20. Jahrhundert hinein eine wichtige Rolle bei der Rechtfertigung der Kolonialisierungspolitik. Da dieser Ansatz auf einer biologisch-evolutionistischen Perspektive beruhte, wurde versucht, psychologische Qualitäten traditioneller versus europäischer Gesellschaften mit physiologischen Merkmalen, wie z.B. der Kopfform, der Mimik usw., in Verbindung zu bringen, Versuche, die von den Nationalsozialisten in ihrer »Rassenlehre« fortgesetzt wurden. Diese Ansätze basierten auf zwei grundlegenden Missverständnissen: Zum einen wurde die biologische Entwicklung mit soziokulturellen Entwicklungen gleichgesetzt, zum anderen fehlte es grundsätzlich an systematischen empirischen Methoden und damit auch an entsprechenden Studien und Erkenntnissen (Wolfradt 2021).

Es ist anzumerken, dass diese Sicht auf traditionelle Völker verheerende Auswirkungen auf die praktische Politik hatte. Heinz (2019) hat in einer gründlichen Untersuchung dieser historischen Sichtweise gezeigt, dass sie von Eugen Bleuler (1911), Leiter der Psychiatrischen Universitätsklinik Zürich und Jungs Mentor in den Jahren von 1903 bis zu seinem Ausscheiden, stark unterstützt wurde. Bleuler entwickelte diese Gedanken in seinem berühmten Werk über die Dementia praecox/Schizophrenie, welches auch für die Entwicklung von Jungs Ideen einflussreich war. In diesem berühmten Werk, das die Entwicklung der Psychiatrie im 20. Jahrhundert und das Konzept der Schizophrenie stark beeinflusst hat, spekuliert Bleuler auf höchst rassistische Weise über die »primitive« psychische Funktionsweise der »Neger«. Diese Ideen spielten eine gewisse Rolle in den Versuchen der Ausrottung der Völker Nama und Herero in der deutschen Kolonie Südwestafrika, die eine Zeit lang von Reichskommissar Ernst Heinrich Göring, dem Vater des NS-Führers Hermann Göring, geleitet wurde. Diese Ideen wurden von den deutschen Rassisten als Rechtfertigung für den Umgang mit den einheimischen afrikanischen Bevölkerungsgruppen verwendet, da man sie als gleichgestellt mit wilden Tieren ansah – und wie man sieht, hatten diese Ideen eine Kontinuität bis hin zu den Vernichtungsaktionen gegen »unwertes Leben« im Rahmen der sogenannten »Euthanasie« im Nationalsozialismus.

Es ist offensichtlich, dass Jungs Denken über die »Primitiven« und den »primitiven« Geisteszustand von diesen Ideen beeinflusst war und zu seinen Lebzeiten nie wirklich reflektiert wurde. Dies ist bedauerlich, denn Jung hätte die Möglichkeit gehabt, sein Denken zu korrigieren: Der Anthropologe Bronislaw Malinowski, der während des Ersten Weltkriegs mit den »primitiven« Völkern Melanesiens lebte, veröffentlichte bereits in den 1930er Jahren (Malinowski 1948/1974) eine Menge ethnographischer Belege (die Jung kannte), die eindeutig gegen die Annahme sprechen, dass diese kolonialisierten Völker einer evolutionär »primitiveren«, irrationalen Denkweise unterworfen waren, von der man annahm, sie unterscheide sich kategorial vom Denken der modernisierten Menschen in der westlichen Welt. Er erbrachte den Nachweis, dass diese vermeintlich »primitiven« Menschen durchaus zu zielgerichtetem Denken, Rationalität und sogar zu empirischen Studien fähig waren, z. B. bei der Suche nach Heilstoffen in Pflanzen. Er wies zudem nach, dass die scheinbar irrationalen Rituale und Praktiken dieser Völker im Allgemeinen zielgerichtet waren und durchaus einen Sinn ergaben, sobald man versuchte, ihre Funktion im jeweiligen Kontext zu verstehen. Zwar war praktisch das gesamte Alltagsleben von religiösen Ritualen begleitet, was zunächst die oben genannten Vorstellungen zu stützen schien, wonach diese traditionellen Völker nicht in der Lage waren, ihr tägliches Leben zu führen, ohne ständig zornige Gottheiten zu beschwichtigen. Allerdings traf dies nicht zu auf die Hochseefischerei in zerbrechlichen Holzbooten, dort wurden keine Rituale durchgeführt. Als er nach dem Grund fragte, erhielt er die Antwort, dass nur Verrückte auf offener See Rituale abhalten würden, wo man alle Sinne und Intelligenz braucht, um die Gefahren des wilden Ozeans zu meistern – die Trobriander konnten also sehr wohl Situationen differenzieren und somit höchst rational handeln. Auch in der Psychiatrie wurde die oben genannte Homologie-Position bereits 1930 stark kritisiert, da nachgewiesen werden konnte, dass dieses Modell keine befriedigende Erklärung für die Entstehung von Schizophrenie liefert (Storch 1930).

6.2.1 Rassismus bei Jung

Wie nicht nur die Ausführungen im vorigen Abschnitt zeigen, ist ein gewisses rassistisches Denken bei Jung erkennbar, was in jüngerer Zeit zunehmend diskutiert wird (Group of Jungians 2018; Dalal 1991). Schon länger gibt es eine kontroverse Debatte um Jungs wiederholte antisemitische Äußerungen (Kirsch 2016). Jungs antisemitisches Denken findet sich in vielen seiner Werke und öffentlichen Äußerungen über einen Zeitraum von mindestens 25 Jahren (Tann & Erlenmeyer 1993). Hier geht es nicht darum, zu beweisen, dass Jung ein Antisemit war[9] (vgl. ausf. Roesler 2021). Jung vertritt eine biologische Sichtweise der Archetypen, die auf der Idee beruht, dass der Mensch ein phylogenetisches evolutionäres Erbe besitzt, das notwendigerweise sein Verhalten und seine Persönlichkeit zu einem großen Teil formt. Die Behauptung, aufgrund biologischer Unterschiede und somit ererbter psychologischer Unterschiede zwischen den »Rassen« wären diese »von Natur aus« psychologisch unterschiedlich, entspricht einem Denkmuster, das allgemein von faschistischen und rassistischen Theorien verwendet wird. Dies ist zweifellos eine rassistische Argumentation, unabhängig davon, was Jung als Person über Menschen afrikanischer oder jüdischer Herkunft dachte. Zu bedenken ist auch, dass diese Argumentation längst wissenschaftlich widerlegt ist – es gibt z. B. keine biologischen Intelligenzunterschiede zwischen den Ethnien, entsprechende Untersuchungen wurden bereits 1910 von Franz Boas durchgeführt, Jung konnte dies also wissen (Wolfradt 2021). In jüngster Zeit wird sogar der Begriff »Rasse« für Menschen in Frage gestellt, denn Untersuchungen am Genom haben zu wenig Unterschiede und zu viele Gemeinsamkeiten festgestellt. Das Seltsame ist, dass Jung seine Archetypentheorie – da Archetypen als universell gelten – hätte nutzen können, um die Gleichheit aller Menschen zu betonen; stattdessen wählte er die rassistische Sichtweise. »It is not enough to say, when we look at Jung's racism, sexism, anti-Semitism and so forth, ›Well he was just a man of his time‹. The problem with that, especially in relation to the anti-Semitism, is that he wasn't. [...] So it was not as if Jung could not have done anything else. People at the time knew that he had various options open to him.« (Samuels 1998, S. 24–25).

6.3 Beweise, welche gegen die Homologie-Hypothese sprechen

Die oben beschriebene Sichtweise, die man als *koloniales Denken* bezeichnen könnte, wurde nicht in Frage gestellt, sondern in der zeitgenössischen Ethnologie widerlegt.

---

9 Meiner Meinung nach war Jung nie ein Antisemit – wenn man bedenkt, dass viele seiner Schüler jüdisch-stämmig waren und immer eine herzliche Wertschätzung füreinander hatten, z. B. Erich Neumann, Sabina Spielrain, James Kirsch, Jolande Jacobi, Carl Alfred Meier, um nur einige zu nennen (Kirsch 2016).

Der deutsche Begriff »Naturvölker« wurde sogar aus Publikationen der Ethnologie gestrichen, da die in dem Begriff enthaltene Annahme, dass traditionelle Völker näher an oder in Identität mit der Natur leben – da sie in ihrer geistigen Entwicklung näher an der tierischen Ebene seien – keineswegs durch ethnographische Befunde belegt ist. Generell lässt sich sagen, dass es eine Unabhängigkeit zwischen der technologischen Entwicklung eines traditionellen Volkes und der Komplexität seiner Kosmologien gibt. So lebten z. B. die traditionellen Völker des Amazonasbeckens auf einem steinzeitlichen Technologieniveau, verfügten jedoch über äußerst komplexe und vielschichtige Kosmologien. Es ist eine weit verbreitete romantische Vorstellung, dass diese sogenannten »Naturvölker« in ökologischer Harmonie mit ihrer Umwelt leben, und dieser Glaube ist in Jungs Archetypentheorie enthalten, da er argumentiert, dass die Probleme des modernen Menschen mit der Entfremdung von der Natur zu tun haben, sowohl im Allgemeinen als auch in Bezug auf unsere eigene menschliche Natur; z. B.: »[Der Archetyp] schlägt eine Brücke zwischen dem von Entwurzelung bedrohten Gegenwartbewußtsein und der naturhaften, unbewußt-instinktiven Ganzheit der Vorzeit« (GW 9/I, 293).

Hier einige Befunde aus der Archäologie, die gegen die Phantasie einer *natürlichen, unbewussten, instinktiven Ganzheit* sprechen: Archäologische Funde in Nordamerika deuten darauf hin, dass die ersten Jäger und Sammler, die aus Asien über die Landbrücke der Beringstraße kamen, in einem Zeitraum von weniger als 1.000 Jahren alle auf dem Kontinent lebenden Großsäugetiere ausrotteten, mit Ausnahme von Bisons, Hirschen und Karibus, weil diese entweder zu aggressiv waren oder sich in die Wälder oder Polarregionen zurückzogen. Das Töten dieser großen Säugetiere (z. B. Mammut) war so einfach, weil diese Tiere kein Schema hatten, um sich vor menschlichen Jägern zu schützen; ähnliche Aussterbemuster lassen sich für Australien und Neuguinea feststellen (Diamond 1997, S. 42–47; Mithen 2003). Das Aussterben des eurasischen Wollmammuts und des Wollnashorns könnte ähnliche Gründe haben, denn vor etwa 20.000 Jahren waren die menschlichen Jäger und Sammler in der Lage, selbst angesichts des eiszeitlichen Klimas nach Norden zu ziehen, und zwar dank der Entwicklung der Nadel- und Nähtechnik, die es ermöglichte, warme Bekleidung zum Schutz gegen die Kälte herzustellen (Diamond 1997, S. 44). Die großen Prärien Nordamerikas waren ursprünglich Waldgebiet, doch die aus Asien eingewanderten Jäger und Sammler brannten diese Wälder vollständig nieder, um ihr Wild leichter im Grasland jagen zu können. Dies geschah vor mehr als 10.000 Jahren und gilt als eine der größten Zerstörungen der Biosphäre in der Geschichte der Menschheit (ebd.). Man könnte sogar argumentieren, dass der moderne Mensch ein viel größeres Bewusstsein für die Empfindlichkeit seiner ökologischen Umwelt und für die verheerenden Auswirkungen hat, die der Mensch auf sie haben kann.

Die skizzierte Denkweise, die in der evolutionären Schule der Anthropologie vorherrschend ist, führte zu der Idee, dass es menschliche Gruppen gibt, die Überreste der Steinzeit sind, da sie relativ isoliert waren. Man ging davon aus (z. B. Tylor 1871), dass diese Gesellschaften eine Art lebendes Fossil darstellen, das Aufschluss über prähistorische menschliche Gesellschaften und allgemein über die Entwicklung der Menschheit geben könnte (Wunn 2019; daher auch Jungs Reise zum

Mount Elgon). Zeitgenössische Anthropologen kritisieren diese Sichtweise scharf und betonen, dass diese Ansichten nicht mehr geteilt werden.

> »The evolutionary school in anthropology saw a uni-linear progression from more primitive societies to more civilized ones. Accompanying this progression was a similar proposed progression from magic to religion to science. [...] It is important to remember that anthropologists no longer believe in such an evolutionary progression or that peoples can be classified as primitive or civilized« (Stein & Stein 2008, S. 41).

6.4 Jung und die Großtheorien des 19. und frühen 20. Jahrhunderts

Die der Archetypenlehre innewohnenden Annahmen wie die einer Entwicklungsskala vom »Primitiven« zum »Zivilisierten« sind keine Erfindung Jungs, sondern finden sich in einer Reihe Theorien des 19. und frühen 20. Jahrhunderts. Diese werden im Folgenden als die Großtheorien der Anthropologie bezeichnet (Überblick bei Bowie 2004). Viele dieser Denker waren stark von Darwins Vorstellungen über den Evolutionsprozess in der Biologie beeinflusst und versuchten, diese Erkenntnisse auf die Erklärung der Entwicklung von Gesellschaften, Religion, Ritualen usw. und ganz allgemein auf die Entwicklung der menschlichen Geschichte zu übertragen. Diese Ansätze können daher als evolutionistisch bezeichnet werden (die folgende Darstellung basiert auf Beer & Fischer 2017, Stein & Stein 2008, Bowie 2004, Harris 1975).

Herbert Spencer, ein britischer Soziologe und Philosoph des 19. Jahrhunderts, vertrat die allgemeine Theorie, dass sich alle Dinge auf dem Weg einer universellen Evolution von einfacheren zu differenzierteren Formen entwickeln. Spencer versuchte, diese Idee auf die Erklärung der Entwicklung der Religion anzuwenden, und nahm an, dass der Ahnenkult die Grundlage jeder Religion sei. Edward Burnett Tyler hingegen betonte die Rolle der Seele in seiner Darstellung der religiösen Ursprünge und prägt den Begriff Animismus, der die Vorstellung beschreibt, dass alle Wesen, belebte und unbelebte Objekte, eine Seele haben. Tylers Werk *Primitive Culture* (1871), welches diese Ideen zusammenfasste, wurde sehr einflussreich für die Anthropologie und auch Jung bezog sich stark darauf. Er entwickelte die Vorstellung von drei Stufen der sozialen Evolution, die vom Animismus über den Polytheismus zum Monotheismus führt. Interessanterweise ging Tyler jedoch nicht von einer biologischen Grundlage für diese Entwicklungen aus, sondern prägte den Begriff der Diffusion, der Übertragung kultureller Elemente und Merkmale über Zeit und Raum hinweg. Er entwickelte auch die Idee, dass einige dieser »primitiven« Elemente auch in »zivilisierten« Gesellschaften fortbestehen und mit einer früheren Evolutionsstufe verbunden sind. Tyler war davon überzeugt, dass es in den sogenannten »primitiven« Kulturen keine Vielfalt, sondern Uniformität gab (»the same story everywhere«). Nicht nur diese abwertende Darstellung ist bei Tyler problematisch, sondern auch die Werturteile, die er seiner Skala der kulturellen Entwicklungsstufen gab.

Eine ähnliche Argumentation findet sich in L. H. Morgans (1877) einflussreichem Werk *Ancient society, or researches in the line of human progress from savagery through barbarism to civilization* – ein Titel, der die allgemeine Vorstellung einer Entwicklungsskala der menschlichen Kulturen zusammenfasst. Alle diese Theorien gehen also von einem »primitiven« Anfangszustand des Geistes, der Gesellschaft, der Religion usw. aus, aus dem sich die Zivilisation entwickelt, und der noch in den sogenannten »primitiven« Gesellschaften zu finden ist, d.h. hauptsächlich bei heutigen Jägern und Sammlern.

Eine weitere der Großtheorien dieser Zeit findet sich in James Frazers einflussreichem Werk *The Golden Bough* (1890). In Frazers Darstellung der Entwicklung von Religion ist die Grundannahme, dass Magie der Religion vorausgeht.

> »Although modern anthropologists criticize the information in the Golden Bough is taken out of its cultural context, the book is still widely read. [...] Since Frazer's time, further studies of myths have found that no single myth exists cross-culturally, but characteristic versions of the story may be found in specific areas« (Stein & Stein 2008, S. 41)

Leo Frobenius (1904, 1936), ein deutscher Ethnologe und zu seiner Zeit sehr populärer Autor, ist beispielhaft für die reduktionistischen Ansichten in diesen Großtheorien. Frobenius war ein sehr aktiver Feldforscher und erlangte internationales Ansehen mit seinen Kopien von steinzeitlichen Höhlenmalereien und Felszeichnungen, die er in einer Reihe von abenteuerlichen Expeditionen in allen Teilen der Welt sammelte. Zuvor war er als Sammler von Mythologien aus aller Welt weithin bekannt geworden. Er begründete die Disziplin der *Kulturmorphologie*, verbunden mit einem Institut, das noch immer in Frankfurt am Main tätig ist. Er vertrat den evolutionistischen Standpunkt, dass vor allem in den Höhlenmalereien sowie in der Mythologie der Völker der Welt die Entwicklung der Kultur selbst zu erkennen sei; er sah die Malereien wie auch die Mythen als Ausdruck der archivierten Natur des Menschen selbst. Interessanterweise trägt eine seiner Veröffentlichungen über Höhlenmalereien den Titel *Das Urbild* (Frobenius 1936), derselbe Begriff, den auch Jung zunächst für sein Konzept verwendete, das er später Archetyp nannte. Frobenius folgte auch der bereits erwähnten Idee, dass es eine Homologie der steinzeitlichen Kulturen mit den heutigen sogenannten »Naturvölkern« gibt, so dass das Studium dieser heutigen Jäger- und Sammlergesellschaften Aufschluss über die Lebensweise in der Steinzeit geben würde. Er nannte die prähistorische Gesteinskunst sogar das Bilderbuch der Geschichte der Menschheit und betonte, dass auch beim modernen Menschen der archaische Irrationalismus stärker sei als das moderne Bewusstsein: »Das naive Leben ist immer stärker als das bewusstseinsbedingte« (Frobenius 1936, S. 139). Obwohl er zu seiner Zeit sehr populär wurde, blieb er in der wissenschaftlichen Anthropologie ein Außenseiter. Jung stützte sich in seinen Werken stark auf Frobenius, beginnend mit *Symbole der Wandlung* von 1912, obwohl Frobenius ein Diffusionist war (▶ Kap. 9). Es ist ganz klar, dass Jung von Frobenius Ideen zum Urbild, zum Archaischen usw. stark beeinflusst war. Das Gleiche gilt für die Theorien von Tyler und Frazer, die von Jung mehrfach zitiert werden.

Eine Gemeinsamkeit all dieser Großtheorien ist die allgemeine Annahme, dass Gesetze aus der Biologie, insbesondere die Prozesse der biologischen Evolution, auf alle anderen Bereiche der Anthropologie, Gesellschaft, Religion, Mythologie usw. übertragen werden müssen. Diese Ansicht wurde von Jung geteilt, der davon überzeugt war, dass die Psychologie eine Naturwissenschaft ist, und der einen evolutionistischen Standpunkt vertrat.

6.5 Zeitgenössische Kritik an der evolutionistischen Schule

Alle Großtheorien werden von zeitgenössischen Anthropologen heftig kritisiert:

> »The ›butterfly collecting‹ mythology, which juxtaposes information, often of a very dubious provenance, totally out of context, allows the author to prove almost any point he cares to make« (Bowie 2004, S. 15).

Es fehle diesen Theorien an wirklichen Beweisen, sie basieren häufig auf Fehlschlüssen und *Just-So-Geschichten*. Die Kritik wurde zuerst von Feldforschern formuliert, die keine empirischen Belege für diese unilinearen Theorien finden konnten, welche von Wissenschaftlern entwickelt wurden, die oft nie ihre Universitäten verließen (Beer & Fischer 2017). Jung folgte diesen Elfenbeinturm-Denkern, anstatt empirische Daten von Feldforschern zu nutzen. Aus deren Sicht waren die bei verschiedenen Völkern gefundenen Ähnlichkeiten begründet durch ähnliche Umweltbedingungen oder Ähnlichkeiten in der Art und Weise, wie sie Nahrung gewannen, z. B. in Agrar- oder Gartenbaugesellschaften, die mit spezifischen sozialen Systemen und Hierarchien verbunden waren. Bestimmte soziale oder kulturelle Glaubenssysteme konnten als Anpassungen an eine bestimmte Umwelt oder Lebensweise[10] betrachtet werden. Diese Einsichten bildeten eine Tradition in der Anthropologie, die man als Suche nach systemischen Erklärungen für die Ähnlichkeiten und Unterschiede zwischen Kulturen bezeichnen könnte (z. B. Marcel Mauss).

Ein gutes Beispiel für einen solchen systemischen Ansatz zum Verständnis der Ähnlichkeiten zwischen Kulturen ist die Theorie des deutschen Anthropologen Klaus Müller (1983). Er geht von der Annahme aus, dass alle menschlichen Gruppen aufgrund ihrer ähnlichen physiologischen und psychologischen Bedingungen mit ähnlichen Lebensproblemen konfrontiert sind und daher überall auf der Welt ähnliche Lösungen für diese Grundprobleme finden. In seinen Untersuchungen stellte er fest, dass diese Orientierungssysteme durch stabilisierende Mechanismen

---

10 Diese Kritik richtete sich auch gegen Jungs Vorstellung biologischer Archetypen: »We have seen that such a demonstration requires eliminating the possibility that common human experience could account for similar archetypes in widely scattered individuals and in diverse cultures, and this is exceedingly difficult« (Neher 1996, S. 86).

konstruiert sind, die das soziale System immun gegen Hinterfragung machen, so gelten z. B. religiöse Ideen und Rituale in vielen Gesellschaften als heilig und dürfen daher nicht kritisiert werden (interessanterweise gilt dies auch für Theorien und Verfahren in psychoanalytischen Gemeinschaften).

Ein weiteres charakteristisches Muster in den Großtheorien zur Erklärung der Entwicklung von menschlicher Kultur ist die Erklärung aller unterschiedlichen Formen durch ein einziges monolithisches Erklärungssystem. Häufig verwenden diese Systeme binäre Oppositionen. Ein Beispiel dafür ist Emile Durkheims (1915/1976) Werk über die *Die elementaren Formen des religiösen Lebens*, für das er eine Untersuchung der australischen traditionellen Völker heranzog (von denen er glaubte, dass sie die einfachste Form der Gesellschaft darstellten und daher als Modell für die Wurzeln der menschlichen Kultur dienen könnten). In diesem System war die wichtigste Unterscheidung diejenige zwischen dem Heiligen und dem Profanen, interessanterweise dieselbe, die später von Mircea Eliade (1959) verwendet wurde (ähnlich in der Strukturalen Anthropologie von Claude Lévi-Strauss (1970, 1977). Durkheims Theorien waren für Jung bei der Entwicklung seines eigenen Denksystems von großer Bedeutung, und auch bei Jung findet sich eine solche binäre Opposition als zentrales Erklärungskonzept, hier: die Opposition zwischen Unbewusstem und Bewusstsein. Erst in der ersten Hälfte des 20. Jahrhunderts ließen Anthropologen diese monolithischen Erklärungskonzepte hinter sich, so z. B. Franz Boas (1922), der in seinen Überlegungen zum historischen Partikularismus die kulturellen Unterschiede betonte. Dies führt zu einem Verständnis der charakteristischen kulturellen Stile, die für jede Gesellschaft einzigartig sind. Folglich vertrat Boas in der Anthropologie ausdrücklich eine antirassistische Haltung – interessanterweise entschied sich Jung, diese Theorie nicht zu verwenden, obwohl sie ihm zur Verfügung stand.

Generell lässt sich feststellen, dass mit Beginn der Anwendung systematischer Vergleichsmethoden durch die Anthropologen in der zweiten Hälfte des 20. Jahrhunderts schnell klar wurde, dass die früheren Theorien (auch das System von Lévi-Strauss) nicht durch Beweise gestützt werden konnten. »As with the earlier search for universals, the innate structures proposed by Lévi-Strauss remain speculative and (like Frazer's Golden Bough) there is a danger of simply amassing data that repeat an argument without actually strengthening it. [...] Many critiques have in the end found that such an approach leaves too many important questions unanswered.« (Bowie 2004, S. 20). Dasselbe gilt für Durkheims (und Eliades) binäres Konzept des Heiligen und des Profanen (ebd., S. 140). In aktuellen Handbüchern zur Anthropologie und Religionsgeschichte werden Jungs Ideen erwähnt, oft zusammen mit Freuds Annahmen über Totem und Tabu. Beide werden in der Regel für ihre weitreichenden Spekulationen und ihre limitierte Verwendung empirischer Daten kritisiert: »Anthropologists have also criticized Jungian analysis for rarely using data from non-Western sources.« (Stein & Stein 2008, S. 45).

Ein weiterer wichtiger Punkt ist die Einsicht moderner Theorien, dass religiöse Ideen eng mit sozialer Organisation, politischen Interessen und Machtregulierung, Hierarchien usw. einerseits und mit Umweltbedingungen und den daraus resultierenden Bedürfnissen und Zwängen andererseits verbunden sind.

»Cosmologies are not, of course, pulled out of the air to suit the convenience of the communities to which they are attached. They are conditioned by many and various historical, environmental, technological, psychological, and social factors.« (Mathews, 1994, S. 13)

Daher muss man anerkennen, dass Kosmologien und andere religiöse Elemente bestimmte Funktionen in Gesellschaften erfüllen. Dies ist auch ein weiteres Argument gegen die oben erwähnte Vorstellung einer Skala von »primitiv« bis »zivilisiert«: »An irrational view of the world as peopled by spirits may be more adaptive than a scientific view that sees the world in mechanistic terms« (Bowie 2004, S. 122). Die zeitgenössischen Anthropologen betrachten im Allgemeinen, wie anpassungsfähig ein kulturelles System an die Bedürfnisse eines Volkes und seine Umwelt ist.

6.6 Bachofens »Mutterrecht« und Jungs »Große Mutter«

Ein besonders drastisches Beispiel für eine dieser historischen Großtheorien, auf die sich Jung stark stützte, ist Bachofens (1861) monumentales Werk *Das Mutterrecht* – interessanterweise stammt er wie Jung aus Basel. Bachofen ging davon aus, dass es in der Menschheitsgeschichte eine Periode des Matriarchats gab, eine Periode der politischen Herrschaft der Frauen. Darauf folgte eine Periode der Destabilisierung, ausgelöst durch Invasionen patriarchalischer Völker, die das Patriarchat einführten, verbunden mit einer Verdrängung jeglicher Erinnerung an diese früheren Epochen. Jung schätzte diese Theorie sehr und suchte in seinen eigenen Werken nach matriarchalischer Symbolik und nahm an, dass das Matriarchat ein Stadium in der Entwicklung des Bewusstseins sei. Dies wurde später von Jungs Nachfolger Erich Neumann in *Ursprungsgeschichte des Bewusstseins* und in seinem zweiten monumentalen Werk *Die große Mutter* (Neumann 1963) aufgegriffen, in dem er sich stark auf Bachofen stützte. Neumann preist Bachofen sogar als den Entdecker der »tieferen psychischen Schichten der Menschheitsentwicklung« (S. 92). Jung schrieb das Vorwort zu Neumanns erstem Werk und befürwortete dieses, da es – wie Jung argumentierte – die AP auf eine solide evolutionäre Basis stellte (GW 18, 521–522). Jungs Ideen über das psychologische Weibliche beruhen oft auf Bachofens Ideen. Es ist anzumerken, dass diese Ideen, obwohl sie in der Frauenbewegung (Gimbutas 1989) wieder populär wurden, schon lange widerlegt sind, da es keinerlei historische Beweise gibt. Bachofens Ideen basierten hauptsächlich auf Phantasien (van Schaik & Michel 2020; s. ausf. ▶ Kap. 8).

6.7 Kultur vor Biologie

Schließlich gibt es eine zeitgenössische Tradition in der Anthropologie, welche die Wechselwirkung zwischen menschlicher Biologie und Kultur in dem Sinne betont, dass nicht nur die biologischen Bedingungen des Menschen bestimmte kulturelle Elemente hervorbringen, z. B. ein religiöses Glaubenssystem, sondern auch, dass die Kultur einen starken Einfluss auf die Entwicklung des Menschen hat (Beer & Fischer 2017). Ein Beispiel dafür ist die Sprache und wie die Spezifika einer bestimmten Sprache die Art und Weise prägen, wie ein Individuum als Mitglied der jeweiligen Kultur die Elemente in der Umwelt sieht. Auch die kognitive Ethnologie, die ursprünglich versuchte, universelle kognitive Strukturen zu finden, hat auf der Suche nach menschlichen Universalien schließlich festgestellt, dass selbst kognitive Strukturen oder Abläufe stark durch kulturelle Bedingungen und Sozialisation beeinflusst werden (Norenzayan & Heine 2006). Der Mensch kann sich ohne die Einbindung in eine soziale Gruppe nicht entwickeln oder überhaupt überleben. Jede soziale Gruppe hat aber immer schon Kultur – in diesem Sinne ist die Kultur ein Apriori für die menschliche Entwicklung. Jedes Individuum ist, sobald es in einer bestimmten Kultur sozialisiert ist, in seiner Reaktionsfähigkeit auf bestimmte Reize oder Bedingungen aufgrund der von der Kultur vorgegebenen Muster eingeschränkt. In diesem Sinne ist die Kultur Teil der menschlichen Evolution und hat in vielerlei Hinsicht einen viel stärkeren Einfluss auf die menschliche Entwicklung als die biologische Ausstattung. Dieser Standpunkt wird sogar von Biologen und Genetikern vertreten, welche die menschliche Evolution erforschen: Wie bereits im Kapitel über Biologie erwähnt, wurde festgestellt, dass frühe Gruppierungen des Homo sapiens zunehmend eine kooperative Jagd praktizierten, da dies der Gruppe ein größeres Nahrungsreservoir bot. Damit wurde die Fähigkeit zur Kooperation und zur komplexen sozialen Interaktion zu einem Selektionskriterium der Evolution. Tatsächlich wurden Kultur und gesellschaftliche Strukturen zu einer Umwelt, an die sich das Genom anpassen musste.

Diese Erkenntnisse wurden in der sogenannten Dualen Vererbungstheorie zusammengefasst (Paul 2015): da menschliches Leben in sozialen Gruppen stattfindet, bedarf es einer enormen Menge an Instruktionen, die nicht in der DNA codiert sein können, sondern in Symbolsystemen, aus denen Kultur besteht. Die Symbolsysteme und die soziale Organisation, die sie transportieren, variieren stark von Kultur zu Kultur, was man an der Unterschiedlichkeit und Vielfalt der menschlichen Sprachen sehen kann. Um einen Menschen hervorzubringen, braucht es also beide Informationssysteme, den genetischen Code ebenso wie den kulturellen Code in Symbolsystemen, die DNA würde für das Überleben eines menschlichen Organismus nicht ausreichen. Die Symbolsysteme sind ebenso objektiv und da draußen in der Welt wie die DNA, da ein heranwachsendes Individuum sie schon außerhalb seiner selbst vorfindet, sie entspringen auch nicht dem Gehirn, sondern dem sozialen und kulturellen Prozess. Diese Theorie unterstreicht daher die Bedeutung von Institutionen bei der Konstituierung der menschlichen Gesellschaft, was bedeutet, dass die Existenz kollektiver Realitäten über der Ebene der Individuen steht.

> »It is therefore a fundamental principle of social and cultural anthropology that institutions such as matrilateral cross-cousin-marriage or male initiation rituals can be understood, analysed, and compared on their own terms and need not be thought of only as a collection of individuals with brains containing such and such instructions packed into them« (ebd., S. 73).

Dies ist ein deutlicher Einwand gegen die biologische Argumentation von Jung und zeigt, dass Formen des kollektiven Gedächtnisses in anthropologischer Hinsicht ohne Rückgriff auf biologische Argumente theoretisiert werden können.

Es besteht kein Zweifel, dass sich Kultur entwickelt hat, da sie die Funktion hat, einen evolutionären Vorteil zu bieten. Zunächst hat sie die Fähigkeit des Menschen zur sozialen Zusammenarbeit verbessert – wie wir oben gesehen haben, ist der Mensch biologisch zur Zusammenarbeit prädestiniert, allerdings wird durch Kultur und Sozialität die Fähigkeit zu komplexen Formen der Zusammenarbeit vervielfacht. Der zweite Anpassungsvorteil besteht darin, dass Kultur den Menschen befähigt, sich an neue Nischen, Klimazonen und Ökologien anzupassen (z. B. ermöglichte die Entwicklung der Nähtechnik den Menschen die Herstellung warmer Bekleidung und damit die Besiedlung nördlicher Klimazonen sowie das Überleben der Eiszeiten). Es wird daher angenommen, dass die Entwicklung kooperativer sozialer Institutionen das soziale Umfeld geschaffen hat, in dem prosoziale Normen durch Selektion begünstigt wurden und Teil der angeborenen, genetischen Ausstattung der Mitglieder kooperativer Gesellschaften wurden (de Waal 2019; Richerson & Boyd 2005). Diese Theoretiker gehen davon aus, dass es keine genetisch fest verankerte menschliche Natur gibt, denn um eine hohe Anpassungsfähigkeit des Menschen zu erreichen, muss das kulturelle System veränderbar sein, und folglich müssen auch die Symbole, die Anweisungen für das Leben in verschiedenen Umgebungen geben, entsprechend veränderbar sein. Seine fast unbegrenzte Anpassungsfähigkeit ist die menschliche Natur.

Ich habe bereits darauf hingewiesen, dass die oben erwähnten Großtheorien Teil dessen sind, was man als koloniales Denken bezeichnen könnte: die unreflektierte Überzeugung, dass die westliche, insbesondere die europäische Kultur den traditionellen Kulturen stets überlegen ist, ein Glaube, der, wie wir alle wissen, für die Mehrheit der Völker dieser Welt verheerende Folgen hatte. Jung war, obwohl er sich für traditionelle Kulturen interessierte, mit seinem Denken stark in dieser kolonialen Tradition eingebettet. Das erschwerte es ihm, etwas anderes zu finden als das, was in sein Denksystem passte. Nach dem Zweiten Weltkrieg vollzog sich in der Anthropologie eine allgemeine Abkehr von diesem kolonialen Denken und seiner universalistischen Sichtweise hin zu einem interpretativen Ansatz, der versuchte, eine Kultur aus sich selbst heraus zu verstehen. Dies bedeutet notwendigerweise, dass Interpretation und Hermeneutik die wichtigsten methodologischen Ansätze in der Anthropologie werden mussten. Es bedeutet auch eine Abkehr von der Annahme, die Anthropologie sei so etwas wie eine Naturwissenschaft. In dieser Tradition (z. B. Geertz 1973) werden Kulturen oder kulturelle Produkte immer vor dem Hintergrund ihrer historischen, ökologischen, sozialen usw. Bedingungen kontextualisiert.

6.8 Zeitgenössische Ansätze in der Anthropologie zur Frage der interkulturellen Ähnlichkeiten

»The theorist of the forms of universal as opposed to local knowledge is rarely processed of a disciplined ethnographic or historical imagination. Freud, Jung, and Lévi-Strauss are alike vulnerable to charges of mentalism on the one hand and biologism on the other. All deny the absolute autonomy of the cultural level and all reduce its multitudinous and emergent properties to a theory of neural residues. Such theories, it must be admitted, have yet to attain the epistemological rigor of medieval alchemy.« (Belmonte 1990, S. 46)

Im 19. Jahrhundert waren Theorien und Debatten darüber, wie Ähnlichkeiten zwischen Kulturen zustande kommen, wichtige Diskussionspunkte. Einige Theoretiker vertraten die Ansicht, dass alle oder die meisten menschlichen Kulturen durch die Diffusion von Ideen entstanden sind, durch Migration oder physischen Kontakt. Einen entgegengesetzten Standpunkt vertrat die funktionalistische Schule der Anthropologie, nach der eine Gesellschaft ein selbstregulierendes System ist, in dem die Religion eine gewisse Rolle spielt, indem sie die soziale Organisation aufrechterhält und Hierarchien und Moralsysteme schafft. Da die menschlichen Gesellschaften im Laufe der Geschichte und überall auf der Welt weitgehend die gleichen sozialen Probleme aufweisen und unter dem Druck des Überlebens stehen, entwickeln sie oft identische Lösungen für diese Probleme, was die Ähnlichkeiten erklären kann. In diesem Sinne erfüllt Religion überall auf der Welt dieselbe psychologische Funktion, nämlich die Linderung von Ängsten angesichts der Ungewissheiten des Lebens. Aber auch diese Sichtweise wird von zeitgenössischen Anthropologen als bloße Vermutung kritisiert, wozu auch die Arbeiten von Freud und seine Hypothese des Vatermordes gehören (Beer & Fischer 2017).

Die Anthropologen der funktionalistischen Schule interessierten sich dafür, welche Funktionen die verschiedenen Elemente einer Kultur haben, z. B. Magie, Religion, Rituale usw. Malinowski (1948/1974), einer der Hauptvertreter dieses Ansatzes, untersuchte die Magie bei den Trobriandern und fand heraus, dass Magie nur dann angewandt wird, wenn die Menschen einen bestimmten Bereich, z. B. die Landwirtschaft, mit ihren Werkzeugen und Praktiken nicht vollständig unter Kontrolle haben; daher dient die Magie dem Zweck, Kontrolle zu erlangen (oder zumindest den Glauben, dass Kontrolle vorhanden ist). Die funktionalistische Schule ging davon aus, dass sich Elemente der Kultur auf eine Reihe von Grundbedürfnissen des Menschen beziehen, z. B. Ernährung, Sicherheit. Die Antworten, die sie fanden, lauteten oft, dass die Elemente einer Kultur dazu dienten, das soziale System, die Solidarität usw. zu stärken.

Clyde Kluckhohn (1965), einer der führenden Anthropologen in der zweiten Hälfte des 20. Jahrhunderts und ein Verfechter der Ansicht, dass das wichtigste Konzept für das Verständnis menschlichen Verhaltens die Kultur ist, fasst den funktionalistischen Standpunkt wie folgt zusammen:

»I have maintained that anthropology, psychiatry, clinical psychology, and learning theory all tend to accept the following postulates:

1. Human behaviour is functional.
2. Behaviour always involves conflict or ambivalence.
3. Behaviour can be understood only in relation to the field or context in which it occurs« (S. 260)

Kluckhohn ist aber auch ein herausragender Kritiker der funktionalen Sichtweise. Er betont die Bedeutung der Kultur selbst als ein System, das, wenn es etabliert ist, in dem Sinne eine Eigendynamik aufweist, dass es bestimmte Entwicklungen eröffnet, aber auch andere verschließt. Wir werden später sehen, dass derselbe Ansatz auf die Entwicklung von Religion angewandt werden kann, und zwar in dem Sinne, dass eine einmal etablierte Religion ihre eigene Dynamik entwickelt, oft unabhängig von äußeren Bedingungen und menschlichen Bedürfnissen (▶ Kap. 7). Diese Auffassung wirft einen kritischen Blick auf die von Jung vertretene Ansicht, dass die Entwicklung von Kultur durch den Verweis auf menschliche Bedürfnisse oder andere in der Biologie des Menschen begründete Grundstrukturen erklärt werden kann.

Der Standpunkt, dass die Kultur selbst eine starke Dynamik erzeugt, wurde in der strukturalistischen Schule der Anthropologie noch verstärkt, die im Allgemeinen davon ausging, dass der Bestand an kulturellen Überzeugungen und Praktiken in einer Gesellschaft, in welcher eine Person sozialisiert wird, in hohem Maße bestimmt, wie diese Person handelt, denkt und die Welt sieht. Diese kulturellen Überzeugungen und Praktiken werden durch Sozialisierung und Kulturalisierung von einer Generation zur nächsten weitergegeben. Dennoch wurde auch in der strukturalistischen Schule davon ausgegangen, dass die von der Kultur vermittelten Strukturen letztlich durch grundlegende Merkmale des menschlichen Verstandes hervorgebracht werden. Sie stützen sich jedoch nicht allein auf die menschliche Natur, sondern betonen auch den Punkt der Kategorisierungssysteme der Kulturen. Obwohl sie die grundlegenden Merkmale des menschlichen Geistes widerspiegeln, verfügen sie auch über ihre eigenen Kategorisierungs- und Bedeutungssysteme, die sich von Kultur zu Kultur erheblich unterscheiden können. Die wichtigsten Vertreter dieses Ansatzes waren Lévi-Strauss, der auf Basis eines Systems binärer Oppositionen ein komplexes System zur Beschreibung kultureller Überzeugungen und sozialer Praktiken entwickelte, sowie unter anderem Emile Durkheim und Marcel Mauss. Lévi-Strauss (1949) hat sich intensiv mit Verwandtschaftsmustern, nämlich Heiratsregeln, beschäftigt und festgestellt, dass sie einerseits Universalien der menschlichen Fortpflanzung beinhalten, aber in ihrer endgültigen Form ein Produkt kulturspezifischer Regeln sind: z. B. ist das Inzesttabu universell, während die spezifischen Regeln, aus welcher Gruppe eine Braut ausgewählt werden soll, kulturspezifisch sind. Generell lassen sich die Regeln, die bestimmen, was zur eigenen Gruppe gehört und was Außenseiter sind, nicht ausschließlich auf biologische Faktoren reduzieren, da es von Kultur zu Kultur erhebliche Unterschiede gibt. In der Entwicklung seiner Arbeiten bediente sich Lévi-Strauss zunehmend linguistischer Vergleiche, um die Grundstrukturen der Kulturen zu analysieren. Diese Analysemethode wurde auch auf Mythologien angewandt. Eine entscheidende Erkenntnis ist, dass sich sowohl kulturelle Glaubenssysteme als auch Mythologien in Bezug auf die Grundwerte unterscheiden, die im jeweiligen System eine dominante Rolle haben.

Es ist wichtig zu erwähnen, dass das gleiche Argument – Kultur habe ihre eigene Dynamik und forme den menschlichen Geist in der Tiefe – von Jerome Bruner (1990) in der Psychologie vorgebracht wurde. Bruner kritisiert die zeitgenössische Psychologie dafür, dass sie vergessen hat, dass die Psyche wie auch die Welt, in der die Menschen leben, von Bedeutung geprägt ist. Dies impliziert, dass andere Wege der wissenschaftlichen Analyse und Theoriebildung notwendig wären, als sie in der akademischen Psychologie üblicherweise angewendet werden. Sinnstrukturen sind für das menschliche Leben von grundlegender Bedeutung, und sie werden nicht durch die biologische Ausstattung bereitgestellt, sondern in sozialen Praktiken in Form von Erzählungen weitergegeben. Die kulturellen Narrative, die eine Gesellschaft bereitstellt, prägen die Psyche der Individuen zutiefst. Interessanterweise hat sich Jung selbst, obwohl er stark für eine naturwissenschaftliche Fundierung seiner Psychologie eintrat, praktisch sein ganzes Leben lang mit Hermeneutik und der Interpretation von Erzählungen (z. B. aus der Mythologie, Alchemie) beschäftigt. Dies verweist auf das, was bereits als szientistisches Selbstmissverständnis seiner Psychologie charakterisiert wurde.

> »First, psychoanalysis, since the time of Freud, has aimed to study mental or psychological phenomena in a scientific manner; second, also since the time of Freud, psychoanalysis has attempted to study these things in a non-reductionistic way, one that preserves the autonomy of the psychological realm and that uses a bridging language, for too long Freud's outdated metapsychology attempted to link the psychological to the neurological. [...] Another way of putting this is to say that minds have intentionality (in the philosophical sense), meaning, and purpose but that brains, even highly complex ones, do not and that a psychoanalytic clinician is mainly interested in the meanings that he or she and other minds in the room are cocreating, not in the neural events that underlie them.« (Auerbach 2014, S. 277–281)

6.9 Menschliche Universalien: Isolationismus vs. Diffusionismus

So wie er in seiner Archetypentheorie eine essentialistische und evolutionistische Perspektive einnahm, vertrat Jung auch in der Anthropologie einen universalistischen Standpunkt. Im Einklang mit den erwähnten Großtheorien mit evolutionistischem Hintergrund war er ebenfalls auf der Suche nach universellen Strukturen, die in allen menschlichen Gesellschaften und Epochen zu finden sind, den Archetypen. Ähnliche oder zumindest vergleichbare Konzepte in den evolutionistischen Theorien waren Adolf Bastians (1881) Konzept der »Elementargedanken«, »Volksgeist« (Herder), »Genius of the People« (Boas), »Paideuma« (Frobenius; für einen Überblick s. Beer & Fischer 2017). Schon im 19. Jahrhundert waren auffällige Ähnlichkeiten in den Erzählmotiven räumlich voneinander entfernt lebender ethnischer Gruppen aufgefallen und setzten ab 1880 eine jahrzehntelange Debatte darüber in Gang, wie diese Konvergenz der Vorstellungen in Märchen und Mythen zu erklären sei. Es konkurrierten zwei große Erklärungsmodelle um die Vorherrschaft. Die Diffusions- und Übertragungstheorie, oft auch Diffusionismus genannt, behauptete, der Grund für die Ähnlichkeiten liege im tatsächlichen physischen Kontakt zwischen den Völkern im Sinne einer Migration (Eisenstädter 1912). Einige Autoren dieser Fraktion gingen sogar so weit, dass sie annahmen, alle Völker der Erde stammten von ein und demselben »Urstamm« ab, der sogenannten »Urhorde«, die in einem Gebiet zwischen Kaukasus und Zentralasien angesiedelt gewesen sein soll (Baumann 1936). Die Gegenthese war die Theorie der Elementargedanken, »Völkergedanken« (Bastian 1881), die besagte, dass die mythologische Konvergenz die psychologische Homogenität aller Menschen ausdrückt (▶ Kap. 9). Genau diese Gedanken, die um 1900 in der wissenschaftlichen Welt sehr populär waren, hat Jung mit seiner Archetypenlehre in die Psychologie aufgenommen.

Auch zeitgenössische Jungianer, die das Konzept des Archetyps auf kulturelle Phänomene oder Fallmaterial anwenden, beziehen sich oft auf das Konzept der Universalien aus der Anthropologie, aber sehr oft – zumindest nach meiner Einschätzung – ohne Bezug auf tatsächliche empirische oder aktuelle Erkenntnisse der Anthropologie. Einige Autoren präsentieren, wie z. B. Obrist (1990, S. 112), verschiedene Listen von Universalien (Mutter-Kind-Beziehungen, Hierarchien, Territorialverhalten, explorative Aggression usw.) aus verschiedenen Perioden der Entwicklung der wissenschaftlichen Anthropologie, als würde der Verweis auf diese Listen einen Beweis für die Existenz der jungianischen Archetypen liefern. Mit diesem Ansatz ist eine Reihe von Problemen verbunden. Wenn man die einschlägige Literatur in der Anthropologie studiert, ist das überraschende Ergebnis, dass die Erkenntnisse über menschliche Universalien sehr begrenzt sind. Darüber hinaus sind die Universalien, die laut ethnologischen Forschern gefunden wurden, völlig anderer Art als das, was in der AP als Archetyp gilt, z. B. die Anima oder die Reise des Helden. Schließlich wird oft nicht bedacht, dass es in der Anthropologie selbst eine ständige Kontroverse um das Konzept der Universalien gegeben hat, mit dem Ergebnis, dass heute das Konzept von Universalien verworfen wird (Norenzayan & Heine 2006). Dies ist ein weiteres auffälliges Beispiel für die problematische Tendenz in der AP, einen singulären Befund oder ein Konzept aus einer bestimmten Disziplin herauszugreifen und als Beweis für die Theorie der Archetypen zu präsentieren, ohne die akademische Debatte und ihre Entwicklung im Laufe der Zeit in der jeweiligen Disziplin vollständig zu berücksichtigen. Einer der ersten Versuche, eine Liste menschlicher Universalien zu erstellen, wurde von George Peter Murdock (1945) vorgelegt, der später Herausgeber des *Ethnographic Atlas* wurde, aus dem sich das berühmte *Standard Cross-Cultural Sample* entwickelte (s. u.). Andere Listen wurden von Kluckhohn (1953) zusammengestellt. Hier sind einige Beispiele aus der Liste von Murdock (1945): Körperschmuck, Gemeinschaftsorganisation, Kochen, Umwerben, Erziehung, Bestattungsriten, Spiele, Gastfreundschaft, Sprache, Musik, Tanz, Mythologie, Kanalisationskonzepte, Chirurgie, Werkzeugherstellung, Besuch. Der umfangreichste jüngste Versuch, menschliche Universalien zu katalogisieren, wurde von Donald Brown (1991) unternommen, der eine Liste von Hunderten von Merkmalen erstellte, die sowohl Kategorien (z. B. Ehe, Rituale, Sprache) als auch Inhalte (z. B. Angst vor Schlangen, Schüchternheit, Farbbegriffe für »schwarz« und »weiß«) umfassen, die den Menschen überall gemeinsam sind. Browns (1991)

Human universals, das einen Überblick über die Debatte gibt und alle empirischen Studien und Theorien über menschliche Universalien nach mehr als einem Jahrhundert anthropologischer Forschung enthält, gibt die folgenden Beispiele – ein Auszug (S. 130–141):[11] ein Kommunikationssystem, das die Verwendung von Metaphern und Erzählungen erlaubt; Kategorien für Verwandtschaftsbeziehungen, zum Beispiel Vater und Mutter; binäre Unterscheidungen, elementare Logik, Kausalität; Praktiken für Geburt und nachgeburtliche Pflege; leben in Gruppen; Heirat; es findet Sozialisation statt; Herstellung von Werkzeugen; Konzepte für Besitz; soziale Struktur etc.

Es ist offensichtlich, dass diese Listen sehr allgemeine Kategorien bilden, zum Beispiel dass es Sprache gibt oder Tanz oder Musik oder soziale Hierarchien, aber die Inhalte sind nicht spezifisch. Es ist klar, dass diese empirisch gefundenen Universalien nichts zu tun haben mit den Archetypen der AP. Interessanter ist, was in den Listen nicht enthalten ist: Z.B. wird festgestellt, dass die einzigen Rituale, die universell zu sein scheinen, diejenigen um Heirat, Initiation und Trauer um die Toten sind. Viele Menschen glauben, dass es Universalien in Bezug auf die Erziehung von Kindern gäbe, was tatsächlich nicht der Fall ist (Ahnert, 2010). Und sogar ein Vertreter der universalistischen Perspektive wie Brown (1991) macht deutlich:

> »I write at, and am a product of, a time when the distinction [between biology and culture] remains fundamental to most anthropologists – even though it is vaguely and falsely conceived. Nothing in human culture comes into being or gets transmitted without consideration of the specifically human genetic makeup. Yet significant aspects of human anatomy and physiology can only be fully understood with some consideration of human culture, which always and everywhere is a crucial part of the environment that interacts with human genes to produce human organisms. Any prophetically conceived boundary between the thoroughly genetically determined and the not too obviously biological is more likely to be a boundary between what has and what has not been interesting to anthropologists.« (S. 42)

Brown hat offensichtlich auch kein Problem damit zu argumentieren, dass viele der Universalien in seiner Liste durch kulturellen Austausch (Diffusion) und Sozialisation weitergegeben werden (ebd., S. 148). Die wichtige Ausnahme von der allgemeinen Regel, dass die menschlichen Universalien sehr allgemein und grundlegend sind und keine Spezifizierung beinhalten, sind die auffallenden Ähnlichkeiten in Märchen und Mythen (▶ Kap. 9), die überall auf der Welt zu finden sind (Aarne & Thompson, 1961).

Eine wichtige Frage, die in jungianischen Veröffentlichungen, die sich des Konzepts der menschlichen Universalien bedienen, oft nicht angesprochen wird, ist, wie der Begriff Universalie eigentlich definiert wird: Bedeutet universal, dass das Element überall auf der Welt, in jeder Kultur und in jedem Individuum vorkommen muss (was in der Terminologie von Brown eine absolute Universalie wäre)? Und wenn nicht in jedem Individuum, bis zu welchem Prozentsatz der Verbreitung kann man dann von einem universellen Element sprechen? Heirat zum Beispiel ist zu über 90%, aber eben nicht in 100% aller Kulturen vorkommen. Die Frage der Defini-

---

11 Ein Überblick aus dem Jahr 1991 mag veraltet erscheinen, aber die einschlägige empirische Forschung auf dem Gebiet der Anthropologie endete schon vorher, denn die Erforschung menschlicher Universalien muss Gesellschaften untersuchen, die keinen – oder zumindest wenig – Kontakt zur Zivilisation hatten.

tion wird in Browns Aufsätzen (1991, 2000) eingehend erörtert. In seinem Aufsatz *Human Universals, Human Nature & Human Culture* (Brown 2004) fasst er die Erkenntnisse aus den oben genannten Publikationen zusammen (S. 48–50): Er kritisiert, dass oft weit reichende Behauptungen über angebliche Universalien aufgestellt werden, die auf begrenzter oder zum Teil fragwürdiger Forschung basieren. Alle Kulturen der Welt auf ein bestimmtes Merkmal hin zu untersuchen und zu vergleichen, sei extrem aufwendig und würde so gut wie nie gemacht. Dies gilt besonders für die Suche nach Universalien im psychologischen Bereich, entsprechende Studien sind selten über den europäischen Bereich hinausgegangen. Selbst Phänomene, die man gemeinhin als transkulturell betrachten würde, z. B. bestimmte optische Halluzinationen, sind tatsächlich nicht universal. Psychische Universalien, die durch solide interkulturelle Vergleiche festgestellt wurden, sind nur folgende: Denken in binären Unterscheidungen, Spracherwerb, Emotionen, Klassifizierungen, elementare logische Konzepte, Abwehrmechanismen, Ethnozentralismus und Wechselseitigkeit in sozialen Beziehungen, Präferenz für symmetrische Gesichter, ein Mechanismus, der Betrug entdeckt, und eine männliche Präferenz für helle Haut bei Frauen (zum Inzesttabu s. u.).

Es besteht kein Zweifel, dass der Mensch bei der Geburt keine Tabula rasa ist. Inzwischen bestreitet niemand mehr, dass es bei Kindern eine angeborene Fähigkeit gibt, Sprache und Grammatik zu lernen (Spracherwerbsapparat), sowie eine gewisse Bereitschaft, sich vor bestimmten Dingen, z. B. Spinnen, zu fürchten (für einen Überblick s. Roesler 2016). Im Kapitel zur Biologie wurden die empirischen Befunde zu angeborenen geistigen Fähigkeiten bereits ausführlich dargestellt. Auch hier macht der aktuelle Stand der Erkenntnisse in der Anthropologie deutlich, dass die gefundenen Universalien – die zudem einer grundsätzlichen Kontroverse unterliegen, mit der Frage, ob es überhaupt sinnvoll ist, nach solchen Universalien zu suchen (Norenzayan & Heine 2006) – nichts mit den Archetypen der jungianischen Psychologie zu tun haben. Es würde auch keinen Sinn ergeben, den Begriff Archetyp für diese Universalien zu verwenden, da es weit von dem entfernt ist, was in der jungianischen Psychologie als Archetyp angesehen wird, so dass dies nur die Verwirrung fortsetzen würde, die bereits bei der Definition von Archetypen festgestellt wurde.

Auf diese Probleme sowie auf das grundlegende Missverständnis, dass Jungs Zugang zur Anthropologie inhärent ist, wurde bereits von Kritikern außerhalb der AP hingewiesen, z. B. von Petzold et al. (2014, S. 439 ff.; ▶ Kap. 4): Jungs kollektives Unbewusstes sei besser zu verstehen als kulturell determinierte kollektive Repräsentationen im Sinne Moscovicis. Anschließend geben die Autoren zahlreiche Beispiele dafür, dass dieselben Elemente oder Symbole in verschiedenen Kulturen je nach geografischen oder klimatischen Bedingungen völlig unterschiedliche Bedeutungen haben. Die Sichtweise Jungs, die Figuren der griechischen Mythologie als Urbilder der menschlichen Psyche zu sehen, sei nicht nur Ausdruck von Jungs Eurozentrismus, sondern seiner grundsätzlichen Vernachlässigung, ja Leugnung soziohistorischer und -ökonomischer Erklärungen.

6.10 Universalismus vs. Kulturrelativismus/Partikularismus

Die Suche nach Universalien in der Anthropologie war Teil eines allgemeinen Ansatzes, der als Universalismus bezeichnet wurde und dem der Standpunkt des Kulturrelativismus oder Partikularismus entgegengesetzt wurde: Sobald die Anthropologen statt nach Universalien systematisch nach Unterschieden suchten, die vom kulturellen Hintergrund abhängen, wurde deutlich, dass der Einfluss der Kultur enorm ist und tatsächlich die Grundlagen der Psyche, der Persönlichkeit und des Selbst prägt (Markus & Kitayama 1991, 1998; Richerson & Boyd 2005; Überblick bei Norenzayan & Heine 2006). Der Einfluss der Kultur lässt sich sogar in der Bildsprache und der allgemeinen Form von Träumen finden, die kulturelle Ansichten über das Selbst, die Individualität und die Entwicklung der Persönlichkeit widerspiegeln (Roesler, Konakawa & Tanaka 2021). Infolgedessen waren die Bemühungen, den universellen Menschen zu taxonomieren, in der Geschichte der Anthropologie höchst umstritten. Einige haben in Frage gestellt, ob es wirklich interessante menschliche Universalien gibt (z. B. Benedict, 1934), und andere argumentierten, dass solche Bemühungen, den kleinsten gemeinsamen Nenner der Menschheit zu identifizieren, entweder fehlgeleitet oder von zweifelhaftem Wert sind (z. B. Geertz 1973). In jüngster Zeit mehren sich in der Kulturanthropologie die Stimmen, die eine poststrukturalistische Perspektive einnehmen und die Fluidität und Mehrdeutigkeit von Kultur betonen. Bei dieser Sichtweise herrscht eine ausgeprägte Skepsis gegenüber der Verallgemeinerung von der individuellen auf die kulturelle Ebene, oder gar der Verallgemeinerung auf die Ebene dessen, was universell menschlich ist (Norenzayan & Heine 2006). Eine wichtige Erkenntnis ist, dass die biologische Entwicklung des Menschen nicht ohne Berücksichtigung der Präexistenz von Kultur gedacht werden kann. Wie wir bereits im Kapitel zur Biologie gesehen haben, ist die genetische Ausstattung des Menschen kultur- und gesellschaftsorientiert und bezieht die sozialen Beziehungen und gesellschaftlichen Strukturen, in denen er sich entwickelt, tief ein, so dass man sagen könnte: das Umfeld der evolutionären Anpassung des Menschen sind Kultur und Gesellschaft, und nicht spezifische natürliche Umwelten, wie sie es für Tiere sind. Charakteristisch für den Menschen ist nicht, dass er von bestimmten instinktiven Motivationen angetrieben wird, was eher für Tiere charakteristisch ist, sondern seine enorme Anpassungsfähigkeit und Flexibilität, seine Fähigkeit, sich durch kulturelle und technologische Errungenschaften an praktisch alle Umgebungen zu adaptieren – der Mensch kann sich sogar dauerhaft im Weltraum aufhalten und wird bald in der Lage sein, auf dem Mond und vielleicht auf dem Mars zu überleben. Diese enorme Anpassungsfähigkeit spiegelt sich auch in der ebenso enormen Plastizität des menschlichen Gehirns wider.

6.11 Die empirische Grundlage für menschliche Universalien

Obwohl die Suche nach menschlichen Universalien auf der Grundlage der obigen Diskussion etwas veraltet erscheinen mag, könnte es für Jungianer dennoch interessant sein, etwas über die aktuellen empirischen Befunde bezüglich solcher Universalien zu erfahren. Im Gegensatz zu den Großtheorien, die für das 19. und den Beginn des 20. Jahrhunderts charakteristisch waren – in die Jungs Denken tief eingebettet war –, wurde ab den 1930er und 1940er Jahren eine Fülle von angemessenen empirischen Beschreibungen traditioneller Gesellschaften zusammengetragen, die heute eine präzisere Antwort auf die Frage nach den menschlichen Universalien ermöglichen (Stein & Stein 2008, S. 3). Erklärungssysteme, im Sinne von universalistischen versus kulturrelativistischen Ansätzen, können und müssen mit den verfügbaren Daten gründlich getestet werden. Heute stehen nicht nur erhebliche Mengen ethnographischer Daten zur Verfügung, sie sind auch in systematisierten Vergleichsstichproben, wie sie im Folgenden vorgestellt werden, zugänglich. Diese können systematisch auf bestimmte Fragestellungen hin untersucht oder auf vermutete Gemeinsamkeiten hin verglichen werden.

Der bereits erwähnte Anthropologe George Peter Murdock erstellte schon sehr früh in der Entwicklung systematisch vergleichender Studien eine Liste menschlicher Universalien (s.o.), die im Laufe der Zeit zum *Ethnografic Atlas* ausgebaut wurde (Murdock 1967b). Dieser wurde später zu einer universitären Datenbank mit detaillierten Beschreibungen unabhängiger Gesellschaften, dem *Standard Cross-Cultural Sample* (*SCCS*), einer Stichprobe von 186 Kulturen, die von Wissenschaftlern in kulturübergreifenden Studien verwendet wird (Murdoch & White 1969). Die zweite weit verbreitete Datenbank sind die *Human Relations Area Files* (*HRAF*; Ember 2000). Auf beide Datenbanken kann online zugegriffen werden, auf die SCCS über ihre frei zugängliche Online-Zeitschrift *World Cultures*, auf die HRAF über die Yale University: https://hraf.yale.edu. Bei der Verwendung dieser Datenbanken zur Untersuchung spezifischer kulturübergreifender Gemeinsamkeiten wird schnell klar, dass die Liste der echten Universalien erstens sehr begrenzt und zweitens sehr grundlegend ist. Zudem lässt sich ein Großteil dieser Ähnlichkeiten durchaus durch geografische Nähe, ähnliche Umweltbedingungen oder wechselseitige kulturelle Einflüsse zwischen ähnlichen Kulturen erklären (Beer & Fischer 2017). Es wurde sogar die allgemeine Gesetzmäßigkeit festgestellt, dass je ähnlicher sich Kulturen sind, desto höher ist der Grad ihrer genetischen Verwandtschaft bzw. ihrer kulturellen Nachbarschaft (Binford 1971, S. 9). Nachfolgend werde ich detaillierte Beispiele mit einer Diskussion basierend auf der verfügbaren Literatur aus der Anthropologie sowie Analysen auf Basis der oben genannten Datenbanken geben.

Religion ist universell. Unter den vielen Theorien, die versucht haben, dieses Phänomen zu erklären, gibt es auch biologische bzw. evolutionäre Ansätze, die im Wesentlichen wie Jung mit der ähnlichen Beschaffenheit des menschlichen Gehirns argumentieren. Es gibt sogar Theorien, die für ein religiöses Gen oder eine Reihe solcher Gene plädieren – das sogenannte Gottesmodul. Dieser Ansatz wurde jedoch stark kritisiert und kann auf der Grundlage der aktuellen Forschung auf dem Gebiet der Genetik verworfen werden (Stein & Stein 2008). Was universell ist, ist die Tatsache, dass es Religion gibt, aber die Inhalte der spezifischen Religionen sind definitiv nicht universell (▶ Kap. 7).

Vermutlich gibt es kein anderes Konzept, das für die historische Entwicklung der psychoanalytischen Schulen so wichtig ist wie das *Inzesttabu*. Und in der Tat scheint es ein universelles Motiv zu sein. In einer vergleichenden Studie von 50 zufällig ausgewählten Kulturen findet sich das Motiv des Inzests in 39 dieser Mythologien (Kluckhohn 1960). Es wurde immer argumentiert, dass das Inzesttabu eine biologische Grundlage hat, in dem Sinne, dass es genetische Defekte bei Nachkommen von biologisch nahen Verwandten verhindert. Die Angelegenheit scheint jedoch komplexer zu sein, wie die detaillierte anthropologische Untersuchung von Bischof (1985/2020), *Das Rätsel Ödipus*, zeigt. Es gibt eine Vielzahl von Regeln für Inzest und sexuelle Beziehungen zwischen nahen Verwandten in verschiedenen Kulturen. In einigen Kulturen werden diese Beziehungen sogar unterstützt, da man glaubt, dass sie übernatürliche Kräfte hervorbringen. Dies ist ein Beweis dafür, dass diese biologischen Hemmungen durch gesellschaftliche Regeln überwunden werden können. Der Autor liefert eine Erklärung, die sich auf die allgemeine Systemtheorie stützt und keine biologischen Prädeterminationen verwendet. In diesem Sinne sei das Inzesttabu eine kulturelle Errungenschaft.

Chapais (2011) hat versucht, die Universalität des Inzesttabus als eine evolutionäre Errungenschaft zu erklären, indem er die menschliche Entwicklung mit Mustern unter Primaten verglich. Dieser Ansatz wurde in der Anthropologie von vielen Seiten heftig kritisiert (z. B. Barnard 2014), basierend auf der Einsicht, dass das Inzesttabu ein Produkt der Kategorisierung im Sinne der Verwandtschaft ist, die bei Primaten nicht zu finden ist. Generell wird die Existenz eines Inzesttabus in der Anthropologie häufig im Zusammenhang mit Verwandtschaftsmustern diskutiert. In den Arbeiten von Lévi-Strauss (1949/1969) werden Verwandtschaftsmuster als eines der wichtigsten Kategorisierungsprinzipien betrachtet, die die menschliche Kultur kennzeichnen. Obwohl wir oben gesehen haben, dass die Tendenz zur Kategorisierung eine angeborene Fähigkeit des Menschen zu sein scheint, werden die Strukturen und Inhalte der angewandten Kategorien übereinstimmend als ein kulturelles Produkt angesehen, das erhebliche interkulturelle Unterschiede aufweisen kann. Das Inzesttabu wird in der Anthropologie häufig mit Initiationsriten in Verbindung gebracht (▶ Kap. 7): Jung z. B. war stark von Freuds Theorie des Ödipuskomplexes beeinflusst und sah in den männlichen Initiationsriten die Funktion, ödipale Konflikte zu lösen und die männliche Identität zu etablieren. Er behauptet, dass in Gesellschaften, in denen die Mutter-Sohn-Bindung besonders stark ausgeprägt ist, aufwändige und schmerzhafte Zeremonien erforderlich sind, um die Identifikation eines männlichen Kindes mit seiner Mutter kraftvoll und entschieden zu durchbrechen. Außerdem muss das Kind in die psychologische und soziale Gesellschaft der väterlichen Gruppe eingegliedert werden. Dies könnte erklären, warum Initiationsriten für Männer wichtiger zu sein scheinen als für Frauen. Diese Ansicht steht im Einklang mit funktionalen Gesichtspunkten in der Anthropologie – und überraschenderweise im Gegensatz zu Jungs üblicher biologischer Argumentation –, die argumentieren, dass Initiationszeremonien und ihre kulturübergreifenden Ähnlichkeiten unter dem Gesichtspunkt ihrer sozialen Funktion betrachtet werden (Young 1965).

Bezüglich der *Bestattungen* und der damit einhergehenden Rituale zeigt eine Recherche in Datenbanken und in der Literatur eine große Variabilität, ebenso wie im Verständnis von Tod und Jenseits, was auch den Umgang mit den Toten beeinflusst – so wurden selbst Gesellschaften gefunden, welche ihre Verstorbenen mit den Abfällen entsorgten (Stein & Stein, 2008, S. 11). Die Autoren listen eine Vielzahl von Bestattungsformen und Bestattungsriten auf: auf speziellen Friedhöfen, in Nekropolen, aber auch in der Nähe oder sogar unter dem Boden des Hauses. Im Gegensatz zu den Bestattungen gibt es die Einäscherung, und es gibt auch eine Vielzahl von Formen, die Asche zu entsorgen: einige bewahren sie in Kisten auf, andere verstreuen sie auf dem Meer oder in den Wind usw. Außerdem gibt es die Mumifizierung und das Aussetzen des Leichnams, entweder den Elementen der Natur oder dem Verzehr durch Tiere. Auch wenn dies archaisch erscheinen mag, wird dieser Brauch noch heute in der sehr hoch entwickelten Religion der Zoroastrier im Iran praktiziert. Dies zeigt auch, dass der Archaismus eines bestimmten Bestattungsrituals nicht unbedingt mit dem Komplexitätsgrad der jeweiligen Religion zusammenhängt. Dieselbe Variabilität gilt für die Bestattungsriten (Stein & Stein 2008, S. 194): Bei den Präriestämmen der amerikanischen Ureinwohner ist eine sehr lange Zeit der Trauer um die Toten üblich, während bei den Pueblo-Völkern die Verstorbenen schnell vergessen sein sollen. Es wurde sogar argumentiert, dass die Existenz von Bestattungsformen nicht zwangsläufig bedeutet, dass es eine Vorstellung von einem Jenseits oder einem Leben im Jenseits gibt; es könnte auch ein Ausdruck der Tatsache sein, dass die Lebenden Schwierigkeiten haben, ihre toten Angehörigen loszulassen (Wunn 2019). Dies könnte auch der Grund dafür sein, dass in einigen Kulturen die Überreste der toten Verwandten unter den Böden der Häuser begraben werden, um sie nahe an der Welt der Lebenden zu halten (▶ Kap. 8).

Wie bereits erwähnt (▶ Kap. 5), scheint es eine biologische Grundlage für die menschliche Tendenz zu geben, stabile, langfristige, monogame *Paarbeziehungen* einzugehen. In einer mit dem *Standard Cross-Cultural Sample* (s. o.) durchgeführten Studie wurde festgestellt, dass in den über 850 untersuchten Gesellschaften, in denen mehr als 80 % theoretisch Polygamie zuließen (was bedeutet, dass Männer in Ehen mit mehr als einer Frau verheiratet sein dürfen), nur eine Minderheit von 5 bis 10 % der Männer davon Gebrauch machte (Fletcher 2013). 70 % aller Jäger- und Sammlergesellschaften in dieser Stichprobe waren hauptsächlich monogam und ließen Polygamie nur in geringem Maße zu. Die Theorie hinter diesen Ergebnissen ist, dass in der Entwicklung des Homo sapiens frühe Jäger- und Sammlergesellschaften eher polygam waren, während mit zunehmender kultureller Differenzierung, Kooperation und der Entwicklung von Technologie die Gesellschaften zunehmend monogam wurden. Interessant ist in diesem Zusammenhang, dass der höchste Prozentsatz polygamer – und in diesem Sinne weniger entwickelter, d. h. eher durch Jäger-Sammler-Wirtschaften gekennzeichneter – Gesellschaften in Australien zu finden ist. Dies würde für die Hypothese sprechen, dass die Einwanderung auf den australischen Kontinent über die südasiatisch/indonesische Landbrücke, die vor etwa 40.000 Jahren endete, in Australien eine »primitivere« Jäger- und Sammlergesellschaft hervorgebracht hat als die Entwicklung in Eurasien. Auch Genomanalysen der Abstammung mehrerer Jäger- und Sammlergesellschaften sprechen dafür, dass die Monogamie seit der Auswanderung des Homo sapiens aus Afrika vor 60.000 Jahren das dominante Paarmodell war und von dort in die ganze Welt übertragen wurde (Müller-Schneider 2019, S. 93–98; ▶ Kap. 8).

Es gibt noch einen weiteren sozialen Vorteil, der sich aus monogamen Paarbindungen ergibt: In Kombination mit dem Inzesttabu (s. o.) führen Ehevorschriften dazu, dass verschiedene soziale Gruppen, z. B. Jäger- und Sammlergruppen, durch verwandtschaftliche Beziehungen verbunden werden. Dies fördert die Entwicklung größerer Gesellschaften und Zivilisationen und verhindert ständige Kriege, die die frühen menschlichen Gesellschaften geschwächt hätten. Das weit verbreitete Vorurteil der *promiskuitiven Urhorde* oder die auch bei Jung anzutreffende Vorstellung, dass der Mensch ursprünglich promiskuitiv und polygam orientiert war, lässt sich also empirisch nicht belegen. Diese Erkenntnisse zeigen, dass es zumindest auf einer sehr grundlegenden Ebene eine biologische Basis für menschliche Paarbindungen zu geben scheint. Dennoch sind monogame Ehen bei weitem nicht universell; mehr als 20 % der Gesellschaften der Welt praktizieren andere Modelle. Wie oben gezeigt wurde, sind die Gründe für die Entwicklung dieser Modelle nicht nur biologischer Natur, sondern ergeben sich auch aus der Entwicklung von Gesellschaften und den sozialen Problemen, die diese zu bewältigen haben. Insgesamt sprechen diese Befunde also nicht für die Idee eines Archetyps der Ehe/Monogamie, zumindest nicht im Sinne einer autochthonen Entwicklung auf der ganzen Welt. Auch ein anderer Befund spricht gegen diese Annahme: Es gibt einige Gesellschaften auf der Welt, die polyandrische Modelle der Paarbeziehung haben, d. h., eine Frau ist mit mehreren Männern verheiratet. Diese Gesellschaften sind fast ausschließlich in der Region Tibet und dem umliegenden Himalaya zu finden. Dies spricht für die Annahme, dass sich scheinbar archetypische Muster durch Migration und kulturellen Austausch verbreitet haben.

Sanday (1981) untersuchte in ihrem Buch *Female power and male dominance: on the origins of sexual inequality* systematisch die *Geschlechterrollen* anhand der *Standard Cross-Cultural Sample* (156 Gesellschaften). Eine Erkenntnis war, dass bei der Regulierung der weltlichen Macht und ihrer Aufteilung zwischen den Geschlechtern heilige Symbole eine entscheidende Rolle spielen. Auch beschäftigen sich viele Religionen mit der Frage, wie die Unterschiede zwischen den Geschlechtern entstanden sind und wie sich Männer und Frauen zueinander und zu ihrer Umwelt verhalten sollen. Die Autorin kommt zu dem Schluss, »that male dominance is not an inherent quality in human sex-role plans, as many feminist writers of the 1970 s had assumed, but a response to particular environmental pressures, whether social or physical.« (Bowie 2004, S. 130). Sanday stellte fest, dass in vielen Kulturen die Frau mit der Natur assoziiert wird, während der Mann mit Kultur und Dominanz in Verbindung gebracht wird, dennoch besteht in einer Reihe von Gesellschaften ein wechselseitiger Fluss hinsichtlich der Machtrollen.

> »The variations in sex-role plans found in different societies show that they are cultural constructions rather than genetic [...]. Historical and political factors, as well as the envi-

ronment in which people live, will affect the ways in which they interact. Sex-role plans will in turn change the social and natural environment.« (Bowie 2004, S. 131)

Hewlett & Hewlett (2008) liefern ein Beispiel für diese kulturell geprägte Vielfalt, indem sie afrikanische Jäger- und Sammlergesellschaften (Aka) mit landwirtschaftlichen Gesellschaften (Ngandu) vergleichen, die geografisch eng beieinander leben. Sie untersuchten Geschlechterrollen, Liebe und Paarbindung und fanden heraus: In der Aka-Jäger- und Sammlergesellschaft herrscht Gleichberechtigung auf allen Ebenen, die Paare sind mehrheitlich monogam, haben einen emotionalen Bindungsstil mit flexiblen Rollen; Männer sind in gleicher Weise wie Frauen an der Kindererziehung und Bildung beteiligt. Die Nahrungssuche ist gleichmäßig zwischen Männern und Frauen aufgeteilt; alle alltäglichen Aktivitäten finden gemeinsam statt und Gewalt zwischen Partnern ist sehr selten. In der Ngandu-Agrargesellschaft gibt es sehr starre Hierarchien, Regeln usw. mit einem starken Ahnenkult; Ehen sind oft polygam und Beziehungen beruhen auf materieller Unterstützung mit sehr starren Geschlechterrollen; Kindererziehung und Bildung erfolgen ausschließlich durch Frauen und ältere Geschwister, und auch die Nahrungsbeschaffung liegt in der Verantwortung der Frauen; die Mahlzeiten werden getrennt eingenommen, wobei Männer mehr Kalorien erhalten, und häufig wird auch der Schlaf getrennt verbracht; eheliche Gewalt ist weit verbreitet.

6.12 Fazit

Zusammenfassend lässt sich sagen, dass sich Jung im Bereich der Anthropologie auf Theorien bezog, die aus gegenwärtiger Sicht höchst problematisch, ja sogar fehlerhaft waren, und die schon zu Jungs Lebzeiten veraltet waren und stark kritisiert wurden. Von diesen favorisierte Jung darüberhinaus die problematischsten, nämlich die von Bachofen und Frazer. Darüber hinaus enthielten diese Theorien, und damit auch Jungs Gedanken, rassistische Elemente, da sie Teil dessen sind, was als koloniales Denken bezeichnet wird, d. h. eine Abwertung traditioneller Gesellschaften im Sinne einer niedrigeren kulturellen wie psychologischen Entwicklungsstufe.

In der Zusammenfassung zeitgenössischer Sichtweisen und Erkenntnisse der Anthropologie wurde verdeutlicht, dass diese davon ausgehen, dass kulturelle Merkmale weitgehend durch Umwelt- und Kontextbedingungen sowie durch Entwicklungen auf gesellschaftlicher Ebene beeinflusst werden und weniger durch die biologische Ausstattung des Menschen. Die Anpassungsfähigkeit an sich wird als die wirklich menschliche Eigenschaft angesehen. Insofern sind Kulturen immer Anpassungen an bestimmte Umgebungen und Bedingungen sowie an bestimmte gesellschaftliche Strukturen sowie Vorstellungen und Überzeugungen über Hierarchien, Geschlechterrollen usw. Ein archaisch anmutendes Volk, wie z. B. die San-Buschmänner, können als besser an ihre Umwelt angepasst angesehen werden als z. B. die zivilisierten Europäer.

Im Allgemeinen betonen die zeitgenössischen anthropologischen Theorien die Vielfalt und stellen die Annahme der Universalität grundlegender Merkmale menschlicher Gesellschaften in Frage. Selbst dort, wo Universalien gefunden wurden und von zeitgenössischen Standpunkten in der Anthropologie noch unterstützt werden, können diese empirisch gestützten Universalien keineswegs mit Jungs Archetypen gleichgesetzt oder als *Beweis* für die Archetypentheorie herangezogen werden. Die Universalien im Sinne von kulturellen Mustern und Symbolen, von denen Jung behauptet, dass sie existieren (z. B. in Jung et al. 1964), gibt es faktisch nicht!

Diese Tendenz, den Einfluss von Dynamiken auf gesellschaftlicher und kultureller Ebene gegenüber biologischen Einflüssen zu betonen, die sich auch in Theorien aus der ersten Hälfte des 20. Jahrhunderts findet, hat in der Entwicklung der Anthropologie immer mehr an Einfluss gewonnen. Dies deutet, soweit ich das sehe, auf ein Problem bei Jung hin, soziologische und kulturelle Perspektiven zu berücksichtigen. Es ist bekannt, dass Jung der Gruppendynamik kritisch gegenüberstand und die Rolle des Individuums sowohl in der psychologischen als auch in der kulturellen Entwicklung betonte. Ich würde sogar so weit gehen zu behaupten, dass Jung erhebliche Schwierigkeiten hatte, soziologische Argumentationen einzubeziehen – vielleicht sogar zu verstehen –, was sich z. B. in seiner negativen Haltung gegenüber Durkheims Theorie zeigt, die in der zeitgenössischen Soziologie immer noch als wertvoll angesehen wird. Um es ganz einfach auszudrücken: Jung betrachtete die Biologie stets als wichtiger als die Kultur und scheint kein theoretisches Verständnis für die Dynamik von Gesellschaft und Kultur gehabt zu haben, während es im Allgemeinen in der Anthropologie eine bedeutsame Verschiebung von der Betonung der evolutionären Faktoren hin zur heutigen Betonung der kontextuellen Faktoren und der Dynamik, die den gesellschaftlichen Strukturen und Kulturen selbst innewohnt, gegeben hat. Ich gehe davon aus, dass dies der akademischen Ausbildung Jungs als Arzt und damit als Naturwissenschaftler geschuldet ist, die seine Kenntnisse und sein Verständnis für das Theoretisieren aus der Sicht der Sozial- und Kulturwissenschaften begrenzt hat. In diesem Sinne geht Jungs Anthropologie nicht über die Grenzen der Evolutionsbiologie hinaus und verstrickt sich damit in die oben skizzierten Widersprüche und Irrtümer, während die Anthropologie zumindest seit Mitte des 20. Jahrhunderts zu einer Kulturwissenschaft geworden ist.

Ich würde daher schlussfolgern, dass das, was als Theorie 2 in Jungs Theorien über Archetypen definiert wurde (eine anthropologische Theorie über menschliche Universalien, die durch die biologische Beschaffenheit des Menschen entstehen, einschließlich der Annahme der Homologie von Phylogenese und Ontogenese; ▶ Kap. 3), als widerlegt, wenn nicht sogar als von Anfang an zutiefst konzeptionell falsch betrachtet werden muss. Darüber hinaus würde ich vorschlagen, den Begriff Archetypus nicht mehr für anthropologisch definierte menschliche Universalien – immer noch eines der Hauptthemen der AP – zu verwenden, falls es solche gibt, da dies die Verwirrung um die Definition des Begriffs Archetypus, wie oben dargelegt, fortsetzen würde, sondern stattdessen das Konzept der kulturellen Komplexe für diese Art von Forschung zu verwenden (Singer & Kimbles 2004a, 2004b). Es steht im Einklang mit zeitgenössischen Theorien in den Sozial- und Kulturwissenschaften; es ist sehr viel vorsichtiger als die Archetypentheorie, was die Aufstellung weitreichender Annahmen anbelangt; es verfügt über eine klare Definition und Methodik; und schließlich gelingt es ihm, eine analytische Sichtweise auf unbewusste Faktoren in ein nützliches Interpretationsschema für gesellschaftliche und kulturelle Phänomene einzubeziehen (▶ Kap. 10).

7 Religion

»›Wiedergeburt‹ ist eine Aussage, die zu den Uraussagen der Menschheit überhaupt gehört. […] Alle das Übersinnliche betreffenden Aussagen sind im tiefsten Grund stets vom Archetypus bestimmt, sodaß es kein Wunder ist, wenn übereinstimmende Aussagen über die Wiedergeburt bei den verschiedensten Völkern angetroffen werden.« (GW 9/I, 207)

»One can standardize the words taken from a primitive vernacular, like totem, and use it to describe phenomena among other peoples which resemble what it refers to in its original home; but this can be the cause of great confusion, because the resemblances may be superficial, and the phenomena in question so diversified that the term loses all meaning.« (Evans-Pritchard 1981, S. 12)

Im Kapitel zur Anthropologie ist bereits deutlich geworden, dass sich Jungs Überlegungen zu Universalien auch auf den Bereich der Religion beziehen; andererseits hat Religion im Vergleich zu den bereits besprochenen Universalien eine eigene Dynamik. Jung hat ausführlich über Religion publiziert, s. das obige Zitat. Diese Aussagen werden im Folgenden unter Bezugnahme auf religionsvergleichende Studien überprüft. Der Einfluss von Jung auf die Religionswissenschaft war und ist weiterhin immens (Dourley 1990). Leider gilt das Gleiche nicht umgekehrt, die AP hat seit Jungs Zeiten die Entwicklungen in der Religionswissenschaft nur sehr wenig berücksichtigt, zumindest was die Archetypentheorie angeht.

7.1 Eliades monolithischer Ansatz und sein Erbe

Wenn wir uns mit dem Bereich der Religion befassen, mit der Frage, ob es Universalien in der Religion gibt, wie sich Religionen entwickeln und wie sie kategorisiert werden können, führt kein Weg an den bahnbrechenden Arbeiten von Mircea Eliade vorbei. In mehreren enzyklopädischen Werken hat er die Religionen der Welt untersucht (Eliade 1954, 1959). Er wurde bereits als einer der Begründer der sogenannten Großtheorien genannt, obwohl er bis weit in die zweite Hälfte des 20. Jahrhunderts hinein tätig war. Sein Ansatz gehört jedoch zur Systematik älterer Ansätze, insofern er monolithische Schemata zur Erklärung der Entwicklung der Religionen anwendet. Das eine ist die binäre Opposition von Heiligem und Profanem (Eliade 1959). Andererseits entdeckte er ein Schema, das fast universell zu sein scheint und aus einer Trias besteht: Erstens gibt es einen großen Gott, der unerkennbar und unaussprechlich ist. In den meisten einfacheren Religionen wird dieser

Gott nicht verehrt, weshalb er auch als der *faule Gott* bezeichnet wird. Zweitens gibt es seine Söhne, seine Boten, die als Vermittler zwischen den Menschen und dem großen Gott fungieren. Drittens gibt es die Menschen.

Eliade hatte einen enormen Einfluss auf die Entwicklung der Religionsanthropologie, insbesondere durch seinen Begriff der Kosmogonie (Eliade 1954, 1959): Mythen im Sinne von heiligen Erzählungen, die erklären, wie die Welt und der Mensch in der heutigen Form entstanden sind. Schöpfungsmythen geben Auskunft über die tiefsten menschlichen Fragen, wie z. B. darüber, wer wir sind, warum wir hier sind, was der Sinn von Leben und Tod ist und wie der Mensch in der Welt und im Kosmos in Zeit und Raum platziert ist. Nach Eliade sind Rituale die Reproduktion ursprünglicher Schöpfungsmythen, allerdings in einem mikrokosmischen Maßstab. Durch die Teilnahme an einem Ritual, z. B. an einem Ritual des Weltuntergangs und seiner Neuschöpfung, wurde der Teilnehmer neu geboren, begann das Leben immer wieder von neuem, als wäre es der Moment der Geburt.

Eliades monolithisches Schema der Interpretation der historischen Entwicklung der Religion ist von einer Reihe zeitgenössischer Autoren stark kritisiert worden, z. B. von Oestigaard (2011):

> »[…] that his method is uncritical, arbitrary, and subjective and hence his works cannot be taken seriously. His sweeping generalizations and universal structures are not historically falsifiable, and his phenomenology is as normative as theology. […] to accept religion in its own terms is really to deny that it has any ideological function, since all religious phenomena are historical and all data are conditioned and consequently religious phenomena cannot be understood outside of its history.« (S. 80)

Dennoch ist das Konzept der Kosmogonien nützlich, um zwischen verschiedenen Arten von Religionen zu unterscheiden, nämlich zwischen transzendentalen Religionen, z. B. dem Christentum oder anderen monotheistischen Religionen, und kosmogoniezentrierten Religionen, die häufig in Jäger- und Sammler- oder anderen frühen menschlichen Gesellschaften zu finden sind. In kosmogoniezentrierten Religionen hat die Opfergabe als rituelle Praxis eine wichtige religiöse Funktion und ist eines der zentralen Merkmale. In den frühen menschlichen Gesellschaften bestand die Idee darin, die lebensspendende Energie durch das Opfer an ihre göttlichen Quellen zurückzugeben, während in den transzendentalen Religionen der Schöpfergott unabhängig von seiner Schöpfung oder der in dieser Schöpfung gebundenen Energie existiert.

Dies zeigt, dass es zwischen den verschiedenen Formen von Religionen wichtige Unterscheidungen zu berücksichtigen gilt. Darin liegt auch das Hauptproblem des Ansatzes von Eliade und anderer monolithischer Theorien, die versuchen, vermeintliche Ähnlichkeiten oder sogar eine gemeinsame Quelle der Religion zu erklären. Die empirischen Daten haben mehr Variation gezeigt, als Eliade – und weitere Theoretiker – bereit waren, in ihre Theorien einzubeziehen: »[…] he gives these structural patterns a privileged ontological status and denies that religion can be understood in other premises in terms of social, cultural, or psychological factors.« (ebd., S. 85). Eliade kannte die Theorien von Jung, bezieht sich in einigen Fällen sogar ausdrücklich auf dessen Werke und war bestrebt, in seinen Werken Jungs Ideen zu unterstützen. Dennoch weist er deutlich darauf hin, dass Religion immer mit sozialen, sprachlichen und wirtschaftlichen Faktoren zusammenhängt, dass sie also von Menschen und Gesellschaften in ihren jeweiligen Kontexten geformt wird. Während er versucht, die verschiedenen Religionen aus aller Welt auf einige grundlegende Interpretationsschemata zu reduzieren, weist er zugleich darauf hin, dass es eine unendliche Vielfalt von Religionsformen und religiösen Praktiken gibt und dass keine einheitliche Formel oder endgültige Definition diesen labyrinthischen Kompositionen gerecht werden kann. Er betont die vielgestaltige und manchmal sogar chaotische Ansammlung von Praktiken, Glaubensvorstellungen und Ideen, die unter dem Phänomen Religion subsumiert werden können, und dass jede Hypothese, die versucht, einfache, elementare Formen der Religion zu finden, nur eine unbewiesene Hypothese ist (Eliade 1959).

7.2 Vergleichende Religionswissenschaft: Von den Großtheorien zu zeitgenössischen Ansätzen

Wie bereits dargelegt, besteht ein allgemeines Problem der religionsanthropologischen Theorien des 19. und frühen 20. Jahrhunderts in der ethnozentrischen Sichtweise der Theoretiker sowie in dem Problem, dass sie die bereits erwähnte Skala von »primitiv/wild« zu »zivilisiert/entwickelt« anwendeten. Bowie (2004) beschreibt eine solche Unterscheidung zwischen »Urreligionen« und »Weltreligionen«, die z. B. darin besteht, dass die Ersteren nur mündlich, die zweiten dagegen in Schriften vermittelt werden. Diese Unterscheidungen

> »do, however, as numerous scholars have pointed out, beg many questions, and are at best intellectual constructs rather than descriptions of reality. To what extent can Taoism or Confucianism be considered to have universal potential? They are both commonly referred to as world religions, but are largely confined to Southeast Asia.« (S. 26)

Es ist definitiv eine universelle Tatsache, dass Menschen Religion haben, und selbst zeitgenössische Theoretiker spekulieren über deren evolutionären und genetischen Hintergrund. Allerdings ist zu beachten, dass das, was als universell angesehen wird, die bloße Tatsache der Existenz von Religion ist, und dies keineswegs eine Stütze für die weitreichenden Annahmen der Archetypentheorie im Sinne des obigen Zitats ist, wonach die Inhalte religiöser Ideen universell seien. Pettitt (2011, S. 330–332) fasst die Erkenntnisse aus kognitiver Psychologie, Neurowissenschaften, Kulturanthropologie und Archäologie dahingehend zusammen, dass sie mittlerweile Verallgemeinerungen erlauben, welche Elemente aller Religionen gemeinsam sind und vermutlich einen evolutionären Ursprung haben: Sie behandeln existenzielle Probleme, die keine andere weltliche Lösung haben, zum Beispiel die Unausweichlichkeit des Todes; diese Probleme werden mit Ritualen behandelt; sie geben dem Kosmos und allen Wesen darin inhärenten Wert, woraus Verantwortlichkeit der Menschen für die Welt entspringt; es gibt übernatürliche Akteure, mit denen die Menschen soziale Beziehungen pflegen (sollten) usw.

»Religion therefore involves a costly commitment to a counterintuitive world of supernatural agents who are believed to master existential anxieties.« (ebd., S. 332)

Zu beachten ist auch, dass zeitgenössische Religionswissenschaftler deutlich konstatieren: Religionen werden durch Kommunikations- und Lernprozesse von einer Generation zur nächsten weitergegeben (Wunn 2019). Es gibt auch definitiv keine Kontinuität in der Form der Religion von der Vorgeschichte bis heute (Wunn 2005). Obwohl Religionen eine Eigendynamik zu haben scheinen, kritisieren neuere Theorien frühere Vorstellungen und Ideen, die auf weitreichenden Spekulationen ohne Belege beruhen, darunter Vorstellungen von Bärenkulten, Fruchtbarkeitsritualen, Göttinnen, weit verbreitetem Kannibalismus usw. Eliade bspw. stützte seine weitreichenden Annahmen über die Zusammenhänge zwischen paläolithischen Höhlenmalereien, Schamanismus und zeitgenössischen Formen der »primitiven« Religion auf ein einziges Gemälde in der französischen Höhle Trois Freres, nämlich das des »schamanenhaften« sogenannten großen Zauberers (Witzel 2012, S. 255). Auch hier gilt, dass diese früheren Theorien von der heutigen Forschung verworfen werden, auch weil sich diese früheren Spekulationen auf weitreichende Vergleiche mit rezenten Jäger- und Sammlergesellschaften bezogen. Im Folgenden finden sich einige Beispiele für Irrtümer:

Jagdzauber als paläolithische Religion: Der Mythologieforscher Joseph Campbell (1971), der sich in seinem Werk über den Heldenmythos stark auf Jung bezog und dessen Ideen damit stützen wollte, gehörte zu den Wissenschaftlern, die eine Parallelität der Mythologien paläolithischer Menschengruppen mit denen rezenter Jäger- und Sammlervölker voraussetzten. Die Voraussetzung dafür ist jedoch sein starkes Beharren auf der Idee einer biologischen und kognitiv-geistigen Identität der Menschheit über Jahrtausende hinweg. Auf der Grundlage dieser Voraussetzungen bestand Campbell – wie auch andere Autoren – darauf, dass paläolithische Gruppen eine differenzierte Religion besaßen, die hauptsächlich auf Jagdmagie beruhte. Zeitgenössische Wissenschaftler weisen diese Vorstellungen eindeutig zurück, da es keinerlei Belege für Praktiken gibt, die als Jagdmagie interpretiert werden könnten (Hodder 2001, Wunn 2005, Narr 2021). Die früheren Fehlinterpretationen lassen sich insofern erklären, als sie sich auf archäologische Berichte bezogen, die auf mangelhaften Ausgrabungsmethoden beruhten, die in der Archäologie des 19. und frühen 20. Jahrhunderts weit verbreitet waren und erst durch das, was man heute Neue oder Experimentelle Archäologie nennt, geändert wurden (▶ Kap. 8). Aber auch ohne diese mangelhaften archäologischen Befunde ist Campbells Ansatz insofern als Zirkelschluss zu bezeichnen, als er – ohne jeden Beweis – davon ausgeht, dass die paläolithischen Jäger Jagdmagie praktizierten, wie sie in den heutigen Jäger- und Sammlergesellschaften zu finden ist, und dass diese frühen menschlichen Gruppen und Gesellschaften daher die gleiche Mythologie wie die heutigen Ethnien teilten.

Der »prähistorische Bärenkult«: Ein weiteres Beispiel für weit verbreitete falsche Vorstellungen über prähistorische Religion ist die Theorie eines prähistorischen Bärenkults, die in der ersten Hälfte des 20. Jahrhunderts entstand. Sie bezieht sich auf Funde von Bärenknochen und -schädeln in Höhlen, von denen man annahm, dass sie von prähistorischen Menschen bewohnt wurden. Diese Knochen wurden in einer bestimmten systematischen Reihenfolge gefunden, was dann als Überreste eines religiösen Kultes des Höhlenbären mit damit verbundenen spezifischen Ritualen gedeutet wurde. Diese Theorie ging von einer Weiterführung dieser angenommenen prähistorischen Bärenkulte zu Praktiken vergleichbarer Bärenkulte in den arktischen Regionen Sibiriens und Nordamerikas aus, die in der Anthropologie detailliert dokumentiert sind. Die Theorie besagte, dass diese Bärenkulte in prähistorischer Zeit entstanden, sich über ganz Eurasien und Nordamerika ausbreiteten und bis in die Gegenwart fortsetzten, da sie sich in den religiösen Praktiken der gesamten arktischen Region wiederfinden. Diese Theorien wurden von zeitgenössischen Wissenschaftlern aufgrund von zwei Erkenntnissen verworfen (Wunn 2005, S. 74–79).

Die frühen Theorien basierten auf sehr schlechten Ausgrabungspraktiken in Höhlen vor allem in Deutschland. Es ist zu beachten, dass die Höhlen, in welchen die Knochen und Schädel gefunden wurden, periodischen Überschwemmungen ausgesetzt sind, die dann zu Sedimentationsprozessen führen. Zeitgenössische Rekonstruktionen konnten zeigen, dass sich die Positionen der Schädel und anderer Knochen gut durch solche Sedimentationsprozesse, den Transport der Knochen und Schädel durch das Wasser und andere physikalische Prozesse erklären lassen, die ohne jeglichen Einfluss des Menschen ablaufen. Die scheinbar sinnvollen Platzierungen sind also nur das Ergebnis natürlicher Fossilisationsprozesse. Der zweite Grund für die Ablehnung dieser früheren Theorien sind detaillierte Vergleiche zeitgenössischer Anthropologen zu den verschiedenen Formen von Jagdmagie und Bärenkulten in den heutigen arktischen Gesellschaften (z. B. Ainu). Diese Untersuchungen konnten zeigen, dass es tatsächlich große Unterschiede zwischen den Ritualen und Glaubensvorstellungen der verschiedenen zeitgenössischen Ethnien gibt, so dass es nicht möglich ist, eine Kontinuitätslinie von früheren Praktiken zu den heutigen zu ziehen. Zeitgenössische Rituale der Jagdmagie und Bärenkulte in arktischen Gesellschaften sind eingebettet in ihre komplexen religiösen Glaubenssysteme sowie in ihre ökologischen und ökonomischen Bedingungen. Zusammenfassend lässt sich sagen, dass es für das Mittel- und Jungpaläolithikum keine Belege für Bärenkulte und andere Praktiken und Rituale der Jagdmagie gibt.

Gleiches gilt für Vorstellungen, die versuchen, eine Linie von angenommenen jagdmagischen Praktiken zu elaborierteren Formen des Animismus zu ziehen – die religiöse Verehrung von Tieren oder Herrschern von Tieren sowie die Identifizierung des Jägers mit einem Tiergeist oder einer Tierseele, bezeichnet als Totemismus. Es besteht kein Zweifel, dass solche Praktiken und Überzeugungen in den heutigen Jäger- und Sammlergesellschaften existieren und weit in die Geschichte zurückreichen, aber:

> »It is not possible to determine to what extent animalism had already assumed the character of true totemism in the Palaeolithic Period; the early existence of clan totemism is improbable because it occurs primarily among peoples who are to some extent agrarian, and possibly a certain kind of sedentary life was prerequisite to its development.« (Narr 2021, o. S.)

Kannibalismus: Eine weitere populäre Theorie in der ersten Hälfte des 20. Jahrhunderts war die Vorstellung, dass es bei prähistorischen Völkern üblich, wenn nicht sogar universell, war, die Körper ihrer Feinde und ihrer verstorbenen Verwandten zu verzehren, eine Vorstellung, die in der heutigen Anthropologie ironisch als Menschenfresser-Mythos bezeichnet wird. Es konnte nachgewiesen werden, dass diese Vorstellungen auf Berichten von Abenteurern beruhen, die bei weitem nicht als seriöse Archäologie oder Ethnographie interpretiert werden können. Selbst wenn diese Praktiken von Ethnographen geschildert wurden, handelte es sich in der Regel nicht um Augenzeugenberichte, sondern um Verweise auf Sekundärquellen. Anhäufungen von zertrümmerten Knochen und zerstörten Schädeln, welche bei archäologischen Ausgrabungen gefunden wurden, wurden schnell als Überreste von prähistorischem Kannibalismus interpretiert. Wie im Fall der oben erwähnten Bärenkulte konnte die Lage der Knochen und anderer Überreste in der Tat gut durch natürliche Prozesse erklärt werden, z.B. konnten sie als Überreste von Hyänen identifiziert werden, die in der Zeit des unteren Paläolithikums in Höhlen lebten (Wunn 2019). Schnitte in den Knochen und zerstörte Schädel, die in früheren Berichten als Überreste des Messergebrauchs und der Versuche, den Schädel zu öffnen und das Gehirn zu verzehren, interpretiert wurden, könnten wiederum als Sedimentations- und Fossilisationsprozesse gedeutet werden, z.B. wenn Knochen im Sediment gegen scharfe Steine gedrückt oder im Boden bewegt werden (Wunn 2005). Im Allgemeinen lassen sich in zeitgenössischen Berichten dieselben Erklärungen für frühere Vorstellungen über Bestattungsriten und die Positionierung menschlicher Schädel im Mittelpaläolithikum finden. Dies gilt ungeachtet der Tatsache, dass Ethnologen in einigen zeitgenössischen Jäger- und Sammlergesellschaften von Praktiken wie dem Verzehr der Überreste verstorbener Angehöriger im Rahmen von Bestattungsriten berichteten, wobei diese Praktiken jedoch definitiv nicht universell sind. Wie schon beim Totemismus verweist Narr (2021) darauf, dass Kannibalismus fast ausschließlich in agrarischen und damit späteren Gesellschaften auftaucht und mit magischen Vorstellungen verknüpft ist, die aus dem Anbau von Pflanzen stammen.

Generell lässt sich zusammenfassen, dass die zeitgenössische Archäologie und die Schlussfolgerungen, die aus den Funden in den zeitgenössischen Theorien der Religionsanthropologie gezogen werden, sehr viel vorsichtiger bei der Interpretation des Materials sind, sie versuchen, keine vorgefassten Meinungen und monolithischen Erklärungsmodelle in die Dokumentation der Funde zu tragen usw. Zusammenfassend führt dies zu der Einsicht, dass unser Wissen über die Religion im Paläolithikum sehr begrenzt ist und auch in Zukunft bleiben wird, da es fast unmöglich ist, religiöse Überzeugungen allein aus den sehr begrenzten archäologischen Funden zu rekonstruieren, die wir aus dieser Zeit haben.

7.3 Die Theorie der religiösen Evolution

Anstatt davon auszugehen, dass sich Religion aus evolutionären Merkmalen des menschlichen Geistes oder gar genetischen Grundlagen entwickelt, entwickelte der

Religionswissenschaftler Robert N. Bellah (1964) ein Modell, wie sich Religionen aus ihrer eigenen strukturellen Dynamik in einer Art evolutionärem Prozess entwickeln; diese Ideen stützten sich auf die vom Soziologen Talcott Parsons entwickelten Konzepte der Evolution sozialer Systeme. Der Grundgedanke dieser Theorie ist, dass sich die Religionen in fünf verschiedenen Stadien entwickeln, von »primitiven« Anfängen bis hin zu den individualisierten Glaubenssystemen der heutigen Zeit. Die Faktoren, die diese Entwicklung vorantreiben, sind Prozesse der Differenzierung, die der Religion selbst innewohnen. Bellah geht von fünf Stufen aus: »primitive« Religion, archaische Religion, historische Religion, vormoderne Religion und moderne Religion. Die »primitive« Religion ist bspw. durch das Fehlen religiöser Organisationen gekennzeichnet, die von anderen gesellschaftlichen Organisationen getrennt sind, es gibt weder eine Kirche noch Priester. Die Differenzierung in der Gesellschaft ist nach Alter, Geschlecht und Verwandtschaftsbeziehungen organisiert. Frauen sind vom religiösen Leben nicht ausgeschlossen, können jedoch eigene Rituale haben. Die Religion spielt eine wichtige Rolle in der Gesellschaft; sie schafft Solidarität und führt die Mitglieder in ihre Rechte und Pflichten ein. Sehr wichtig für die Diskussion der Archetypenlehre ist die Einsicht, die Bellah überzeugend darlegen konnte, dass diese Entwicklungen nicht mit Merkmalen des menschlichen Gehirns zusammenhängen, sondern eng mit dem Wirtschaftssystem und der sozialen Organisation der jeweiligen Ethnien und Gruppen verbunden sind, die wiederum mit der Umwelt, in der sie lebten, zusammenhängen.

Dies unterscheidet sich von den früheren Großtheorien, die von einem teleologischen Prozess ausgingen, der in jedem Teil der Natur wie auch in der Gesellschaft zu beobachten sei und der notwendigerweise von »primitiven« Strukturen zu schließlich perfekten Formen führe. Ein Beispiel dafür ist Lamarcks Idee eines universellen Triebes zur Perfektion, eine Idee, die Jungs Psychologie stark beeinflusst hat. Diesen älteren Theorien liegt die allgemeine Annahme zugrunde, dass die europäische Zivilisation und Religion die Krone der Schöpfung sind, eine Sichtweise, die bereits als koloniales Denken bezeichnet wurde. Zeitgenössische Ansätze enthalten keine derartigen Werturteile. Außerdem lässt sich feststellen, dass sogenannte »primitive« Religionen im Vergleich zu viel einfacheren modernen Religionen, wie z. B. dem Christentum, äußerst komplexe Kosmologien aufweisen können: die Kosmogonie der Dayak-Kopfjäger auf Borneo umfasst schriftlich festgehalten mehr als 15.000 Seiten (Witzel 2012, S. 369). Gesellschaften mit »primitiven« Religionsformen können über ausgefeilte Technologien im praktischen Leben verfügen, während Völker, die auf einer technologisch einfachen Ebene leben, recht komplexe religiöse Überzeugungen und Praktiken haben können (Wunn 2005).

Nach Ansicht der Religionsanthropologin Ina Wunn (2019) haben sich die Religionen in Anpassung an die natürliche Umwelt der jeweiligen Völker sowie an ihre soziale und politische Organisation entwickelt. Sie haben sich nicht aus angenommenen – und bis heute nicht überprüfbaren – Funktionen des menschlichen Gehirns oder anderen physiologischen Gegebenheiten entwickelt, sondern auf dem Weg der kulturellen Tradition, d. h. durch Kommunikationsprozesse. In der Regel lernen die Mitglieder einer Gesellschaft die religiösen Überzeugungen durch ihre Mütter, in einer vertikalen Übertragungslinie von einer Generation zur anderen. Lediglich wenn es eine horizontale Kommunikation zwischen verschiedenen sozialen Gruppen mit unterschiedlichen religiösen Ansichten gibt, verändern sich die religiösen Vorstellungen, da die Übertragungsprozesse ansonsten über lange Zeiträume hinweg sehr stabil sind. Auf der Grundlage dieser Prozesse haben sich die Religionen zu einer großen Vielfalt entwickelt, die einige Gemeinsamkeiten aufweisen können. Zeitgenössische Wissenschaftler betonen jedoch die grundlegenden Unterschiede zwischen den heutigen Religionen und auch zwischen den Religionen aus prähistorischer Zeit und den heutigen Jäger- und Sammlergesellschaften oder anderen kleinräumigen Gesellschaften (Wunn 2005). Das bedeutet auch, dass die Religionen der heutigen Jäger- und Sammlergesellschaften oder die der einfachen Agrarzivilisationen nicht mehr als die ursprünglichen Religionen angesehen werden können, sondern dass auch sie am Ende einer langen Reihe von Entwicklungen stehen. Auch Vorstellungen wie die, dass sich Religionen gewissermaßen automatisch und unilinear nach unbestreitbaren Naturgesetzen entwickeln – eine Vorstellung, die die oben genannten Großtheorien prägte – gelten heute als widerlegt (Wunn 2005). Da Religionen immer bestimmten Bedürfnissen der Völker dienen, die sie entwickelt haben, sind sie auch einem Wandel unterworfen, da sich sowohl die Umgebungen und Kontexte als auch die soziale Organisation und das technologische Niveau dieser Völker im Laufe der Zeit ändern.

7.4 Die Evolution der ersten Religionen

Ausgehend von diesen grundsätzlichen Überlegungen legt Ina Wunn (2019), eine der führenden Wissenschaftlerinnen auf dem Gebiet der Religionsgeschichte, eine Entwicklungsgeschichte der ersten Religionen im Paläolithikum vor, die im Folgenden zusammengefasst wird. Sie betont, dass sie im Gegensatz zu den früheren, oben genannten Großtheorien eine systematische Vergleichsmethode anwendet, die auf einer detaillierten Analyse der Umweltkontexte beruht, in denen die jeweiligen Völker und Gesellschaften lebten, und dies zusätzlich mit den jeweiligen archäologischen Funden parallelisiert. Mit Archäologie meint die Autorin die sogenannte Neue Archäologie oder Experimentelle Archäologie, die sich systematischer wissenschaftlicher Methoden zur Analyse der Daten und Befunde bedient (▶ Kap. 8). Dazu gehört auch eine gründliche Analyse der Lebensbedingungen, der Technologie und der Praktiken zeitgenössischer Jäger- und Sammlergesellschaften, nicht in dem Sinne, dass sie deren Glaubensvorstellungen mit prähistorischen Glaubenssystemen oder Religionen gleichsetzt, sondern im Sinne eines Verständnisses der Lebensbedingungen und der Mittel zur Sicherung des Überlebens in Gesellschaften, die auf die Jagd angewiesen sind. Diese Studien ermöglichten es den Archäologen zu verstehen, wie die typischen Überreste einer Jäger- und Sammlergruppe in ihrem üblichen Kontext aussehen, um in der Lage zu sein, archäologische Funde von prähistorischen Jäger- und Sammlergruppen zu interpretieren. Leider wird auch in vielen zeitgenössischen Darstellungen der Entwicklung der Religionen immer noch auf frühere, unzureichende Methoden der Archäologie verwiesen, was dazu geführt hat, dass in der Religionsanthropologie viele der oben erwähnten veralteten Ideen erhalten geblieben sind.

Vor etwa 90.000 Jahren begannen die ersten Menschen, ihre Verstorbenen zu begraben, allerdings ohne irgendwelche Vorstellungen zu haben, die man als religiös bezeichnen könnte. Wunn geht davon aus, dass die Bestattungen einen territorialen Aspekt hatten, da sie den Anspruch der Jägergruppe auf bestimmte Jagdgebiete demonstrierten. Das ist auch der Grund, warum später im Neolithikum die Toten im Dorf oder sogar im Boden unter den Häusern bestattet wurden. Andererseits waren die Bestattungen ein Mittel zur Bewältigung des Kummers über den Verlust eines Angehörigen. Aus dieser Praxis entwickelten sich erste Vorstellungen von einem Leben nach dem Tod. Der Entwicklung der Religionen liegen also zum einen territoriale Ansprüche und zum anderen die Bewältigung von Existenzängsten zugrunde. Im Jungpaläolithikum führten diese Entwicklungen zur Höhlenmalerei, die auch als eine Form der Demonstration eines Anspruchs auf diesen Lebensraum verstanden werden kann. Die verwendeten Bilder bedienen sich universeller Bedrohungs- und Beschwichtigungssignale, vor allem der Darstellung eines erigierten Phallus oder einer Vulva, oft kombiniert mit der Darstellung der weiblichen Brust als Zeichen der Beschwichtigung. Beide Elemente sind in den weiblichen Figuren mit großen Brüsten, die eine Vulva präsentieren, kombiniert (z.B. Venus von Willensdorf). Die Religionsanthropologen konnten diese universellen, biologisch begründeten Gesten und Zeichen auf der Grundlage ethologischer Forschungen verstehen; zu diesen apotropäischen Signalen gehören die Präsentation der Genitalien, der weiblichen Brust, die zur Verteidigung ausgestreckte Hand, der bedrohliche Blick der Augen usw. Diese Zeichen oder Gesten haben unabhängig von der Sprache die gleiche Bedeutung und können in allen menschlichen Gesellschaften verstanden werden (in diesem Sinne sind sie nach Wunn wirklich universell). Dies erklärt die Verwendung dieser apotropäischen Zeichen in der Kunst und Bildhauerei von der Vorzeit bis in die Antike, in Form von Ahnenfiguren, Tempelwächtern, Grenzpfählen, Dämonen und Talismanen. Die Präsentation des Gesäßes signalisiert dagegen die Bereitschaft zur Paarung und kann daher als eine Geste der Unterwerfung verstanden werden.

Diese Überlegungen zu grundlegenden menschlichen Gesten, die als universell angesehen werden, werden teilweise von Witzel (2012, S. 271–272) bestätigt. Er liefert die folgende Liste »panhumaner Gesten«, die seiner Meinung nach von unseren Primatenvorfahren abstammen und daher unabhängig von Sprache sind: beschwichtigendes Lächeln; bedrohliches Fletschen der Zähne; bedrohliches Starren der Augen; die Demonstration des erigierten Penis als Droh- und Machtgeste mit seiner modernen Variante des erhobenen Mittelfingers; die Entblößung des weiblichen Hinterteils als Einladung zum Sex und als Demonstration der Unterwerfung; die Präsentation der Vulva mit angezogenen und gespreizten Knien als Geste der weiblichen Dominanz; die Demonstration der weiblichen Brüste als beschwichtigende Geste; die Präsentation der ausgestreckten Handfläche wird als Zeichen der Verweigerung und als Schutzmaßnahme verwendet. Alle diese Zeichen sind in abstrakter Form bereits in der paläolithischen Kunst zu finden. Aber er fügt auch einige Gesten hinzu, die in der Tat nicht universell sind, sondern in verschiedenen Kulturen unterschiedliche Bedeutung haben, z.B. das Kopfschütteln, das in manchen Kulturen Ja, in anderen Nein bedeutet; das tibetische Herausstrecken der Zunge als Gruß. Dasselbe gilt für einige Symbole, die (z. B. in der jungianischen Psychologie) als universell interpretiert wurden:

> »For example, in contemporary West Africa the ubiquitous Indian, Buddhist, Jain, Amerindian, and so on swastika sign has no relation to the course of the sun, as it does in many other cultures, but rather, indicates monkey's feet.« (Witzel 2012, S. 274)

Die beschriebene Form der Proto-Religion entwickelte sich während der Eiszeit in Europa, wanderte von dort nach Osten und erreichte vor etwa 10.000 Jahren den Nahen und Mittleren Osten, den sogenannten Fruchtbaren Halbmond. Als dort der Ackerbau erfunden wurde, entwickelten sich aus diesen religiösen Vorstellungen erste Ideen von einem Totenreich und einer weiblichen Figur, die für Geburt und Tod, für Wachsen und Vergehen und für die Erneuerung des Lebens selbst zuständig war. Aus den territorialen Ansprüchen entwickelten sich Praktiken des Ahnenkults, der durch die Konservierung der Knochen der Toten, die Aufbewahrung ihrer Schädel, manchmal in aufrechter Position, oder später durch Methoden der Mumifizierung praktiziert wurde. Dies wurde noch wichtiger für die Entwicklung der Landwirtschaft, die ein Bedürfnis nach Legitimation der Ansprüche auf landwirtschaftliche Flächen schuf. Von dieser Zeit an entwickeln sich jedoch regionale Unterschiede, die zu deutlich unterschiedlichen religiösen Vorstellungen und Traditionen führen. In Bezug auf die Religion im Jungpaläolithikum lässt sich also zusammenfassend sagen, dass die einzig plausiblen Interpretationen der Funde für die Existenz erster Vorstellungen von einem Leben jenseits des Todes und die Existenz einer Vorstellung von einer für die Erschaffung des Lebens verantwortlichen Urmutter – notabene nur in Europa und dem Fruchtbaren Halbmond – sprechen. Diese Urmutterfiguren wurden nicht als universelle Göttinnen gedacht, sondern als individuelle Ahninnen einer bestimmten Familie oder Gruppe verehrt. Später, als sich in Mesopotamien die ersten Städte und Staaten bildeten, entstand die Notwendigkeit, diese unterschiedlichen Gruppen und Stämme und ihre spezifischen Ahnenfiguren zu vereinheitlichen, und dies geschah durch die Schaffung einheitlicher Mythologien, die die spezifischen Mythologien der unterschiedlichen Gruppen einschlossen. Das Gleiche geschah mit den Götterfiguren, die einerseits zu einer großen Göttin des Lebens/der Schöpfung verschmolzen wurden, andererseits war dies die Geburtsstunde des Polytheismus, da alle unterschiedlichen Götter und Göttinnen zu einem polytheistischen Pantheon verschmolzen wurden.

Da der Ackerbau, wie überzeugend nachgewiesen werden konnte, ursprünglich im Fruchtbaren Halbmond erfunden wurde, ist davon auszugehen, dass mit der Verbreitung landwirtschaftlicher Techniken aus dem Nahen und Mittleren Osten nach Europa, Asien und in andere Teile der Welt diese polytheistische Religion mit den technologischen Entwicklungen mitwanderte und sich so über wesentliche Teile der Alten Welt ausbreitete. Sie beeinflusste nämlich die Religion in Griechenland und im Mittelmeerraum ebenso wie im Iran. Andererseits vollzog sich die beschriebene Entwicklung auch parallel, z. B. in Ägypten, unter den gleichen Bedingungen, nämlich dem Druck, größere politische Einheiten zu schaffen und politische Hierarchien zu etablieren. Die unterschiedliche Entwicklung in Israel und Juda zeigt, dass es eine Vielzahl von Möglichkeiten gab, mit demselben Problem umzugehen. Im Falle Israels wählte die Obrigkeit, anstatt ein polytheistisches Pantheon zu schaffen, einen Weg, die unterschiedlichen Schutzgötter und -göttinnen der verschiedenen Stämme und Städte in einer einzigen Götterfigur zu vereinen. Dies ging einher mit der Auslöschung älterer Kultstätten und Tempel, die absichtlich zerstört und eingeebnet wurden, um dem Tempel in Jerusalem Autorität zu verleihen.

Wunn (2019, S. 332 ff.) fasst zusammen, dass sich Religion nicht automatisch aus Hirnprozessen entwickelt, sondern durch kulturelle Überlieferung, und eine ideologische Anpassung an eine jeweilige Umwelt darstellt, sie ist insofern immer ein kulturelles Produkt. Daher können auch Religionen nicht als mehr oder weniger entwickelt skaliert oder mit Werturteilen verknüpft werden; es gibt daher auch nicht so etwas wie eine Urreligion. Auch wenn diese Darstellung der Entwicklung von Religionen eine der ausführlichsten und empirisch am besten fundierten ist, ist sie nicht unumstritten. Eine ausführliche kritische Diskussion von Wunns Hypothesen findet sich bei Witzel (2012, S. 255–261), auch wenn er vielen ihrer Grundannahmen zustimmt. Auf der Basis dieser Überlegungen können nun einige grundlegende Elemente der Religionsanthropologie neu konzeptualisiert werden.

Die Theorien des 19. und frühen 20. Jahrhunderts – darunter die Theorien von Frazer und Durkheim – stützten sich stark auf das Konzept des *Totemismus* (ebenso wie das des Schamanismus), um vermeintlich universelle Merkmale von Religionen und insbesondere die Ursprünge von Religionen zu beschreiben. Der Totemismus wurde als die früheste Form und die Wurzel der Religion angesehen. Diese Sichtweise basierte auf einer evolutionären Perspektive, die von einer Entwicklung von »primitiven«, d. h. animistischen, zu modernen, »zivilisierten«, monotheistischen Religionen ausging. Sie versuchten, diese Annahme zu belegen, indem sie nach Daten über die »primitivsten« Gesellschaften suchten. Bowie (2004, S.137–139) bezeichnet diese Vorstellungen lapidar als widerlegt, sie werden heute nicht mehr vertreten: »The idea of totemic sacrifice as a primary and universal religious act does not find cross-cultural support.« Für zeitgenössische Anthropologen und Religionswissenschaftler ist der Totemismus also keine universelle Form der Religion, sondern eine spezifische religiöse Praxis in Gesellschaften, die durch eine Clanstruktur gekennzeichnet sind, und wird daher nur als eine Möglichkeit unter vielen angesehen, ein religiöses System zu bilden und sich mit der Umgebung zu verbinden.

Was oben über den Totemismus gesagt wurde, gilt auch für den *Animismus* und die Theorien, die dieses Phänomen begleiten. In den Großtheorien gab es die Vorstellung, dass der Animismus – unbelebten Gegenständen wird eine Seele zugeschrieben – ein spezifisches Merkmal für sogenannte »primitive« Gesellschaften sowie für »primitive« Denkweisen ist, wie sie parallel bei Kindern und Geisteskranken zu finden sind – dieselbe Idee nahm Jung in seiner Theorie auf. Diese Ideen werden in Theorien weitergeführt, die versuchen, die Entwicklung von Religionen unter Bezugnahme auf evolutionäre Kräfte zu erklären; es gäbe Parallelen zwischen dem Denken des frühen Homo sapiens im Paläolithikum und dem Denken von Kindern, im Zustand der Regression bzw. der Psychopathologie. Insoll (2011) fasst die Debatte zusammen und weist auch auf die Probleme mit solchen kognitivprozessualistischen Ansätzen zur Religion hin, die von zeitgenössischen Wissenschaftlern nicht unterstützt wird: Kulturübergreifende Studien haben ergeben, dass einige Jäger- und Sammlergruppen keine Tiere in der bildenden Kunst abbilden; in einigen Fällen von Fels- und Höhlenmalereien erscheinen einige Tiere durch Speere verwundet, was mit dem Respekt, der einem Totem gebührt, unvereinbar wäre.

> »The utility of the terms animism and totemism is questionable, and various anthropological observers have commented upon their problematical status and that of related terms such as ancestor worship and shamanism. [...] such concepts as totem, taboo, animism, ancestor worship, tribal gods, and so on carry too much of a burden from older evolutionary thinking about religion.« (Insoll 2011, S. 1004)

Gleiches, was über Animismus und Totemismus gesagt wurde, gilt auch für die Vorstellung von *Ahnenkulten*. Die beobachtete Variabilität hinsichtlich der Bedeutung, die Ahnenkulte in verschiedenen religiösen Traditionen haben, spricht eindeutig gegen eine herausragende Rolle in früheren Religionen.

> »It is when we privilege singular ancestral interpretations with supposed universal applicability that interpretive complexity and subtlety is lost.« (Insoll 2011, S. 1055)

Eliade (1954) stützte sein Erklärungssystem der Religion auf die Analyse der Mythologie, und für ihn sind *Rituale* eine Wiederaufführung von Urmythen. Wie andere Formen im Bereich der Religion werden auch Rituale von der zeitgenössischen Anthropologie unter dem Gesichtspunkt ihrer Funktion sowohl für das Individuum als auch für Gruppen betrachtet. Das bedeutet, dass sie in engem Zusammenhang mit Organisationsformen, mit Machtverhältnissen, mit der Gestaltung und Lenkung von Verhalten, mit sozialer Harmonie und auf persönlicher Ebene mit der Modulation von Emotionen gesehen werden. Somit scheinen alle Rituale, auch die religiösen, in der Alltagswelt verortet zu sein und bestimmte Funktionen im alltäglichen Lebensvollzug zu erfüllen. Zeitgenössische Anthropologen weisen auch auf das Problem hin, dass es oft nicht einfach ist, ein Ritual von anderen Alltagspraktiken abzugrenzen – religiöse Rituale werden von demselben kognitiven System gesteuert, das auch die alltägliche Praxis leitet – und es scheint, dass dies sehr stark von der Definition des Anthropologen abhängt. Das bedeutet, dass eine bestimmte Aktivität, die als Ritual bezeichnet wird, nicht automatisch und universell erkennbar ist, sondern eher eine Kategorie für die Analyse durch westliche Beobachter darstellt; der Unterschied zwischen Ritual und Nicht-Ritual ist eher relativ als absolut (Bowie 2004). Es gibt also auch nicht eine einzige oder einfache Erklärung für Rituale, sondern es muss anerkannt werden, dass Rituale vielschichtig sind.

> »Ritual is not, however, a universal, cross-cultural phenomenon [...] we would do well to beware universal, essentialist interpretations of actions defined by the anthropologist as a ritual.« (Bowie 2004, S. 151)

Es wurde argumentiert, dass der moderne westlich-rationale Verstand Rituale oft als eindeutig sakral, nicht-funktional und irrational betrachtet. Eine solche Sichtweise ist nicht in allen Gesellschaften anzutreffen. In der Tat ist inzwischen bekannt, dass strenge Trennungen, etwa zwischen dem Heiligen und dem Profanen, der Natur und der Kultur usw., für viele kleinräumige traditionelle Gemeinschaften überall auf der Welt völlig bedeutungslos sind.

> »Ethnocentric assumptions regarding the sacred and profane, or other taken for granted distinctions should therefore be treated with suspicion.« (Verhoeven 2011, S. 127)

Eine wichtige Position in der Ritualdebatte nimmt Arnold van Genneps Werk *Les Rites de Passage* (1909) ein, in dem er Übergangsriten untersucht, die einen Statuswechsel markieren und in rituellen Handlungen vollzogen werden. Sie können in verschiedenen Gesellschaften beobachtet werden und befassen sich mit Übergängen rund um Geburt, Initiation, Heirat und anderen Veränderungen des sozialen Status. Van Gennep entwickelte eine dreiteilige Struktur, die auf praktisch alle rituell vollzogenen Übergänge anwendbar ist. Die erste Phase ist die der Trennung vom aktuellen Zustand, gefolgt von einer mittleren »liminalen« Phase, in der sich die Person im Dazwischen befindet, bevor in der letzten Phase der Reintegration die transformierte Person mit einem neuen Status wieder in die Gruppe eingegliedert wird (s. Zusammenfassung in Bowie 2004, S. 163). Es scheint sich hier also um ein universelles Muster zu handeln, das auch von der zeitgenössischen Anthropologie nicht grundsätzlich in Frage gestellt wird; allerdings ist zu beachten, dass die vermeintliche Dreifachstruktur ein Erklärungskonzept, ein Analyseinstrument, ist und nicht reifiziert werden sollte. Auch die Annahmen über eine biologische Grundlage dieser Muster sind in der Anthropologie (und auch von van Gennep selbst) verworfen worden, stattdessen liegt der Fokus auf den sozialen Funktionen dieser rituellen Formen. Van Gennep selbst kritisierte bereits 1909 die oben genannten Theorien und ihr koloniales Denken sowie ihre evolutionistische Sichtweise: Zum einen kritisierte er die Charakterisierung traditioneller Gesellschaften als »primitiv«, was er als weitreichende Spekulation ansah, da er in seinen eigenen Untersuchungen feststellte, dass sie weder einheitlich noch homogen und in Bezug auf ihre sozialen Mechanismen ebenso komplex wie sogenannte »zivilisierte« Gesellschaften waren; zum anderen kritisierte er die Methode, wie sie z.B. in Frazers *Golden Bough* zu finden ist, Elemente aus dem Kontext herauszulösen und sie anhand von oberflächlichen Ähnlichkeiten zu interpretieren, anstatt ihre inneren Mechanismen gründlich zu untersuchen. Das ist interessant, denn Jung kannte van Genneps bahnbrechendes Werk und verwendete es auch in seiner Argumentation, scheint aber diese Kritik nicht zur Kenntnis genommen zu haben. In diesem Sinne missbrauchte er van Gennep als Stütze für seine universalistischen, evolutionistischen Ideen. Van Genneps Ideen wurden von dem Anthropologen Victor Turner (1974, 1991) in seinen Studien über Initiationsriten weiterentwickelt. Diese Theorien wurden später kritisiert, da sie sich stark auf männliche Initiationsriten stützten und nicht auf die weibliche Initiation anwendbar waren. Bowie (2004, S. 184) fasst zusammen:

> »Rituals attempt to enact and deal with the most central and basic dilemmas of human existence. [...] It is the potential of rituals to transform people and situations that lends them their power. [...] Symbols and sacred objects are manipulated within ritual to enhance performance and to communicate ideological messages concerning the nature of the individual, society, and cosmos. [...] They can be used to control, to subvert, to stabilize, to enhance, and to terrorize individuals and groups.«

Anstatt davon auszugehen, dass Rituale, auch wenn sie eine universelle Struktur zu haben scheinen, in der Psychobiologie des Menschen im Sinne eines kollektiven

Gedächtnisses mit genetischer Basis begründet sind, impliziert diese Darstellung, dass Rituale eine universelle Struktur haben, weil sie darauf abzielen, menschliche Emotionen zu aktivieren oder zu kanalisieren, ja sogar zu manipulieren, um bestimmten Funktionen zu dienen. Dazu passt die oben erwähnte Einsicht, dass menschliches Verhalten nicht genetisch kodiert ist, sondern dass Menschen über eine Reihe vorgeformter emotionaler Systeme verfügen, die, wenn sie aktiviert werden, zu bestimmten vorgeformten Handlungsmustern führen. Das menschliche Verhalten kann also durch die Aktivierung bestimmter Emotionen aktiviert, verändert, aber auch manipuliert werden. Es scheint, als seien Rituale genau zu diesem Zweck geschaffen worden.

7.5 Schamanismus

»Shamanism is one of these terms which is often used very broadly, referring to many different phenomena, some of which bear little relationship to one another or to any original derivation.« (Bowie 2004, S. 190)

Halifax (1991) führt in ihrer Arbeit über den Schamanismus eine Liste von Definitionsmerkmalen an: Es gibt eine Initiationskrise, die oft mit einer Krankheit oder einer Behinderung verbunden ist; eine Visionssuche; Prüfungen, die der Lehrling durchlaufen muss, die Erfahrungen der Zerstückelung oder sogar des symbolischen Todes mit anschließender Regeneration einschließen können; die Idee eines heiligen Baums oder einer axis mundi; die Fähigkeit, transzendente Welten zu bereisen, indem man in ekstatische Trance eintritt; und die Funktion eines Heilers und Vermittlers zwischen dem Stamm/Volk und einer jenseitigen Realität. Es wurde behauptet, dass der Schamanismus so etwas wie die ursprüngliche Religion ist, die bereits im Paläolithikum existierte. Ein herausragender Vertreter dieser Denkweise ist Mircea Eliade mit seinem enzyklopädischen Werk *Schamanismus und archaische Ekstasetechnik* (1964/1988). Er ging davon aus, dass der Schamanismus überall auf der Welt sowohl in alten als auch in zeitgenössischen Religionen zu finden ist, dass es aber so etwas wie einen ursprünglichen und reinen Schamanismus gibt. In populären Werken über Archäologie wurden Höhlenmalereien aus dem Paläolithikum als Produkte schamanischer Rituale interpretiert, und es gab die Deutung dieser Malereien als Ausschmückung heiliger Kammern, in denen schamanische Rituale durchgeführt wurden. Es gibt auch eine Debatte, die den Schamanismus als die keltische Religion (*Druiden*) ansieht, die als Vorläufer der heutigen europäischen Religionen interpretiert wird.

»Such claims are very difficult to verify and owe more to 19th-century theoretical evolutionist debates then to contemporary anthropological discourse.« (Bowie 2004, S. 193)

Der Schamanismus ist von russischen Anthropologen gründlich untersucht worden, auch da er hauptsächlich in der arktischen Region Sibiriens auftritt (Hultkrantz 1993). Diese Forscher waren in der Regel zurückhaltender bei der Interpretation des

Schamanismus und betrachteten ihn nicht als eine einzige, einheitliche Religion, sondern als eine kulturübergreifende Praxis religiöser Rituale und Heilverfahren. In dieser wissenschaftlichen Tradition wird eine engere Definition des Schamanismus verwendet, die als eine spezifische kulturelle Praxis und Weltanschauung betrachtet wird, die für die zirkumpolare Region charakteristisch ist. Es gibt große Unterschiede zwischen den Praktiken in Amerika und Südostasien und denen in der Arktis. Folgendes gilt ausschließlich für diesen zirkumpolaren Komplex des Schamanismus: Der Schamane ist ein Meister der Geister, die er unter seine Kontrolle bringen kann, durch Methoden und Techniken, die vom Meister an den Lehrling weitergegeben werden. Schamanen haben eine besondere soziale Stellung in ihrer Gemeinschaft und eine Theorie über ihre Praxis (Bowie 2004). Praktiken, die als Schamanismus bezeichnet werden, mögen weit verbreitet sein, weisen aber unterschiedliche Konstellationen von Merkmalen auf, die im sibirischen Schamanismus nicht vorkommen (Hultkrantz 1993). Wissenschaftliche Anthropologen beschränken die Definition auf den zirkumpolaren Komplex mit einem gewissen Grad an kultureller Kontinuität, dagegen: »So handy a term, which can mean almost whatever you want it to mean, has achieved a broad currency in popular literature and in the popular imagination.« (Bowie, 2004, S. 196)

Wie auch bei anderen oben beschriebenen Beispielen lassen sich in zeitgenössischen anthropologischen Darstellungen religiöser Vorstellungen über *Hexerei* und die entsprechenden sozialen und kulturellen Praktiken, die in der Tat in einer Vielzahl von Kulturen anzutreffen sind, diese gut durch den sozialen Kontext und die sozialen Beziehungen erklären, in die sie eingebettet sind. Es wird angenommen, dass Hexerei das Verhalten zwischen Menschen in Stresssituationen widerspiegelt und dass stressreiches Verhalten in bestimmten sozialen Beziehungen häufig vorkommt, insbesondere wenn Ressourcen zwischen den Geschlechtern besonders ungleich zugunsten der Frauen verteilt sind. Bowie (2004, S. 229 f.) gibt ein Beispiel für diese Beziehungen aus dem Kulturraum der Guineaküste, wo bei den Nupe ausschließlich Frauen der Hexerei beschuldigt werden, die als wandernde Händlerinnen Wohlstand anhäufen, während ihre Ehemänner von ihnen wirtschaftlich abhängig sind. Im Vergleich zu europäischen und nordamerikanischen Vorstellungen über Hexerei und die Praktiken von Hexen (Evans-Pritchard 1981) wird deutlich, dass es viele Unterschiede zu den Vorstellungen in kleinen Gesellschaften gibt. Auch hier lässt sich zeigen, dass diese Unterschiede durch den sozialen Kontext, in dem das Phänomen auftritt, erklärt werden können. Interessanterweise haben Studien über Gerichtsdokumente von Hexenprozessen im spätmittelalterlichen Europa herausgefunden, dass die meisten Anschuldigungen gegen diese alleinstehenden Frauen von ihren weiblichen Nachbarn stammten, was als Indiz für die Hypothese interpretiert werden könnte, dass Hexerei mit belasteteten zwischenmenschlichen Beziehungen, in diesem Fall vermutlich Eifersucht und weiblicher Rivalität, verbunden ist (Lütz 2018). Evans-Pritchard (1981) kommt zu dem Schluss, dass der Glaube an Hexerei eine Reihe von Funktionen in Gesellschaften erfüllt: Er liefert Erklärungen für das Unerklärliche, insbesondere für Unglück und den Umgang damit, und er dient der Definition von Moral.

7.6 Fazit

»What such comparisons do teach us is that religious behavior may have universal elements, but that it is also highly dependent upon its social and physical environment.« (Bowie 2004, S. 214)

Auch hier lässt sich, wie für die Anthropologie im Allgemeinen, zusammenfassend feststellen, dass über die bloße Tatsache der Existenz von Religion hinaus keine wirklich universellen Elemente im Bereich der Religion gefunden werden konnten; das Gleiche gilt für die Idee einer Urreligion, die es tatsächlich nicht gibt. Es konnte gezeigt werden, dass frühere Vorstellungen über vermeintliche Universalien, z. B. über Schamanismus oder Jagdmagie, sowie Theorien, die eine lineare Entwicklungsskala von den ursprünglichen bzw. originären bis zu den heutigen Religionen konstruieren, auf mangelhafter Dokumentation und Datenanalyse beruhen oder von Anfang an vorgefasste Fehlannahmen waren. Ähnlichkeiten wie auch Unterschiede, die bei kulturübergreifenden Vergleichen festgestellt werden, lassen sich durch die gesellschaftlichen, wirtschaftlichen und politischen Kontexte sowie die natürlichen Umgebungen erklären, in denen diese Phänomene auftreten, und zu einem großen Teil auch durch kulturellen Austausch. Zeitgenössische Darstellungen der Religionsanthropologie haben sich von der Annahme abgewandt, dass die Form von Religion durch die biologische Beschaffenheit des Menschen zustande kommt. Dies bedeutet jedoch nicht, dass es so etwas wie ein universelles menschliches Bedürfnis nach Transzendenz nicht gibt. Es leugnet auch nicht die Idee, die in Jungs Archetypentheorie steckt, dass das Studium der Religionen uns lehren kann, was – allgemein gesprochen – *gut für uns Menschen* ist. So gibt es in einer Reihe von Religionen ausdrückliche Ernährungsregeln, z. B. die Regel im Judentum und im Islam, kein Schweinefleisch zu essen, was durchaus sinnvoll ist, da dieses Fleisch im Klima des Nahen Ostens schnell gefährliche Bakterien entwickeln kann. Religiöse Regeln und Praktiken können menschlichen Bedürfnissen auch auf psychologischer Ebene dienen, z. B. können Initiationsriten dazu beitragen, die starken Bindungen zwischen Kindern und ihren Müttern zu lösen und so den Schritt ins Erwachsenenalter zu erleichtern, und es lässt sich nachweisen, dass Kulturen mit einem Mangel an solchen Initiationsriten mehr Probleme mit der Adoleszenz haben (Zoja 1989). In diesem Sinne kann das Studium von Religionen, wie es in der AP seit Jung praktiziert wird, psychologische Erkenntnisse liefern, die für die Praxis der Psychotherapie hilfreich sein können. Aber es ist nicht notwendig, auf der problematischen Annahme zu bestehen, dass solche hilfreichen Regeln durch die biologische Beschaffenheit des Menschen zustande kommen oder überhaupt universell sind.

8 Frühgeschichte

Jung behauptet, dass sich Archetypen in der Frühgeschichte als »Niederschlag von Erfahrungen« der frühen Menschen entwickelt haben. Sie sind ein Erbe, das auf uns moderne Menschen aus frühen Zeiten übergegangen ist, unsere archaische Natur, die uns mit unseren Vorfahren verbindet. Zusammen mit der oben erwähnten Homologiehypothese enthalten Jungs Theorien über Archetypen also eine ganze Reihe von Annahmen über das Leben und die Entwicklung des Menschen in prähistorischer Zeit. Deshalb soll im Folgenden der Stand der Paläoanthropologie zusammenfassend dargestellt werden – mit besonderem Augenmerk auf Aspekte der Religion.

8.1 Probleme in der Archäologie der Vorgeschichte

> »When assessing potential evidence of ritual and religion in the upper Palaeolithic – the period from roughly 40,000 to 10,000 years ago – it is often difficult to decide whether one is seeing something of deep significance or instead something mundane: was all cave art necessarily profoundly meaningful and mystical? Do footprints in deep caves do represent ritual visits, or simply the bravado of youngsters? Was the breakage of an object a ritual, or an accident? […] It is all too easy to project one's own preconceptions and wishful thinking on to the mute archaeological evidence, and one could cite countless examples of unwarranted and purely speculative hypotheses involving ritual in this period.« (Bahn 2011, S. 344)

Das obige Zitat verweist auf die generellen Probleme, mit denen Archäologen bei der Interpretation von Funden aus der Vorgeschichte konfrontiert sind. Wenn man den aktuellen Stand der prähistorischen Forschung und die historische Entwicklung von Theorien in diesem Bereich betrachtet, wird man sich der endlosen Abfolge von hochspekulativen, teils bizarren Theorien in den letzten 150 Jahren bewusst. Ein interessantes Beispiel für solche Fehlinterpretationen wurde in *Bild der Wissenschaft* (6/2014) berichtet: Paläontologen untersuchten eine Höhle in Südafrika, die Malereien an den Wänden enthielt, darunter auch farbige Handabdrücke. Besonders interessant war diese Höhle, weil sie Fußspuren mehrerer Menschen enthielt. Diese müssen aus der Zeit stammen, in der die Malereien entstanden sind, aus dem oberen Paläolithikum. Die Forscher beauftragten drei professionelle Fährtenleser der San-Buschmänner, die in der Lage waren, Fußspuren zu deuten, und baten sie, das Geschehen in der Höhle zu rekonstruieren. Im Gegensatz zu früheren Interpretationen von Wissenschaftlern, dass die Malereien und die Fußspuren die Überreste eines prähistorischen Rituals waren, fanden die Buschmann-Experten heraus, dass die Fußspuren zu einer Gruppe von Kindern mit einer erwachsenen Frau gehören. Die Abfolge der Fußabdrücke zeigte, dass es sich um eine Gruppe von Kindern handelte, die unter der Aufsicht eines Erwachsenen spielten und dabei bunte Handabdrücke an die Wände malten. Es handelte sich also nicht um ein prähistorisches Ritual oder einen schamanistischen Tanz, sondern um eine Art prähistorischen Kindergarten, in dem die beaufsichtigende Erwachsene versuchte, die Kinder mit verschiedenen Spielformen zu beschäftigen, während sie auf die Rückkehr der anderen Erwachsenen von der Jagd warteten.

Wenn es um die Vorgeschichte geht, müssen wir auch berücksichtigen, dass die Funde nicht unbedingt repräsentativ für das Alltagsleben und die Kultur der damaligen Zeit sind (Wunn 2005, 2018). So haben sich z. B. Höhlenmalereien nur in Höhlen erhalten, deren Eingang schon sehr früh verschlossen wurde, so dass das Klima in der Höhle konstant war und die Malereien erhalten blieben. Einige Wissenschaftler gehen sogar davon aus, dass im Paläolithikum die bewohnten Landschaften flächendeckend mit Malereien und Felszeichnungen bedeckt waren, wie sie heute noch in der Sahara sowie in Australien zu finden sind. In Europa und anderen nördlichen Regionen blieb aufgrund des feuchten Klimas nichts dergleichen erhalten (Trachsel 2008).

Um Funde aus dem Paläolithikum zu erklären, wurden sehr oft Parallelen zu heutigen Jäger- und Sammlergesellschaften gezogen, basierend auf der Annahme, dass beide auf dem gleichen kulturellen Niveau lebten und somit vergleichbar seien. Dieser Ansatz ist von vielen Seiten stark kritisiert worden:

»Care should thus be taken, with Wunn and against Eliade, not to mechanically compare modern hunter gatherers with their ancestors many thousands of years ago. The few hunter gatherers remaining today are, like us, modern humans with a long history, and the current state of mind cannot automatically be projected back to 50,000 years ago or to more recent times.« (Witzel 2012, S. 261)

Trachsel (2008, S. 223 ff.) argumentiert gegen solche Vergleiche, die die unreflektierte Annahme beinhalten, dass gesellschaftliche Verhaltensweisen über lange Zeiträume stabil bleiben und dass die rezenten ethnografischen Beispiele alle Möglichkeiten aus der Frühgeschichte abdecken. Er betont dagegen, dass die Geschichte Raum für unterschiedliche kulturelle Lösungen lässt, und außerdem durch singuläre Ereignisse wie charismatische Persönlichkeiten, Naturereignisse oder kulturellen Austausch zu sehr unterschiedlichen und individuellen Verläufen führen kann. Schließlich würden auch in der Paläoanthropologie teilweise veraltete Theorien weiterverwendet, die in der Ethnologie schon widerlegt wurden.

Mithen (2003, S. 358) mahnt: »Archaeologists must not be tempted by the present; they must keep returning to the analysis of artifacts and the pursuit of excavation. There are no shortcuts to the prehistoric past.« Diese Warnungen führen zu der ernüchternden Einsicht, dass Erkenntnissen über die Vorgeschichte erhebliche Grenzen gesetzt sind. In der Tat werden wir vieles, z. B. was die religiösen Überzeugungen dieser Menschen waren, wahrscheinlich nie erfahren, da sich dies anhand der wenigen Überreste, die wir von diesen analphabetischen Gesellschaften haben, nicht rekonstruieren lässt. Wir können nur Überreste finden und untersuchen, die die Auswirkungen des Klimas, der Sedimentation usw. über Zehntausende von Jahren überlebt haben, und diese sind wahrscheinlich nicht repräsentativ für das Alltagsleben, die Kultur und die Glaubenssysteme der Menschen.

8.2 Out of Africa

In der Paläoanthropologie und Archäologie gehört es heute zum Standardwissen, dass der anatomisch moderne Mensch, Homo sapiens, vor etwa 300–130.000 Jahren in Afrika auftauchte und vor etwa 60.000 Jahren begann, aus Afrika in die ganze Welt auszuwandern – die sogenannte Out-of-Africa-Theorie. Dieser Zeitraum fällt mit dem Beginn der Eiszeiten zusammen, die die nördlichen Teile Europas und Asiens unbewohnbar machten und den Homo sapiens zwangen, hauptsächlich von der Jagd auf große Tiere (z. B. Mammut, Wildpferd, Rentier usw.) zu leben. Dies wiederum machte die Zusammenarbeit zwischen den Jägern notwendig, was die Entwicklung kooperativer Fähigkeiten förderte (s. o.). Es folgte eine Wanderung des Homo sapiens entlang der Küsten der Kontinente, und nur in Zeiten zurückweichender Gletscher war es möglich, nördliche Gebiete zu besiedeln und über die Landbrücke der Beringstraße nach Amerika zu gelangen. Andererseits war der Meeresspiegel aufgrund des in den Gletschern gefrorenen Wassers viel niedriger, wodurch Landbrücken entstanden, die einerseits Südostasien mit Indonesien, Australien und Papua-Neuguinea und andererseits Sibirien und Alaska über die Landbrücke der Beringstraße verbanden (Witzel 2012, Wunn 2005).

Der Anthropologe Michael Witzel (2012) gibt einen detaillierten Überblick über diese Theorie der Migration des Homo sapiens und die empirischen Belege, die dieses Konzept stützen. Die Theorie kann in der Anthropologie als sehr gut etabliert angesehen werden, da es empirische Befunde auf verschiedenen Ebenen gibt, die zu parallelen Ergebnissen führen und die Rekonstruktion der Migrationsrouten des Homo sapiens aus Afrika in die verschiedenen Teile der Welt unterstützen (s. a. Buss 2015). Es gibt Belege auf den folgenden Ebenen: archäologische Funde, genetische Analysen, Vergleiche der Physiognomie/Physikalische Anthropologie, vergleichende Linguistik. Diese Befunde gehen einher mit Untersuchungen der vergleichenden Mythologie, die zeigen, dass sich Ähnlichkeiten und Unterschiede in mythologischen Motiven wie auch in ganzen Mythologiesystemen durch diese Migrationswege erklären lassen (s. u.).

Bereits im 19. Jahrhundert und verstärkt im 20. Jahrhundert gab es zahlreiche *archäologische Funde* von Überresten früher Menschen, meist Knochen, Schädel oder in manchen Fällen nur Zähne, die sich anhand ihrer anatomischen Merkmale auf die verschiedenen Formen und Vorformen von Angehörigen der Spezies Homo zurückführen lassen. Diese Funde können ebenfalls datiert werden, z. B. mit Hilfe der C-14-Methode (zu Details s. Witzel 2012). Es gibt viele Funde, die eine zuverlässige und kohärente Rekonstruktion des ersten Auftretens des Homo sapiens in

Afrika und der jahrtausendelangen Wanderung dieser frühen Gruppen in den Nahen und Mittleren Osten, nach Asien und nach Europa ermöglichen. Die Ausbreitung des Menschen in weite Teile Eurasiens fand in der Wärmeperiode zwischen der vorletzten Eiszeit (vor 52.000–45.000 Jahren) und der letzten Eiszeit (vor 25.000–15.000 Jahren) statt. Die Funde menschlicher Überreste (Knochen) gehen einher mit Funden von Steinwerkzeugen sowie von Orten periodischer Besiedlung (Feuerstellen, Jagdreste etc.). Insbesondere die Steinwerkzeuge lassen sich in eine Zeitskala der technologischen Entwicklung einordnen und somit datieren. Eine weitere Ebene der archäologischen Funde ist die frühe Felskunst, die in Frankreich/Spanien, der Sahara, Zentralindien und Timor sowie in Südafrika, Neuguinea und Australien gefunden wurde. Dieses Auftauchen der ersten Formen menschlicher Kunst vor etwa 40.000 Jahren wird oft mit der Entwicklung der menschlichen Fähigkeit zur Symbolisierung und Kreativität in Verbindung gebracht, die als »symbolische Revolution« bezeichnet wird.

Hierbei gibt es selbstverständlich ein wesentliches Problem, da solche archäologischen Funde interpretiert werden müssen, sie sprechen nicht für sich selbst, und bei Archetypen handelt es sich um symbolische Daten. Viele Religionen und Rituale, z. B. in Australien, verwenden verderbliche Materialien oder möglicherweise keinerlei Materialien, die überdauern könnten. Selbst bei zeitgenössischen Ritualen, die z. B. bei Pygmäen, San oder australischen Aborigines beobachtet werden, wäre es schwierig, sie nur anhand der materiellen Überreste zu interpretieren.

Im Allgemeinen sind die Experten in der modernen Archäologie bei der Interpretation der Funde viel zurückhaltender als bei den zuvor erwähnten Großtheorien. In Harrod (zitiert von Witzel 2012) findet sich ein guter Überblick über die sorgfältige Methodik, welche die zeitgenössischen Archäologen anwenden. Der Grundgedanke besteht darin, die Funde sehr sorgfältig zu sammeln und zu dokumentieren, bevor man eine Theorie oder Interpretation auf die Funde anwendet, um zu verhindern, dass während der Ausgrabung Material übersehen oder zerstört wird, das gegen eine bestimmte Theorie sprechen würde. Die gleiche Sorgfalt wird bei der Interpretation der Funde angewandt; auch hier geht es darum, die Unterstützung verschiedener Theorien zu ermöglichen, ohne eine Erklärung vorschnell oder voreilig auszuschließen (Witzel 2012, S. 257–258).

Es sollte auch beachtet werden, dass wir heute nur auf der Grundlage der gefundenen Überreste Theorien bilden können. Wir können uns nicht darauf verlassen, dass das, was gefunden wurde, repräsentativ ist für das, was in prähistorischer Zeit war. Die Regel lautet: Die Tatsache, dass es keine Beweise gibt, beweist nicht, dass es keine gibt. Wenn wir so weit zurückgehen wie in die Altsteinzeit, stellt sich auch die Frage, ob das, was über so lange Zeiträume erhalten bleiben konnte, uns genug über das aussagt, was wirklich wichtig ist. Diese Grenzen der Archäologie müssen beachtet werden, wenn archäologische Beweise zur Unterstützung oder Widerlegung zeitgenössischer Theorien herangezogen werden. Dennoch ist in diesem Zusammenhang der wichtigste Aspekt für unsere Diskussion über die Archetypentheorie die Tatsache, dass die Migrationsrouten des Homo sapiens über die Welt mit ausreichender Zuverlässigkeit rekonstruiert werden können.

Was die oben erwähnte Route betrifft (Witzel 2012, S. 245–246), so finden sich natürlich genug frühe Artefakte und Knochen entlang der Südküste Asiens, ebenso für die Ankunft in Australien, auf 43.000 v. Chr. datiert. Papua-Neuguinea, das damals Teil des australischen Kontinents war, wurde um 32 kya (= 1.000 Jahre vor Gegenwart) besiedelt und die Salomonen um 28 kya. Für Australien gibt es zuverlässige archäologische Beweise für eine viel spätere neue Einwanderung aus Südostasien um etwa 3000 bis 1000 v. Chr., die auch durch die Einführung des Dingo-Hundes belegt ist. Dies spricht auch für sehr frühe prähistorische Fähigkeiten der Menschen, die Ozeane mit Booten zu überqueren (s. u.).

Die zentralen und nördlichen Teile Eurasiens waren, wie man heute annimmt, um 52 bis 45 kya besiedelt, nachdem das Ende einer früheren Eiszeit die Besiedlung dieser nördlichen Gebiete ermöglichte. Europa wurde über den Nahen Osten erreicht, was sich später nach der neolithischen Revolution wiederholte als der Ackerbau vom Fruchtbaren Halbmond, d. h. der Levante, Südanatolien und Mesopotamien, nach Europa eingeführt wurde (s. u.). Nordchina, die Mongolei, Sibirien, Korea und Japan wurden um 42 bis 39 kya besiedelt, wie der Fund eines Homosapiens-Skeletts in Zoukoudian bei Peking belegt. Zentralasien wurde dagegen erst vergleichsweise spät sowohl von Osten als auch von Westen besiedelt, wahrscheinlich aufgrund des dortigen raueren Klimas. Die Einwanderung nach Amerika über die Beringstraße/Aleutische Landbrücke begann um 20.000 v. Chr. in drei unterschiedlichen Phasen. Diese ersten Einwanderer in Amerika durchquerten sehr schnell den gesamten Kontinent und erreichten um 12.500 v. Chr. die südlichen Teile Südamerikas, wie die Funde in Monte Verde in Chile belegen (Diamond 1997). Es ist wichtig zu beachten, dass die letzte dieser Phasen kurz vor dem Abbruch der Landbrücke aus Sibirien zwischen 11 und 7 kya stattgefunden haben muss. Diese Einwanderung bestand aus der Gruppe der Na Dene sprechenden Völker (Athabascan, Navajo, Apache), die mit Sicherheit sibirische Arten religiöser Ideen und Praktiken sowie Mythologien mitbrachten. Diese Gruppen blieben Jahrtausende lang in den nördlichen Teilen Kanadas und in Alaska, bis sie schließlich, wahrscheinlich aufgrund von Klimaveränderungen, in den Südwesten der USA in ihre heute bekannten Gebiete zogen und die urzeitliche Kultur der Anasazi von dort verdrängten (Witzel 2012).

Im Allgemeinen gibt es zwei Möglichkeiten, wie *Genomanalysen* zur Rekonstruktion der Genealogie des Homo sapiens genutzt werden können. Die erste Möglichkeit besteht darin, das Genom zeitgenössischer lebender Menschen zu vergleichen: Alle heute lebenden Menschen haben eine große Anzahl von Gensequenzen in ihrer DNA gemeinsam, wenn auch mit geringen Unterschieden. Es gibt spezielle Abschnitte des Genoms, von denen bekannt ist, dass sie sich schneller verändern (mutieren) als andere. Für einige dieser Abschnitte kann auch die Geschwindigkeit der Veränderung im Laufe der Zeit berechnet werden (insbesondere für die mitochondriale DNA, mtDNA). So kann aus der Anzahl der Unterschiede in diesen Abschnitten die Entfernung verschiedener Individuen oder Völker vom nächsten gemeinsamen Vorfahren rekonstruiert werden (für Details s. Witzel 2012, S. 207–231). Diese Analysen ermöglichen es z. B., zwischen der europäischen Bevölkerung und einigen Restpopulationen zu unterscheiden, die während der letzten Eiszeit isoliert wurden, nämlich den Basken und den Sarden. So lassen sich genetische Merkmale nachweisen, die sich von einem Großteil Europas abheben, ebenso wie ihre Sprachen und auch ihre Mythologien.

Die zweite Möglichkeit, Genomanalysen für die Paläohistorie zu nutzen, wurde durch die Fortschritte bei der Genomsequenzierung ermöglicht, nämlich die DNA aus prähistorischen Knochenfunden zu extrahieren, sogar aus menschlichen Überresten, die über 100.000 Jahre alt sind, und so das Genom zu sequenzieren: *Archäogenetik*. Es gibt genügend archäologische Funde menschlicher Überreste auf der oben beschriebenen Route, um die genetische Entwicklung des Homo sapiens ab seinem Exodus aus Afrika und sogar davor zu rekonstruieren. Johannes Krause (2019), Leiter Archäogenetik am Max-Planck-Institut für evolutionäre Anthropologie in Leipzig und Vorreiter in diesem Feld, gibt einen Überblick über die Geschichte und Ergebnisse dieser Forschung. Sie unterstützen deutlich das Out-of-Africa-Modell und ermöglichen, die Migrationsrouten in den verschiedenen Teilen der Welt zu rekonstruieren. Da der nördliche Teil des eurasischen Kontinents bis zum Ende der vorletzten Eiszeit weitgehend mit Eis bedeckt war, begann die Einwanderung nach Europa nicht früher als vor 40.000 Jahren und führte entlang der Donau vom Schwarzen Meer nach Mitteleuropa. Die Ankunft dieser modernen Menschen verläuft parallel zur Entstehung der paläolithischen Kunst in Form von Höhlenmalereien, Felszeichnungen und Kleinfiguren (s. u.). Aus diesen Funden von Kunstobjekten und auch aus den Genomanalysen konnte rekonstruiert werden, dass es erstens zu dieser Zeit eine recht große Bevölkerung in Europa gab und dass zweitens diese Menschengruppen offenbar durch die Jagd reichlich Nahrung hatten, so dass sie Zeit für künstlerische Schöpfungen finden konnten. Die nacheiszeitlichen Ebenen und Wälder Mitteleuropas waren damals reich an jagdbarem Wild, und da diese Homo-sapiens-Jäger über hohe Kompetenzen in der Zusammenarbeit verfügten, konnten sie ihre Gruppen und Stämme reichlich mit Nahrung versorgen. Diese Erkenntnisse gelten für den Zeitraum zwischen den beiden letzten Eiszeiten, also etwa zwischen 40.000 und 25.000 Jahren vor Christus. Als die letzte Eiszeit begann, mussten die europäischen Jäger und Sammler wieder nach Süden ziehen und brachten ihre Gene zurück nach Anatolien. Dies verdeutlicht erneut, dass es nicht nur eine Migrationsrichtung des Homo sapiens gab, sondern dass es, vor allem aufgrund der Klimaveränderungen, in den letzten Zehntausenden von Jahren mehrere Bewegungen vorwärts und rückwärts gab. Das ist wichtig, denn es kann Ähnlichkeiten in Kunstgegenständen, Höhlenmalereien, religiösen Praktiken wie z. B. Bestattungen usw. durch physischen Kontakt und kulturellen Austausch erklären. Nach dem Ende der letzten Eiszeit sprechen die genetischen Analysen sogar dafür, dass diese Mobilität und der kulturelle Austausch intensiviert wurden. Nach der Erfindung des Ackerbaus im Fruchtbaren Halbmond brachte diese Mobilität zusammen mit den Genen dieser Völker die Technologie des Ackerbaus und der Keramik sowie Religionen über den Balkan und den Donaukorridor nach Mittel- und Nordeuropa.

Es war sogar möglich, den letzten gemeinsamen Vorfahren der Europäer und Amerikaner zu rekonstruieren: In der Baikalregion nördlich der Mongolei wurde der sogenannte Junge von Mal'ta gefunden, der vor 24.000 Jahren lebte, ein Nordeurasier. Sein Genom ist das fehlende Bindeglied zwischen Europäern und den Amerindianern, denn beide Gruppen haben den gleichen Anteil an seinem Genom. Es konnte rekonstruiert werden, dass die Nordeurasier vor 24.000 Jahren die große Region in Zentralasien bewohnten, die die Steppen nördlich des Schwarzen und des

Kaspischen Meeres, Kasachstans und der Mongolei umfasst, und von dort nach Westen in das westliche Russland und Europa sowie nach Osten, nach Nordostsibirien und über die Landbrücke der Beringstraße nach Amerika zogen. Das Genom der heutigen Europäer besteht zu einem großen Teil (ca. 40 %) aus den Genen dieser Nordeurasier sowie von Einwanderern aus dem Fruchtbaren Halbmond (ca. 60 %), die nach der Erfindung des Ackerbaus nach Europa einwanderten.

Menschliche Überreste aus der Steinzeit finden sich oft zusammen mit *Steinwerkzeugen*, in manchen Fällen sogar mit Kunstgegenständen oder Zeichen für Bestattungen. Dies erlaubt es, Parallelen zwischen genetischen Entwicklungen, Migrationsrouten und kulturellen Entwicklungen zu ziehen. Generell lässt sich für die Jungsteinzeit (11.000 v. Chr. bis in die historische Zeit) zusammenfassen, dass es deutliche Hinweise auf einen intensiven Austausch zwischen menschlichen Gruppen über große Entfernungen gibt; so gibt es Keramikfunde und frühe Goldprodukte, die im Fruchtbaren Halbmond hergestellt und offenbar nach Nordeuropa, auf die britischen Inseln und sogar nach Skandinavien exportiert wurden. Entsprechendes gilt für die Ost-West-Handelswege. Aber auch für das Paläolithikum gibt es eindeutige Belege für den Handel über weite Entfernungen, so wurden z. B. Ornamente aus Muscheln aus dem Atlantik in Mitteldeutschland gefunden (Trachsel 2008). Für noch frühere Kontakte gibt es Belege in Form des Handels mit frühen Muschelperlenketten, die sowohl in Israel als auch in Algerien gefunden wurden, was für Handelskontakte über große Distanzen zumindest im Norden Afrikas schon vor 130.000 bis 100.000 Jahren spricht (Diamond 1997, S. 39).

Eine sehr wichtige Konsequenz aus den Erkenntnissen der Archäogenetik ist die Einsicht, dass es auf der Erde keine reinen Menschenrassen gibt, sie möglicherweise sogar nie gegeben hat. Alle Menschen haben heute eine große Anzahl von Genen gemeinsam, die Unterschiede sind sehr gering, und selbst Unterschiede in der Physiognomie, z. B. der Hautfarbe, lassen sich teilweise durch epigenetische Variationen erklären – schließlich sind wir alle Nachkommen von Migranten. Diese Forschung macht auch deutlich, dass die Annahme, es gäbe etwas wie »jüdische Gene« (was Jung noch glaubte), Nonsens ist. Aus der Sicht der Humangenetik ist es sogar unmöglich geworden, von menschlichen Rassen zu sprechen. Auch sollte die Rolle der Gene für typische menschliche Eigenschaften, insbesondere geistige Fähigkeiten, nicht überschätzt werden; so sind z. B. Unterschiede in der Intelligenz nicht auf genetische Faktoren zurückzuführen, Varianten der entsprechenden Gene sind weltweit ähnlich verteilt, und individuelle Unterschiede lassen sich gut durch Unterschiede in den Umweltbedingungen – hier: Bildung – erklären. Es ist möglich, die Ergebnisse der genetischen Analysen durch anthropometrische Daten im Sinne von Kopfform, Gesichtszügen, Hautfarbe usw. weiter zu untermauern (Cavalli-Sforza 2001).

In der *vergleichenden Linguistik* ist es möglich, eine bestimmte gesprochene Sprache auf einer Skala von Nähe und Distanz zu anderen Sprachen einzuordnen und so einen Familien- oder Stammbaum der Beziehungen und teilweise auch der Ursprünge von Sprachen zu erstellen, ein sogenanntes kladistisches Muster. Witzel (2012) gibt einen detaillierten Überblick über die Erkenntnisse der vergleichenden Linguistik, die eine Rekonstruktion der Entwicklung der Sprachen der Welt und parallel dazu der Migrationsrouten des Homo sapiens ermöglicht. Auch konnte durch archäogenetische Analysen rekonstruiert werden, dass die Homo-sapiens-Gruppen, die vor etwa 65.000 Jahren Afrika verließen, bereits zu einer komplexen Sprache fähig waren (Krause 2019). So konnten z. B. Gene nachgewiesen werden für die Innervation von Zunge, Lippen und anderen Muskeln, die für die kontrollierte Modulation der Stimme zuständig sind, sowie für den oben erwähnten Spracherwerbsapparat. Es ist nicht möglich, von unterschiedlichen Entwicklungsstufen heutiger Sprachen im Sinne von »primitiveren« versus »elaborierteren« Sprachen zu sprechen, da sich alle Sprachen nachweislich über einen vergleichbaren Zeitraum aus einem gemeinsamen Vorläufer entwickelt haben, der höchstwahrscheinlich die Sprache der frühen Menschen ist, die Afrika um 65 kya verließen. Für unseren Zusammenhang ist entscheidend, dass diese in der vergleichenden Linguistik gut etablierten Befunde die oben erwähnte Darstellung der Ausbreitungswege des Frühmenschen über die Welt stark unterstützen. Wir werden später, im Abschnitt über die Mythologie, sehen, dass diese Sprachfamilien eng mit den von Witzel (2012, S. 231) rekonstruierten Familien der Mythologien verwandt sind, weil Mythen in einer bestimmten Sprache erzählt werden müssen.

Zusammenfassend lässt sich sagen, dass das Gesamtmodell der Ausbreitung des Homo sapiens von Afrika aus über die ganze Welt, die Migrationsrouten sowie die Daten der Besiedlung, empirisch sehr gut fundiert sind. Daten und Erkenntnisse aus verschiedenen Forschungsbereichen laufen parallel und unterstützen dieses Modell, wie Witzel (2012) ausführlich darlegt. Dieses Modell ist in der Anthropologie gut etabliert und wird von den führenden Wissenschaftlern auf diesem Gebiet befürwortet (Krause 2019, Diamond 1997, Buss 2019, Cavalli-Sforza 2001, Trachsel 2008).

Es gibt einige überraschende Belege für *prähistorische maritime Kontakte* zwischen den Kontinenten, d. h. transozeanische Kontakte (Witzel 2012, Mair 2006, Trachsel 2008; Sorensen & Johannessen 2006), was die Annahme von physischen Kontakten und kulturellem Austausch in prähistorischer Zeit zusätzlich stärkt. Die Nutzung von Booten, um über das offene Meer von einer Küste zur anderen zu gelangen, muss von den Menschen bereits vor 35.000 Jahren praktiziert worden sein, denn ohne dies wäre die Besiedlung Australiens nicht möglich gewesen. Es lässt sich rekonstruieren, dass von den indonesischen Inseln, die dem australischen Kontinent am nächsten liegen, die australische Küste nie zu sehen war. Dies impliziert, dass die Einwanderer nach Australien ins Ungewisse aufbrachen (Diamond 1997, S. 41) – was viel über den Geist dieser frühen Menschen aussagt. Die Besiedlung der Inseln im Pazifik (Polynesien, Hawaii, Osterinseln) fand im ersten, teilweise sogar im zweiten Jahrtausend v. Chr. statt (Witzel 2012, Diamond 1997). Frühe maritime – und damit kulturelle – Kontakte sind auch durch die Einführung bestimmter Tiere und Pflanzen belegt (für Details s. Sorensen & Johannessen 2006, Witzel 2012, Diamond 1997): Einführung des Dingo-Hundes aus Indien nach Australien vor etwa 3000 Jahren durch maritime Kontakte; präkolumbianische Verbreitung des polynesischen Huhns und der Süßkartoffel in Südamerika; Funde von antiken chinesischen Ankersteinen in Kalifornien und andere Funde, die für sehr frühe chinesische transozeanische Expeditionen sprechen, zu denen auch schriftliche Berichte in China existieren (Cheng Ho). In Topper in South Carolina, Cactus Hill in Virginia und Meadow Croft in Pennsylvania wurden europäische Kulturformen der Solutréer gefunden, die auf 14.250 bis 15.200 BP (= vor heute) datiert werden. Dies wirft die Frage auf, ob es sehr frühe europäische Einwanderer gab, die über oder entlang der damals noch existierenden Eisschilde, die den Nordatlantik bedeckten, reisten und zur Kultur und den Mythen der nördlichen Amerindianer beitrugen (Witzel 2012).

Bereits in den 1930er und 1940er Jahren argumentierte Thor Heyerdahl (1978), dass es prähistorische maritime Kontakte über die Ozeane hinweg gegeben habe, nämlich von Südamerika zu den Inseln im südlichen Pazifik, sowie von Europa/Nordafrika nach Amerika. Berühmt wurde er durch den Versuch, diese Theorien zu untermauern, indem er prähistorische Boote rekonstruierte und sie bei Versuchen zur Überquerung der Ozeane einsetzte. Dies gelang ihm mit der Kon-Tiki-Expedition, bei der er mit einem hölzernen Floß von Peru nach Polynesien fuhr, und mit dem Schilfboot Ra, mit dem er von Ägypten entlang der nordafrikanischen Küste und über den Atlantik nach Südamerika reiste. Diese Expeditionen lieferten den Beweis, dass es in prähistorischer Zeit technisch möglich war, die Ozeane zu überqueren. Abgesehen von diesen recht abenteuerlichen Unternehmungen liefert Heyerdahl eine Vielzahl höchst überzeugender Beweise für prähistorische maritime Kontakte und kulturelle Einflüsse über die Ozeane hinweg und zwischen den Kontinenten, nämlich zwischen den alten Mittelmeerkulturen und Meso- und Südamerika sowie zwischen Peru/Chile und Polynesien. Zu diesen Beweisen gehören einige der bereits erwähnten Kulturpflanzen, die offenbar aus fernen Ländern in prähistorische Kulturen eingeführt wurden, nämlich die Süßkartoffel, die Kokosnuss, der Kürbis, die Baumwollpflanze, der Chili-Pfeffer und andere (ebd., S. 228–237). Eher spekulativ mag Heyerdahls These sein, dass die frühesten Hochkulturen in Mesoamerika, die Olmeken, tatsächlich Einwanderer aus dem Mittelmeerraum waren. In der Tat ist es in der Vorgeschichte immer noch ein ungelöstes Rätsel, warum die olmekische Zivilisation um 1200 v. Chr. plötzlich an der mexikanisch-karibischen Küste auftaucht (Meggers 1975). Es gibt eindeutige Belege dafür, dass alle späteren amerindianischen Hochkulturen (Maya, Azteken, Inka) aus dieser frühen Kultur hervorgegangen sind. Es gibt mehr als 40 hochspezifische Parallelen zwischen der olmekischen Kultur und antiken mediterranen Kulturen, namentlich der ägyptischen, der hethitischen und der phönizischen (vor allem letztere waren für ihre hohen technischen Fähigkeiten im Schiffbau und in der Schifffahrt bekannt): eine soziale Hierarchie, in der die Könige behaupten, Nachkommen der Sonne zu sein; Inzest-Ehen zwischen Bruder und Schwester in der königlichen Familie; eine auffallende Ähnlichkeit im Hieroglyphensystem des frühen Mexiko und der hethitischen Kultur; die Angewohnheit, kolossale Statuen anzufertigen, die das Gesicht eines bärtigen Mannes zeigen, der mit einer kolossalen Schlange kämpft, die auf ihrem Schwanz steht und von Hieroglypheninschriften umgeben ist (wobei anzumerken ist, dass die Amerindianer keine Bärte haben, so dass sich die Frage stellt, woher sie dieses Motiv kannten); eine spezifische Technik des Webens und spezifische Webmuster; eine einzigartige Art, Seile zu knüpfen und zu knoten usw. (Heyerdahl 1978, S. 87–90). Auch wenn man diese Theorie für spekulativ halten mag, so liefert Heyerdahl doch zweifellos sehr überzeugende Beweise dafür, dass es in prähistorischer Zeit transozeanische Wanderungen und Handel gegeben hat – und sobald Handel betrieben wurde, kam es auch zu einem Austausch von kulturellen und religiösen Ideen.

8.3 Noch einmal: Isolationismus vs. Diffusionismus

Der zentrale Punkt an diesen Befunden für die Archetypentheorie ist die sehr überzeugende Evidenz, die für Diffusion im weiteren Sinne und damit für physischen Kontakt und kulturellen Austausch auf breiter Ebene für sehr frühe Perioden in prähistorischer Zeit spricht. Wie bereits erwähnt, gibt es Belege, die für Handelsverbindungen über große Entfernungen bereits für Zeiträume vor 100.000 Jahren sprechen. Auch wenn diese Verbindungen spekulativ sein mögen, sind sich Experten einig, dass zumindest für das Jungpaläolithikum von gut etablierten Handelsverbindungen und kulturellem Austausch über große Entfernungen auf allen Kontinenten ausgegangen werden muss. Vor allem, da wir alle Nachfahren der ersten Menschengruppen sind, die vor etwa 60.000 Jahren Afrika verließen, diese Gruppen offenbar eine komplexe Sprache und in der Folge vermutlich auch soziale Regeln und Praktiken sowie mythologische Geschichten besaßen, ist nicht auszuschließen, dass grundlegende Ähnlichkeiten zwischen entfernten Kulturen Überreste dieser gemeinsamen Abstammung sind. Zu beachten ist sicherlich, dass der Einfluss lokaler Entwicklungen, gesellschaftlicher, klimatischer und anderer Umweltbedingungen viel größer ist, als es die klassische Archetypentheorie berücksichtigt. Dennoch sind die Beweise für die oben erwähnte Theorie der Ausbreitung des Homo sapiens über die Welt empirisch so fundiert, dass es schwer ist, sie zu bestreiten.

Für die Archetypenlehre hat dies weitreichende Konsequenzen, denn es spricht eindeutig gegen die Isolationstheorie und damit auch gegen Jungs Annahme, dass Ähnlichkeiten in Kultur, Religion, Mythologien etc. das Ergebnis autochthoner Entwicklungen auf der Basis angeborener Archetypen sind. Letztere beruhen auf der logischen Voraussetzung, dass jegliche physischen Kontakte und kultureller Austausch ausgeschlossen werden können. Sobald jedoch so überzeugende Beweise für Migration, physischen Kontakt und kulturellen Austausch vorliegen, wie oben dargestellt, kann diese Annahme nicht mehr aufrechterhalten werden. Die Ähnlichkeiten in religiösen Vorstellungen und Praktiken, sozialen Mustern, Mythologien usw. lassen sich dann durch physischen Kontakt und kulturellen Austausch ausreichend erklären.

In der Forschung zur Vorgeschichte wird allgemein davon ausgegangen, dass, sobald Menschen und Güter migrieren, dies auch für Ideen und Ideologien gilt, und häufig gelingt es, die Entwicklungslinie oder die Migration zu rekonstruieren. Schwieriger ist es, wenn ähnliche Entwicklungen in verschiedenen Regionen zur selben Zeit auftreten wie z. B. das Rad, wobei dessen Funktionalität als Erklärung für parallele Entwicklungen angeführt wird (Trachsel 2008, S. 249). In diesem Zusammenhang ist die berühmte kulturelle Virustheorie (Cullen 2000) zu nennen, die besagt, dass sich bestimmte Ideen oder kulturelle Elemente ähnlich wie biologische Viren in viraler Form von einer Person zur einer anderen oder von einer menschlichen Kultur zur folgenden verbreiten können. Dies ist interessant, weil diese Theorie die drei Hauptprinzipien der biologischen Evolution beinhaltet: Reproduktion, was bedeutet, dass kulturelle Elemente durch wiederholte Praxis weitergegeben werden, z. B. im Fall von Ritualen; Variation, was bedeutet, dass kulturelle

Elemente nicht immer in derselben Form reproduziert werden, da sie sich an die lokalen Bedingungen anpassen; Selektion, was bedeutet, dass diejenigen kulturellen Elemente weitergegeben werden und überleben, die existenziellen Bedürfnissen dienen oder die Anpassung der Menschen an ihre Umwelt verbessern. Diese Theorie wird auch durch die Studien von Cavalli-Sforza (2001) gestützt. Trachsel (2008) weist darauf hin, dass mit der Ankunft des Homo sapiens in Europa vor etwa 40.000 Jahren die kulturelle Entwicklung viel schneller verläuft als die biologische, was bedeutet, dass die Gewohnheiten und Fähigkeiten, die der Mensch seit dieser Zeit erwirbt, eine Folge des kulturellen Austauschs und der Erziehung und nicht der biologischen Prägung sind. Dies zeigt sich auch in der starken regionalen Differenzierung, die sich mit dem Beginn der Jungsteinzeit und des Ackerbaus noch beschleunigt (s. u.).

8.4 Religion im Paläolithikum

Ausgehend von den obigen Erkenntnissen wenden wir uns nun einigen Elementen im Bereich der Religion im Paläolithikum zu, die in der Paläoanthropologie intensiv diskutiert wurden und die für die Diskussion der Archetypenlehre von Interesse sind. In der Regel werden in der prähistorischen Forschung die folgenden archäologischen Befunde mit kosmologischen Vorstellungen und Überzeugungen, also mit Religion im weitesten Sinne, in Verbindung gebracht (Trachsel 2008, S. 226): Gräber und Grabbeigaben; Manipulationen an menschlichen Überresten; eine besondere Behandlung von symbolischen oder Prestigegütern; Artefakte/Gebäude ohne offensichtlichen profanen Nutzen; Darstellungen/Gebäude mit astronomischen Bezügen; Figurinen/Darstellungen aller Art. Die Quellen zum Verständnis der prähistorischen Todesvorstellungen sind spärlich und können nur mit einem beträchtlichen Maß an Spekulation rekonstruiert werden. Es scheint, dass in prähistorischen Zeiten die Vorstellungen vom Tod zwei Schritte umfassten: Zunächst musste ein nichtmaterieller Teil aus dem physischen Körper herausgelöst werden, was im ersten Schritt eines Bestattungsrituals behandelt wurde. Der zweite Schritt konzentrierte sich auf den Körper, der entweder durch Einäscherung, Pulverisierung usw. umgewandelt oder durch Bestattung usw. außer Sichtweite gebracht wurde. Der Tod ist also ein Statuswechsel im Sinne der Übergangsriten von van Gennep (1909) und das Ritual muss sich mit diesem Statuswechsel befassen. Dabei haben Grabbeigaben eine bestimmte Funktion, die bestehen kann in: Abschied nehmen; Beseitigung von Gütern, die durch den Tod unrein geworden sind; Statussymbol; Mittel für die Reise; Eintrittsgeld oder Ausstattung für die andere Welt. Eine allgemeine Erkenntnis der prähistorischen Forschung ist, dass die Formen von Bestattungen, Grabbeigaben und die Ausprägung von Überresten sowohl regional als auch zeitlich stark variieren, ohne dass eine Systematik ersichtlich ist – sie könnten also auch als eine Art Mode angesehen werden (Wunn 2019, Trachsel 2008).

Es scheint, dass *Bestattungsriten* mit Grabbeigaben vom frühen Homo sapiens vor 100.000 Jahren erfunden und auf andere Gruppen von Hominiden übertragen wurden, als sich der Homo sapiens von Afrika in den Nahen und Mittleren Osten ausbreitete. Bevor diese *Out-of-Africa*-Homo sapiens-Gruppen andere Teile der Welt erreichten, konnten in diesen Regionen keine Orte gefunden werden, die auf Bestattungen hinweisen (Lieberman 1993, S. 163). Es lässt sich feststellen, dass Bestattungen zu den universellen Praktiken zu gehören scheinen, auch wenn die Art und Weise, wie der tote Körper platziert wurde, ob Grabbeigaben verwendet wurden oder nicht, die Haltung und Ausrichtung von Skelettüberresten und Gräbern usw. sehr unterschiedlich sind. Narr (2021, o. S.) gibt einen Überblick über die unendliche Vielfalt der Bestattungssitten – die im übrigen auch von den klassischen Großtheorien schon im 19. Jahrhundert anerkannt wurde – warnt jedoch:

> »From these facts it is not possible to infer the existence of a definite belief in souls; it is also not possible [...] to connect particular burial customs with particular notions of the beyond, or to any other religious conceptions.«

Die Existenz von Bestattungen bedeutet daher nicht automatisch Vorstellungen über einen Ort im Jenseits, ein Leben nach dem Tod, eine Seele usw.; mit zunehmender Intelligenz nimmt auch die emotionale Wirkung der Erkenntnis des Todes zu (Taylor 2011). Taylor gibt einen Überblick über die vielfältigen Formen von Bestattungen, die von der Archäologie gefunden wurden und die Vielzahl von Praktiken für den Umgang mit den Toten, die von der Erdbestattung über die Einäscherung bis zur Zerstückelung usw. reichen; er warnt davor, aus diesen Praktiken auf eine bestimmte einheitliche Religion zu schlussfolgern. In zeitgenössischen Standard-Gesamtübersichten zur Prähistorie kommt kein Autor umhin, auf die immense Vielfalt und globale Variation von Bestattungsformen und -riten hinzuweisen, was in der Regel als Indiz für unterschiedliche regionale Entwicklungen in Kultur und religiöser Praxis gedeutet wird (Trachsel 2008, Narr 2021).

8.5 Paläolithische Höhlenmalereien und Felskunst

Im europäischen Jungpaläolithikum treten Felszeichnungen und Höhlenmalereien zwischen 36.000 und 10.000 Jahren vor unserer Zeitrechnung auf und gehen mit dem Auftauchen des Homo sapiens in Westeuropa einher. Steinzeitliche Kunst im Sinne von Höhlenmalereien findet man in Südfrankreich und Spanien, in der Sahara, in Oberägypten, aber auch im Ural (Belaja-Fluss), in Zentralindien (Bhimpetka-Gebiet), in Neuguinea, in Australien und im östlichen und vor allem südlichen Afrika. Die australische Felskunst ist in erster Linie totemistisch und unterscheidet sich damit zumindest grundlegend von den europäischen Höhlenmalereien. Es gibt eine Reihe von Versuchen, diese Kunst zu interpretieren, die von Jagdmagie, totemistischen Zeichen, mythologischen Markierungen, Kunst um der Kunst willen und Schamanismus usw. reichen. Witzel (2012) nutzt diese Funde für seine Argumentation über die verschiedenen Entwicklungsstufen mythologischer Systeme, er sieht sie als Beweis für seine Theorie von der Entwicklung der nördlichen oder laurasischen Mythologie als einer späteren und weiter entwickelten Form mythologischer Systeme (s. u.). Mit dieser Kunst tauchen auch die ersten Bild- und Zeichensysteme auf, was auch als schöpferische Explosion bezeichnet wurde. Bereits im Jungpaläolithikum lassen sich in den Siedlungen der Eiszeitjäger die ersten mnemotechnischen Bild- und Zeichensysteme nachweisen. In jungianischen Kreisen (z. B. Jung et al. 1964) wird behauptet, dass in diesen ersten Zeichensystemen universelle, d. h. »archetypische« Symbole auftauchen, z. B. die Spirale. In einer Sonderausgabe der Zeitschrift *Bild der Wissenschaft* (2013) wurden die globalen Funde solcher Symbole in einer Karte dargestellt und der Nachweis erbracht, dass in prähistorischen Höhlen bzw. Felszeichnungen kein einziges wirklich universelles Zeichen oder Symbol zu finden ist. Das am häufigsten gefundene Zeichen (70 %) war die Linie – selbst der orthodoxeste Jungianer würde nicht argumentieren, dass die Linie ein Archetyp ist. Spiralen wurden nur an 7 % aller Orte gefunden und bei weitem nicht auf allen Kontinenten.

Es wurde bereits erwähnt, dass es zahlreiche Interpretationen zur Bedeutung der paläolithischen Höhlenmalereien gab, die von der Annahme ausgingen, dass diese Praktiken und Rituale der Jagdmagie widerspiegeln, »[…] [b]ut this interpretation is highly speculative, and it remains uncertain what these drawings mean« (Narr 2021, o. S.). Es wurde bereits nachgewiesen, dass die Vorstellungen von den jagdmagischen Praktiken und Ritualen des Paläolithikums auf mangelhaften Ausgrabungsmethoden und Fehlinterpretationen beruhen und heute von Wissenschaftlern der Paläoanthropologie abgelehnt werden. Eine weitere problematische Interpretation wurde von André Leroi-Gourhan (1964) vorgeschlagen, der argumentierte, dass die Malereien und insbesondere die Symbole als Sexualsymbole zu verstehen seien, eine Sichtweise, die sich auf die Psychoanalyse Freuds stützt – eine Sichtweise, die von der heutigen Archäologie abgelehnt wird. Der nächste Schritt in der Reihe der Interpretationen bestand darin, eine Verbindung zwischen den Höhlenmalereien und vermuteten frühen Formen des Schamanismus herzustellen. Der allgemeine Gedanke, der von Lewis-Williams und Clottes (1998) vorgestellt wurde, war, dass der Schamanismus die charakteristische und universelle Religion der paläolithischen Zeit war. Diese prähistorischen Schamanen bedienten sich Techniken der Ekstase, z. B. Musik und Tanz, aber auch halluzinogener Substanzen. Diese Ekstasezustände, so wurde argumentiert, waren interindividuell überall auf der Welt ähnlich (veränderte Bewusstseinszustände, VBZ) und schufen so die Erfahrung universeller Bilder, welche anschließend an die Wände der Höhlen gemalt wurden, die in diesem Modell als Heiligtümer oder rituelle Orte für solche ekstatischen Erlebnisse galten – was auch als neuropsychologisches Modell bekannt ist (Proce 2011, S. 991). Es gibt zwei große Probleme mit diesem Modell, weshalb es von zeitgenössischen Paläoanthropologen abgelehnt wird: zum einen die Annahme einer weltweiten Verbreitung des Schamanismus, die ihn als eine ursprüngliche oder universelle Religion ansieht (s. o.); zum anderen der Glaube, dass es typische, universelle Bilder gibt, die im menschlichen Gehirn fest verdrahtet sind und die durch bestimmte ekstatische Techniken oder Halluzinogene ausgelöst werden können – diese universellen Erfahrungen wurden dann als Bilder auf die Höhlenwände gemalt (Stein & Stein,

2008, S. 112). In einigen Fällen finden sich in den Höhlenmalereien sogenannte theriomorphe Figuren, die einen menschlichen Körper mit einem Tierkopf, z. B. einen Vogelkopf, darstellen. In der erwähnten Argumentation werden diese als Bilder von Schamanen angesehen, die in den Höhlen Rituale durchführen (Lewis-Williams & Clottes, 1998).

Diese Parallelisierung von Höhlenmalereien mit rezenten schamanistischen Traditionen und Praktiken ist in jüngster Zeit stark kritisiert worden (z. B. Wunn 2019), weil sie auf dem in der Anthropologie weit verbreiteten Fehler beruht, eine rezente Religion, z. B. die der Buschmänner im südlichen Afrika, mit der Religion paläolithischer Gruppen zu parallelisieren, obwohl diese durch mehrere tausend Kilometer Entfernung getrennt sind und in sehr unterschiedlichen natürlichen Umgebungen lebten: tropische Savanne versus subarktische Steppe; und letztlich sind sie durch mindestens 30.000 Jahre Geschichte der religiösen Entwicklung getrennt. In einem Überblick über die Forschung zum Schamanismus untersucht Proce (2011) das Phänomen, seine Verbreitung und die Verbindung zeitgenössischer Formen des Schamanismus bei traditionellen Völkern mit prähistorischen religiösen Formen. Historische Schriften über den Schamanismus, die eine ethnozentrische oder sogar rassistische Perspektive einnahmen, neigten dazu, den Schamanismus als einen für »niedere Rassen« charakteristischen »Primitivismus« zu betrachten, eine Sichtweise, die von zeitgenössischen Wissenschaftlern definitiv nicht geteilt wird.[12] Auch Mircea Eliades (1964/1988) weit verbreitete Publikation *Schamanismus und archaische Ekstasetechnik*, die noch immer sehr häufig zitiert wird – auch Jung bezog sich auf sie – weist eine Reihe von Mängeln auf. Besonders problematisch ist die Fokussierung auf die Ekstase, während heute der Schamanismus als eine Sammlung von Praktiken gesehen wird, die tief in die soziale und kulturelle Struktur der jeweiligen Ethnien eingebettet sind. Frühere Wissenschaftler argumentierten, und dies entspricht der typischen jungianischen Argumentation, dass durch schamanistische Praktiken und Rituale, insbesondere durch den Gebrauch halluzinogener Substanzen, neuropsychologische Strukturen des Gehirns aktiviert würden, welche in der Folge ähnliche Bewusstseinszustände hervorriefen, beim prähistorischen Menschen ebenso wie bei zeitgenössischen Subjekten. Dies vernachlässigt die Tatsache, dass verschiedene halluzinogene Substanzen sehr unterschiedliche Bewusstseinszustände hervorrufen, vor allem aber, dass bei den tatsächlichen Praktiken der Schamanen, wie sie in der ethnographischen Forschung dokumentiert wurden, eher das Ritual selbst und weniger eine beliebige Substanz ekstatische Zustände erzeugt (Proce 2011). Weiterhin spricht gegen diese Sichtweise, dass in modernen anthropologischen Definitionen Schamanismus auf die Zirkumpolarregion begrenzt ist (▶ Kap. 8).

Interessant ist allerdings, dass ein detaillierter Vergleich zwischen Tsistista (Cheyenne)-Religion und sibirischem Schamanismus erstaunliche 108 direkte Parallelen gefunden hat (Proce 2011, S. 991), z. B. die Idee einer Weltsäule. Dies spricht dafür,

---

12 »The problematic focus on ecstasy, ultimately deriving, we must remember, from a work written in the 1950 s, is also the primary reason why the modern, popular definitions of shamanism are so broad, extending far beyond what many anthropologists would accept.« (Proce 2011, S. 991)

dass der Schamanismus mit der jüngsten Einwanderungswelle (Na Dene) aus Asien über die Landbrücke der Beringstraße nach Amerika gewandert ist und dass die Einflüsse in beide Richtungen gingen. Dies würde wiederum die Migrationshypothese religiöser Ideen und Praktiken unterstützen und gegen Jungs Annahme einer biologisch bedingten Universalität bestimmter Ideen sprechen.

Noch deutlich kritischer wird der Paläontologe Paul Bahn:

»Unfortunately, this entire approach proved bogus, being founded on a distortion, misuse, or misunderstanding of the term shaman and the phenomenon of shamanism; on outdated, distorted, or utterly erroneous neuropsychological data; and on highly selective and distorted data from southern Africa as rock art motifs and ethnographic testimony. The supposed three stages of trance, one of the cornerstones of this approach, and copied endlessly from author to author without the slightest effort to check their validity, only occur when one has ingested a very small range of hallucinogens, most notably LSD, and certainly has no applicability whatsoever to ice age art. [...] Moreover, trance – which is never clearly defined, there are over 70 kinds – is in no way a reliable indicator of true shamanism, most often in Siberia, the shaman simply pretends to enter an altered state of consciousness.« (Bahn 2011, S. 350–351)

Diese Linie der Kritik in der zeitgenössischen Anthropologie ließe sich endlos fortsetzen. Lewis-Williams wurde z. B. heftig kritisiert, weil er seine Theorie auf eine Auswahl von nur 40 aus Tausenden von Höhlenmalereien stützte, und theriomorphe Figuren gibt es gerade einmal 6 auf der ganzen Welt (ebd.). Wie bereits in Kapitel 6 dargelegt, versuchen solche Theorien, die unendliche Vielfalt eines Phänomens aus der Paläolithik mit einem einzigen monolithischen Erklärungsmodell zu erklären, was es erforderlich macht, offensichtliche Widersprüche zu ignorieren: Maximal 40 % der abgebildeten Tiere waren Jagdwild und wurden von den paläolithischen Jägern verzehrt – es macht also wenig Sinn, sie im Kontext von Jagdmagie zu interpretieren (Wunn 2005). Es ist viel wahrscheinlicher, dass diese prähistorischen Menschen beim Schaffen von Kunst das darstellten, was in ihrer natürlichen Umgebung, d. h. in ihrer Lebenswelt, beeindruckend war. Die von den meisten zeitgenössischen Anthropologen bevorzugte Deutung ist also, dass die dargestellten Tiere ausgewählt wurden, weil sie Stärke und Macht, vielleicht sogar das Leben selbst symbolisierten (Wunn 2019). Eine weitere interessante Erkenntnis systematischer Untersuchungen: In den Gemälden lassen sich typische künstlerische Stile erkennen, die für eine bestimmte Epoche oder Region charakteristisch sind. Typisch für das Gravettien (27.000–23.000 BP) sind rötliche Tiersilhouetten und die sogenannten Handnegative; beide Motive treten später nicht mehr auf. Im Solutréen (23.000–17.000 BP) sind die typischen Motive dreidimensionale Tiere in Aktion; die rötliche Farbe wurde nicht mehr verwendet, Schwarz hingegen war ein Favorit. Typisch für das Magdalénien, 17.000–10.000 BP, waren dreidimensionale schwarze Tiere in Ruhe, oft mit verschränkten Beinen. Solche Moden sprechen wiederum deutlich für die Hypothese des kulturellen Austauschs – in einem bestimmten Zeitraum zeigen alle Malereien von Spanien bis zur Ukraine den gleichen Stil. Offenbar sind diese frühen Jäger- und Sammlergruppen über weite Strecken gewandert. Von den Inuit in Grönland und Nordkanada ist aus historischer Zeit bekannt, dass sie Tausende von Kilometern zurücklegten, nur um andere Gruppen für Feste zu treffen (Züchner 2009).

Wunn (2005) weist auch darauf hin, dass die Höhlenmalereien nur 4% menschenähnliche Figuren zeigen. Selbst diese sind oft sehr schematisch, und es ist unklar, warum dies der Fall ist, denn viele Höhlenmalereien zeigen ein hohes artistisches Vermögen der Maler bei der Darstellung von Tieren, sogar unter Verwendung von Perspektive usw. Was sie stark kritisiert, ist, dass viele frühe Interpretationen auf der sehr schlechten Qualität der Dokumentation der Funde der Höhlenmalereien beruhen, die oft im späten 19. und in der ersten Hälfte des 20. Jahrhunderts dokumentiert wurden. So sind bspw. die Zeichnungen von Henri Breuil, auf die sich viele Interpretationen stützten, aus heutiger Sicht stark von künstlerischen Moden seiner Zeit geprägt und enthalten, was noch problematischer ist, auch erste Interpretationen der Malereien. Zusammenfassend argumentiert Wunn (2005), dass es aus heutiger Sicht der Anthropologie und mit modernen, sorgfältigen Methoden der Interpretation solcher Funde nicht möglich ist, die Ideenwelt dieser paläolithischen Maler zu rekonstruieren, die hinter den Höhlenmalereien steht. Auch die Parallelisierung zwischen diesen Höhlenmalereien und dem kognitiven Entwicklungsstand ihrer Künstler mit der Kunst und der kognitiven Entwicklung von Kindern ist wissenschaftlich nicht haltbar. Wie bereits erwähnt, waren die paläolithischen Künstler bereits vor 36.000 Jahren (z. B. Grotte Chauvet) in der Lage, bei der Darstellung verschiedener Tierarten die räumliche Perspektive zu nutzen. Sie weist darauf hin, dass die späteren weiblichen Figuren, die stark abstrahiert waren, eine spätere Entwicklung sind, was bedeuten würde, dass die einfacheren Artefakte Produkte einer späteren Periode sind. Es ist also nicht möglich, eine Linie von sogenannten »primitiven« Denkweisen und einer bestimmten, damit verbundenen Kunstform zur Entwicklung des Denkens und des künstlerischen Verhaltens heutiger Kinder und Erwachsener, z. B. in traditionellen Völkern, zu ziehen. Die in vielen früheren Theorien enthaltene Argumentation, dass die paläolithische Kunst das Ergebnis eines allgemein niedrigeren oder gar unreifen Bewusstseinsniveaus sei (wie sie auch bei Jung und Neumann zu finden ist), ist damit heute eindeutig widerlegt. Auch die Interpretation, dass einige der abstrakten Zeichen und Symbole, z. B. Pfeile usw., das Produkt angeborener archetypischer Muster sind, lehnt Wunn entschieden ab. Sie interpretiert sie als Ausdruck erworbener Schemata, die in der jeweiligen Vorstellungswelt der paläolithischen Menschen verbreitet waren. Bezüglich der Deutung theriomorpher Figuren als Schamanen verweist sie auf die Studien von Victor Turner (1991), dass bei zeitgenössischen traditionellen Völkern solche Mischformen z. B. bei Initiationsriten verwendet werden, um die Initianten dazu anzuregen, über die Unterschiede zwischen Mensch und Tier nachzudenken. Ihre allgemeine Interpretation der paläolithischen Höhlenkunst ist, dass sie die Stärke, Aggressivität und Macht darstellt, die diese prähistorischen Menschen in den Tieren ihrer Umgebung erlebten und von denen sie fasziniert waren. Sie werden auch als Symbole oder Signale der Verteidigung verwendet, und das könnte der Grund sein, warum sie in Höhlen verwendet werden, von denen viele als Siedlungen genutzt wurden, so dass die Malereien als Mittel zum Schutz dieser sicheren Orte gedient haben könnten. Bahn (2011) fasst die Debatten um die Bedeutung der Höhlenkunst mit dem folgenden harschen Kommentar zusammen:

»All of the blanket explanations put forward so far for cave art are deeply flawed, usually bending the facts to fit the theory, grossly exaggerating the frequency of certain pet themes, or employing erroneous data on neuropsychology and ethnography [...] it is vital that the evidence be assessed soberly and objectively, without preconceptions or fantasy.« (S. 351)

Für die Diskussion der Archetypentheorie lässt sich also zusammenfassen, dass der heutige Stand der Forschung zu prähistorischen Höhlenmalereien die Vorstellung von Archetypen hinter diesen Malereien nicht stützt. In Anlehnung an Whitley (2011, S. 308) lässt sich auch zusammenfassen, dass hier nichts für die Existenz einer einheitlichen Urreligion spricht, weil diese Kunst nicht nur bei Jägern und Sammlern, sondern auch in agrarischen Gesellschaften und sogar Priesterzivilisationen auftaucht und sie so variantenreich ist, dass keinerlei Verbindung zu bestimmten religiösen Vorstellungen gezogen werden kann.

8.6 Prähistorische Frauenfiguren und der Mythos der Großen Mutter

Funde von Frauenfiguren aus einem großen Zeitraum, der sowohl das Jungpaläolithikum als auch das Neolithikum umfasst, wurden oft als Argument für die Archetypentheorie, nämlich die Existenz einer universellen Religion einer großen Muttergöttin, herangezogen. Charakteristisch für diese oft korpulenten Figuren ist die Betonung der weiblichen sekundären Geschlechtsmerkmale, Brüste und Gesäß, während Gesicht, Füße und Arme komplett vernachlässigt werden, weswegen sie als Symbole weiblicher Fruchtbarkeit interpretiert wurden: »Nevertheless, it is not necessarily true of all these small figures« (Narr 2021, o. S.). Ein Beispiel für eine universalistische Interpretation der Funde ist Benigni (2013) *Emergence of the Goddess:* Hier argumentiert sie, dass die Konsistenz in der Gestaltung dieser Figuren in einer weiten Region und über einen langen Zeitraum hinweg darauf hindeutet, dass sie einen Archetyp einer weiblichen Obersten Schöpferin darstellen; die prähistorischen Menschen hätten Frauen als Schöpferinnen angesehen, die von Natur aus – wegen der Übereinstimmung von Mond-und Menstruationszyklen – mit den Zyklen der Natur verbunden seien. In der AP versucht Neumann (1949) in seiner Geschichte des Bewusstseins, dessen Anfänge in den steinzeitlichen Kulturen der großen Muttergöttin, der Herrin der Tiere, zu verorten. Er zieht eine Verbindung zu den späteren Agrargesellschaften der Jungsteinzeit, die ebenfalls die noch fruchtbare Weiblichkeit im Mysterium der Keimung und des Wachstums der Pflanzen aus den Samen verehrten, von denen diese Gesellschaften für ihre Existenz abhängig waren. Zabriskie (1990) liefert in ihrem Aufsatz über *The feminine* ein gutes Beispiel für die klassische Vorstellung in der AP über die Rolle des Weiblichen in der Gestalt der großen Muttergöttin und ihre Rolle in der Vorgeschichte, die sie mit weitreichenden Annahmen über die Rollen von Männern und Frauen in der Geschichte der Gesellschaften verbindet:

»A Great Mother from whom the race came was imagined. [...] As human groups consolidated into tribes; tribes into cities; and cities into states, kingdoms, and empires, hierarchical structures, perceived as masculine, evolved apart from nature, which was increasingly perceived as feminine. [...] Physical size and strength and phallic, single-minded aggression were admired and idealized. [...] As male rulers and conquerors of ascendant civilizations sought to have their agendas and appetites reinforced by male gods, goddesses in many cultures lost primary status to increasingly patriarchal and domineering father gods. As the Western world evolved, the female deities of its cultural cradles and nurseries were diminished or suppressed.« (S. 268–269)

Gimbutas (1989) interpretierte die gefundenen Figurinen als Beweis für eine universelle prähistorische Religion, die später von vermutlich indogermanischen Stämmen, die in den östlichen Mittelmeerraum und den Nahen Osten eindrangen, zerstört wurde. Diese Theorie war eng mit der Vorstellung eines Matriarchats verbunden, das durch eine friedliche, auf Fruchtbarkeitsriten konzentrierte Gesellschaft gekennzeichnet war, und dass die Erinnerung an dieses goldene Zeitalter später von männlichen Historikern zerstört wurde.

Der Ausgräber der berühmten neolithischen Fundstätte Catal Höyük, James Mellaart, unterstützte solche Ideen mit seinen Interpretationen der Figuren, die in dieser neolithischen Siedlung gefunden wurden. Der Archäologe Ian Hodder (2014), der die Ausgrabungen von Mellaart in Catal Höyük fortsetzte, konnte diese Interpretationen jedoch nicht bestätigen. Die einzige thronende Göttin, die gefunden wurde, war ein Einzelfund und wird für eine Schutzfigur eines Getreidespeichers gehalten. Figuren, die als Herrin der Tiere gedeutet werden können, tauchen erst Tausende Jahre später in der Bronzezeit auf. Alle anderen Darstellungen in der neolithischen Siedlung drehten sich um die Jagd und wilde Natur und nicht um Landwirtschaft oder Fruchtbarkeit. Daher stellen die neuesten Interpretationen in Frage, dass eine weibliche Göttin oder große Mutter vor den neolithischen Agrargesellschaften existierte (Hodder 2014, Fehlmann 2001). Es gäbe keine Kontinuität von den früheren paläolithischen Figuren zu den späteren, auch könnten nicht alle weiblichen Figuren als Fruchtbarkeitssymbole gedeutet werden; wahrscheinlicher seien sie Hausgötter oder Ahnenfiguren gewesen, in Gräbern Substitute für Dienerinnen (Narr 2021, Fagan & Beck 1996). Im Allgemeinen sind zeitgenössische Wissenschaftler sehr viel zurückhaltender bei der Interpretation dieser Funde, und einige sind sogar sehr kritisch und bezeichnen frühere weitreichende Annahmen über eine Urreligion der großen Muttergöttin als bloße Phantasien ohne jegliche Beweise: »Matriarchy, or rule by women, never existed in the past.« (Stein & Stein, 2008, S. 211). Thomas (2011) unterstreicht, dass diese Ideen dem romantischen Denken des 19. Jahrhunderts entstammen und die Verbindung der Erde mit dem Weiblichen eine komplett moderne Konstruktion ist, die aber als wiederentdeckte Urwahrheit verkleidet wurde; die Elemente der Göttinnentheorie wurden zusammengeknüpft von Jane Ellen Harrison, die tatsächlich von Jung (GW 11, 197) als »sehr lehrreich« zitiert wird. Neben Gimbutas behauptet Jacquetta Hawks mit Bezug auf Jungs Archetypentheorie, dass diese Verehrung der Muttergöttin seit Urzeiten über Tausende von Jahren unverändert bestehe. »Like Hawks and Crawford, Gimbutas tended to conflate material from over a wide geographical area, in the service of a rather grand vision. The cost of this was a degree of insensitivity to the contexts from which figurines were recovered, and the practices in which they may have been engaged. Despite these failings, Gimbutas continued to have a massive following in the eco-feminist movement, for, however flawed her methodology, the image of a peaceful matriarchal past is a deeply attractive one.« (Thomas 2011, S. 375). Wie Thomas kritisiert auch eine Vielzahl zeitgenössischer Wissenschaftler diese Interpretationen als eine völlige Vernachlässigung des Kontextes der Befunde (Witzel 2012, S. 260). Jung und Neumann fühlten sich natürlich sehr zu dieser Phantasietheorie hingezogen, da sie bereits Bachofen (1861) und dessen Vorstellungen vom Matriarchat favorisierten.

Wunn (2005) kritisiert ebenfalls weitreichende Spekulationen um diese Frauenfiguren in früheren Theorien. Es handle sich um Darstellungen einzelner Frauen und nicht um einen verallgemeinerten Typus, schon gar nicht um eine Göttin. In Osteuropa z. B. wurden diese Figurinen in der Nähe des Herdes gefunden, was ihrer Meinung nach darauf hindeutet, dass sie als (apotropäische) Schutzgeister verwendet wurden, Interpretationen als Göttinnen sind nicht gerechtfertigt. Selbst für die neolithischen Kulturen im Fruchtbaren Halbmond verneint sie die Existenz einer Herrin der Tiere (die z. B. Neumann in seiner Darstellung der Mythologie hervorhebt), da sie die Existenz einer so klar entwickelten Religionsform und von definierten Göttinnen in einer so unstrukturierten Gesellschaft in Frage stellt. Es ist allenfalls anzunehmen, dass diese Figuren im Neolithikum Anatoliens als Darstellungen einer Urmutter im Sinne einer weit entfernten Vorfahrin verehrt wurde. Ebenso kritisiert Lauren Talalay (1993) die Vernachlässigung der Fundkontexte, denen zufolge es sich auch um Spielzeug handeln könnte.

In Hacilar in Anatolien wurde eine Figurine gefunden, die die Begegnung einer Frau und eines Mannes zeigt, was schnell als Darstellung der Heiligen Hochzeit interpretiert wurde. Wunn (2005) hält dies für ein gutes Beispiel für die Nachlässigkeit bei der Interpretation solcher Funde, weil Details der Figur eine solche Interpretation ausschließen.

Diese Interpretationen waren oft eng mit weitreichenden Spekulationen über das Matriarchat verbunden, das nach Ansicht aller zeitgenössischen Historiker in der Realität nie existiert hat (von Schaik & Michel 2020). Selbst wenn es Kulte einer weiblichen Göttin gab, bedeutet dies nicht unbedingt, dass es auch eine politische Herrschaft der Frauen gab. Es muss auch beachtet werden, dass diese Figuren in einem Gebiet von den Pyrenäen bis zum Ural gefunden wurden, über einen Zeitraum von mehr als 20.000 Jahren, dass sie in sehr unterschiedlichen Kontexten gefunden wurden (z. B. Gräber, Häuser, Müllgruben usw.) und dass diese weiblichen Figuren nur 3 % aller gefundenen Darstellungen von Menschen und Tieren aus dem Paläolithikum und Neolithikum darstellen. Auch die Annahme von Fruchtbarkeitskulten ist problematisch, da in Jäger- und Sammlergesellschaften eine hohe Fruchtbarkeit nicht erwünscht ist, da sie zu Problemen bei der Versorgung der Gruppe mit Nahrung führen kann. Für neolithische agrarische Gesellschaften gibt es sicherlich eine Verbindung zu Fruchtbarkeitskulten, aber die Fruchtbarkeit bezieht sich auf die Nutzpflanzen und nicht auf Menschen. Es gibt Figurinen, die im Zusammenhang mit Schwangerschaft, Geburt usw. gedeutet werden. Diese wurden wahrscheinlich als Amulette getragen und dienten dem Schutz der werdenden Mutter. Es ist auch anzumerken, dass in Göbekli Tepe, das als erster religiöser Tempel der Menschheit gilt, nicht eine einzige weibliche Figurine gefunden wurde.

8.7 Neolithikum

Mit dem Ende der Eiszeiten änderten sich die Lebensbedingungen für den Menschen erheblich. Größere Gebiete Europas und Asiens waren bewohnbar, für die späten Jäger- und Sammlergesellschaften bedeutete dies vermutlich eine große Menge an jagdbarem Wild. In der Region des Fruchtbaren Halbmonds, dem heutigen südöstlichen Teil der Türkei, Syrien und der östlichen Mittelmeerküste (Levante) sowie in Mesopotamien waren die Bedingungen so komfortabel, dass Jäger- und Sammlergesellschaften mit dem Bau der ersten Tempel begannen, die in den letzten beiden Jahrzehnten ausgegraben wurden, nämlich Catal Höyük und Göbekli Tepe (Schmidt 2016). In dieser Region wurde der Ackerbau erfunden; es lässt sich empirisch nachweisen, dass die ursprünglichen Wildformen der heute bekannten kultivierten Nutzpflanzen zusammen mit den Wildformen der heutigen Haustiere aus dieser Region stammen (Schmidt 2016). Sogar der Hügel bei Göbekli Tepe ist bekannt, auf dem die ursprüngliche Wildform des Weizens, wie wir ihn heute kennen, immer noch wächst (Mithen 2003, S. 67). Von dieser Region des Fruchtbaren Halbmonds aus wanderte die Landwirtschaft zusammen mit der gesamten Kultur des Neolithikums und ihren religiösen Vorstellungen nach Europa, Asien und in den Norden Afrikas (Lichter 2005; Witzel 2012). Andere Wissenschaftler (Trachsel 2008) weisen darauf hin, dass der Reis aus verschiedenen Formen des Wildreises an verschiedenen Orten Asiens fast zeitgleich, d.h. unabhängig voneinander, in China, Indien usw. domestiziert wurde. Gleiches gilt für den Anbau von Mais in Amerika. Das oben Genannte gilt also hauptsächlich für Europa und Westasien sowie für Nordafrika.

Die wichtigste Erkenntnis für die Diskussion der Archetypentheorie ist, dass sich der Ackerbau, sobald er sich entwickelt hatte, von dort aus zusammen mit anderen Technologien, religiösen Ideen und sozialen Praktiken (z.B. Hierarchien) schnell ausbreitete, was als »neolithisches Paket« bezeichnet wurde (Trachsel 2008). Dieses neolithische Paket – das erstmals von Gordon Childe (1958) identifiziert wurde – umfasst neben den Technologien des Ackerbaus und des Hütens domestizierter Tiere, der Keramik und der Architektur von Siedlungen auch bestimmte religiöse Vorstellungen, nämlich den Kult einer Großen Muttergöttin (Mithen 2003). Dieser Kult dreht sich um die Zyklen von Leben, Tod und Erneuerung, um die Jahreszeiten usw., da die landwirtschaftlichen Gesellschaften von diesen Zyklen abhängig sind und sich viel mit dem richtigen Zeitpunkt für die Aussaat der Samen befassen, die in der Erde *sterben*, aber auf wundersame Weise im Frühling zu neuem Leben erwachen (s. z.B. den Demeter-Kult und die Mysterien von Eleusis). Die Idee einer Großen Muttergöttin ist entgegen den Aussagen von Jung und Neumann nicht universell, sondern auf die Gebiete beschränkt, die das neolithische Paket aus dem Fruchtbaren Halbmond erhielten, so dass sie nur in den landwirtschaftlichen Gesellschaften in Europa, Westasien und Nordafrika zu finden ist, die von den Kulturen des Nahen Ostens beeinflusst wurden (Witzel 2012). Gleiches gilt für die Idee der Wiedergeburt – nach Jung ein universeller Archetyp –, die eng mit den mythologischen Strukturen rund um die Idee der großen Muttergöttin verbunden ist, d.h. Vorstellungen eines Zyklus von Tod und Erneuerung. Diese finden sich nur in neolithischen Kulturen, die vom Fruchtbaren Halbmond beeinflusst waren, und verbreiteten sich später mit der Missionierung durch buddhistische Mönche entlang der Seidenstraße in andere Teile Asiens und bis nach Korea und Japan.

Der Tempel von Göbekli Tepe, erbaut in einer Zeit von vor 12.000 bis 9.000 Jahren, also vor der Erfindung des Ackerbaus, enthielt Abbildungen einer Reihe von Tieren, darunter Füchse, Stiere, Schlangen, Spinnen, Vögel, Löwen, Wildschweine – aber keine Muttergöttin, nicht einmal eine weibliche, sondern ausschließlich männliche Figuren (Schmidt 2016, Wunn 2005). Da die Erbauer des Tempels weiterhin Jäger und Sammler waren, liefern die Bilder den Beweis, dass der Kult einer Muttergöttin mit der Erfindung des Ackerbaus begonnen hat. Dies würde auch klar gegen die Annahme eines archetypischen Charakters der Großen Mutter sprechen, da dieser Glaube nachweislich eng mit den Bedingungen einer Agrargesellschaft verbunden ist und nicht in Jäger- und Sammlergesellschaften zu finden ist (Mithen 2003).

Sobald eine Gesellschaft die Landwirtschaft und ihre Technologien übernommen hat, pflegt sie intensive soziale und politische Kontakte mit benachbarten Gesellschaften und über den Handel auch mit weit entfernten Regionen (Narr 2021; Diamond 1997). Diese Handelsbeziehungen wurden nach der Erfindung der Metallurgie intensiviert, da einerseits Werkzeuge aus Metall so immens effektiv waren und andererseits die Technologie zur Herstellung von Metall recht aufwendig war. Es wurde überall in einem Gebiet, das ganz Europa, Westrussland, Anatolien und den Nahen Osten umfasste, ein Standardmaß für Gussbarren aus Bronze gefunden, und es wird angenommen, dass sie, da sich Metall nicht zersetzt, als standardisiertes Zahlungsmittel verwendet wurden, was auch die Anhäufung von Eigentum als Ergebnis erfolgreicher Landwirtschaft ermöglichte (Trachsel 2008, S. 66). Die Intensivierung der Fernhandelsbeziehungen gilt auch für den Handel mit Salz (z. B. Hallstattkultur) und Bernstein; zudem gibt es Anzeichen für eine veritable Keramikindustrie mit intensiver Exportwirtschaft. In Grabhügeln der damaligen lokalen Elite, sogenannten Fürstengräbern, z. B. in der Ukraine, aber auch bis nach Schweden, finden sich importierte Keramik aus Griechenland, sowie Goldschmuck aus dem Mittelmeerraum.

Dies ist für die Diskussion der Archetypentheorie insofern interessant, als bei Handelsbeziehungen davon ausgegangen werden kann, dass diese von einem Austausch von Ideen und Praktiken begleitet waren. Vor dem Hintergrund dieser Erkenntnisse muss davon ausgegangen werden, dass bereits vor 8.000 Jahren ein kultureller Austausch zwischen dem Nahen Osten, dem Mittelmeerraum und dem übrigen Europa, dem Norden Afrikas sowie bis nach Asien stattgefunden hat, so dass eine isolationistische Position, wie sie Jung vertritt, kaum vertretbar ist. Infolge der neolithischen Revolution entwickelten sich die ersten Zivilisationen, die im Gegensatz zu den vorneolithischen Nomadengesellschaften nun Götterhierarchien entwickelten, während man bei nicht-sesshaften Gesellschaften keinen Polytheismus annimmt, da diese Pantheons die hierarchische Struktur der Gesellschaften widerspiegeln (Narr 2021).

Wunn (2005, 2019) plädiert in ihren detaillierten Übersichten über archäologische Funde und die verschiedenen Interpretationen rund um die prähistorische Religion für einen sehr vorsichtigen Umgang mit diesen Fragen: Es sei bis heute nicht möglich, die religiöse Welt dieser prähistorischen Menschen zu rekonstruieren, sofern sie überhaupt eine Religion besaßen – im Hinblick auf Letzteres können wir nicht sicher sein, denn es gibt viele alternative Interpretationen für die oben vorgestellten Funde. Sie steht daher früheren Darstellungen wie denen von Tylor (1871) oder Eliade (1954, 1959, 1964/1988) generell sehr kritisch gegenüber. Dies gilt für die Annahme weit verbreiteter *kannibalistischer Praktiken* im Paläolithikum, *jagdmagische* Praktiken (lassen sich bei zeitgenössischen Jägern und Sammlern wie z. B. den San oder den Pygmäen nicht finden) und *Paläolithische Höhlenmalereien.* Auch bei den *weiblichen Figurinen* argumentiert Wunn, dass diese anfangs Darstellungen einzelner Frauen waren und erst später abstrakter wurden und Schutzzwecken dienten. Zu beachten ist, im Gegensatz zu Jungs und Neumanns Annahmen, dass der Kult der Muttergöttin weder universell noch pan-human ist, sondern auf jene Regionen in Europa und Asien beschränkt ist, die von den im Fruchtbaren Halbmond initiierten religiösen Vorstellungen und Technologien beeinflusst wurden. So findet sich bereits in Anatolien nicht nur eine Herrin, sondern auch ein Herr der Tiere. Es ist also nicht ganz klar, ob die weibliche Göttin eine Vorrangstellung hatte, und in jenen Gebieten, die weiterhin als Jäger- und Sammlergesellschaften fungierten, lassen sich keine Anzeichen für diese entwickelte neolithische Religion finden. Es muss auch darauf hingewiesen werden, dass selbst dort, wo die neolithische Religion übernommen wurde, diese zum Teil stark an regionale Praktiken und Vorstellungen angepasst wurde, wie dies bei den verschiedenen Folgekulturen in Europa zu sehen ist, die sich an ihrer Keramik erkennen lassen (Linienbandkeramik, Glockenbecherkultur etc.) und die sich zum Teil deutlich vom anatolischen Neolithikum unterscheiden lassen. Ab einem gewissen Punkt entwickelten die europäischen Kulturen auch eigene, originäre Formen von Religionspraktiken, wie die im Westen Europas (Bretagne etc.) entstandene Megalithkultur zeigt.

Mit der neolithischen Kultur der Stichbandkeramik finden sich in Mittel- und Westeuropa die ersten *megalithischen Strukturen und Steinkreis*e – wobei anzumerken ist, dass megalithische Strukturen nur in Europa und dem Nahen Osten zu finden sind. Diese Steinkreise orientieren sich an den Himmelsrichtungen und anderen wichtigen astronomischen Daten im Jahresverlauf, von denen die Wintersonnenwende die wichtigste ist. Diese astronomischen Punkte sind jedoch nicht der Hauptfokus oder die Hauptnutzung der Steinkreise, wie in einer Reihe von dubiosen Veröffentlichungen behauptet wurde, von denen einige sogar annahmen, dass die Steinkreise und andere megalithische Strukturen so etwas wie frühe astronomische Zentren waren (Burl 1999). Im Gegensatz zu dieser Annahme gehen zeitgenössische Archäologen davon aus, dass die Steinkreise in erster Linie Begräbnisstätten waren und die astronomischen Orientierungspunkte als Kalender dienten, der dem Gedenken an die Toten diente.

> »It surely would be a mistake, however, to look for a uniform interpretation of all megalithic monuments or even to speak of a distinct megalithic religion.« (Narr 2021, o. S.)

Neben dieser religiösen Funktion dienten sie auch als Kalender für wichtige landwirtschaftliche Daten, z. B. für den Zeitpunkt der Aussaat, sowie für die die Markierung von Gebietsansprüchen (was besonders in den ersten Agrargesellschaften wichtig wurde), weshalb die Bauwerke oft auf Hügelkuppen zu finden sind, wodurch sie aus großer Entfernung gesehen werden konnten, und sie mussten gigantisch sein, um die Stärke und Macht der Baugruppe zu demonstrieren. Es gibt auch eine interessante ökonomische Deutung dafür, warum zu einem bestimmten Zeitpunkt im Neolithikum diese Megalithkulturen plötzlich auftauchen: Nach einigen tausend Jahren des Ackerbaus war der Boden verarmt, was zu einer Situation des Nahrungsmangels führte, so dass es umso wichtiger wurde, die Ansprüche auf bestimmte Gebiete zu markieren.

In einigen dieser Megalithgräber wurden Felsgravierungen bedrohlicher Augen gefunden, die von zeitgenössischen Religionsanthropologen mit der oben erwähnten Muttergöttin des Fruchtbaren Halbmonds in Verbindung gebracht werden, die in Mittel- und Westeuropa die Rolle einer Göttin der Unterwelt übernommen hat. Die bedrohlichen Augen haben die Funktion, die Bestatteten vor bösen Einflüssen zu schützen. Das Gleiche gilt für Darstellungen von Halsketten oder weiblichen Brustpaaren. Diese Dolmengöttin, eine Göttin der Unterwelt, hatte auch die Funktion einer Fruchtbarkeitsgöttin, was die enge Verbindung von Tod und Leben widerspiegelt, die bereits in den Figurinen des Fruchtbaren Halbmonds vorhanden war. Ein Überbleibsel dieser frühen Göttin ist die Göttin Demeter der griechischen Antike, die ebenfalls diese beiden Eigenschaften miteinander verbindet und somit eine Göttin des Ackerbaus ist. Über diese offensichtlichen Funktionen hinaus sind wir heute nicht in der Lage, die religiösen Vorstellungen und mythologischen Geschichten zu rekonstruieren, die mit Sicherheit mit diesen megalithischen Bauwerken verbunden waren.

Auch hier gibt es erhebliche regionale Unterschiede. So entwickelt sich z. B. die frühe Muttergöttin in den osteuropäischen neolithischen Kulturen nicht zu einer Göttin der Unterwelt, sondern wird zur Beschützerin von Haus und Herd. Auch auf den Inseln Maltas gibt es aufgrund der geografischen Isolation eine andere Entwicklung. Diese Inseln wurden um 6000 v. Chr. von Siedlern aus Sizilien/Sardinien besiedelt, die neben der Technologie des Ackerbaus auch die religiösen Überzeugungen und Praktiken mitbrachten, die auch in Anatolien zu finden sind. Zunächst führten die Malteser die von ihnen mitgebrachten religiösen Praktiken fort, vor allem Bestattungen und damit verbundene Rituale sowie den Glauben an eine Göttin der Unterwelt. Ausgehend von diesen Praktiken entwickelten die Menschen auf diesen Inseln eine sehr komplexe Religion rund um einen Toten- und Tempelkult und errichteten große Steintempel mit megalithischen Strukturen, die als Ort für kollektive Bestattungen und einen hoch entwickelten Ahnenkult dienten. Spekulationen über astronomische Funktionen dieser Tempel konnten nicht bestätigt werden.

Es ist offensichtlich, dass es schon sehr früh Bestattungen gab, allerdings ist auch hierbei nicht davon auszugehen, dass sie mit religiösen Überzeugungen verbunden waren (Wunn 2019). Die prähistorischen Menschen haben sicherlich sehr schnell erkannt, dass die Überreste von toten Menschen schnell von Aasfressern und anderen Tieren angegriffen wurden. Es könnte also sein, dass sie einfach um ihre Lieben trauerten und versuchten, sie vor dem Zerrissenwerden durch Tiere zu schützen. Bestattungen könnten auch zur Unterstützung des Trauerprozesses gedient haben, die jedoch ab einem bestimmten Zeitpunkt auch eine religiöse Funktion hatten und mit dem Glauben an ein Leben nach dem Tod oder eine jenseitige Welt verbunden waren. Dies wiederum mag die Funktion gehabt haben, die Realität des Todes akzeptabel zu machen. Diese religiöse Dimension der Bestattungen wird im Jungpaläolithikum deutlich, denn hier finden sich komplizierte Formen der Totenbestattung, der Bewahrung des Andenkens an die Vorfahren, teilweise sogar Funde von Werkzeugen, Waffen usw. in den Gräbern, die auf die Vorstellung einer jenseitigen Welt hinweisen, in die die Verstorbenen übergehen. Diese Praktiken nehmen im Mesolithikum (ca. 12.000 v. Chr.) zu, nun finden sich Bestattungsplätze und in einigen Gräbern werden Hunde mit ihren Besitzern begraben. In den mesolithischen Siedlungen in Anatolien, z. B. Catal Hüyük, wurden die Toten unter dem Boden der Häuser begraben, was erneut das Bedürfnis zeigt, in der Nähe des Verstorbenen zu bleiben. Hier finden sich erste Anzeichen für Rituale, die sich im Übergang zum Neolithikum verstärken. In Anatolien und an anderen Orten finden sich nun Überreste, die auf eine Praxis der Aufbewahrung der Schädel der Toten hinweisen (wahrscheinlich als Sitz der geistigen Kraft), als Darstellungen der Ahnen verehrt. Es ist aber auch anzumerken, dass es bereits im Neolithikum Funde von Praktiken gibt, die auf eine bloße Entsorgung der Überreste der Toten in Abfallgruben hindeuten; es ist daher fraglich, ob alle menschlichen Populationen im Neolithikum rituelle Bestattungen und die damit verbundenen Vorstellungen von einem Leben nach dem Tod hatten. Zudem gibt es viele regionale Unterschiede. Wunn (2019, S. 465) fasst diese Entwicklung zusammen, insofern als sie in keiner Weise vom »primitiven« zum »elaborierten« geht, sondern nur mit einer allgemeinen Sorge für die Toten beginnt, woraus sich eine enorme Vielfalt an Religionen entwickelt, eine Abfolge von eindeutig zusammenhangslosen Praktiken, die scheinbar aus dem Nichts entstehen und wieder verschwinden, z. B. Bestattungspraktiken (s. o.). Ebenso Narr (2021):

> »A study of very simple hunters and gatherers of recent times shows that several religious conceptions generally considered to be especially ›primitive‹ (e. g., fetishism) hardly play an important part, but rather that, among other things, the supposedly ›advanced‹ conception of a personal creator and preserver of the world does play an important part.« (Narr 2021, o. S.)

8.8 Schlussfolgerungen

Was die Archetypentheorie betrifft, so lassen sich aus diesen Beschreibungen und Erkenntnissen die folgenden Schlussfolgerungen ableiten:

1. Jung zieht Parallelen zwischen historisch frühen Formen von Religion, Ritualen, sozialen Praktiken usw. und Formen bei den sogenannten »Primitiven« der Neuzeit. Diese Schlussfolgerung ist widerlegt, da rezente »primitive« Kulturen offenbar viel komplexere religiöse Glaubenssysteme und Praktiken aufweisen,

infolgedessen wird der Begriff »primitiv« für gegenwärtige Jäger- und Sammlergesellschaften nicht verwendet.
2. Frühe religiöse Formen sind eng mit den ökologischen, sozialen und wirtschaftlichen Bedingungen dieser Menschengruppen verbunden und entsprechend variationsreich.
3. So etwas wie eine *einheitliche Urreligion* gibt es nicht. Frühe Formen von Bestattungen lassen nicht unbedingt auf Religion schließen. Der Homo sapiens ist seit dieser Zeit von Afrika aus über die ganze Welt migriert. Die plausibelste Erklärung für Ähnlichkeiten in frühen Religionsformen ist also die Theorie der Diffusion. Andererseits ist Jungs Idee einer »autochthonen Entwicklung« solcher Ideen an verschiedenen Orten der Welt, die auf archetypische Strukturen zurückgeht, die in der Biologie/Genetik verwurzelt sind, nicht nur nicht plausibel, sondern auch nicht notwendig, da die erste Erklärung ausreicht und die Ähnlichkeiten, wo sie zu finden sind, gut erklären kann. Dies bezieht sich auf das Prinzip der ökonomischen Erklärungen in den Wissenschaften (auch bekannt als *Ockhams Rasiermesser*): Wenn es alternative oder konkurrierende Erklärungen gibt, sollte die ökonomischste bevorzugt werden, d.h. diejenige, die die wenigsten Voraussetzungen hat oder die wenigsten Annahmen macht. Da die Beweise für die Out-of-Africa-Hypothese, d.h. Migration und Diffusion, so überwältigend sind und die zeitgenössischen Erkenntnisse in allen oben genannten Wissensgebieten (Biologie, Anthropologie usw.) eindeutig gegen Jungs Annahmen sprechen, ist die hier zu treffende Wahl recht eindeutig. Mehr noch: Die Wanderung bestimmter Ideen und Glaubensvorstellungen im Bereich der Religion, nämlich des Kultes einer großen Muttergöttin und der Wiedergeburt – die beide eindeutig nicht universell oder pan-menschlich, also nicht archetypisch im jungianischen Sinne sind – lassen sich von ihren Ursprüngen im Fruchtbaren Halbmond bis in alle anderen Teile der Welt, in denen sie zu finden waren, im Detail rekonstruieren. Diese Ideenwanderungen lassen sich wesentlich detaillierter für Mythologien rekonstruieren, die das Thema des folgenden Kapitels sein werden.

9 Mythologie

Bei der im 19. Jahrhundert einsetzenden Kontroverse zwischen Isolationismus und Diffusionismus stand zunächst weniger die Frage nach religiösen Ideen und sozialen Praktiken im Mittelpunkt, sondern die auffallende Ähnlichkeit von Mythologien weltweit (für markante Beispiele s. Witzel 2012, S. 2–9, der auch eine Definition von Mythos als Erzählung liefert). Eine groß angelegte Sammlung einzelner Motive, aus denen sich Mythen zusammensetzen, wurde von Stith Thompson bereits in den 1930er Jahren untersucht (Aarne & Thompson 1961; Üther 2011), wobei er später für eine starke Neigung zu Europa, dem Nahen Osten, Asien und Amerika kritisiert wurde, da er Subsahara-Afrika, Neuguinea und Australien vernachlässigte (Witzel 2012). Die funktionalistische Schule sah Mythen als Rechtfertigung für Glaubensvorstellungen, Bräuche oder soziale Institutionen an, die somit in engem Zusammenhang mit sozialen Bedürfnissen stehen und zur Stabilisierung von Mustern der lokalen Gesellschaft eingesetzt werden. Der allgemeine Gedanke des Isolationismus (Bastian 1881) war dagegen, dass die Ähnlichkeiten in den Mythologien auf universelle angeborene Eigenschaften der menschlichen Psyche zurückgehen und sich daher ähnliche Motive autochthon entwickeln; diese zutiefst evolutionistische Sicht wurde im 19. Jahrhundert immer wieder aufgegriffen (Witzel 2012).

Stith Thompson und seine Schule unterstützten die Diffusionstheorie insofern, als sie argumentierten, dass sich Motive und Sagenarten mit denselben Motiven, die in derselben Reihenfolge angeordnet sind, von einem gemeinsamen Zentrum aus verbreiten. So weisen bspw. die Mythen der nordamerikanischen Indianer starke Ähnlichkeiten mit jenen Sibiriens und Nordeuropas auf, was sich durch den physischen Kontakt über die Landbrücke der Beringstraße erklären lässt, die bis vor etwa 11.000 Jahren bestand. In gleicher Weise hat der russische Anthropologe Yuri Berezkin (2005) Motive aus der ganzen Welt gesammelt und in einer Vielzahl von Karten dargestellt, die es erlauben, die Ausbreitung einzelner Motive z. B. von Nord- und Zentralasien nach Amerika zu untersuchen (Witzel 2012). Die klassische Form der Diffusionstheorie geht auf den deutschen Anthropologen und Afrikaspezialisten L. Frobenius (1904; von Jung mindestens 50-mal in seinen Werken zitiert, wobei er offenbar ignorierte, dass dies die Gegenposition zu seiner eigenen war) zurück, der argumentierte, dass sich die weltweiten Ähnlichkeiten durch Diffusion von den großen antiken Zivilisationen, also vor allem denen der europäischen und nahöstlichen Antike, verbreitet haben. Noch populärer wurde die Theorie durch seinen berühmten Schüler H. Baumann (1936), der von einem um 3000 v. Chr. Existierenden »Weltmythos« ausging, den er in einigen archaischen Hochkulturen zwischen Nil und Indus verortete. Dieser Weltmythos habe sich dann aus dem Zentrum heraus nach Island, China und Peru verbreitet. Es ist wichtig festzuhalten, dass die

Diffusionstheorie von diesem Zeitpunkt an ausdrücklich eine weltweite Verbreitung von Mythen in Form einer graduellen Ausbreitung von einem bekannten oder angenommenen Zentrum aus meinte. Das Problem ist, dass diese Theorie nicht sehr schwer zu widerlegen war, da es nicht möglich war, ein solches Zentrum aller Mythologien zu identifizieren. Im Zuge dieser Debatte wurde die allgemeinere Idee der Diffusion, die einen kulturellen Transfer durch physischen Kontakt oder Migration meint, ohne ein kulturelles Zentrum dieser Ideen zu begründen, zusammen mit der klassischen Form der Diffusionstheorie verworfen.

Mit Jungs Ideen verwandt ist der Ansatz von Joseph Campbell (1971), der in ähnlicher Weise mit biologischen/kognitiven Ähnlichkeiten argumentiert, die zu ähnlichen Motiven in Mythologien führen. Problematisch an diesem Ansatz ist die Unterscheidung, die Campbell zwischen rationalen klassischen Mythologien des Nahen Ostens und Europas im Gegensatz zu »primitiven« Mythologien von Völkern in Subsahara-Afrika macht – wiederum die allgemeine Vorstellung, dass in den zeitgenössischen traditionellen Völkern eine »primitive« Denk- und Lebensweise erhalten ist, die mit derjenigen der Steinzeit vergleichbar ist. Witzel (2012) kritisiert diese Annahme:

> »It assumes that certain ethnic groups of modern Homo sapiens lived or still are living at different levels of consciousness! But all anatomically modern humans can look back to some 130,000 years of psychic and religious development. [...] In sum, it is not different levels of consciousness but the physical and social environment as well as the position and importance of local spiritual leaders that condition local systems of mythologies.« (S. 14–15)

Ein weiterer wichtiger Ansatz zu den Ähnlichkeiten in den Mythologien ist jener von Claude Lévi-Strauss (1977), der mit seinem zentralen Konzept der binären Strukturen argumentierte, die von allen Völkern der Welt verwendet werden, um ihre Erfahrung der Welt zu strukturieren. Lévi-Strauss war sehr skeptisch gegenüber Erklärungen, die sich auf historische Entwicklungen beziehen, und betonte stattdessen die Tendenz, die menschliche Erfahrung in binären Gegensatzpaaren zu organisieren, die in vielen Gesellschaften auftreten, sie dient dem Zweck, die Welt zu verstehen und ihren Ursprung zu erklären. Dies ermöglicht die typische strukturalistische Analysemethode, die auf alle Mythen und Texte anwendbar ist. Die Strukturen seien den Menschen und ihren Sprachen inhärent, so dass sich Mythen ohne menschliches Bewusstsein selbst denken. Lévi-Strauss war überzeugt, dass die binäre Tendenz unseren bikameralen Verstand widerspiegelt, was Witzel (2012) stark kritisiert, der betont, dass die Strukturen die Wahl der beteiligten Gesellschaften sind. Lévi-Strauss wurde zudem dahingehend kritisiert, dass sich seine Theorien hauptsächlich mit amerindianischen Mythologien befassten, was den möglichen Vergleichsrahmen einschränkte.

> »Such continuities are found in large areas of the world, but they are neither thinly distributed nor found on all continents.« (Witzel 2012, S. 15)

Vorläufer von Jungs Überlegungen zur Mythologie finden sich vor allem in der Arbeit von Edward B. Tylor (1871) über »primitive« Religion. Tylor war fasziniert von den Übereinstimmungen zwischen Mythologien aus aller Welt. Er entwickelte zunächst die Idee, dass diese Ähnlichkeiten durch die identische Struktur des menschlichen Geistes erklärt werden können. Andererseits schloss Tylor auch die

Möglichkeit der Diffusion als Erklärung nicht aus. Tylor nahm an, dass die Übereinstimmungen auf einem gemeinsamen Bestand an Motiven beruhen, die in der Entwicklung der menschlichen Gesellschaft entstanden sind. Eines dieser Motive sind die sogenannten »Naturmythen«, die nach Tylor das Ergebnis eines infantilen, unreifen Geistes sind, der versucht, Erklärungen für Naturphänomene wie den Donner zu finden und diese Phänomene zu personifizieren und zu vermenschlichen, wodurch die Vorstellung eines Donnergottes entsteht. Ergebnis dieser menschlichen Tendenzen sei der Animismus.

Der zugrundeliegende Ansatz wird von zeitgenössischen Religionswissenschaftlern stark kritisiert: Das Problem ist, dass die Theorie, die dann zu einer Klassifizierung von Objekten (hier: Mythen) führt, an erster Stelle steht und die empirischen Befunde in dieses Schema gezwängt werden. Ein zweites Problem ist, dass dem Klassifikationsschema Werturteile inhärent sind, die nicht reflektiert werden. Tylor hat nicht berücksichtigt, dass seine Klassifizierung auf der Idee einer fortschreitenden kulturellen Entwicklung beruht, die zu einer bestimmten Art der Klassifizierung führt. Diese Klassifizierung wiederum kann dann keinen Beweis für die Existenz einer solchen Entwicklung liefern. Dies ist ein Fehler, der von vielen Anhängern Tylors im 19. und frühen 20. Jahrhundert wiederholt wurde (Wunn 2019). Es ist jedoch anzumerken, dass Tylor einen Fehler nicht gemacht hat, dem Jung verfallen ist: Er trennt die Evolution der Religion und der religiösen Ideen, einschließlich der Mythen, klar von der biologischen Evolution des Menschen.

Die entscheidende Frage ist also die nach der evolvierenden Einheit, d. h. nach dem, was evolviert (▶ Kap. 7). Stein und Stein (2008, S. 38) führen ein Beispiel aus Polynesien an, in welchem ein neues Element, das von den Kolonisatoren aus Europa mitgebracht wurde – Metall –, in einen bereits existierenden Mythos aufgenommen wurde, was beweist, dass sich Mythologien auch in traditionellen Gesellschaften entsprechend den Veränderungen der Umwelt verändern können. Jung ist also nicht nur dem erkenntnistheoretischen Fehler Tylors verfallen, sondern noch weiteren Fehlern, wie bereits am Beispiel von Jungs Klassiker *Symbole der Wandlung* (GW 5) gezeigt wurde: die unsystematische Vorgehensweise bei der Verwendung mythologischer Motive wurde stark kritisiert (Homans 1979, S. 66). Jung selbst lieferte keine systematische Analyse der Kongruenzen in den mythologischen Motiven aus verschiedenen Teilen der Welt. Dies überließ er seinem Nachfolger Erich Neumann (1949), der erstmals einen Überblick über die Mythologien der Welt zusammenstellte und sie im Sinne der jungianischen Psychologie interpretierte. Jung schien diese Arbeit in hohem Maße zu befürworten, wie aus seinem Vorwort zur ersten Veröffentlichung hervorgeht, in dem er deutlich zum Ausdruck bringt, dass Neumann das Werk geschaffen hat, welches er selbst zu seinen Lebzeiten nicht mehr vollenden konnte. Der Grundgedanke dieses Werkes ist, in Übereinstimmung mit Jungs allgemeinem Denken über Archetypen, dass biologisch begründete Archetypen hinter den Mythen und mythologischen Motiven stehen, die daher weltweit zu finden sind, und, was wichtig ist, dass diese mythologischen Geschichten und Bilder sowohl die phylogenetische als auch die ontogenetische Entwicklung des menschlichen Geistes und Bewusstseins widerspiegeln. Die allgemeine Entwicklung geht von einem ursprünglichen Unbewussten aus, das mit der großen Mutter oder dem Weiblichen gleichgesetzt wird, aus dem langsam das Bewusstsein erwächst, das vor allem durch die Reise des Helden dargestellt wird. Bischof (1996) wirft Neumann vor, in seiner Analyse nur wenig systematischer zu sein als Jung, problematischer ist jedoch, dass er Belege dafür liefert, dass Neumann absichtlich Material ausließ, das nicht in sein Interpretationsschema passte. Noch grundsätzlicher kritisiert er, dass Neumann – und auch Jung – erkenntnistheoretisch naiv seien (S. 193–196). In Neumanns Interpretation steckt der unreflektierte Anspruch, dass der Mythos eine transzendentale Objektivität besitzt, indem er die Bewusstseinsentwicklung objektiv wiedergibt und damit natürlich dem bekannten Muster der Gleichsetzung von Phylogenese und Ontogenese folgt. Neumanns grundlegendes Interpretationsschemata ist stark von Bachofens (1861) romantischer Philosophie geprägt, die von einem prähistorischen Matriarchat ausgeht, das durch patriarchale Gesellschaften zerstört wurde. Bischof verurteilt dies – wie der Hauptstrom der zeitgenössischen Anthropologie (s.o.) – eindeutig als Unsinn. Er wirft Neumann vor, er produziere eher Phantasien, anstatt sich auf solide Forschung und den neuesten Stand der Anthropologie und vergleichenden Mythologie zu beziehen. Bischof selbst führt dann eine umfassende Interpretation der Mythologien der Welt als Spiegel der individuellen psychologischen Entwicklung durch, die einige Parallelen zu Jungs und Neumanns Gedanken aufweist, jedoch wesentlich systematischer in der anthropologischen Forschung verankert ist.

9.1 Dennoch: universelle Motive

Dennoch ist festzustellen, dass es auffällige Ähnlichkeiten in Mythen gibt, die aus sehr unterschiedlichen Teilen der Welt stammen. Ein gemeinsames Element der Ursprungsmythen ist z.B. die Geburtsmetapher, die im Falle einer weiblichen Schöpferkraft oft als spontane und unabhängige Geburt dargestellt wird, während die Geburt bei männlichen Schöpfern eher symbolisch erfolgt, z.B., wenn der Gott Teile seines eigenen Körpers erbricht oder opfert. Zeitgenössische Darstellungen solcher Ähnlichkeiten verweisen in der Regel auf den Prozess der Diffusion, und es lässt sich tatsächlich nachweisen, dass bestimmte Kulturkreise erzählerische Elemente gemeinsam haben. Ein Beispiel dafür ist die Vorstellung des Ur-Eis als Element der Schöpfungsgeschichten in Asien. Im Gegensatz dazu ist in Nordamerika das Motiv der Emergenz verbreitet, bei dem sich die Erde langsam durch Schichten von Dunkelheit, Chaos usw. entwickelt (Witzel 2012; Stein & Stein 2008). Ein weiteres weit verbreitetes Motiv sind Mythen über eine Sintflut, die in der zeitgenössischen Anthropologie oft mit realen Erfahrungen von Überschwemmungen erklärt wird.

Am Ende der letzten Eiszeit, vor etwa 12.000 Jahren, schmolz das Wasser, welches in den massiven Gletschern eingeschlossen war, sehr schnell. Infolgedessen änderte sich der Meeresspiegel in vergleichsweiser kurzer Zeit erheblich. Es sei

> darauf hingewiesen, dass der Meeresspiegel während des Letzteiszeitlichen Maximum (LGM) vermutlich 100 bis 150 m unter dem heutigen lag. Geologen haben aus Sedimenten in Alaska herausgefunden, dass der Meeresspiegel vor 11.000 Jahren in einem Zeitraum von nur 400 Jahren um 18 m angestiegen ist. So gehen Anthropologen heute davon aus, dass die damals lebenden Menschengruppen von diesen Veränderungen massiv betroffen waren, zumal sie sogenannte Strandläufer waren. In der Regel lebten die Menschen damals in Küstennähe, da es dort leicht war, proteinreiche Nahrung (z. B. Krabben, Muscheln etc.) zu sammeln (Diamond 1997, Witzel 2012, Buss 2015). Es ist sehr wahrscheinlich, dass sich in einigen Regionen mit flachen Ufern die Küstenlinie innerhalb nur einer Generation massiv verändert hat. Es ist heute auch bekannt, dass einige Regionen, die während der Eiszeit von den Ozeanen abgeschnitten waren, ab einem bestimmten Punkt plötzlich vom steigenden Meeresspiegel überflutet wurden; dies ist für das Schwarze Meer gut belegt, wo das Mittelmeer plötzlich die Dardanellen und das dahinter liegende heutige Schwarze Meer flutete, ebenso für den Persischen Golf. Folglich könnten Sintflut-Mythen eine historische Erfahrung im Hintergrund haben.

Ein scheinbar universelles Muster, das auch bei Jung beschrieben wird, ist das Motiv des Trickster-Gottes, das in Geschichten aus aller Welt zu finden ist mit übereinstimmenden Eigenschaften, z. B. ist diese Figur oft teils Mensch, teils Tier. Sie hat sowohl eine dunkle als auch eine positive Seite, so wird sie als abenteuerlustig, auf der Suche nach sexuellen Vergnügungen, faul und leicht gelangweilt, unehrlich und impulsiv beschrieben, aber gleichzeitig ist sie dafür verantwortlich, wichtige Elemente in die Welt zu bringen, wie z. B. das Feuer oder andere Werkzeuge, die für die Menschen wichtig sind. Die Methode dieser Figur, um ihre Ziele zu erreichen, ist hinterlistig, dennoch kann das Ergebnis für die Welt von Nutzen sein. In diesem Sinne sind Trickster auch Kulturbringer (Stein & Stein 2008).

9.2 Die Theorie des gemeinsamen Ursprungs

Der Harvard-Anthropologe Michael Witzel (2012) hat eine detaillierte und gründliche Untersuchung nicht nur der Mythologien der Welt und ihrer Ähnlichkeiten, sondern auch ihrer Ursprünge vorgelegt, die auf den Erkenntnissen über die Ausbreitung des Homo sapiens von Afrika aus über die ganze Welt beruht. Im Gegensatz zu Jung, der nur behauptet, Ähnlichkeiten in der Mythologie systematisch untersucht zu haben, legt Witzel eine sehr detaillierte Darstellung ähnlicher Muster in den Mythologien der Welt vor. Dieser Ansatz unterscheidet sich insofern, als er weder die Theorien des Diffusionismus noch die des Isolationismus wiederholt, sondern davon ausgeht, dass die Ähnlichkeiten einen gemeinsamen Ursprung haben (und daher im Gegensatz zur oben erwähnten Diffusionstheorie als Theorie des gemeinsamen

Ursprungs bezeichnet wird), der Schritt für Schritt im Sinne der Erstellung eines kladistischen oder familiären Stammbaums einer Vielzahl von mythologischen Erzählungen zurückverfolgt werden kann. Er unterscheidet sich auch insofern, als er sich nicht mit isolierten Motiven befasst, sondern sich auf die narratologische Struktur und ein gemeinsames Erzählschema (storyline) konzentriert. Die Mythologien aus den verschiedenen Teilen der Welt haben nicht nur ähnliche Inhalte in Form von Motiven, sondern sie sind auch auf ähnliche Weise angeordnet. Das Hauptaugenmerk liegt hier also auf einem gemeinsamen Handlungsstrang ganzer Mythensysteme und deren Vergleichbarkeit. Dies ermöglicht den deskriptiven Vergleich ganzer Systeme oder Sammlungen von Mythen einzelner Populationen. Andererseits ist dieser Ansatz historisch, denn die Menschen und ihre Mythen haben sich über viele Zehntausende von Jahren entwickelt. Dies ist ein deutliches Plädoyer für eine Sichtweise, die ein autochthones Auftreten ähnlicher Motive an verschiedenen Orten auf Basis einer biologischen Grundlage (»see Jungian archetypes«; Witzel 2012, S. 35) immer wieder verneint, jedoch Ähnlichkeiten in Mythologien als Folge von physischem Kontakt, kulturellem Austausch und Migration nicht nur von Völkern, sondern auch von Ideen sieht.

Diese Argumentation folgt der Out-of-Africa-Theorie der Wanderungen des Homo sapiens in die ganze Welt. Diese Ausbreitung des Homo sapiens folgte bestimmten Routen, die sowohl geografisch als auch zeitlich eingegrenzt werden können. Für die hier vorgestellte Theorie ist es entscheidend zu verstehen, dass auf dem Weg dieser Ausbreitung diese frühen Menschengruppen bereits vor 40.000 Jahren Australien, Melanesien und Tasmanien erreichten. Auch die frühesten Einwanderer nach Amerika erreichten die südlichen Teile Südamerikas bereits vor etwa 20.000 Jahren. Möglich wurden diese Einwanderungen durch die während der Eiszeit entstandenen Landbrücken. Nach dem Ende des Letzteiszeitlichen Maximums gingen diese Landbrücken verloren, so dass diese Gebiete von Eurasien und den hier stattfindenden Entwicklungen in den Mythologien abgeschnitten wurden. Dasselbe gilt für Subsahara-Afrika, das ebenfalls im Allgemeinen vom Nordosten Afrikas, dem Ursprung des Homo sapiens und den Entwicklungen in den Gebieten nördlich der Sahara abgeschnitten war. Witzel weist darauf hin, dass diese Gebiete – Afrika südlich der Sahara, Australien, Tasmanien, Melanesien, Papua-Neuguinea sowie der größte Teil Südamerikas – eine deutlich andere Mythologie haben als die Völker der Gebiete, die zu Eurasien gehören, darunter die Inseln Japan, Polynesien, Mikronesien, Hawaii und die Osterinseln, die erst später besiedelt wurden. Dasselbe gilt mehr oder weniger für Nord- und Mittelamerika, da die Einwanderung von Völkern (z. B. Inuit, Na Dene) über das Eis nach Nordamerika und weiter in den Süden auch nach dem Verlust der Landbrücke über die Beringstraße möglich war.

»In sum, archaeology, linguistics, population genetics, and studies of paleoclimate all present scenarios overlapping with a very similar pattern to that assumed by comparative historical mythology.« (Witzel 2012, S. 277)

Witzel (2012) unterscheidet drei wesentliche Systeme von Mythologien:

1. Es gibt die älteste, gewissermaßen ursprüngliche Form der Mythologien in dem Zustand, in dem sie sich befand, als der Homo sapiens vor etwa 60.000 Jahren

Afrika verließ und begann, entlang der Südküste Eurasiens nach Osten sowie nach Europa zu wandern. Diese ursprüngliche Form muss natürlich rekonstruiert werden, was, wie er einräumt, auch umstritten ist, da sie seither in den verschiedenen Teilen der Welt große Veränderungen erfahren hat. Dieses System von Mythologien wird von Witzel als »pangäisch« bezeichnet.

2. Auf dem Weg, den der Homo sapiens von Afrika aus in die Welt nahm, wanderte dieses ursprüngliche pangäische Mythologiesystem einerseits über die Landbrücken nach Melanesien, Papua-Neuguinea, Australien, Tasmanien, über die Landbrücke der Beringstraße nach Amerika und andererseits vom Ursprungszentrum des Homo sapiens in Ostafrika in das subsaharische Afrika. Für Amerika konnte gezeigt werden, dass es nach der Ankunft der ersten Homo-sapiens-Gruppen in Nordamerika nur 1.000 Jahre dauerte, bis sie an der Südspitze Südamerikas ankamen. Witzel geht davon aus, dass sich in diesen abgeschnittenen Teilen der Welt die ältesten Formen von Mythologien erhalten oder zumindest anders entwickelt haben als in Eurasien. Dies zeigt sich sehr deutlich bei Melanesien, Australien, Papua-Neuguinea und Tasmanien, da die Verbindung zu Südasien vor mindestens 20.000 Jahren abgeschnitten wurde. In gewissem Sinne gilt dies auch für Subsahara-Afrika und Südamerika, auch wenn sich in diesen Mythologien ein gewisser Einfluss der nördlichen Entwicklungen feststellen lässt. Daher wäre zu erwarten, dass wir die ältesten Formen der Mythologie vor allem in Australien und Papua-Neuguinea finden. Dieses System der Mythologie wird von Witzel als »Gondwana« bezeichnet, man könnte es auch als südliche Mythologien bezeichnen, da sie – mehr oder weniger – nur südlich des Äquators vorkommen. Ein interessanter Befund ist, dass diese älteren Gondwana-Mythologien auch in abgelegenen Gebieten überlebt haben, die eigentlich zum unten erwähnten nördlichen System der Mythologien gehören, die zumindest in Bezug auf die Handlungsstränge weiter entwickelt sind. Diese abgelegenen Gebiete finden sich in den südindischen Nilgiris, in Malaya und auf den Philippinen, im Hochland von Taiwan, in Sachalin bzw. Hokkaido, im Pamirgebirge, im Kaukasus und in den Pyrenäen (Baskenland). Dies ist ein weiterer Beleg für die hier vorgestellte Theorie, da die betreffenden Völker von den üblichen Migrationsrouten und weiteren Entwicklungen in ihren umliegenden Gebieten abgeschnitten waren, und sie sich auch durch sprachliche und genetische Merkmale von den umliegenden Kulturen unterscheiden.

3. Das am weitesten entwickelte System von Mythologien hat sich auf dem eurasischen Kontinent, vermutlich im größeren Südwestasien, entwickelt und sich von dort aus nach Europa sowie in den südlichen und fernen Osten Asiens ausgebreitet. Da die Landbrücke über die Beringstraße erst vor etwa 11.000 Jahren verschwand, wird auch angenommen, dass einige Elemente dieses eurasischen Mythologiesystems in den Norden Amerikas eingewandert sind (vor allem durch die letzte Einwanderungswelle aus Asien, die Stammesfamilie der Na Dene, Athabascans, Navaho und Apache) und sich daher in deren Mythologien, teilweise auch in Mittelamerika, wiederfinden lassen. Sie finden sich auch auf den Inseln im Pazifik, denn es ist erwiesen, dass die Polynesier bereits um 1200/1000 v. Chr. ihre von diesen nördlichen Mythologien geprägte Heimat verließen und sich von dort aus über den gesamten Pazifik bis nach Neuseeland, die Osterinsel

und Hawaii ausbreiteten. Dieses System von Mythologien könte als nördlich bezeichnet werden, von Witzel »Laurasische Mythologie« genannt, da es hauptsächlich in Teilen der Welt nördlich des Äquators zu finden ist, insbesondere in Europa, Asien und Nordamerika.

Sehr wichtig hierbei: Die hier beschriebenen Unterschiede zwischen den jeweiligen Mythologiesystemen gehen im Detail mit den oben beschriebenen Erkenntnissen über die Migrationswege des frühen Homo sapiens und die Entwicklung seiner Besiedlung der verschiedenen Erdteile parallel, desgleichen zu den Unterschieden in der Linguistik und Genetik und werden auch durch archäologische Funde gestützt. Insofern ist dieser Ansatz zur Erklärung von Gemeinsamkeiten und Unterschieden in den Mythologien empirisch sehr gut fundiert. Eine weitere wichtige Konsequenz, welche sich aus diesen Analysen ableiten lässt, ist, dass bereits um 60.000 v. Chr., als der Homo sapiens begann sich über die Welt zu verbreiten, diese wandernden Gruppen erste Elemente von Mythologien und Kosmogonien gehabt zu haben scheinen. Dafür spricht auch die Erkenntnis aus genetischen Analysen, dass diese Menschen zumindest anatomisch die Fähigkeit zu einer komplexen Sprache besaßen (s. o.).

9.3 Laurasische oder nordische Mythologien

Zu diesen Mythologien gehören die der Völker, die Altaisch, Japanisch, Uralisch, Afroasiatisch, Indoeuropäisch, Tibeto-Birmanisch und Austrisch (Süd(ost)asien und Polynesien) sprechen. Sie bilden auch die Grundlage für die alten schriftlichen Mythologien in Ägypten, der Levante, Mesopotamien, Indien und China. Sie haben auch die Mythologien der Inuit und der amerikanischen Indianer stark beeinflusst, darunter Athabascan, Navajo/Apache, Pueblo, Algonkian, Azteken, Maya, Inka usw. Diese Mythologien weisen eine sehr klare Erzählstruktur auf, die sich deutlich von den älteren, südlichen Mythologien unterscheidet: Dieses Erzählschema umfasst den ultimativen Ursprung der Welt, die nachfolgenden Generationen der Götter, ein Zeitalter halbgöttlicher Helden, die Entstehung der Menschen und später sogar die Entstehung der Adelsgeschlechter. Sehr wichtig ist auch das gewaltsame Ende der gegenwärtigen Welt, manchmal mit der Hoffnung auf eine neue Welt, die aus der Asche entsteht. Das Universum wird oft mit dem Leben des Menschen verglichen, als ein lebendiger Körper, der geboren wird (manchmal durch Ur-Inzest), wächst, sich entwickelt, erwachsen wird und sich schließlich dem Verfall und Tod unterziehen muss. Diese Struktur unterscheidet die nördlichen Mythologien deutlich von denen des südlichen Teils der Welt (Gondwana), vor allem in der narrativen Struktur, die in letzteren kein Muster einer Entwicklung des Universums, manchmal nicht einmal der Schöpfung, aufweist und definitiv kein Ende des Universums kennt, die Welt wird hier als ewig angesehen. In diesem Sinne, so Witzel (2012), sind die nördlichen Mythologien am weitesten entwickelt, da sie etwas bilden, das man als Roman bezeichnen könnte, während in den südlichen Mythologien eine derartig klare Entwicklungslinie fehlt, sie sind eher eine Sammlung von Motiven und isolierten Geschichten. In diesem Zusammenhang setzt sich Witzel auch mit den Ideen Jungs auseinander und kritisiert diese deutlich:

> »If Jung's analysis were correct, the archetypes would constitute, taken together, a brief history of the human mind [...]. However, some archetypes are neither evenly nor generally distributed all over the world, such as the assumed worship of the generative power of a universal mother. Nor does an archetype lead to a full-fledged myth and even less so to a well structured mythology, and certainly not to one with a storyline, such as the Laurasian one.« (Witzel 2012, S. 24)

Da das nordische System von Mythologien mindestens 20.000 Jahre alt ist, kann nicht davon gesprochen werden, dass paläolithische Gesellschaften »primitive« Systeme hatten, da hier sehr komplexe Weltanschauungen vorliegen. Dessen Elemente werden in eine kohärente Erzählung eingefügt (Witzel 2012, S. 183):

1. Schöpfung aus dem Nichts, Chaos usw. Vater Himmel/Mutter Erde erschaffen
2. Vater Himmel zeugt: zwei Generationen (z. B. Titanen/Olympier)
3. vier (fünf) Generationen/Zeitlter: Himmel hochgeschoben, Sonne freigesetzt
4. aktuelle Götter besiegen Vorgänger: Tötung des Drachens, Verwendung des heiligen Getränks
5. Menschen: somatische Nachkommen des Sonnengottes, sie (oder ein Gott) zeigen Hybris und werden durch eine Sintflut bestraft
6. Trickster-Gottheiten bringen Kultur, Menschen breiten sich aus, Ursprünge der lokalen Stämme und der späteren Adelsgeschlechter und damit der lokalen menschlichen Geschichte
7. endgültige Zerstörung der Welt
8. neuer Himmel und neue Erde entstehen

Das Vorkommen dieser Struktur in allen oben genannten Teilen des nördlichen Mythologiesystems wird von Witzel mit einer Reihe von detaillierten Beispielen illustriert, darunter das Vorkommen des Motivs der Vermählung von Sonne und Mond in Finnland, Indien/Iran, Korea, Japan und Guatemala (Kekchi) und der Mythos der verborgenen Sonne, der in Europa, West- und Ostasien und in Amerika zu finden ist. Ein weiterer Beleg für die Verbreitung mythologischer Systeme ist das Vorkommen des Wortes für Hund, indogermanisch kuon (Witzel 2012, S. 265–266). Es kommt in vielen Sprachen der Welt vor, aber interessanterweise nur in solchen, die zu den hier erwähnten nördlichen Mythologiesystemen gehören. Das hat damit zu tun, dass Hunde erst um 15.000 v. Chr. domestiziert wurden. Sie erreichten daher Gesellschaften wie jene in Australien, die zu diesem Zeitpunkt vom eurasischen Festland abgeschnitten war, nicht. Obwohl der Dingo-Hund vor etwa 3.000 Jahren vermutlich durch Seekontakte aus Indien nach Australien eingeführt wurde, ist er bei den australischen Ureinwohnern nicht domestiziert worden. Das Gleiche gilt für Subsahara-Afrika. In den nordischen Mythologien hingegen erscheint der Hund als mythische Figur, z. B. als Wächter der Unterwelt. Dies hat offenbar praktische Gründe, denn Hunde wurden als Wächter und zur Jagd eingesetzt und waren in der Lage, verwundetes oder gerade durch Waffen getötetes Wild aufzuspüren, daher die

Verbindung zum Tod. Gleiches gilt für das Motiv des Pferdes, das in den eurasischen Mythologien in Form von Pferden, die den Wagen der Sonne ziehen, häufig vorkommt, z. B. in der griechischen und frühindischen Mythologie. Pferde wurden um das vierte Jahrtausend v. Chr. In Europa und im Nahen Osten domestiziert und als Fortbewegungsmittel genutzt. Die seminomadischen zentralasiatischen Stämme und die Völker des Nahen Ostens nahmen das Pferd in ihre Mythologie auf. Einige Prärie-Indianer taten dies erst viel später, als sie mit domestizierten Pferden konfrontiert wurden, die von den spanischen Invasoren zurückgelassen wurden. Im Gegensatz dazu sind Hühner und Schweine in der eurasischen Mythologie weitgehend abwesend, die eindeutig zuerst in Südostasien domestiziert wurden, wo sie als Motive in den Mythologien zu finden sind.

9.4 Südliche oder Gondwana-Mythologien

Diese Mythologien finden sich in Subsahara-Afrika, auf den Andamanen, in Neuguinea und Australien/Tasmanien sowie in Groß-Melanesien. Archäologische und genetische Nachweise haben kürzlich gezeigt, dass die Andamanesen zu den frühen Einwanderern aus Afrika gehören. Sie sind auch in sogenannten Restpopulationen zu finden, die in abgelegenen Gebieten überlebt zu haben scheinen, wie die San-Buschmänner, die Pygmäen, die Semang in Malaysia oder einige Populationen im Hochland von Südindien (Toda) und Taiwan. Die Gondwana-Mythologien scheinen bereits um 40.000 v. Chr. existiert zu haben und somit mit dem Homo sapiens nach Australien, Papua-Neuguinea und ins südliche Afrika gewandert zu sein, während sich die laurasischen Mythologien erst um 20.000 v. Chr. entwickelt zu haben scheinen, weshalb sie die hier genannten Gebiete nicht erreicht haben können.

Der auffälligste Unterschied zwischen den Mythologien Gondwanas und denen des Nordens ist das Fehlen einer zusammenhängenden Handlung. Diese Mythologien erzählen nicht von der Erschaffung der Welt, sondern ausschließlich von jener der Umgebung und des Menschen. Vor allem aber kennen sie kein Ende der Welt. Das Interesse der Gondwana-Mythologien liegt eindeutig bei den Ursprüngen des Menschen. Der erste Mann und die erste Frau werden manchmal von einem hohen Gott erschaffen, in vielen anderen Fällen sind sie jedoch einfach aus einem Baum entstanden: einem gespaltenen Baum, einem Baumstumpf oder einem Bambus. Selbst dort, wo dies nicht klar gesagt wird, z. B. in Australien, wird es in Ritualen symbolisiert, indem der Baum eine große Rolle bei der Initiation und Bestattung spielt. Diese Mythologien kennen auch einen höchsten Gott, einen otiosen Gott, der aber weit entfernt ist und sich nicht für menschliche Angelegenheiten interessiert, abgesehen von der Erschaffung von Nachkommen wie einem Trickster oder einer Totem-Gottheit. Typischerweise gibt es keine Schöpfung, die Erde existiert bereits. Der otiose Gott zieht in den Himmel, woher er seinen Sohn oder andere Wesen herabsendet, um Menschen zu erschaffen. Diese zeigen Hybris und werden deshalb durch eine Flut bestraft. Trickster-Gottheiten bringen ihnen die Kultur. Eine endgültige Zerstörung der Welt findet nicht statt.

In den gondwanischen Traditionen gibt es das Motiv eines urzeitlichen Vergehens oder einer Hybris der frühen Menschen, in der Regel ein gebrochenes Nahrungstabu, das zur Entstehung des Todes führt. Dieser Fehler wird in vielen Fällen durch eine große Flut bestraft. Alle diese Elemente kommen natürlich auch in den laurasischen oder nördlichen Mythologien vor, allerdings sind sie darin in eine kohärente Erzählung eingebettet, die im Sinne von Kausalzusammenhängen eine Linie von der Erschaffung der Erde bis zu ihrem Ende zieht. Der nördliche Mythos versucht, die Ursprünge der Dinge, der Götter und der Menschen zu erklären, um sie vollständig zu verstehen. Im Gegensatz dazu werden in den gondwanischen Mythen die ultimativen Fragen nach den ersten Ursprüngen nicht gestellt, sie interessieren sich bestenfalls für die Ursprünge des eigenen Landes oder der Menschen und ihrer Zustände. Im Norden wird sehr viel Wert auf die Macht des Wortes gelegt (z. B.: Am Anfang war das Wort), z. B. durch seine Verwendung in Magie und Ritual. Es lassen sich verbale und materielle Äquivalenzen und Korrelationen zwischen allen Entitäten herstellen und in Magie und Zauberei verwenden. Im Gegensatz dazu gibt es in den gondwanischen Mythologien keine Unterscheidung zwischen Wort, Gedanke, Diskurs und Handlung. Das Wort ist beständig, eine solide Realität. In der Zauberei und Magie liegt die Betonung nicht auf Worten, sondern auf Objekten, z. B. solchen, die als Fetische verwendet werden. Im laurasischen Mythos besteht man auf den Worten über die geheimen oder heiligen Geschichten der Ursprünge, während in Gondwana die Erinnerung an die ersten Vorfahren in Ritualen betont wird, z. B. in der australischen Traumzeit.

9.5 Pan-Gäische Mythen – die wirklich universellen Motive

Für die Diskussion der Archetypentheorie ist es höchst interessant, was die wirklich ursprünglichen und damit universellen Mythen der Menschheit sind, die Witzel (2012) unter dem Begriff Pan-Gäisch zusammenfasst. Die Idee ist, dass diese Mythen zumindest in rudimentärer Form bereits zu dem Zeitpunkt existierten, als die ersten Gruppen des Homo sapiens vor 65.000 Jahren Afrika verließen und sich über die Welt verbreiteten. Wie bereits erwähnt, haben sie in den gondwanischen Mythologiesystemen überlebt, obwohl man sicher nicht sagen kann, dass diese heute sehr alten Mythologien in demselben Zustand sind, in dem sie waren, als die ersten Menschen Afrika verließen. Auch haben diese älteren, südlichen Mythologien natürlich im Laufe der Zeit gewisse Entwicklungen durchgemacht und sich an die Umgebungen und Gegebenheiten der Völker und Gesellschaften, in denen sie überliefert wurden, angepasst. Dennoch argumentiert Witzel (2012), dass es möglich ist, einige dieser ältesten Mytheme zu rekonstruieren.

Eines davon ist der Mythos einer Flut, der offenbar wirklich universell ist und sowohl in den Mythen Gondwanas als auch Laurasias zu finden ist (s. o.). Die wirklich universellen Motive in diesem Mythos beinhalten: die Flut ist die Strafe für einen Fehler der Menschen; einige können mit Booten entkommen, in der Regel auf einen hohen Berg, woraus sich ein neues Ursprungs-Geschlecht der Menschen entwickelt (Witzel 2012, 348–355).

Ein weiteres wahrhaft pan-menschliches Motiv ist die allgegenwärtige Trickster-Figur, die die menschliche Kultur mit sich bringt, z. B. Prometheus als Dieb des Feuers usw., sowie das Motiv der Herkunft des Menschen aus Bäumen oder Lehm. Der interessante Punkt ist, dass einige dieser alten Motive in späteren laurasischen Mythologien zu finden sind, in denen sie eindeutig als Archaismen identifiziert werden können, da sie nicht in die übliche Handlung passen, sie erscheinen als Elemente, die dem Rest der Geschichte in irgendeiner Weise fremd sind, was sie als sehr alte Überbleibsel früherer mythologischer Systeme kennzeichnet. Diese Helden der Kultur oder Trickster erhalten in den späteren laurasischen Mythologien eine andere Rolle, da sie nicht wie in den älteren Mythen die Söhne des Himmels sind, sondern einer späteren Generation angehören. Dies ist auf die Notwendigkeit zurückzuführen, einen angemessenen Platz für sie in der laurasischen Geschichte zu finden.

Witzel (2012) listet weitere universelle mythologische Motive auf: Es gibt einen (männlichen) *Hochgott*, der aber oft ein deus otiosus ist, sich weit von den Menschen entfernt und in den Himmel zurückgezogen hat; das Motiv des *Urriesen aus Stein* und die damit einhergehende Verehrung von großen Steinen, Felsen und Steinsäulen; die Vorstellung *eines Seelenbrunnens:* So glaubt man in Australien, dass die Seelen der ungeborenen Kinder aus bestimmten Totemspalten kommen, und im deutschen Aberglauben gibt es weiterhin das Motiv, dass Säuglinge aus dem großen Teich kommen, aus dem sie ein Storch holt und überbringt. Diese Motive finden sich nicht in den offiziellen laurasischen Mythologien, sondern tauchen in Volksmärchen und Legenden auf.

In allen hier beschriebenen mythologischen Systemen wird der Mensch als von Natur aus voller *Hybris* beschrieben. Seine Arroganz führt in der Regel dazu, dass der Tod durch einen Fehler oder eine Missetat, die oft von einer Frau begangen wird, verursacht wird. Die Verknüpfung von lebensgebenden Frauen mit dem Tod ist weit verbreitet, wie sich an der traditionellen Rolle der Hebammen zeigt, die sowohl für die Geburt als auch für die Pflege der Toten zuständig waren. Zusammengefasst könnte man dieses alte Motiv als die Suche nach dem *Ursprung des Todes* und den daran Schuldigen charakterisieren.

In der Geschichte der vergleichenden Mythologie gab es mehrere Vorschläge für Listen universeller Mythen, z. B. von van Binsbergen (2007), der 20 universelle Motive aus verschiedenen Zeiträumen identifiziert, sowie von dem russischen Anthropologen Berezkin (2005), der auf uralte Verbindungen zwischen afrikanischen, australischen und südamerikanischen Mythen hingewiesen hat. Witzel (2012) kritisiert diese Ansätze insofern, als sie sich nur auf isolierte Motive konzentrieren, statt wie er auf übergreifende und durchgehende Handlungsstränge. Er argumentiert, dass einzelne Motive leicht hätten reisen und damit diffundieren können, während die kohärenten mythologischen Systeme im Sinne einer narratologischen Sichtweise robuster gegenüber Einflüssen erscheinen. Wie dem auch sei, Witzel (2012) kann überzeugend darlegen, dass es einerseits wirklich universelle mythologische Motive oder Erzählstränge gibt, aber er kann auch deutlich zeigen, dass sie durch Migration, physischen Kontakt und kulturellen Austausch verbreitet wurden und nicht Produkte einer vermeintlich universellen Struktur des menschlichen Gehirns oder der biologischen Ausstattung des Menschen sind.

9.6 Fazit

Wie in den Bereichen Anthropologie und Religion lässt sich auch hier zusammenfassen, dass die universellen Muster, die Jung im Sinn hatte, in Wirklichkeit nicht existieren, zumindest nicht in der Form, wie er sie sich vorstellte. Es gibt Motive, von denen Jung behauptete, sie seien universell, die es aber in Wirklichkeit nicht sind, nämlich die einer mächtigen Muttergöttin, die Tötung des Drachens oder die Idee der Wiedergeburt. Bei den wirklich universellen Motiven, z. B. dem Trickster oder dem Motiv der Sintflut, lässt sich ihre Universalität durch Migration und kulturellen Austausch begründen. Das hier vorgestellte Gesamtmodell kann auf dem Hintergrund der Out-of-Africa-Theorie und der Ausbreitung des Homo sapiens über die Welt sowohl die Gemeinsamkeiten als auch die regionalen und kulturellen Unterschiede in der Mythologie vor dem Hintergrund der Migrationsrouten detailliert erklären. Auch hier muss deutlich festgehalten werden, dass Jungs Isolationismus-Position widerlegt ist. Die dargestellten aussagekräftigen Ergebnisse werden erreicht, wenn ein geisteswissenschaftlicher Ansatz mit Systematik auf kulturelle Phänomene wie Mythologien angewendet wird. Festzuhalten ist auch, dass in der vergleichenden Mythologieforschung der letzten Jahrzehnte im Gegensatz zu Jung und der AP der Mythos der Heldenreise so gut wie keine Rolle spielt; das heißt nicht, dass ein solches Erzählmuster nicht existiert, es besteht jedoch ein starker Kontrast zwischen der Bedeutung, die es in der AP im Vergleich zur vergleichenden Mythologie gewonnen hat. Aus der Sicht letzterer scheint dieses mythologische Motiv in den Erzählungen und Kosmogonien der Völker der Welt keine derart zentrale Rolle zu spielen. Möglicherweise ist Jung erneut in die Falle der Ethnozentrik getappt, da vor dem Hintergrund der bereits in der griechischen Antike beginnenden und seit der Renaissance verstärkten Entwicklung des Individualismus in der westlichen Welt dieses Erzählmuster als Metapher zur Erklärung der psychologischen Individualität enorm an Bedeutung gewonnen hat – und in allen anderen Kulturen, namentlich den traditionellen Gesellschaften der Welt nur eine untergeordnete Rolle spielt. Dies hat weitreichende Konsequenzen für das gesamte Modell der klassischen Archetypenlehre, da das Konzept der psychologischen Entwicklung auf der Idee beruht, dass sich das Bewusstsein aus dem Unbewussten heraus entwickelt, dargestellt in den Bildern der sogenannten großen Mutter und dem Weg des Helden – was definitiv keine universellen Motive sind. Die universelle Anwendbarkeit des gesamten Modells steht somit in Frage. Auch hier liegt das Problem darin, dass Jung seine vorgefertigte Phantasie von der Archetypentheorie hatte und sich nur derjenigen Mythen und Motive bediente, die in sein Konzept passten, anstatt systematisch und unvoreingenommen die mythologischen Motive zu untersuchen, die tatsächlich in der Welt existieren. Jungs vorgefasster Innatismus machte ihn blind für die tatsächliche Vielfalt, die in den Mythologien der Welt zu finden ist.

Eine weitere weitreichende Konsequenz ist folgende: Die Praxis der jungianischen Psychotherapie basiert auf dem oben erwähnten Modell und der Vorstellung einer autochthonen Entwicklung dieser – vermeintlich heilenden – Motive aus der individuellen Psyche heraus. Wenn nun die hier vorgestellte Forschung eindeutig dafürspricht, dass das Vorhandensein mythologischer Motive eine Folge kultureller Übertragung ist, nicht nur auf historischer, sondern auch auf individueller Ebene (meist von der Mutter auf das Kind, ▶ Kap. 7), dann können jungianische Psychotherapeuten nicht mit der Präexistenz dieser Motive bei jedem ihrer Klienten rechnen. Wenn einem bestimmten Klienten die Geschichten nie erzählt wurden oder er sie auf andere Weise, z.B. unterbewusst, in sich aufgenommen hat, dann kann der ganze Ansatz irreführend erscheinen, auf das Auftauchen solcher Motive im Verlauf der Therapie zu warten.

Dennoch gibt es nicht nur universelle Motive, sondern auch universelle kosmogonische Handlungsstränge, wie Witzel (2012) betont hat. Auch wenn es auffällige Unterschiede zwischen den Mythologie-Systemen gibt, so ist doch eine überraschende Kontinuität in diesen Supernarrativen festzustellen. Obwohl sie höchstwahrscheinlich durch Migration und kulturellen Austausch verbreitet wurden, bleibt die interessanteste Frage: Wie konnten diese Erzählungen und ihre Inhalte buchstäblich Zehntausende von Jahren überleben? Ich werde versuchen, im Folgenden eine Antwort hierauf zu liefern.

10 Schlussfolgerung: Die Kerntheorie – eine Theorie der psychologischen Transformation

Ausgangspunkt dieser Auseinandersetzung mit der Archetypentheorie war die Einsicht, dass bis heute keine einheitliche Definition für Archetypen vorliegt, immer noch Verwirrung herrscht, Definitionen vorgelegt werden, die völlig unvereinbar sind und zu ungelösten Fragen bezüglich des Kernkonzepts der AP führen – aber es scheint, als wären große Teile der Fachgemeinschaft gar nicht daran interessiert (Mills 2018). So ist selbst in zeitgenössischen Publikationen nicht klar, worauf sich jemand bezieht, wenn er den Begriff Archetyp verwendet. Es wurde auch darauf hingewiesen, dass die Verwirrung mit Jung beginnt. Der Kern des Problems ist, dass Jung eine Theorie aufstellte – und versuchte, sie gegen jede Form von, auch berechtigter, Kritik zu verteidigen –, die im Wesentlichen wie folgt lautet: Archetypen sind in die biologische Ausstattung des Menschen eingebettet, wie Instinkte/patterns of behaviour bei Tieren, sie haben sich in der Vorgeschichte der Menschheit herausgebildet, und weil sie biologisch verwurzelt sind, erscheinen sie *autochthon*, ohne jede Beeinflussung durch Kultur und Sozialisation, in jedem Menschen, zumindest potentiell. Diese biologisch verwurzelten Archetypen sind daher verantwortlich für Ähnlichkeiten und Konvergenzen in den Bereichen Religion, kulturelle Muster und soziale Praktiken; sie sind schließlich verantwortlich für die psychologische Entwicklung des Individuums. In dieser Theorie versuchte Jung, alle vier in Kapitel 3 beschriebenen Theorien und alle untersuchten Fachgebiete, nämlich Biologie, Anthropologie, Religion, Prähistorie, Mythologie, zu einem einheitlichen Erklärungskonzept für die Entwicklung der Menschheit, ihrer Kulturen und Religionen sowie für die individuelle Psyche zusammenzufassen, was, wie gezeigt wurde, unmöglich ist. Diese Theorie Jungs muss als grandiose Phantasie bezeichnet werden. Mir scheint, dass dieser vereinheitlichende Ansatz so faszinierend ist, dass er für viele Menschen innerhalb und außerhalb der jungianischen Community immer noch sehr attraktiv ist, so dass es eine starke Tendenz gibt, an diesem Glaubenssystem festzuhalten.

Es scheint, dass Jung auf diese Theorie fixiert war, trotz der Kritik oder sogar der Widersprüche, die schon zu seinen Lebzeiten aufgezeigt wurden. Wie ich bereits dargelegt habe, zeigt der neueste Stand der Anthropologie, der Religionswissenschaft, der Archäologie und der Paläoanthropologie eindeutig, dass die angenommenen Ähnlichkeiten oder Primärformen, z.B. der Religion, nicht existieren. Wo es Parallelen gibt, z.B. in dem, was die Anthropologie als Universalien bezeichnet hat, sowie auf dem Gebiet der vergleichenden Mythologie, lassen sich diese sehr wohl durch Migration, physischen Kontakt, kulturellen Austausch, das Zusammenspiel regionaler Umweltbedingungen und die der Kultur und Gesellschaft selbst innewohnende Dynamik erklären. Jung war für solche Blickwinkel blind, weil er davon überzeugt war, dass die Archetypenlehre eine biologische Theorie und als solche Teil der Naturwissenschaften sei, was in seinen Augen die einzige Möglichkeit war, diese Theorie zu einer wirklich wissenschaftlichen Theorie zu machen und sie gegen Kritik zu verteidigen. Ironischerweise hat genau dieser Ansatz die Archetypentheorie fragwürdig, sogar unwissenschaftlich gemacht und sie massiv unter Kritik gestellt.

Irritierend ist, dass die Kritikpunkte, die ich zusammengefasst habe, zumindest teilweise schon zu Lebzeiten Jungs und später in der wissenschaftlichen Debatte in der AP immer wieder vorgetragen wurden, scheinbar mit sehr geringer Wirkung. In der schon oben erwähnten Umfrage (Roesler 2022) unter Experten zu Definitionen von Archetyp, sind Standpunkte vertreten worden, die noch immer das fortsetzen, was man als naiven Innatismus bezeichnen könnte. Mindestens ebenso irritierend ist die Feststellung, dass die Erkenntnisse, die sich in den einschlägigen Disziplinen, nämlich der Anthropologie, der Religionswissenschaft, der vergleichenden Mythologie usw. entwickelt haben, in der Debatte in der AP praktisch keine Rolle gespielt haben. Dabei ist festzustellen, dass Jungs weitreichende nomothetische Aussagen über die Universalität der sogenannten großen Mutter und des damit verbundenen Heldenmythos als Bilder für die Entwicklung des Bewusstseins aus dem Unbewussten nicht nur einige Ideen der Archetypenlehre sind, sondern im Zentrum der Architektur der gesamten Theorie stehen. Das ist ein Aspekt, der in der AP wiederum selten diskutiert wurde, dass es nicht nur um die Existenz oder Nichtexistenz bestimmter Archetypen geht, sondern dass Jungs Ideen ein kohärentes Erklärungssystem bilden, das alle hier diskutierten Aspekte miteinander verbindet: Annahmen über die Verbreitung und Universalität bestimmter Aspekte des kulturellen Lebens, religiöser Vorstellungen, sozialer Muster sowie individueller psychologischer Prozesse und Verhaltensweisen, die in der Biologie des Menschen verwurzelt sind und so spezifische psychologische Prozesse, z. B. im Kontext der Psychotherapie, hervorbringen. All diese Aspekte spielen eine Rolle bei der Konstruktion der gesamten Theorie, sie bilden eine kohärente Architektur, die angesichts der berichteten Erkenntnisse praktisch zusammengebrochen ist – und wieder hat es scheinbar niemand bemerkt. Obwohl die Archetypenlehre nicht nur in der Form, die Jung vorgelegt hat, sondern auch in der heutigen Form (s. z. B. die Lehre an den Instituten, die Einführungstexte auf der Website der IAAP usw.), weitreichende, ja nomothetische Aussagen zu den fraglichen Bereichen macht, hat sie den Kontakt zur Entwicklung und zum wissenschaftlichen Kenntnisstand auf diesen Gebieten verloren oder ihn sogar völlig vernachlässigt. Diese Vernachlässigung ist nicht nur Ignoranz, sondern erscheint als eine Art Arroganz, als bräuchte die AP diese anderen Disziplinen und ihre Erkenntnisse nicht, als stünde sie über der oft als »positivistisch« bezeichneten Forschung, als sei sie im Besitz der Wahrheit. Infolgedessen ist das Fundament des gesamten theoretischen Konstrukts der Archetypen verdampft. Selbst wenn es also Beweise für bestimmte Aspekte oder Belege dafür gäbe, dass einige psychologische Merkmale tatsächlich genetisch kodiert sind, würde dies das gesamte theoretische Konstrukt nicht retten.

Tatsächlich ist die Situation noch schlimmer: Die rassistischen und abwertenden Sichtweisen, die für das koloniale Denken charakteristisch waren, sind nicht nur tief in Jungs Theoriebildung um die Archetypen eingebettet, sondern diese Sichtweisen wurden auch in der AP bis in die Gegenwart mit nur marginaler Kritik fortgeführt

(Group of Jungians 2018). Mein Eindruck ist, dass der Mehrheit in der jungianischen Community gar nicht bewusst ist, dass große Teile der Theorie diese hochproblematischen Sichtweisen weiterführen.

Es gibt sogar eine gewisse Renaissance von Publikationen, die mehr oder weniger unkritisch eine biologische Argumentationslinie fortsetzen (Goodwyn 2023, Roesler 2023). Ich stelle nicht in Frage, dass es auch beim Menschen Prozesse gibt, die durch das Zusammenwirken von Gen und Umwelt beschrieben werden können (Goodwyn 2020a, 2020b). Aber wie können diese Prozesse, die die Entwicklung von Bakterien erklären können, das Entstehen komplexer symbolischer und sogar narrativer Strukturen im menschlichen Geist erklären, wie etwa die große Mutter und den Mythos der Heldenreise? Zeitgenössische Konzeptualisierungen auch in der Humanbiologie widerlegen eindeutig das, was als biologische Konzeptualisierung von Archetypen beschrieben wurde (Theorie 1). Es besteht kein Zweifel daran, dass es beim Menschen angeborene Fähigkeiten und Verhaltenstendenzen gibt, aber sie sind das Gegenteil von dem, was Jung sich unter biologisch verwurzelten Archetypen vorstellte: Alle diese angeborenen Elemente sind keine Strukturen und Inhalte, sondern lediglich Fähigkeiten, die alle darauf ausgerichtet sind, Beziehungen zu schaffen, an Beziehungen und Gruppen teilzunehmen usw., kurz: sie sind auf soziale Beziehungen ausgerichtet. Dies ist, wie ich bereits dargelegt habe, das Gegenteil von dem, was Jung sich vorstellte, als er behauptete, die Archetypen hätten eine biologische Grundlage. Die Archetypen, die Jung im Sinn hatte, lassen sich angesichts der heutigen Erkenntnisse nicht als biologisch oder genetisch begründet begreifen. Es ist auch anzumerken, dass Jung immer wieder betont hat, dass die Biologie das menschliche Verhalten und die Vorstellungskraft *determinieren* – dies unterscheidet sich stark von den Pfaden, die Autoren wie Goodwyn beschreiben (Merchant 2020). Dies ist wiederum ein Resultat der Tatsache, dass es keinen Konsens über die Definition von Archetypen gibt, so dass Beweise für biologische/genetische Pfade für mentale Fähigkeiten beim Menschen verwendet werden, um zu argumentieren, dass solche Erkenntnisse ein Beweis dafür sind, dass Jungs Archetypen biologisch verwurzelt sind. Das Problem ist, dass nicht eindeutig definiert ist, was ein Archetyp ist.

Zeitgenössische Jungianer begehen weiterhin den Fehler, die oben genannten Befunde als *Beweise* für die biologische Theorie der Archetypen, für Vorstellungen des Innatismus, des biologischen Präformationismus usw. zu verwenden, ohne zu berücksichtigen, dass die Archetypen der klassischen Archetypenlehre, z. B. Anima und Animus, die Heldenreise usw., etwas völlig anderes sind als die Fähigkeiten, die als biologisch verwurzelt angesehen wurden. Es ist legitim, an einer Theorie festzuhalten, die besagt, dass es biologisch vorgeformte psychologische Fähigkeiten im Menschen gibt – aber dies ist keineswegs ein Beweis dafür, dass die Archetypen der AP biologisch verankert sind. Daher würde ich erneut vorschlagen, den Begriff Archetyp nicht länger für biologische Präformationen zu verwenden, da dies Verwirrung stiftet, anstatt Klarheit zu schaffen.

Weshalb ist es überhaupt so wichtig, den Archetyp als biologisches Konzept zu beschreiben, selbst für zeitgenössische Theoretiker? Es ist, als sei die Theorie, bewaffnet mit zweifelhaften Konzepten und Erkenntnissen aus den Naturwissenschaften und höchst fragwürdigen pseudo-biologischen Argumentationen, dadurch zu einer besseren Theorie geworden. Dies würde bedeuten, den Fehler von Jung fortzusetzen, die Archetypenlehre als Teil der Naturwissenschaften, nämlich der Biologie, zu konzipieren, um zu versuchen, die Theorie gegen Kritik zu verteidigen, um sie zu einer *echten wissenschaftlichen Theorie* zu machen. Wir können dies heute als eine defensive Strategie anerkennen, durch die Jung versuchte, als Wissenschaftler angesehen zu werden und seine Theorie gegen Kritik zu immunisieren. Es gibt keinen Grund, solche Bemühungen um eine biologische Fundierung der Archetypentheorie fortzusetzen, denn dadurch wird sie nicht zu einer wissenschaftlichen Theorie, im Gegenteil, solche Versuche sind höchst fragwürdig geworden und machen die Archetypentheorie unwissenschaftlich. Aus meiner Sicht ist die AP seit Jahrzehnten in nutzlosen akademischen Debatten gefangen, in welchen verschiedene biologische Wege diskutiert werden, in dem verzweifelten Versuch, eine biologische Erklärung für die Entstehung von Archetypen zu finden. Dies ist jedoch nicht notwendig – und ich würde behaupten, es ist sogar unmöglich – wir werden mit Sicherheit keine Archetypen in den Genen oder auf der Ebene biologischer Prozesse finden.

Die Frage ist: Welche ist die angemessene Ebene der Untersuchung, um eine Theorie der Archetypen zu formulieren?

Die biologische und genetische Ausstattung des Menschen spielt sicherlich eine Rolle dabei, welche Art von Verhaltensmustern, sozialen Regeln und kulturellen Kontexten wir entwickeln. Aber selbst, wenn wir von dem ausgehen, was die Biologie, insbesondere die Ethologie, über das sagt, was man als menschliche Natur bezeichnen könnte, stellen wir fest, dass der Mensch biologisch nicht auf bestimmte natürliche Umgebungen, sondern auf ein Leben in sozialen Gruppen und Beziehungen vorbereitet ist. Diese Fähigkeit des Menschen, komplexe soziale Beziehungen und große Gruppen, sogar Zivilisationen, aufzubauen, zu kooperieren, einander zu vertrauen, ist das, was unsere Spezies so erfolgreich macht und das herausragende Merkmal des Menschen ist. Deshalb gibt es für uns keine spezifische Umwelt auf dieser Welt, wir können praktisch überall auf dieser Erde überleben, in der Arktis, im Hochgebirge, in Wüsten, im Dschungel, es gibt sogar Ethnien, die dauerhaft auf dem Wasser leben, und heute können wir sogar auf dem Mond und im Weltraum überleben. Die Umwelt, für die wir genetisch geschaffen sind, ist die menschliche Kultur, in die wir hineingeboren werden, und unsere biologisch vorgeformten Fähigkeiten zielen darauf ab, uns zu einem kompetenten Mitglied dieser Kultur zu machen. Unserem Gehirn ist kein symbolischer Inhalt eingeschrieben, da das neuronale Wachstum unspezifisch ist, wir sind jedoch bereit, die Inhalte der Kultur, in die wir hineingeboren werden, vollständig aufzunehmen.

Andererseits gibt es durchaus Ähnlichkeiten in Mustern, die sich in allen Kulturen der Welt entwickelt haben, z. B. in Mythologien. Obwohl nachgewiesen werden konnte, dass diese Ähnlichkeiten durch kulturellen Austausch entstanden sind, lautet doch die entscheidende Frage: Wie konnten diese Muster, Ideen und Strukturen für eine derart lange Zeit überleben? Wir müssen bedenken, dass einige dieser mythologischen Motive offenbar bereits existierten, als der Homo sapiens Afrika verließ, d. h. vor etwa 65.000 Jahren, und auch heute noch Teil der erzählten Geschichten sind (Witzel 2012).

Ich bezweifle nicht, dass solche Muster uns etwas darüber sagen können, was für den Menschen charakteristisch ist, und sie haben sicherlich etwas mit der Art und

Weise zu tun, wie wir psychologisch funktionieren. Regeln, die sich in Religionen herausgebildet haben, scheinen auf ihre spezifische Weise Informationen zu liefern, die helfen, ein gutes Leben zu führen. Dies gilt sowohl für den Bereich des praktischen Alltagslebens als auch für den Bereich der Psychologie im Allgemeinen. Betrachten wir nur die Zehn Gebote: Obwohl sie aus heutiger Sicht etwas simpel und starr erscheinen mögen, hatten sie doch eine enorme Wirkung auf die Strukturierung des gesellschaftlichen Lebens, auf dessen friedlichere Gestaltung und auf den Schutz der menschlichen Beziehungen, die, wie wir gesehen haben, für das menschliche Wohlbefinden so entscheidend sind. Dieser Erklärungsansatz für psychologisch sinnvolle Muster ließe sich mit vielen weiteren Beispielen fortsetzen, nicht nur aus dem Bereich der Religion.

Ich möchte diese Idee in die *folgende Neuformulierung der Archetypentheorie* einfließen lassen: Archetypen handeln von dem, was für den Menschen angemessen ist, in dem Sinne, dass es hilft, ein gutes Leben zu führen, dass es hilfreich ist, um Wachstum zu unterstützen, ja sogar potenziell zu heilen.

Allerdings würde ich sehr stark dahingehend argumentieren, dass es keinen Sinn macht, nach diesen Mustern auf der Ebene der Biologie zu suchen, es ist auch nicht notwendig. Es genügt, menschliche Gewohnheiten und institutionalisierte Regeln auf der Ebene sozialer Praktiken, religiöser Vorstellungen, ritueller Abläufe, mythologischer Geschichten usw. zu untersuchen, um solche wahrhaft universellen Muster identifizieren zu können – es braucht nur eine ergebnisoffene und unvoreingenommene Herangehensweise, womit ich eine Haltung meine, die nicht alles, was Jung gesagt hat, für richtig erklären will, koste es, was es wolle.

Als Schlussfolgerung auf dieser Ebene würde ich also sagen, dass die *Archetypenlehre* definitiv nicht die Art von Theorie ist, wie Jung sie konzipiert hat, sondern *Teil der Kulturpsychologie* ist. Archetypen lassen sich daher am besten als eine verdichtete Form psychologischer Weisheit beschreiben, die sich in der menschlichen sozialen Praxis entwickelt hat, und sie können auf der Ebene kultureller Produkte, sozialer Prozesse und religiöser Überzeugungen und Ideen untersucht werden. Dennoch müssen wir solche Muster sorgfältig untersuchen und überprüfen, ob die komprimierte Weisheit auf das gesamte menschliche Dasein anwendbar ist oder vielleicht nur auf bestimmte soziale, kulturelle und ökologische Kontexte – d. h., wir müssen einen kulturwissenschaftlichen Ansatz anwenden. Es ist möglicherweise weiterhin sinnvoll, Milch und rohes Fleisch getrennt voneinander aufzubewahren, vor allem in heißen Klimazonen (Judentum), aber mit modernen Kühlschränken und elektrischen Kocheinrichtungen kann dieses Problem gelöst werden; es ist möglicherweise weiterhin sinnvoll, beim Konsum von Alkohol mit Vorsicht vorzugehen, vor allem in heißen Klimazonen (Islam), wobei moderne Gesellschaften möglicherweise angemessenere Regelungen finden; andererseits kann die Praxis, am Ende des Winters eine Fastenzeit einzuhalten (Christentum), immer noch eine gute Idee sein, da sie sowohl auf körperlicher als auch psychischer Ebene viel Gutes bewirkt – sie ermöglicht es der Psyche, eine Periode der *leichten Depression* zu durchlaufen, die in der Tat als Schutz vor psychischen Störungen dienen kann. Letzteres ist eine Erkenntnis, die wir in einer ganzen Reihe von Religionen in Form der Verehrung von Gottheiten finden, die für Melancholie und Düsternis stehen und mit deren Verehrung Perioden verbunden sind, in denen die Menschen *in Asche* gehen (z. B. Saturnalien). Auch hier ist es nicht notwendig, nach den biologischen Determinanten dieser Prozesse zu suchen, obwohl es diese sicherlich geben mag, sie aber wahrscheinlich multifaktoriell sind. Das WAS der Archetypen mag wichtiger sein als die Art WIE sie zustande kommen.

In einem neu formulierten Ansatz der Archetypentheorie könnten wir argumentieren, dass Religionen, mythologische Geschichten, soziale Praktiken, Rituale usw. das verschlüsseln, was für uns Menschen gut ist. Dies spiegelt unsere *menschliche Natur*, wenn man so will, ist aber nicht durch sie bestimmt – wie wir gesehen haben, werden Menschen nicht nur durch ihre Biologie geformt, sondern auch durch die Kultur, in der sie leben. Dann könnte man den Archetyp als ein Muster beschreiben, das im Menschen Resonanz erzeugt, weil es offensichtlich mit dem Menschsein zu tun hat. Das würde z. B. bedeuten, dass wir eine Resonanz spüren, wenn wir einer bestimmten Geschichte zuhören oder wenn wir bestimmten kulturellen Gewohnheiten begegnen oder an einem religiösen Ritual teilnehmen – es schlägt eine Saite in uns an, die wir mit anderen Menschen teilen.

Aber Praktiken, Glaubensvorstellungen, Mythen und Bilder, auch wenn sie archaisch sein mögen oder bei traditionellen Völkern zu finden sind, sind nicht unbedingt gut oder heilsam im oben genannten Sinne. Ein eindrucksvolles Beispiel liefert Paul (2015): Als europäische Forscher relativ spät die Völker im abgelegenen Hochland von Papua-Neuguinea untersuchten, fanden sie einen Stamm vor, der die Überzeugung vertrat, dass Sexualität unrein sei, den Geist schwäche und somit unter der Würde des Volkes liege. Folglich praktizierte dieser Stamm überhaupt keine Sexualität, was zu dem Problem führte, dass er keine Nachkommen hatte. Um nicht auszusterben, entwickelten sie eine Strategie: Sie griffen ihre Nachbarn an, töteten oder versklavten die Erwachsenen, stahlen die Kinder und machten sie zu ihren eigenen. Da sie diese Strategien über Hunderte, wenn nicht Tausende von Jahren praktizierten, erreichten sie eine hohe Kompetenz in der Kriegsführung und beherrschten, gefürchtet von ihren Nachbarn, das Hochland. Dies ist übrigens ein eindrucksvoller Beweis dafür, dass traditionelle Völker nicht der Natur folgen und dass, anders als in der Soziobiologie angenommen, der Drang zur Verbreitung der eigenen Gene nicht die stärkste Motivation des Menschen ist – in diesem Fall wird nicht das biologische, sondern das kulturelle Erbe über Generationen weitergegeben.

10.1 Die Prozessidee

Jungs Annahmen auf den Gebieten der Biologie, Anthropologie, Mythologie und Religion müssen als weitgehend widerlegt gelten. Seine Vorstellung eines universellen psychischen Transformationsprozesses in der Psychotherapie muss dagegen auch heute noch in der zeitgenössischen Psychotherapietheorie hoch geschätzt werden. Abschließend möchte ich mich im Folgenden auf das konzentrieren, was ich die Kerntheorie der Archetypenlehre nennen möchte, basierend auf der Einsicht, dass die AP eine Psychologie und eine theoretische Disziplin mit einer praktischen Anwendung ist, d. h. Psychotherapie. Aus meiner Sicht ist es eine ethische Anforderung an eine angewandte Disziplin, die mit Klienten arbeitet, welche sich durch die Inanspruchnahme von Psychotherapie Linderung erhoffen, ein theoretisches Modell für ihre psychotherapeutische Praxis zur Verfügung zu stellen, das zudem in den zeitgenössischen Erkenntnissen der relevanten Disziplinen fundiert ist. Für Jung war in seiner Archetypenlehre die Idee des Individuationsprozesses dieses theoretische Hintergrundmodell für die Praxis der Psychotherapie.

Die Idee eines psychologischen Prozesses, der als universell angenommen wird, erschien Jung erstmals während seiner Jahre in der Psychiatrie, als er die Dynamik der Psychose studierte (Humbert 1988, S. 103).Die zentrale Idee in Jungs Archetypenlehre ist, dass Archetypen organisierende Schemata, ja sogar Transformatoren sind(bei van Eewynk 1991, 1997als »Attraktoren« diskutiert): Es wird angenommen, dass der menschlichen Psyche eine Dynamik innewohnt, die sich in einem Prozess manifestiert, der, wenn er aktiviert wird, zu psychologischer Integration, Wachstum und schließlich Heilung führt – ein Ziel, das in der AP üblicherweise als Ganzheit bezeichnet wird. Die Idee beinhaltet ferner die Annahme, dass die Stadien dieses Prozesses universell sind und in Form von typischen Bildern bzw. psychologischen Erfahrungen beschrieben werden können, die um Figuren kreisen, die psychologische Qualitäten verkörpern. Es ist wichtig festzuhalten, dass diese Idee auch die Annahme beinhaltet, dass dieser Prozess so erscheint, als gäbe es einen autonomen Faktor – unabhängig vom bewussten Ich – hinter der Dynamik in der Psyche/im Unbewussten, der verantwortlich ist, d. h., dass die Transformation zumindest teilweise von diesem Faktor – die transzendente Funktion genannt – bewirkt wird. Diese Idee unterscheidet einerseits diese Psychologie auch von anderen psychotherapeutischen Ansätzen, andererseits hatte sie einen enormen Einfluss auf die Entwicklung anderer Psychotherapieschulen in der humanistischen Psychologie und transpersonalen Ansätzen (Roesler & Reefschläger 2022).

10.2 Verschiedene Prozessmodelle

Dennoch ist darauf hinzuweisen, dass auch in diesem Kern der jungianischen Theorie verschiedene Sichtweisen zu differenzieren sind: Es macht einen großen Unterschied, ob man einerseits von diesem Prozess als einem Zentrierungsprozess spricht, für den der Archetyp des Selbst verantwortlich ist und der sich in Bildern in Form von Mandalas im weitesten Sinne manifestieren kann, oder ob die Vorstellung dieses Prozesses andererseits ein Modell einer Abfolge von Stufen enthält, die klar definiert sind, wie oben aufgezeigt (der Schatten, Anima und Animus, der alte Weise, die große Mutter etc.). Letztere ist eine viel komplexere Theorie, während die erste Theorie wahrscheinlich bei einer Reihe zeitgenössischer Psychotherapieschulen Zustimmung finden würde, z. B. beim Ansatz von Rogers und praktisch allen Schulen, die zu den humanistischen Ansätzen gehören. In Abraham Maslows Modell der Selbstverwirklichung wird mehr oder weniger die gleiche Idee ausgearbeitet (Roesler & Reefschläger 2022).

Ein sehr wichtiger Teil dieses Modells ist die Idee einer selbstorganisierenden Natur der Psyche. Sie impliziert eine Kraft oder einen Impuls, der aus dem Unbewussten kommt, der eine hilfreiche Position in der Entwicklung der Persönlichkeit einnimmt und der hinter dem Prozess steht, der auf die Ganzheit der Persönlichkeit abzielt. In diesem Modell tragen also das Selbst und das Unbewusste aktiv zur psychischen Genesung bei und arbeiten zusammen (GW 9/I, 282; s. ausf. Murray Stein: Individuation; https://iaap.org/individuation-2). Während diese Definition des Individuationsprozesses den zentrierenden Charakter des Prozesses betont, liefert die zweite Variante eine detaillierte Beschreibung der am Prozess beteiligten Stufen (zu finden in den Texten in GW 7). Ganz allgemein gesprochen ist das erste Modell auch für jemanden, der der Gültigkeit der angenommenen archetypischen Stadien skeptisch gegenübersteht, viel leichter zu akzeptieren, während das zweite Modell mehr problematische Annahmen enthält, z. B. über die Eigenschaften des gegengeschlechtlichen inneren Bildes. Das zweite Modell enthält als zentrales Element die Vorstellung, dass sich das Bewusstsein aus einer unbewussten Matrix heraus entwickelt, die in Mythen und Bildern des sich von Figuren, die mit der großen Mutter verbunden sind, emanzipierenden Helden dargestellt wird. Dieses Modell ist in seiner vermeintlich universellen Form auf verschiedenen Ebenen falsifiziert worden: Erstens kann die Entwicklung des Gehirns nicht als ausgehend von einer unbewussten Matrix beschrieben werden (▶ Kap. 5); zweitens wurde in den Kapiteln über Anthropologie und Mythologie gezeigt, dass Jung und Neumann ihr Material sehr selektiv auswählten und eine eurozentrische Sichtweise einnahmen, die Idee einer großen Mutter als Quelle des Lebens ist keineswegs universell. Man kann also allgemein sagen, dass das gesamte zweite Modell mit seiner Abfolge von Stufen fehlerhaft ist und verworfen werden muss.

Es ist interessant, dass neuere Darstellungen des Prozesses, der sich in der jungianischen Psychotherapie entfaltet, das Modell der Stadien, welches die klassischen Archetypen enthält, oft ignorieren. Zum Beispiel hat Kast (1992) in ihrem ehrgeizigen Versuch, den Prozess in der jungianischen Psychotherapie neu zu formulieren, erfolgreich die Erkenntnisse der Säuglingsbeobachtung (Boston Change Process Study Group, Stern 1985) integriert, beschreibt jedoch den psychotherapeutischen Prozess, obwohl sie ihn archetypisch nennt, ohne jeglichen Bezug zu den klassischen Archetypen, d. h. Anima/Animus, Schatten, der alte Weise usw. Das Gleiche gilt für Mario Jacoby (1993, 1998), der ebenfalls versucht, den jungianischen Ansatz mit den Erkenntnissen der Säuglingsforschung und der Kohutschen Selbstpsychologie zu integrieren. In seiner Publikation von 1998 über die Beziehung in der jungianischen Psychotherapie wird der Begriff des Archetyps fast vollständig aufgegeben, die Konzeptualisierung des »Selbst« folgt Stern (1985), nicht Jung. Der einzige Hinweis auf den Begriff Archetyp ist der »schöpferische und ordnende Faktor, der Archetyp genannt wird« (Jacoby 1998, S. 89), der es uns ermöglicht, eine verallgemeinerte Darstellung aller Erfahrungen in Beziehungen zu bilden. In seiner Veröffentlichung von 1993 über die Übertragung und ihre Rolle im jungianischen Modell ist wiederum der einzige Hinweis auf den Begriff Archetyp die Erwähnung des Archetyps des verwundeten Heilers als Vorbild für den Therapeuten in der therapeutischen Beziehung (s. u.).

Es gibt zwei Hauptprobleme, die mit diesen Ideen eines universellen Transformationsprozesses verbunden sind: das erste ist die Frage der Gültigkeit dieser Konzepte, respektive damit verbunden die Frage, wie Jung dazu kam, diesen Prozess in der Form zu konzeptualisieren, in der er ihn darstellte; die zweite Frage betrifft die Rolle, die die therapeutische Beziehung in diesem Prozess einnimmt.

10.3 Ist Jungs Modell des Individuationsprozesses universell?

Jung behauptet, dass er sein Modell des Prozesses in der Psychotherapie aus dem klinischen Material seiner Patienten entwickelt hat, was man als einen quasi-empirischen Prozess der Theoriebildung bezeichnen könnte, wie z. B. im folgenden Zitat:

> »Das anfänglich chaotische Vielerlei der Bilder verdichtete sich im Laufe der Arbeit zu gewissen Motiven und Formelementen, welche sich in identischer oder analoger Gestalt bei den verschiedensten Individuen wiederholten [...]. Die Zentrierung bildet den in meiner Erfahrung nie überschrittenen Höhepunkt der Entwicklung, welcher sich als solcher dadurch charakterisiert, daß er mit dem praktisch größtmöglichen therapeutischen Effekt zusammenfällt.« (GW 8, 401)

Dies ist das, was ich als Modell eines Zentrierungsprozesses bezeichnet habe, im Gegensatz zu dem Modell, das alle von den klassischen Archetypen repräsentierten Stadien umfasst – die ausführlichste Darstellung dieses zweiten Modells von Jung findet sich in *Die Beziehungen zwischen dem Ich und dem Unbewussten* (GW 7). Ich habe bereits darauf hingewiesen, dass es bedauerlich ist, dass Jung das Material, welches er für das erste Modell verwendet hat, nicht dokumentierte, geschweige denn veröffentlichte. Was das zweite Modell, einschließlich der archetypischen Stadien, betrifft, so scheint es mir, dass er diese Ideen während seiner sogenannten Konfrontation mit dem Unbewussten als Teil der Krise nach dem Bruch mit Freud entwickelte. Es besteht kein Zweifel daran, dass sich diese Ideen in statu nascendi befanden, als er 1912 seine Schrift *Wandlungen und Symbole der Libido* (GW 5) veröffentlichte. Aber, wie ich dargelegt habe und wie viele Kritiken gezeigt haben, handelt es sich bei diesem Text bei weitem nicht um eine systematische Studie, sondern eher um eine Dokumentation von Jungs eigenen Assoziationsprozessen. Es stellt sich also die Frage: Hat Jung dieses elaborierte Modell des Individuationsprozesses nur aus seinen persönlichen Erfahrungen heraus entwickelt und es von da an auf seine Fälle angewandt, in der Überzeugung, dass das, was er erlebt hatte, universell sei? Interessant bei der Durchsicht von Jungs Werken ist, dass er in den Aufsätzen, in denen er die Gültigkeit seines Modells anhand von Fallbeispielen demonstriert, immer nur eine Auswahl von Material und nicht das gesamte verfügbare Material präsentiert. So bespricht Jung z. B. in *Traumsymbole des Individua-*

tionsprozesses (GW 12) eine Serie von ca. 40 Träumen, anhand derer er das Auftreten der klassischen archetypischen Stadien des Individuationsprozesses demonstriert. Es ist bekannt, dass die Träume von Wolfgang Pauli in seiner Analyse bei einer Schülerin Jungs gesammelt wurden, woraufhin Jung die Träume erhielt, um sie für seine Studie zu verwenden. Aber die gesamte Traumserie umfasst etwa 1.300 Träume (wie in Paulis Kommentaren an Jung angegeben; Meier 2001). Es stellt sich also die Frage, warum Jung die 40 Träume auswählte, die er verwendete, und welches Material in den anderen Träumen enthalten ist.

Wir wissen, dass Jung seinem Konzept unbedingte Gültigkeit einräumte und es von niemandem in Frage stellen ließ. Worauf ich hinaus will, ist das folgende Problem: Wenn man ein theoretisches Erklärungssystem einmal für sich selbst als gültig erklärt hat, wird es die Art und Weise, wie wir die Realität betrachten, beeinflussen oder sogar prägen. Es besteht also die Gefahr, eine Realität zu konstruieren, die mehr auf den eigenen Konzepten als auf der Realität des Klienten beruht, wenn man einen Klienten mit einer solchen Voreingenommenheit betrachtet. In der Geschichte der AP, beginnend mit Jung selbst, hat es viele Bemühungen gegeben, eine Validierung und Bestätigung für Jungs Aussagen zu finden. Was aus meiner Sicht fehlt, ist eine skeptischere Haltung und damit eine aktive Suche nach Bestätigung oder Widerlegung der Konzepte. Dies könnte z. B. darin bestehen, in Forschungsprojekten analytische Prozesse unter Einbeziehung des gesamten Materials, d. h. Träume, Phantasien, Bilder, Symbole usw., detailliert zu dokumentieren und dieses Material dann unvoreingenommen zu untersuchen und zu prüfen, ob die Prozesse damit übereinstimmen, wie Jung den Individuationsprozess beschreibt, anstatt nur exemplarische Fälle zu veröffentlichen. Letzteres ist natürlich nicht nur in der AP ein Problem, wie Westen (2001) anmerkt:

> »Narrative case reports […] are invariably compromise formations […]. As such, they are likely to reflect a variety of wishes and fears. Convincingly, to appear intelligent and clinically talented to one's colleagues, to establish one's identity as a member of the analytic community (or a subset of it), to express identification with admired others and with those whose admiration one desires, to express competitive or hostile impulses toward those with whom one disagrees or dislikes, and so forth. Among the most important limitations are lack of replicability, lack of reliability of inference, lack of control over variables that would allow causal inference, and unknown generalizability.« (Westen 2001, S. 883)

Aufgrund dieser Haltung dürften Jungs Fallbeispiele wie auch viele andere, die in der Geschichte der AP veröffentlicht wurden, in erster Linie dem Ziel gedient haben, das bereits bestehende Modell zu bestätigen, anstatt es ergebnisoffen zu untersuchen. In den Fällen, in denen eine kritische Haltung eingenommen wurde, konnte gezeigt werden, dass auch klassische Fälle von Jung ohne jeden Bezug auf Archetypen erklärt werden können (z. B. Merchant 2019).

Als Konsequenz aus diesen Überlegungen wäre es also interessant zu erfahren, wie Jung in der Praxis der Psychotherapie tatsächlich vorgegangen ist, wie er mit dem Material und der therapeutischen Beziehung umgegangen ist, sowohl in der Praxis als auch in der Theorie.

Offenbar konnte Jung in seinen Therapien sehr einfühlsam, präsent, mitfühlend und unterstützend sein und hat damit seinen Klienten sehr geholfen. Das wissen wir von einer Reihe von Schülern, die mit ihm in Analyse waren und später zu Ausbildungsanalytikern und Wissenschaftlern der AP wurden. Aber es scheint mir, als gäbe es eine gewisse Voreingenommenheit, als würden in der AP hauptsächlich diese idealen Therapien weitergegeben und in Erinnerung gehalten. Seit einigen Jahren sammle ich Berichte von ehemaligen Klienten Jungs aus erster Hand, soweit sie in der Literatur verfügbar sind, z. B. bei Wheelwright (1984), Shamdasani (1992), Medtner (1935), Douglas (1997b), Bair (2003, S. 376–400), Reid (2001), Jaffé (1989). Als ich diese Berichte las, war ich verblüfft über die große Anzahl von Sitzungen, in welchen Jung sich nicht einmal mit dem Material des Klienten beschäftigte, sondern vielmehr Vorträge hielt. In langen Monologen erklärte er seine Theorie und wie sie auf den Klienten anzuwenden sei (z. B. Reid 2001). Ich würde sogar so weit gehen zu sagen: aus heutiger Sicht ist dies keine Psychotherapie, sondern eher Unterricht. Auch hier zeigt sich, dass aus der Sicht Jungs seine Theorie absolute Gültigkeit hatte. In vielen Fällen zwang er den Patienten seine Sichtweise über ihre Psyche auf, obwohl sich einige von ihnen sogar dagegen wehrten. Eher extreme Beispiele sind Christiana Morgan und Henry Murray, die beide sehr detaillierte Berichte über ihre Erfahrungen mit Jung hinterließen (Douglas 1997b). Henry Murray war ein berühmter amerikanischer Psychologe und späterer Leiter der psychologischen Abteilung der Harvard-Universität, der viel über Psychotherapie wusste. Morgan suchte Jung auf, weil sie eine Affäre mit Henry Murray hatte, der sich zur gleichen Zeit bei Jung in analytischer Therapie befand. Murray selbst beklagte sich darüber, dass die von Jung verwendeten Konzepte extrem autobiografisch seien und dass alles, worüber Jung sprach, eher mit seiner Beziehung zu Toni Wolff zu tun habe. Er ging offen davon aus, dass Jungs Hauptinteresse nicht dem Patienten und seiner Entwicklung galt und er der Realität seiner Patienten daher keine wirkliche Beachtung schenkte.

> »Er weiß nicht, wie viel er redet. Er schreibt auch, dass er den Patienten immer weiter reden lässt, und der Patient dann in einer Art spontanem Prozess, nachdem er alternative Möglichkeiten durchgespielt hat, zu dem Weg kommt, den er einschlagen sollte. Er gibt Ihnen ein Bild davon, dass er eine sehr zuhörende Rolle einnimmt, nicht passiv, aber auch nicht intervenierend. Aber er interveniert, jede einzelne Minute. Er sagt Ihnen jede Minute, was er denkt, oder sehr nahe an dem, was er denkt« (Murray, C. G. Jung Biographical Archive. Countway Library of Medicine; f. eine ausf. Darstellung s. Roesler 2021).

Jung riet ihm ausdrücklich, seine beiden Partnerinnen (Ehefrau und Affäre) so zu benutzen, wie Jung es tat, indem er der einen die Rolle der Hausfrau und Mutter und der anderen die Rolle der Femme inspiratrice zuwies und mit beiden ausdrücklich darüber sprach. Gemäß *Die Ehe als psychologische Beziehung* (GW 17) versuchte Jung, seine Theorie des Containing und des Contained seiner Patientin Christiana Morgan, der Geliebten von Murray, aufzuzwingen, anstatt sich für ihr Problem zu interessieren (Douglas 1997, S. 151). Sie beugte sich dieser Empfehlung und gab ihren Wunsch, ihren Partner zu heiraten, auf. Jung entwickelte sogar eine Theorie, dass die Rolle der Frau die der Inspiration für den Mann sei (Jung in einem Brief an Carol Jeffrey, 18. Juni 1958; Jung 2012; Healy 2017). Joseph Wheelwright berichtet, dass diese Sichtweise in der frühen jungianischen Community sehr stark vertreten wurde: »We were told that women were not really capable of thinking for themselves. Women were supposed to make the thoughts of a man real and concrete« (Wheelwright 1984, S. 160).

Aus diesen Berichten geht hervor, dass Jung, der von der Gültigkeit seiner Konzepte absolut überzeugt war, bereit war, sie seinen Patienten aufzuzwingen, anstatt sich unvoreingenommen mit dem Material zu befassen. Dies mag für viele Anhänger, die Jung bewunderten und seine Ansichten übernehmen wollten, kein Problem gewesen sein, so dass es nur in den Fällen auffällt, in denen die Klienten Jungs Ansichten ablehnten, z. B. Henry Morgan. Was die Archetypentheorie betrifft, so versuche ich zu zeigen, dass wir mit dem klinischen Material, das Jung als Grundlage für seine Theorie liefert, vorsichtig sein sollten.

10.4 Jungs Auffassung von Übertragung

Einer der stärksten Widersprüche, die in Jungs Werken zu finden sind, betrifft seine Haltung zum Konzept der Übertragung. Zu Beginn, während seiner Zusammenarbeit mit Freud, betont Jung die Bedeutung der Übertragung für jede Psychotherapie. Später wird das Konzept immer unwichtiger. Diese Entwicklung vollzieht sich, während er sich mehr und mehr auf die Beziehungen zu früheren Klienten, insbesondere Frauen, einlässt. Dann, so argumentiert er, könne sich die natürliche Dankbarkeit des Patienten in eine persönliche Freundschaft verwandeln: »Eine persönliche menschliche Reaktion auf Sie ist normal und vernünftig, also lassen Sie es zu, es verdient zu leben; es ist keine Übertragung mehr, sondern harmloser Verkehr« (Healy 2017, S. 105; Übersetzung C. Roesler). Analytiker aus seinem Umfeld, z. B. Maria Moltzer, kritisierten diese Aussage schon damals (Bair 2003). Im Gegensatz zu dieser Ansicht hatten viele von Jungs Patientinnen weiterhin extrem starke Übertragungen auf ihn, und in einigen Fällen nutzte er dies zu seinem eigenen Vorteil, indem er sie für sich arbeiten ließ und ihre starke Übertragung nicht auflöste (Kirsch 2004). Toni Wolff gehörte anfangs zu Jungs Klienten, ebenso wie Marie-Louise von Franz, die mit 19 Jahren zu ihm kam. Jung nutzte ihre Übertragung auf ihn wissentlich aus und bat sie, in Bibliotheken Material für ein neues Projekt von ihm zu suchen – das Studium der Alchemie, bei dem Toni Wolff ihm nicht helfen wollte (Healy 2017). Von Franz selbst sprach über ihre extreme Übertragung auf Jung und wie diese ihr Leben beeinflusste, dass sie sich isoliert fühlte, keinen Kontakt zu anderen Menschen bekam und darunter sehr litt, sie so aber eine Menge Zeit hatte, um für Jung zu arbeiten (Bair 2003, S. 370).

1946 revidierte Jung die Rolle der Übertragung in der Psychotherapie vollständig und bezeichnete sie als marginal. In der Folge war der Umgang mit der Übertragung kein Teil der Ausbildung am Zürcher Jung-Institut. June Singer, eine Schülerin der ersten Generation, beklagt sich:

> »We were never taught anything specifically about ethics in our seminars at the institute as far as I can recall. Most of what we learned about transference-countertransference was based on Jung's commentary on the Rosarium Philosophorum. Of course, we understood that this was all symbolic – you were not supposed to get into the bathtub with your analysand – but

after the symbolism came and went, what actually was permissible? Somehow, with receiving the analyst's diploma, you were supposed to know.« (Healy 2017, S. 106)

Ich beziehe mich hier auf diese Aussagen, weil sie eine Problematik bei Jung aufzeigen, sowohl auf der Ebene der persönlichen Lebensführung (s. den ausführlichen Bericht über seine Beziehung zu Toni Wolff in Healy 2017) als auch auf der Ebene der Theorie, wenn es um zwischenmenschliche Beziehungen geht. Aus meiner Sicht gibt es in Jungs Werken kein wirkliches Beziehungskonzept, zumindest nicht in dem Sinne, welche tiefere Bedeutung eine Beziehung zwischen zwei Menschen hat. Für Jung ist eine Beziehung nur eine Projektionsfläche für den Individuationsprozess, und wenn sie ihre Funktion erfüllt hat, ist sie zu Ende. Aus Jungs Sicht geschieht die Entwicklung der Persönlichkeit fast ausschließlich im Inneren des Individuums, autonom, Beziehungen spielen über ihre Funktion als Projektionsfläche hinaus keine Rolle. Ein Beispiel: »Im Zentrum der Ehe steht die Frage, ob der eine sein wahres Wesen leben kann und ob er dem anderen – sei es Mann oder Frau – den Freiraum für seine Individuation geben kann« (Jung in Jaffé 2021, S. 57). Das bedeutet, dass eine Beziehung wie die Ehe im besten Fall kein Hindernis für die Individuation ist.

Diese Haltung steht in drastischem Gegensatz zum Stand der Human- und Sozialwissenschaften – und praktisch aller anderen psychoanalytischen Schulen –, dass Beziehungen ganz am Anfang der individuellen Entwicklung stehen und für die Entwicklung der Persönlichkeit absolut notwendig sind; die Erkenntnisse zu diesem Modell eines *relationalen Selbst* wurden im Kapitel 5 vorgestellt. In der Theorie der analytischen Psychologie herrscht Unklarheit darüber, woher die Entwicklung kommt, welche Rolle die Beziehungen dabei spielen und was das für die therapeutische Beziehung bedeutet.

Inzwischen gibt es eine gewisse theoretische Entwicklung hinsichtlich der Konzeptualisierung der Übertragung und ihrer Rolle in der Psychotherapie, vor allem in der britischen – sogenannten entwicklungspsychologischen – Schule der AP, aber es gibt keine Übereinstimmung mit den Entwicklungen in der Freud'schen Tradition (z. B. Objektbeziehungstheorie, Selbstpsychologie, Säuglingsbeobachtung usw.). Aus meiner Sicht ist es noch eine offene Frage, wie diese Sichtweisen auf die therapeutische Beziehung (jungianisch und postfreudianisch) integriert werden können. Was bedeuten z. B. die Erkenntnisse der Bindungsforschung für eine archetypische Sichtweise des therapeutischen Prozesses? In Deutschland wird, soweit ich sehe, in den Ausbildungsinstituten ein moderner, auf Objektbeziehungstheorie, Selbstpsychologie und Beziehungsperspektiven beruhender Übertragungsansatz vorgestellt und in einem abgetrennten Bereich die archetypische Übertragung gelehrt, wobei nicht klar ist, was diese miteinander zu tun haben. Es scheint nicht einmal ein Bewusstsein dafür zu geben, dass die beiden Modelle in einem gewissen Sinne widersprüchlich sind.

10.5 Die Rolle der Archetypen in der entwicklungsorientierten Schule

»AP as elaborated by Jung and his immediate followers did not focus on the depth psychological aspects of the early infant and childhood development. Neither was there much attention paid to the usefulness of understanding the varieties of relationship that can occur in the consulting room between patient and analyst. [...] The lack of a clinical and theoretical tradition of investigation in these two important areas [...] with the resulting lack of interest in understanding their interrelationship via the analysis of the infantile transference, left AP impoverished in an important way. This would need to be rectified if AP was to go on developing as a creditable professional and clinical endeavor.« (Solomon 1997, S. 119)

Dieses Zitat bringt das zentrale Problem in Jungs Schriften über den therapeutischen Prozess und die therapeutische Beziehung auf den Punkt. In ihrem Beitrag skizziert Solomon die Entwicklung in der Londoner Gruppe der jungianischen Analytiker, die das, was sie vermissten, bei Autoren wie Melanie Klein, Donald Winnicott und Alfred Bion fanden. Michael Fordham hat dies später in seinem Prozessmodell der Deintegration-Reintegration weiterentwickelt (s. Roesler 2016). Die allgemeine Idee von Fordham beinhaltet das Konzept eines Selbst, wie es zuerst von Jung beschrieben wurde, das als eine ursprüngliche Integrität des Kindes angesehen werden kann, die von Geburt an vorhanden ist. Durch Begegnungen mit der Umwelt, die dieses ursprüngliche Integrat in gewissem Sinne in Frage stellen, werden Desintegrationsprozesse in Gang gesetzt, die nur durch die Interaktion mit den Bezugspersonen re-integriert werden können. In diesem Modell kommt im Gegensatz zu Jungs der Interaktion mit den Bezugspersonen und ihrer Fähigkeit, dem Säugling bei der Reintegration zu helfen und ihn zu unterstützen, eine entscheidende Rolle zu. Diese Rolle kann auch vom Analytiker in der Psychotherapie übernommen werden – in beiden Beziehungsarten ist es die Interaktion, die für die Kontinuität des Selbst sorgt, auch wenn die Integrität des Selbst und seine Fähigkeit zur Selbstregulation und Heilung von Anfang an gegeben sind.

Es muss darauf hingewiesen werden, dass sich dieses neue Modell grundlegend von Jungs Modell unterscheidet, welches die Betonung auf den Aspekt der Selbstregulierung legt, in dem Sinne, dass der Prozess aus dem Individuum heraus entsteht (Samuels 1990, S. 294). Der Schwerpunkt liegt eher auf den Interaktionen mit inneren Figuren (z. B. der Anima). In Jungs Modell ist der Andere nichts weiter als eine Projektionsfläche, auf die die archetypischen Desintegrate projiziert werden und, falls der Prozess heilsam ist, als Teile des Selbst anerkannt werden können, die dann zurückgenommen und bewusst in die Persönlichkeit integriert werden können. Es gibt noch einen weiteren wichtigen Punkt: Das Modell der Entwicklungsschule ist mehr oder weniger identisch mit der ersten der oben erwähnten Versionen der Kern- oder Prozesstheorie, der Idee, dass es von Anfang an eine präformierte Identität oder ein Zentrum der Persönlichkeit gibt und dass der Prozess einen zentrierenden Charakter hat. Soweit ich sehen kann, gibt es in der entwicklungsorientierten Schule keinen Platz für das, was ich die klassischen Archetypen genannt habe, oder die zweite oben erwähnte Version, d. h. einen Prozess, der als eine Abfolge von Stufen abgebildet werden kann, die durch ihren Inhalt klar definiert sind.

10 Schlussfolgerung: Die Kerntheorie – eine Theorie der psychologischen Transformation

Jean Knox (2009) betont in ihrem Beitrag, der versucht, jungianische, bindungstheoretische und entwicklungspsychologische Perspektiven in ein theoretisches Modell der analytischen Beziehung zu integrieren, zu Recht, dass es Jung war, der als erster in der Geschichte der Psychoanalyse von der wechselseitigen Beziehung zwischen Analytiker und Patient sprach, in der beide in wechselseitige unbewusste Verstrickungen und Projektionen hinabsteigen, aus denen ein bewusstes Verstehen und schließlich Individuation hervorgehen wird.

> »Nevertheless, there remain sharp divisions between different groups in both psychoanalysis and AP about the relative importance of the relational and interpretive aspects of analytic work. These divisions partly reflect the differing perceptions of the nature of the unconscious.« (Knox 2009, S. 6)

Obwohl zeitgenössische Ansätze in den psychodynamischen Therapien, wie z. B. die Bindungstheorie, die bereits bei Jung vorhandene Idee – wie oben erwähnt – eines sich selbst organisierenden Prinzips in der Psyche stark unterstützen, unterscheiden sich diese zeitgenössischen Ansätze von der klassischen jungianischen Sichtweise, wenn es um die therapeutische Beziehung geht.

> »It supports the view that the analytical relationship needs to be more flexible than either the classical psychoanalytic interpretive or the classical Jungian archetypal models would allow; in place of the uncovering of specific mental content (e.g. repressed Oedipal material or archetypes), an attachment orientated analyst accompanies the patient on the developmental journey, one that will sometimes require interpretation of such material but will also allow for new experiences to emerge in the analytical relationship.« (Knox 2009, S. 8–9)

Knox weist darauf hin, dass, ausgehend von der Objektbeziehungstheorie in der Psychoanalyse, alle zeitgenössischen relationalen Ansätze in der Psychoanalyse in Bezug auf die drei grundlegenden Entwicklungsaufgaben übereinstimmen, die in einer erfolgreichen Therapie bewältigt werden müssen: Affektregulation, die Fähigkeit zur Mentalisierung, ein Gefühl für die eigene Handlungsfähigkeit. Diese Fähigkeiten, insbesondere die Affektregulation und die Fähigkeit zur Mentalisierung, ergeben sich direkt aus der relationalen Interaktion mit dem Therapeuten: Insbesondere »the emotional regulation offered by the relationship creates the conditions necessary for the neuronal development in the orbitofrontal cortex and other areas on which affect regulation depends« (ebd., S. 10). Diese Aufgaben unterscheiden sich stark von dem, was Jung für die Ziele der Therapie hielt. Hier spricht das Beziehungsmodell von mentalen Fähigkeiten, während Jung von klar definierten Stufen eines Prozesses spricht – was eine Parallele zu dem aufweist, was wir (▶ Kap. 5) als Unterschied in Jungs Auffassung von biologisch ererbten Qualitäten, d. h. Archetypen, die durch ihren Inhalt spezifiziert sind im Gegensatz zu den zeitgenössischen Einsichten, dass angeborene Qualitäten hauptsächlich Fähigkeiten zur Interaktion, Beziehung und Kommunikation sind, gefunden haben. Es gibt angeborene geistige Fähigkeiten, aber die Betonung liegt auf der Fähigkeit und nicht auf dem Inhalt, während Jungs Idee darin bestand, dass die inhaltlichen Muster präformiert sind. Folglich: »A developmental Jungian analysis may result in analyst and patient co-constructing a different kind of narrative from that which emerges in a more classical Jungian analysis, but in both approaches the patient's unconscious is seen as playing an active and creative role in the emergence of a meaningful analytic story.« (ebd., S. 14).

Auf der Grundlage der Forschungsergebnisse, wonach die angeborenen Fähigkeiten aus Interaktions- und Beziehungsfähigkeiten bestehen, ist auch anzumerken, dass in zeitgenössischen psychodynamischen Ansätzen das Selbst in der Entwicklung immer als »Selbst-mit-Anderem« (Stern 1985) konzeptualisiert wird – was sich grundlegend von jungianischen Konzeptualisierungen unterscheidet. Zeitgenössische Ansätze sehen die Beziehung am Anfang, während die jungianische Schule davon ausgeht, dass das Selbst präformiert und primär ist. Dies ist eine ungelöste Frage: *Woher kommt die Entwicklung:* aus der Beziehung oder aus dem präformierten Selbst in einem autonomen Prozess? Diese Frage schließt auch die therapeutische Beziehung ein: *Woher kommt die therapeutische Veränderung:* aus der Erfahrung der Beziehung zum Therapeuten (die dann als *gutes Objekt* verinnerlicht wird) oder wirken der Therapeut und die Beziehung nur als Katalysator für einen autonomen Prozess, der von innen kommt? Ich hoffe, es wird deutlich, dass diese Fragen für die Zukunft der AP absolut entscheidend sind. Wenn wir nicht in der Lage sind, das Spezifische des jungianischen Ansatzes in Bezug auf das Zustandekommen von Entwicklung und therapeutischer Veränderung aufzuzeigen, gibt es keinen Grund, warum wir nicht mit den anderen psychodynamischen Schulen fusionieren sollten, wie es Veröffentlichungen wie die von Kast, Jacoby und Knox nahelegen.

Bezüglich der Frage, wie Veränderung in der Psychotherapie zustande kommt, gibt es ein weiteres Prozessmodell, oder besser gesagt eine Prozessmetapher, die der jungianischen Theoriebildung inhärent ist, die selten erwähnt wird, aber aus meiner Sicht wahrscheinlich die wichtigste Metapher für psychotherapeutische Veränderung ist, die das jungianische Denken beigesteuert hat: Die *Idee von Tod und Erneuerung* ist ein grundlegendes Bild dafür, wie psychologische Veränderung zustande kommt, nämlich durch das Loslassen der Ziele des bewussten Ichs – Jung verwendet manchmal den Begriff des Opfers – was Veränderung und Erneuerung ermöglicht. Ich persönlich glaube, dass dies der wichtigste Beitrag ist, den Jung zur Psychologie geleistet hat, da damit auf das tiefe Geheimnis verwiesen wird, wie Veränderung im menschlichen Leben zustande kommt, und es verbindet die jungianische Psychologie auch mit den religiösen Traditionen. Es unterscheidet die jungianische Psychotherapie auch von allen anderen psychotherapeutischen Schulen und stellt sie in einen spirituellen Kontext (Roesler & Reefschläger 2022).

10.6 Die Theorie der Archetypen als Hermeneutik

Ich glaube, dass der Prozessgedanke, welcher der jungianischen Archetypentheorie innewohnt, noch immer für den psychotherapeutischen Prozess genutzt werden kann, aber dies erfordert, dass wir die biologistischen und nomothetischen, in vielen Aspekten sogar positivistischen Aussagen, die Jung bezüglich der Archetypen tätigte, aufgeben. Die Theorie eines archetypischen Prozesses, der sich in psychischen

10 Schlussfolgerung: Die Kerntheorie – eine Theorie der psychologischen Transformation

Transformationen abspielt und durch seine Stadien beschrieben werden kann, ist dagegen als Interpretationsschema, als Schablone für das, was man eine klinisch angewandte Hermeneutik nennen könnte, zu betrachten. Eine solche Sichtweise ist in den Geisteswissenschaften bereits diskutiert worden:

> »Consequently, it considers Jung's writings and analytic discipline of which they are the foundation as part of the cultural sciences, that is, as part of a comprehensive interpretive project in which Jung's interpretation of the self and its ›textual‹ productions (dream, myth, vision, art) are inseparable from his hermeneutics of culture. Indeed, the archetype is the culture of the self.« (Barnaby & D'Acierno 1990, S. XVI)

Diese Autoren argumentieren, dass Jung eine interpretative Methodologie entwickelt hat, eine Hermeneutik. Folglich beinhaltet eine echte jungianische Hermeneutik den Einsatz einer flexiblen (pluralistischen), vergleichenden und interdisziplinären Exegese, die nach Interpretationsmöglichkeiten – nicht nach Schlussfolgerungen – sucht, indem sie den Symboltext erweitert, eine Fülle von persönlichen und kollektiven, historischen und kulturellen Analogien, Korrespondenzen und Parallelen hinzufügt – ein Postulieren von Bedeutungen in Bezug auf und nicht die Aufdeckung von »der Bedeutung« (ebd., S. XVII; interessanterweise gibt Jung eine sehr ähnliche Definition für das, was er Amplifikation nennt: GW 7, 287). Zu beachten ist allerdings, und darauf wurde oben ausführlich hingewiesen, dass Jung selbst oft gegen dieses Prinzip verstieß, indem er weitreichende, sogar nomothetische Aussagen mit dem Anspruch machte, Tatsachen im Sinne einer Naturwissenschaft darzulegen. Er praktizierte – wie auch viele seiner Anhänger – das, was man als »vulgären Jungianismus (die mechanische und reduktionistische allegorische Umschreibung eines Textes nach dem Mastercode der Archetypen)« bezeichnen könnte (Barnaby & D'Acierno 1990, S. XXI). Im Gegensatz dazu müssen wir die Vorstellung verwerfen, dass die Bedeutung an das Symbol gebunden ist, eine Vorstellung, die nur als eine »primitive« Form naiv-essentialistischer Erkenntnistheorie bezeichnet werden kann. Stattdessen wird Bedeutung nur in einer interaktiven Beziehung zwischen zwei menschlichen Subjekten erzeugt. Das ist der Grund, warum psychotherapeutische Veränderung zwei Personen benötigt. Und diese Beziehung ist viel mehr als nur eine Projektionsfläche, sie ist ein Ort, an dem etwas Neues entsteht. Ich glaube, dass hier immer noch all die wunderbaren Bilder der Alchemie angewandt werden können, wie Nathan Schwartz-Salant (1998) in seinem Buch *The mystery of human relationship* brillant dargelegt hat. Dabei müssen wir jedoch immer bedenken, dass diese Bilder nur Metaphern sind, keine Werkzeuge, um *den Sinn* zu enthüllen, sondern Elemente, die die therapeutische Beziehung und den Prozess, der im Klienten vor sich geht, bereichern. Die Bilder, die wir verwenden, und die mythologischen Geschichten, die sich in der Geschichte der Menschheit angesammelt haben, können als Versuch dienen, diese psychischen Prozesse, die so schwer in theoretischen Begriffen zu beschreiben sind, darzustellen.

In diesem Sinne können wir eine neue Antwort auf die Frage finden: Welche Art von Wissenschaft ist die Archetypenlehre (und damit die AP)? Ich habe bereits darauf hingewiesen, dass Jungs Versuch, die Archetypenlehre wie eine Naturwissenschaft zu formulieren, von Anfang an falsch konzipiert war, ein »szientistisches Selbstmissverständnis«. Da es im Kern der analytischen Praxis der AP, d. h. bei der

Beschäftigung mit dem, was wir als Archetypen betrachten, um Bilder und andere künstlerische Schöpfungen, um Mythen, Märchen und andere erzählende Texte, um Symbole und Imaginationen geht, könnte man die AP als eine poetische Wissenschaft bezeichnen, bei der es darum geht, Sinn zu finden und manchmal sogar zu schaffen. Diese Sichtweise ist hervorragend von James Hillman (1971, 1975, 1983) beschrieben worden, der nie den Fehler gemacht hat, die Psychologie der Archetypen mit den Naturwissenschaften zu verwechseln, sondern schon in den Anfängen seiner archetypischen Psychologie deutlich gemacht hat, dass er von einer Welt der Imagination spricht. Der Unterschied zur klassischen Archetypentheorie besteht darin, dass wir nicht mehr behaupten, dass hinter diesen Geschichten, Bildern und kulturellen Produkten irgendwelche angeborenen Muster stehen. Der Standpunkt, dass in diesen mythologischen Geschichten, Bildern usw. eine zu Metaphern verdichtete psychologische Erkenntnis steckt, ist nur eine Idee, ein Interpretationsschema, das wir in der Psychotherapie nutzen – aber wir sollten nie ihren hypothetischen und interpretativen Charakter vergessen. *In diesem Sinne könnte man die Archetypentheorie als eine Theorie der kulturellen Symbolisierungsprozesse psychischer Transformationen umformulieren.*

10.7 Was verbleibt von der Archetypentheorie?

Auf der Grundlage der in dieser Studie vorgestellten Erkenntnisse gibt es keine Alternative dazu, die meisten Annahmen der Archetypentheorie zu verwerfen. Es ergibt keinen Sinn, nach einer biologischen oder gar genetischen Grundlage für das, was wir Archetypen nennen, zu suchen. Sie ist auch keine anthropologische Theorie, die angenommene Universalien erklären kann, ebenso wenig kann sie Erklärungen für *Archaismen* liefern, die moderne Menschen mit archaischen Menschen aus der Vorgeschichte verbinden. Ich glaube, dass die Archetypentheorie nur überleben kann, wenn wir die Theorie, ihre Ansprüche und ihren Anwendungsbereich radikal reduzieren. Wir sollten aufhören, Annahmen über die *instinktiven* Grundlagen der Psyche oder andere zweifelhafte biologische Konzeptualisierungen zu machen. Daher sind Theorien, die gegenwärtig im Bereich der Psychotherapie diskutiert werden, wie z. B. Panksepps Modell grundlegender Emotions- und Handlungssysteme oder die Idee der Grundbedürfnisse, obwohl sie einen hohen Erklärungswert haben, nicht dasselbe wie die Archetypentheorie und sollten nicht mit dieser verwechselt werden (falls man dies tun möchte, stellt sich die Frage, warum wir den Begriff Archetyp für diese Prozesse beibehalten sollten, nachdem er so häufig mit anderen Bedeutungen verwechselt wird; diese Ideen sind auch sicherlich nicht spezifisch jungianisch). Wir sollten auch aufhören, Behauptungen über Tatsachen und Zusammenhänge in Anthropologie, Prähistorie, Religionsgeschichte usw. zu machen – wie ich bereits dargelegt habe, sind diese eindeutig widerlegt. Die Archetypentheorie sollte auf ein Erklärungsmodell für den Prozess der Psychotherapie reduziert werden. Ich glaube fest daran – und hier würde ich mich immer noch als

Jungianer bezeichnen –, dass es eine tiefe Wahrheit in der Idee gibt, dass es einen universellen und autonomen Prozess in der Psyche gibt, der sich im Verlauf der Psychotherapie entfaltet; ich glaube auch, dass dieser Prozess beschrieben werden kann. Ich bin recht skeptisch, ob diese Beschreibung, wenn wir gut dokumentierte Prozesse unvoreingenommen untersucht haben, so aussehen wird wie bei Jung. Einige Elemente mögen bleiben; z.B. macht es für mich sehr viel Sinn, dass die verdrängten Aspekte der Persönlichkeit als Schattenfigur erscheinen, und dass, wenn es einer Person gelingt, diese Aspekte zu integrieren, dieser Schatten eine Fülle von Qualitäten und Energie für die Person bereitstellen wird. Ich bin weniger überzeugt, dass dies auch für die Konzepte Anima und Animus, den weisen alten Mann usw. gilt, auch wenn an diesen Konzepten etwas dran sein mag. Es ist auch nicht notwendig, von angeborenen Archetypen auszugehen, um die Prozesse rund um das, was wir als Schatten bezeichnen, zu verstehen. Die Komplextheorie (Roesler & van Uffelen 2018) ist absolut ausreichend, um diese Prozesse zu beschreiben und zu erklären (s. u.).

Aber die von Jung vorgeschlagene allgemeine Idee, dass es im Unbewussten eine helfende Kraft gibt, die den therapeutischen Prozess durch die Präsentation von Symbolen, Bildern und Erzählmustern, z.B. in Träumen, unterstützt, betrachte ich als einen der wichtigsten Beiträge zum Gebiet der Psychotherapie im 20. Jahrhundert. Jungs Idee des selbstorganisierenden Prinzips der Psyche, das auch als »transzendente Funktion« bezeichnet wird, ist der Vorläufer einer ganzen Reihe von Konzepten, die den Kern verschiedener zeitgenössischer Psychotherapieschulen bilden, darunter die humanistischen Schulen, der systemische Ansatz usw. Ich möchte auch betonen, dass wir mit diesem Ansatz arbeiten können, ohne dubiose Aussagen über seine biologische Grundlage zu machen oder fragwürdige Parallelen zu den Bereichen Anthropologie, Religion, Vorgeschichte und dergleichen zu ziehen. Das heißt nicht, dass wir das Wissen aus diesen Bereichen, z.B. gesellschaftliche Regeln, die sich in traditionellen Gesellschaften entwickelt haben, oder ganzheitliche Praktiken, die sich im Bereich der Religion entwickelt haben, nicht als eine Form von Weisheit nutzen können, die in den psychotherapeutischen Prozess einfließen kann – in dem Sinne, dass sie uns etwas darüber sagt, was es bedeutet, Mensch zu sein, und was die Psyche für Heilung und Ganzheit benötigt. Wir müssen nur bedenken, dass wir, wenn wir solche Elemente verwenden, sie lediglich als Interpretationen betrachten, d.h. Formen der Sinnstiftung, und nicht als in der Welt existierende Fakten. Dies würde bedeuten, dass wir uns von der Reifizierung der Archetypenlehre verabschieden müssen. Wenn wir jedoch Psychotherapie praktizieren, haben wir es mit Menschen und menschlichen Beziehungen zu tun, und diese menschliche Welt ist in erster Linie dadurch gekennzeichnet, dass sie eine Welt der Bedeutung ist.

10.8 Und das kollektive Unbewusste?

Mills (2019) hat in einer profunden Analyse der (erkenntnis-)theoretischen Probleme von Jungs Konzept des kollektiven Unbewussten gezeigt, dass dieses Konzept in der von Jung vorgestellten Form nicht aufrechterhalten werden kann. Ich habe bereits vorgeschlagen (Roesler 2016), dass wir, anstatt Jungs fragwürdige Annahmen fortzusetzen, diese Ideen modernisieren könnten, indem wir das Konzept der kulturellen Komplexe verwenden, wie es von Singer & Kimbles (2004a) vorgestellt wurde – es ist anzumerken, dass die Idee eines kulturellen Unbewussten von Joseph Henderson (1991) eingeführt wurde. Dies würde es ermöglichen, die Idee aufrechtzuerhalten, dass eine kollektiv geteilte Sphäre existiert, die unbewusst ist und die massive Auswirkungen auf soziale Gruppen und Prozesse, ja sogar auf Nationen und Gesellschaften haben kann – durch ihre *numinosen* Qualitäten, wenn man so will. Der entscheidende Unterschied zum ursprünglichen Konzept eines kollektiven Unbewussten ist der Punkt, dass kulturelle Komplexe nicht als ursprünglich, d. h. vor jeder Erfahrung, konzipiert werden – wie dargelegt wurde, ist diese Annahme mehr als fragwürdig, wenn nicht sogar widerlegt. Vielmehr bauen sie auf Erfahrungen auf, allerdings weniger auf individueller als vielmehr auf kollektiver, d. h. gesellschaftlicher und historischer Ebene. In diesem Sinne steht die Theorie der Kulturkomplexe im Einklang mit zeitgenössischen Ansätzen in den Sozialwissenschaften und setzt die völlige Vernachlässigung sozialwissenschaftlicher Gesichtspunkte, die in Jungs Theorien über das kollektive Unbewusste zu finden ist, nicht fort. Die Theorie der kulturellen Komplexe lässt sich leicht mit Konzepten wie dem Mem (s. o.), dem kulturellen/kollektiven Gedächtnis und anderen Konzepten integrieren, die in den Sozial- und Geschichtswissenschaften gut etabliert sind (s. Roesler 2016), ebenso wie mit Konzepten aus dem breiteren Feld der zeitgenössischen Psychoanalyse, wie z. B. »das Feld«, das gemeinsame Unbewusste usw. (s. Roesler 2013). Ebenso wie individuelle sind kollektive Komplexe gekennzeichnet dadurch, dass sie die Wahrnehmung und emotionales Erleben in einer repetitiven und stereotypen Weise kanalisieren und vorgefasste Standpunkte verfestigen, indem sie ein Netzwerk von Geschichten mit einfachen Gewissheiten anbieten und dabei der Bewusstwerdung Widerstand leisten. Ebenso wie Archetypen sind sie bipolar strukturiert, so dass bei ihrer Aktivierung sich das Ich bzw. die Gruppe mit einem Pol identifiziert und den anderen auf Außenseiter projiziert (Singer & Kimbles 2004a, S. 185–186). Ironischerweise könnte man Jungs Konzeptualisierung seiner Archetypentheorie und die Art und Weise, wie sie sich in der Community der AP entwickelt hat, d. h. die Form, die sie als Glaubenssystem angenommen hat, als einen kulturellen Komplex bezeichnen, der spezifisch für die jungianische Community ist.

10.9 Ausblick: die Richtungen der künftigen Forschung

»As a final note, my guess is that Jung would not have wanted a legacy of a group of followers who look upon his theory with reverence rather than with a critical eye. Jung was well aware of the intellectual atrophy that developed in psychoanalysis because of this problem. The question is, will Jungians be able to avoid this potentially fatal error?« (Neher 1996, S. 89)

Aus diesen Schlussfolgerungen ergeben sich bestimmte Richtungen für die künftige Forschung im Bereich der AP. Wenn wir Archetypen als kulturelle Produkte rekonzeptualisieren, müssen wir sie mit den in den Kultur- und Sozialwissenschaften entwickelten Methoden untersuchen, d.h. hauptsächlich mit qualitativen und interpretativen Forschungsmethoden (s. z.B. Roesler 2006, 2010, 2021). Solche Studien sollten immer von den Erkenntnissen und Ansätzen ausgehen, die sich in den jeweiligen Disziplinen, der Anthropologie, der Religionswissenschaft, der vergleichenden Mythologie etc. entwickelt haben. Zukünftige Forschungen sollten sich auch deutlich von der Idee verabschieden, ewige Archetypen zu finden, und stattdessen die in den Kultur- und Sozialwissenschaften herausgearbeiteten allgemeinen Gesichtspunkte einbeziehen, d.h., dass solche Strukturen und Muster immer bestimmten Bedürfnissen und Interessen auf kollektiver wie auch auf individueller Ebene dienen und somit einem historischen Wandel unterliegen.

Insbesondere besteht ein großer Bedarf an der Erforschung psychotherapeutischer Prozesse in analytischen Psychotherapien. Wie ich schon dargelegt habe (Roesler 2019d), besteht der entscheidende Punkt darin, ein umfassendes und standardisiertes System der Dokumentation psychotherapeutischer Prozesse zu etablieren, um eine Datenbank zu schaffen, die detaillierte Untersuchungen unbewusster Prozesse in der Psychotherapie ermöglichen würde. Nur so werden wir in der Lage sein, nach interindividuell auftretenden Mustern, Strukturen, Symbolen, Prozessen usw. zu suchen, welche dann die oben erwähnte Idee eines universellen Prozesses, der in der Psychotherapie abläuft, unterstützen könnten – den wir dann als archetypisch bezeichnen können. Im Folgenden möchte ich ein Beispiel für einen solchen Forschungsprozess und seine Ergebnisse geben:

Seit einigen Jahren erforsche ich Traumserien aus analytischen Psychotherapien und untersuche die Zusammenhänge zwischen der Struktur und Bildsprache der Träume, wie sie sich im Laufe der Therapie verändern, der Psychopathologie des Träumers und den Therapieergebnissen. Zu diesem Zweck habe ich die Methode der Strukturellen Traumanalyse (SDA) entwickelt (für Details s. Roesler 2020a, 2020b, 2019a, 2019b, 2018). Wir haben festgestellt, dass es einen klaren Zusammenhang zwischen dem psychischen Ausgangsproblem (d.h. dem Komplex) des Klienten und der typischen Struktur der Träume in der Anfangsphase der Therapie gibt, die typischerweise eine Bedrohung des Traum-Ichs darstellen. In erfolgreichen Therapien gibt es eine typische Abfolge von Traummustern, mit einer mittleren Phase, in der das Kernproblem/der Kernkomplex bearbeitet wird, und wenn dieser zentrale pathologische Komplex integriert werden kann, steigt die Struktur der Träume auf eine reife Ebene der Ich-Funktion, der Emotionsregulation und der

Autonomie. Diese typische Entwicklung von Traumstrukturen in erfolgreichen Therapien haben wir in mehreren unabhängigen Stichproben gefunden, zuletzt in einer Stichprobe von 150 Falldokumentationen. Der interessante Befund aus Sicht der Archetypentheorie ist nun, dass, wenn die Integration des Zentralkomplexes erfolgreich ist und die Therapie in ihre Endphase übergeht, hin zu reiferen Traumstrukturen, die eine höhere Ich-Funktion und Integration abbilden, an diesem Wendepunkt ein typisches Motiv in den Träumen auftaucht: ein Kind erscheint, für das der Träumende sorgen soll, oder das Kind vermittelt Weisheit, hilfreiche Informationen oder bietet Hilfe an. Natürlich wird jeder Jungianer an Jungs Idee vom Archetyp des göttlichen Kindes erinnert, die für die Zukunft oder einen Neuanfang, vielleicht sogar für das auftauchende Selbst steht. Was mich als Forscher zuversichtlich stimmt, ist die Tatsache, dass ich nicht erwartet habe, dieses Motiv zu finden, und dass wir auch nicht danach gesucht haben. Dies ist ein Beispiel für das, was ich einen unvoreingenommenen Ansatz zur Untersuchung der Archetypentheorie nennen würde.

Eine weitere interessante Forschungsfrage auf dem Gebiet der Archetypen ist, wie jungianische Therapeuten tatsächlich mit dem arbeiten, was sie als Archetypen betrachten, um ein empirisch fundierteres Verständnis der tatsächlichen Praxis der analytischen Psychotherapie im jungianischen Kontext zu erhalten – eine Forderung, die in der AP nicht neu ist:

> »This would […] focus, for example, on how practitioners employ the theoretical concepts with which they are equipped, or on how responses to particular kinds of material with which they are confronted by patients are managed differently by different practitioners on the basis of theoretical orientation and personal variables.« (Samuels 1998, S. 26)

Um solche Forschungsansätze zu schaffen, bedarf es, wie ich an vielen Stellen argumentiert habe, zum einen einer aufgeschlosseneren Haltung der Jungianer, welche nicht darauf fixiert ist, Beweise für Jungs Theorien zu erbringen, koste es, was es wolle, sondern daran interessiert ist, herauszufinden, was wirklich im Verlauf der Psychotherapie geschieht. Andererseits brauchen wir, sobald diese Haltung gegeben ist, ein gemeinsames Bemühen, Daten zu sammeln, unsere Psychotherapien systematisch zu dokumentieren und eine solide Datenbank für solche Untersuchungen über den Prozess der Psychotherapie aufzubauen – was immer es ist, das wir am Ende herausfinden werden.

Literatur

Aarne A., & Thompson S. (1961). *The Types of the Folktale: A Classification and Bibliography.* Translated and Enlarged by Stith Thompson (2nd rev.). Helsinki: Suomalainen Tiedeakatemia.

Adavasio, J. M., Soffer, O., & Page, J. (2007). *The invisible sex. Uncovering the true roles of women in prehistory.* Walnut Creek: Left Coast Press.

Ahnert, L. (2010). *Wieviel Mutter braucht ein Kind?* Heidelberg: Spektrum.

Alcaro, A., Carta, S., & Panksepp, J. (2017). The affective core of the self: a neuro-archetypal perspective on the foundations of human (and animal) subjectivity. *Frontiers in Psychology, 8* (1424), 1–13.

Atmanspacher, H., & Fuchs, C. (Hrsg.) (2014). *The Pauli-Jung Dialogue and its Impact Today.* Exeter: Imprint Academic.

Atmanspacher, H., Römer, H., & Walach, H. (2002). Weak quantum theory: Complementarity and entanglement in physics and beyond. *Foundations of Physics, 32*(3), 379–406.

Atwood, G. E., & Stolorow, R.D. (1975). Metapsychology, Reification and the representational world of C. G. Jung. *International Review of Psychoanalysis, 4*(1), 197–214.

Auerbach, J. S. (2014). Review of Psychodynamic Psychotherapy Research: Evidence-Based Practice and Practice-Based Evidence. *Psychoanalytic Psychology, 31*(2), 276–287.

Bachofen, J. J. (1861). *Das Mutterrecht.* Stuttgart: von Krais & Hoffmann.

Bahn, P. (2011). Religion and ritual in the upper Paleolithic. In T. Insoll (Ed.), *Oxford Handbook of the Archeology of Ritual and Religion* (S. 344–357). Oxford: Oxford University Press.

Bair, D. (2003). *Jung. A biography.* New York, Boston: Little, Brown & Co.

Bakermans-Kranenburg, M. J., & van Ijzendoorn, M. H. (2016). Attachment, Parenting, and Genetics. In J. Cassidy & P. R. Shaver (Hrsg.), *Handbook of Attachment* (3rd ed., S. 155–179). New York, London: Guilford.

Barnaby, K., & D'Acierno, P. (1990). *C. G. Jung and the humanities: Toward a hermeneutics of culture.* Princeton: Princeton University Press.

Barnard, A. (2014). Complex kinship patterns as evolutionary constructions, and the origins of sociocultural universals. *Current Anthropology, 55*(6), 766–767.

Bastian, A. (1881). *Der Völkergedanke im Aufbau einer Wissenschaft vom Menschen.* Berlin: Dietrich Reimer.

Bauer, J. (2019). *Wie wir werden wer wir sind. Die Enstehung des menschlichen Selbst durch Resonanz.* München: Blessing.

Baumann, H. (1936). *Schöpfung und Urzeit des Menschen im Mythus der afrikanischen Völker.* Berlin: Dietrich Reimer.

Beauregard, M. (2011). Neuroscience and Spirituality – Findings and consequences. In H. Walach, S. Schmidt & W. B. Jonas (Hrsg.) *Neuroscience, Consciousness and Spirituality* (S. 57–73). New York: Springer.

Beer, B., & Fischer, H. (2017). *Ethnologie: Einführung und Überblick.* Berlin: Reimer.

Bellah, R. N. (1964). Religious evolution. *American Sociological Review, 29*(3), 358–374.

Bellwood, P. (2004). First Farmers: The Origins of Agricultural Societies. *Journal of Field Archaeology, 31*(1), 109–110.

Belmonte, T. (1990). The Trickster and the Sacred Clown. In K. Barnaby & P. D'Acierno (Hrsg.), *C. G. Jung and the Humanities* (S. 45–66). Princeton: Princeton University Press.

Belsky, J., & Pluess, M. (2009). The nature (and nurture?) of plasticity in early human development. *Perspectives on Psychological Science, 4,* 345–351.

Benedict, R. (1934). *Patterns of Culture*. New York: Houghton Mifflin.
Benigni, H. (2013). *The Mythology of Venus: Ancient Calendars and Archaeoastronomy*. Lanham, Maryland: University Press of America.
Berezkin, Y. (2005). The assessment of the probable age of Eurasian-American mythological links. *Archaeology, ethnology and anthropology of Eurasia, 21*(1), 146–151.
Berry, P. (o. D.). *Archetype*. Zugriff am 29.07.2024 unter https://iaap.org/archetype-2/
Bild der Wissenschaft (2013). Spezial: *Archäologie, Geschichte, Kultur – Der kreative Mensch*. Berlin: Spektrum (www.spektrum.de).
Binford, L. R. (1971). Mortuary Practices: Their Study and Their Potential. In J. A. Brown (Hrsg.), Approaches to the Social Dimensions of mortuary Practices. *Memoirs of the Society for American Archaeology, 25*, 6–29.
Binford, L. R. (1983). *Working at archaeology*. New York: Academic Press.
Bischof, N. (1996). *Das Kraftfeld der Mythen*. München: Piper.
Bischof, N. (1985/2020). *Das Rätsel Ödipus*. Gießen: Psychosozial Verlag.
Blackmore, S. (1999). *The Meme Machine*. Oxford: Oxford University Press.
Bloch, M. (1998). How we think they think: anthropological approaches to cognition, memory and literacy. Boulder: Westview Press.
Boas, F. (1922) *Kultur und Rasse (Culture and race)*. Berlin, Leipzig: De Gruyter.
Boechat, W. (2022). *The collective unconscious*. Zugriff am 29.07.2024 unter: https://iaap.org/the-collective-unconscious-2/
Bowie, F. (2004). *The Anthropology of Religion: An Introduction*. Oxford: Blackwell Publishing.
Boyd, R., & Richerson, P. (1985). *Culture and the evolutionary process*. Chicago: University of Chicago Press.
Brown, D. E. (1991). *Human Universals*. New York: McGraw-Hill Professional.
Brown, D. E. (2000). Human Universals and Their Implications. In N. Roughley (Hrsg.), *Being Humans: Anthropological Universality and Particularity in Transdisciplinary Perspectives* (S. 156–174). Berlin: Walter de Gruyter.
Brown, D. E. (2002). Human Nature and History. *History and Theory, 38*(4),138–157.
Brown, D. E. (2004). Human Universals, Human Nature & Human Culture. *Daedalus, 133*(4), 47–54.
Bruner, J. (1990). *Acts of meaning*. Cambridge: Harvard University Press.
Burda, G. (2019). *Pandora und die Metaphysica medialis*. Münster, New York: Waxmann.
Burl, A. (1999). *Great stone circles. Fables, fictions, facts*. New Haven, London: Yale University Press.
Buss, D. M. (2015). *Evolutionary psychology. The new science of the mind*. London, New York: Routledge.
Cambray, J. (2002). Synchronicity and Emergence. *American Imago, 59*(4), 409–434.
Cambray, J. (2009). *Synchronicity: Nature and Psyche in an Interconnected Universe*. College Station: Texas A&M University Press.
Campbell, J. (1971). *The hero with a thousand faces*. Princeton: Princeton University Press.
Carrette, J. (1994). The language of archetypes: A conspiracy in psychological theory. *Harvest, 40*, 168–192.
Cassidy, J., & Shaver, P. R. (2018). *Handbook of Attachment. Theory, Research and Clinical Applications* (3rd ed.). New York, London: Guilford.
Cavalli-Sforza, L. L. (2001). *Genes, peoples, and languages. The biological foundations of civilization*. New York: Farrar, Straus & Giroux.
Cavalli-Sforza, L. L., & Cavalli-Sforza, F. (1995). *The great human diasporas: The history of diversity and evolution*. MA: Perseus Books.
Cavalli-Sforza, L. L., Menozzi, P., & Pizaaz, A. (1994). *The history and geography of human genes*. Princeton/NJ: Princeton University Press.
Chapais, B. (2011). The evolutionary history of pair-bonding and parental collaboration. In C. Salmon & T. K. Shackelford (Hrsg.), *The Oxford handbook of evolutionary family psychology* (S. 33–50). New York/NY: Oxford University Press.
Chapais, B. (2017). Primate Origins of Human Behavior. *Encyclopedia of Behavioral Neuroscience*, 2nd edition, 176–184.

Charmantier, A., & Garant, D. (2005). Environmental quality and evolutionary potential: lessons from wild populations. *Proceedings of the Royal Society B: Biological Sciences, 272*(1571), 1415–1425.
Childe, V. G. (1958). *The Prehistory of European Society*. London: Penguin.
Chomsky, N. (1978). Topics in the theory of generative grammar. Den Haag: Mouton.
Colman, W. (2016). *Act and Image: The Emergence of Symbolic Imagination*. New Orleans, USA: Spring Journal Inc.
Colman, W. (2018). Bringing it all back home. How I became a relational analyst. In R. S. Brown (Hrsg.), *Reencountering Jung. AP and contemporary psychoanalysis* (S. 129–145). London, New York: Routledge.
Conley T. D. (2011). Perceived proposer personality characteristics and gender differences in acceptance of casual sex offers. *Journal of Personality and Social Psychology, 100*(2), 100–309.
Connolly, A. (2018). Sea changes. The iconic and aesthetic turns in depth psychology. In R. S. Brown (Hrsg.), *Reencountering Jung. AP and contemporary psychoanalysis* (S. 68–82). London, New York: Routledge.
Cozolino, L. J. (2006). *The neuroscience of human relationships: attachment and the developing social brain*. New York: Norton.
Cullen, B. S. (2000). *Contagious ideas – on evolution, culture, archaeology and cultural virus theory*. Oxford: Oxbow books.
Dalal, F. (1991). The racism of Jung. *Race & Class, 24*(3), 1–22.
Damasio, A. (2010). *Self comes to mind: constructing the conscious brain*. New York: Pantheon.
Darwin, C. (1859). *On the origin of species*. London: John Murray.
Darwin, C. (1871). *The descent of man, and selection in relation to sex*. London: John Murray.
Davis, K. L., & Panksepp, J. (2011). The brain's emotional foundations of human personality and the affective neuroscience personality scales. *Neuroscience and Biobehavioral Reviews, 35*(9), 1946–1958.
Dawkins, R. (1976). *The selfish gene*. Oxford: Oxford University Press.
Dehing, J. (1994). Containment – an archetype? *Journal of AP, 39*(4), 419–461.
de Sousa, R. (2015). *Love. A very short introduction*. Oxford: Oxford University Press.
de Waal, F. (2019). *Mama's last hug: animal emotions and what they tell us about ourselves*. New York, London: Norton.
Diamond, J. (1997). *Guns, Germs, and Steel: The Fates of Human Societies*. London: Jonathan Cape.
Diercks, C., & Skale, E. (2021). Vom Wert einer historisch-kritischen Freud Edition. *Psyche, 75*(12), 1131–1160.
Dorst, B. (2015). *Therapeutisches Arbeiten mit Symbolen*. 2. Aufl. Stuttgart: Kohlhammer.
Douglas, C. (1997a). The historical context of AP. In P. Young-Eisendrath & T. Dawson (Hrsg.), *The Cambridge Companion to Jung* (S. 17–34). Cambridge: Cambridge University Press.
Douglas, C. (1997b). *Translate this Darkness. The life of Christiana Morgan, the Veiled Woman in Jung's Circle*. Princeton: Princeton University Press.
Dourley, J. P. (1990). Jung's impact on religious studies. In K. Barnaby & P. D'Acierno (Hrsg.), *C. G. Jung and the humanities. Toward a hermeneutics of culture* (S. 36–44). Princeton: Princeton University press.
Durkheim, E. (1915/1976). *The elementary forms of the religious life*. London: George Allen and Unwin.
Edinger, E. (1985). *Anatomy of the psyche. Alchemical symbolism in psychotherapy*. LaSalle, Illinois: Open Court.
Eibl-Eibesfeldt, I. (1987). *Grundriß der vergleichenden Verhaltensforschung*. München: Piper.
Eisenstädter, J. (1912). *Elementargedanke und Übertragungstheorie in der Völkerkunde*. Stuttgart: Strecker & Schröder.
Ekman, P. (1994). Strong evidence for universals in facial expressions: A reply to Russell's mistaken critique. *Psychological Bulletin, 115*(2), 268–287.
Ekman, P., Friesen, W., O'Sullivan, M., & Chan, A. (1987). Universals and cultural differences in the judgment of facial expressions of emotions. *Journal of Personality and Social Psychology, 53*(4), 712–717.
Eliade, M. (1954). *The myth of the eternal return*. New York: Pantheon books.

Eliade, M. (1959). *The sacred and profane: the nature of religion.* New York: Harcourt Brace.
Eliade, M. (1964/1988). *Shamanism: archaic techniques of ecstasy.* London: Arcana, Penguin.
Ember, M. (2000). *Human Relations Area Files for the 21st century.* New Haven: Human Relations Area Files Inc.
Erlenmeyer, A. (2001). Nach der Katastrophe: Auschwitz in Jungs Texten. *Analytische Psychologie, 32,*107–121.
Evans-Pritchard, E. E. (1981). *A history of anthropological thought.* London, Boston: Faber and Faber.
Fagan, B. M. & Beck, C. (1996). »Venus Figurines«, The Oxford Companion to Archaeology. Oxford: Oxford University Press.
Fehlmann, M. (2001). *Die Rede vom Matriarchat. Zur Gebrauchsgeschichte eines Arguments.* Zürich: Chronos.
Fink, H., & Rosenzweig, R. (2015). *Das soziale Gehirn.* Münster: mentis.
Flechter, G. J. O. (2013). *The science of intimate relationships.* Chichester: Wiley-Blackwell.
Fordham, M. (1976). *The Self and autism.* London: Karnac.
Foulkes, L., & Blakemore, S.-J. (2018). Studying individual differences in human adolescent brain development. *Nature Neuroscience, 21,* 118–125.
Frazer, J. (1890). *The Golden Bough: a study in comparative religion.* Two volumes. London: Macmillan.
Frobenius, L. (1904). *Das Zeitalter des Sonnengottes.* Berlin: Georg Reimer.
Frobenius, L. (1936). *Das Urbild. Cicerone zur vorgeschichtlichen Reichsbildergalerie.* Frankfurt/Main: Forschungsinstitut für Kulturmorphologie.
Gardner, L. (2019). Autobiographical narrative. Augustine, Vico, Jung. In R. A. Jones & L. Gardner (Hrsg.), *Narratives of Individuation.* London: Routledge.
Geertz, C. (1973). The growth of culture and the evolution of mind. In C. Geertz (Hrsg.), *The Interpretation of cultures* (S. 55–87). New York: Basic Books.
Giegerich, W. (1975). *Ontogeny = Phylogeny. A fundamental critique of Erich Neumann's AP.* New Orleans: Spring.
Gieser, S. (2005). *The innermost kernel. Depth psychology and quantum physics – Wolfgang Pauli's dialogue with C. G. Jung.* New York: Springer.
Gimbutas, M. (1989). *The language of the Goddess: unearthing the hidden symbols of western civilization.* London: Thames & Hudson.
Goodison, L., & Morris, C. (1989). *Ancient goddesses. The myths and the evidence.* London: Routledge.
Goodwyn, E. (2010). Approaching archetypes: reconsidering innateness. *Journal of AP, 55*(4), 502–521.
Goodwyn, E. (2012). *The Neurobiology of Gods: How Brain Physiology Shapes the Recurrent Imagery of Myth and Dreams.* New York: Routledge.
Goodwyn, E. (2019). Comments on the 2018 IAAP Conference on Archetype Theory: defending a non-reductive biological approach. *Journal of AP, 64*(5), 720–737.
Goodwyn, E. (2020a). Archetypes and the impoverished genome argument: updates from evolutionary genetics. *Journal of AP, 65*(5), 911–931.
Goodwyn, E. (2020b). Archetypal origins. Biology vs. culture is a false dichotomy. *International Journal of Jungian Studies, 13*(2), 111–129.
Goodwyn, E. (2023). Phenotypic plasticity and archetype: A response to common objections to the biological theory of archetype and instinct. *Journal of Analytical Psychology,* 68 (1), 109–132.
Gordon, R. (1985). Losing and finding: the location of archetypal experience. *Journal of AP, 30*(2), 117–133.
Gordon, J. (1991). Comment on paper by David H. Rosen et al. *Journal of AP 36*(2), 229.
Gras, V. W. (1981). Myth and the reconciliation of opposites: Jung and Lévi-Strauss. *Journal of the History of Ideas, 42*(3), 471–488.
Grof, S. (1978). *Topographie des Unbewussten: LSD im Dienst der tiefenpsychologischen Forschung.* Stuttgart: Klett-Cotta.
Group of Jungians (2018). Open Letter from a Group of Jungians on the Question of Jung's writings on and Theories about ›Africans‹. *British Journal of Psychotherapy 34*(4), 673–678.

Guo, G., & Marcus, K. (2012). The social influences on the realization of genetic potential for intellectual development. *Social Forces, 80*(3), 881–910.
Habermas, J. (1968). *Erkenntnis und Interesse*. Frankfurt/Main: Suhrkamp.
Halifax, J. (1991). *Shamanic voices: A survey of visionary narratives*. London: Penguin.
Harris, M. (1975). *Culture, people, nature: an introduction to general anthropology*. New York: Crowell.
Hameroff, S., & Penrose, R. (2003). Conscious events as orchestrated space-time selections. *NeuroQuantology, 1(1)*, 10–35.
Harrod, J. (2006). Periods of globalization over the southern route in human evolution. A metareview of archaeology and evidence for symbolic behavior. *Mother Tongue, 11*, 23–84.
Haule, J. R. (2004). Archetypal memory and the genetic/Darwinian paradigm. In L. Cowan (Hrsg.), *Barcelona 2004 – Proceedings of the international Congress for AP* (S. 150–160), Einsiedeln: Daimon.
Haule, J. R. (2011). *Jung in the 21st Century: Evolution and Archetype*. Vol. I. New York: Routledge.
Haymond, R. (1982). On C. G. Jung: Psychosocial basis of morality during the Nazi era. *Journal of Psychology and Judaism, 6*(2), 124–137.
Healy, N. S. (2017). *Toni Wolff & C. G. Jung. A collaboration*. Los Angeles: Tiberius.
Heinz, A. (2019). Psychiatrie – die Kunst mit dem Irrationalen und Impliziten umzugehen. In B. Haslinger & B. Janta (Hrsg.), *Der unbewusste Mensch. Zwischen Psychoanalyse und neurobiologischer Evidenz* (S. 55–72). Gießen: Psychosozial Verlag.
Henderson, J. (1991). C. G. Jung's psychology: additions and extensions. *Journal of AP, 36*(4), 429–442.
Hewlett, B. S., & Hewlett, B. L. (2008). A *bio cultural approach to sex, love and intimacy in central African foragers and farmers*. Chicago: Chicago University Press.
Heyerdahl, T. (1978). *Early man and the ocean*. London: George Allen & Unwin.
Hill, K., Walker, R. S., Božičević, M., & Eder, J. (2011). Co-residence patterns in hunter-gatherer societies show unique human social structure. *Science, 331*(6022), 1286–1289.
Hillman, J. (1971). *The myth of analysis*. Evanston: Northwestern University Press.
Hillman, J. (1975). *Revisioning Psychology*. New York: Harper & Row.
Hillman, J. (1983). *Archetypal Psychology: A brief account*. Dallas: Spring.
Hodder, I. (2001). *Archaeological theory today*. Cambridge: Cambridge University Press.
Hodder, I. (2014). *Religion at work in a Neolithic society: Vital matters*. New York: Cambridge University Press.
Hogenson, G. B. (2001). The Baldwin effect: a neglected influence on C. G. Jung's evolutionary thinking. *Journal of AP 46*(4), 591–611.
Hogenson, G. B. (2003). From silicon archetypes to robot dreams: Evolutionary theory and Jung's theory of archetypes. *Harvest, 58*, 7–21.
Hogenson, G. B. (2004). Archetypes: Emergence and the psyche's deep structure. In J. Cambray & L. Carter (Hrsg.), *AP: contemporary perspectives in Jungian analysis* (S. 121–139). Hove, New York: Brunner-Routledge.
Hogenson, G. B. (2009). Archetypes as action patterns. *Journal of AP, 54*(3), 325–337.
Hogenson, G. B. (2019). The controversy around the concept of archetypes. *Journal of AP, 64*(5), 682–700.
Homans, P. (1979). *Jung in context*. Chicago: University of Chicago Press.
Hopcke, R. (1989). *A guided tour of the collected works of C. G. Jung*. Boston, Shaftesbury: Shambhala.
Horton, R. (1994). *Patterns of fault in Africa and the West*. Cambridge: Cambridge University press.
Hodder, I. (1987). Contextual archaeology: and interpretation of Catal Hüyük and a discussion of the origin of agriculture. *Bulletin of the Institute of archaeology, University of London, 24*, 43–56.
Hodder, I. (2001). *Archaeological theory today*. Cambridge: Cambridge University press.
Hrdy, S. B. (2009). *Mothers and others: the evolutionary origins of mutual understanding*. Cambridge: Harvard University Press.

Hultkrantz, A. (1992). *Shamanic healing and ritual drama: health and medicine in native North American religious traditions.* New York: crossroad.
Humbert, E. (1988). *C. G. Jung: The fundamentals of theory and practice.* Wilmette, Illinois: Chiron.
Humbert, E. (1992). Archetypes reprinted. In R. K. Papadopoulos (Hrsg.), *Carl Gustav Jung – Critical Assessments, vol. 2.* London: Routledge.
Hunt, H. T. (2012). A collective unconscious reconsidered: Jung's archetypal imagination in the light of contemporary psychology and social science. *Journal of AP, 57*(1), 76–98.
Huston, H. L., Rosen, D. H., & Smith, S. M. (1999). Evolutionary memory. In D. H. Rosen & D. C. Luebbert (Hrsg.), *Evolution of the Psyche* (S. 85–102). Westport: Praeger.
Huxley, J. (1948). *Evolution: the modern synthesis.* London: Allan & Unwin.
Hyde, J. S. (2005). The gender similarities hypothesis. *American Psychologist, 60*(6), 581–592.
Insoll, T. (2011). *Oxford handbook of the archaeology of ritual and religion.* Oxford: Oxford University press.
Izard, V., Sann, C., Spelke, E. S., & Streri, A. (2009). Newborn infants perceive abstract numbers. *PNAS, 6*(25), 10382–10385.
Jacoby, M. (1993). *Übertragung und Beziehung in der Jungschen Praxis.* Düsseldorf: Walter Verlag.
Jacoby, M. (1998). *Grundformen seelischer Austauschprozesse. Jungsche Therapie und neuere Kleinkindforschung.* Zürich/Düsseldorf: Walter Verlag.
Jaffé, A. (1989). *From the life and works of C. G. Jung.* Einsiedeln: Daimon.
Jaffé, A. (1985). C. G. Jung und der Nationalsozialismus. *Analytische Psychologie, 16,* 66–77.
Jaffé, A. (1971). *The myth of meaning.* London: Putnam.
Jaffé, A. (Hrsg.) (2021). *Streiflichter zu Leben und Denken C. G. Jungs.* Einsiedeln: Daimon.
Jones, R. (2003). On innateness: a response to Hogenson. *Journal of AP, 48*(5), 705–718.
Jones, R. (Hrsg.) (2014). *Jung and the question of science.* London: Routledge.
Jung, C. G. (1971–94). *Gesammelte Werke.* Düsseldorf: Walter.
Jung, C. G. (1919). Instinct and the unconscious. *British Journal of Psychology, 10*(1), 15–23.
Jung, C. G. (1971). *Erinnerungen, Träume, Gedanken.* Düsseldorf: Walter.
Jung, C. G. (1973). *Letters, Vol. I.* Hrsg. von Gerhard Adler & Aniella Jaffé. Princeton: Princeton University Press.
Jung, C. G. (2012). *Briefe I–III.* Ostfildern: Patmos Verlag.
Jung, C. G., & Meyer-Grass, M. (2008). *Children's dreams: notes from the seminar given in 1936 to 1940.* Princeton: Princeton University press.
Jung, C. G., v. Franz, M.-L., Henderson, J., Jacobi, J., & Jaffé, A. (1964). *Man and his symbols.* London: Aldus Books.
Kirsch, T. (2004). Cultural complexes in Jung and Freud. In T. Singer & S. L. Kimbles (Hrsg.), *The cultural complex* (S. 185–196). New York: Routledge.
Kirsch, T. (2016). Jung's relationship with Jews and Judaism. In E. Kiehl, M. Saban & A. Samuels (Hrsg.), *Analysis and Activism: Political contributions of Jungian Psychology* (S. 87–108). London: Routledge.
Kluckhohn, C. (1953). *Universal categories of culture. In Anthropology Today: An Encyclopaedic Inventory.* Chicago: University of Chicago Press.
Kluckhohn, C. (1960). Recurrent themes in myth and mythmaking. In H. A. Murray (Hrsg.), *Myth and Mythmaking* (S. 46–60). New York: Braziller.
Kluckhohn, C. (1965). *Culture and behavior.* New York: Free Press.
Knox, J. (2001). Memories, fantasies, archetypes: an exploration of some connections between cognitive science and AP. *Journal of AP, 46*(4), 613–635.
Knox, J. (2003). *Archetype, Attachment, Analysis: Jungian psychology and the emergent mind.* New York: Brunner-Routledge.
Knox, J. (2004). From archetypes to reflective function. *Journal of AP, 49*(1), 1–19.
Knox, J. (2009a). The Analytic Relationship: integrating Jungian, attachment theory and developmental perspectives. *British Journal of Psychotherapy, 25*(1), 5–23.
Knox, J. (2009b). Mirror neurons and embodied simulation in the development of archetypes and self-agency. *Journal of AP, 54*(3), 307–323.
Krafft-Ebing, R. V. (1886). *Psychopathia Sexualis.* München: Kindler.

Krause, J. (2019). *Die Reise unserer Gene: Eine Geschichte über uns und unsere Vorfahren.* Berlin: Propyläen.
Krieger, N. (2019). A dynamic systems approach to the feeling toned complex. *Journal of AP, 64*(5), 738–760.
Kugler, P. (1990). The unconscious in a postmodern depth psychology. In K. Barnaby & P. D'Acierno (Hrsg.), *C. G. Jung and the humanities. Toward a hermeneutics of culture* (S. 307–318). Princeton: Princeton University press.
Kugler, P. (1992). The primacy of archetypal structures: The paradigm shift from substance to relations. In R. K. Papadopoulos (Hrsg.), *Carl Gustav Jung – Critical Assessments, vol. 4.* London: Routledge.
Kugler, P. (2003). Psyche, language and biology: the argument for a co-evolutionary approach. In R. Withers (Hrsg.), *Controversies in AP* (S. 265–277). Hove, New York: Brunner Routledge.
Lambert, K. (1992). Archetypes, object-relations and internal objects. In R. K. Papadopoulos (Hrsg.), *Carl-Gustav Jung – Critical Assessments, vol. 2.* (S. 197–212). London: Routledge.
Le Doux, J. (2012). Rethinking the emotional brain. *Neuron, 73*(4), 653–676.
Leroi-Gourhan, A. (1964). *Les religions de la préhistoire: paléolithique.* Paris: Presses Universitaires de France.
Lesmeister, R. (1993). Selbst und verlorenes Objekt. Überlegungen zur Trennungsgeschichte von Jung und Freud. *Analytische Psychologie, 24,* 262–287.
Lesmeister, R. (2001). »Neuer Mensch« und faschistische Ideologie – einige Entwicklungslinien und Konvergenzen in C. G. Jungs psychologischer Theorie. *Analytische Psychologie, 32,* 148–157.
Lévi-Strauss, C. (1949). *Structures élémentaires de la parenté.* Paris: Mouton.
Lévi-Strauss, C. (1970). *The raw and the cooked. Introduction to a science of mythology.* Volume 1. London: Jonathan Cape.
Lévi-Strauss, C. (1976). *Structural Anthropology.* New York: Basic Books.
Levy-Bruhl, L. (1912/1921). *Les fonctions mentales dans les sociétés inférieures.* Paris, 1912.
Lewin, R. (2009). The origin of agriculture and the first villagers. In: *Human Evolution: An Illustrated Introduction (5th ed.).* Malden, Massachusetts: John Wiley & Sons.
Lewis-Williams, D. J., & Clottes, J. (1998). The mind in the cave – the case in the mind: altered consciousness in the upper Paleolithic. *Anthropology of consciousness, 9*(1), 13–21.
Lieberman, P. (1993). *Uniquely human. The evolution of speech, thought, and selfless behavior.* Cambridge: Harvard University press.
Lichter, C. (Hrsg.) (2005). *How did farming reach Europe? Anatolian European relations from the second half of the 7th through the first half of the 6th millenium BC.* Proceedings of the international workshop Istanbul 2004. Istanbul: Ege Yayinlari.
Lichtenberg, J. D., Lachmann, F. M. & Fosshage, J. L. (2009). *Self and motivational systems: Towards a theory of psychoanalytic technique.* London: Routledge.
Lickliter, R. (2017). Developmental evolution: rethinking stability and variation in biological systems. In N. Budwig, E. Turiel & P. Zelazo (Hrsg.), *New Perspectives on Human Development* (S. 88–105). New York: Cambridge University Press.
Loomans, P. (Hrsg.) (2020). *Licht und Schatten der Meister. Karlfried Graf Dürckheim und C. G. Jung.* Gießen: Psychosozial Verlag.
Lorenz, K. (1941). Vergleichende Bewegungsstudien an Anatiden. *Journal of Ornithology, 89,* 194–294.
Lorenz, K. (1965). *Evolution and the modification of behavior.* Chicago: University of Chicago Press.
Lorenzer, A. (1973). *Sprachzerstörung und Rekonstruktion. Vorarbeiten zu einer Metatheorie der Psychoanalyse.* Frankfurt/Main: Suhrkamp.
Lütz, M. (2018). *Der Skandal der Skandale.* Freiburg: Herder.
Machalek, R., & Martin, M. W. (2004). Sociology and the second Darwinian revolution: A metatheoretical analysis. *Sociological Theory, 22*(3), 455–476.
Mair, V. (2006). *Contact and exchange in the ancient world.* Honolulu: University of Hawaii press.
Malinowski, B. (1924). Mutterrechtliche Familie und Ödipus-Komplex: eine psychoanalytische Studie. Leipzig: Internationaler Psychoanalytischer Verlag.

Malinowski, B. (1948/1974). *Magic, science and religion and other essays.* London: Souvenir Press.
Maloney, A. (1999). Preference rating of images representing archetypal themes. *Journal of AP, 44*(1), 101–116.
Marcus, G. (2004). *The birth of the mind: How a tiny number of genes creates the complexities of human thought.* New York: Basic Books.
Markus, H. R., & Kitayama, S. (1991). Culture and the self: Implications for cognition, emotion and motivation. *Psychological Review, 98*(2), 224–253.
Markus, H. R., & Kitayama, S. (1998). The cultural psychology of personality. *Journal of Cross-Cultural Psychology, 29*, 63–87.
Marlowe, F. W. (2003). The Mating System of Foragers in the Standard Cross-Cultural Sample. *Cross-Cultural Research, 37*(3), 282–306.
Marlowe, F. W. (2005). Hunter-gatherers and human evolution. *Evolutionary Anthropology: Issues, News, and Reviews, 14*(2), 54–67.
Masters, R. E. L., & Houston, J. (1966). *The Variety of Psychedelic Experience.* New York: Dell.
Mathews, F. (1994). *The ecological self.* London: Routledge.
McCully, R. (1971). *Rorschach Test and symbolism.* Baltimore: Williams & Wilkins.
McDougal, W. (1908/1963). *An introduction to social psychology.* London, Edinburgh: Morrison and Gibb.
McDowell, M. J. (2001). Principle of organization: a dynamic-systems view of the archetype-as-such. *Journal of AP, 46*(4), 637–654.
McGuire, W., & Sauerländer, W. (2012). *Sigmund Freund, C. G. Jung, Briefwechsel. 5. Auflage.* Frankfurt/Main: S. Fischer Verlag.
Meaney, M. J. (2010). Epigenetics and the biological definition of gene x environment interactions. *Child Development, 81*(1), 41–79.
Medtner, E. (1935). Bildnis der Persönlichkeit im Rahmen des gegenseitigen sich Kennenlernens. In Psychologischer Club Zürich (Ed.), *Die kulturelle Bedeutung der komplexen Psychologie* (S. 516–616). Berlin: Julius Springer.
Meggers, B. J. (1975). The transpacific origin of Mesoamerican civilization: a preliminary review of the evidence and its theoretical implications. *American Anthropologist, 77*(1), 1–27.
Mehl, M. R., Vazire, S., Ranirez-Esparza, N., Slatcher, R. B., & Pennebacker, J. W. (2007). Are women really more talkative than men? *Science, 82*, 317–321.
Meier, C. A. (2001). *Atom and Archetype. The Pauli/Jung letters 1932–1958.* Princeton, Oxford: Princeton University Press.
Merchant, J. (2006). The developmental/emergent model of archetype, its implications and its application to shamanism. *Journal of AP, 51*(1), 125–144.
Merchant, J. (2009). A reappraisal of classical archetype theory and its implications for theory and practice. *Journal of AP, 54*(3), 339–358.
Merchant, J. (2016). The image schema and innate archetypes: Theoretical and clinical implications, *Journal of AP, 61*(1), 63–78.
Merchant, J. (2019). The controversy around the concept of archetypes and the place for an emergent/developmental model. *Journal of AP, 64*(5), 701–719.
Merchant, J. (2020). Archetypes and the impoverished environment argument: a response to Goodwyn (2020). *Journal of AP, 66*(1), 132–152.
Mesman, J., van Ijzendoorn, M. H., & Sagi-Schwartz, A. (2018). Cross-cultural patterns of attachment. Universal and contextual dimensions. In J. Cassidy & P. R. Shaver (Hrsg.), *Handbook of Attachment. Theory, Research and Clinical Applications* (3rd ed., S. 852–877). New York, London: Guilford.
Metzger, W. (1954). *Psychologie. Die Entwicklung ihrer Grundannahmen seit der Einführung des Experiments.* Darmstadt: Steinkopff.
Meyer, A. (2015). *Adams Apfel und Evas Erbe. Wie die Gene unser Leben bestimmen und warum Frauen anders sind als Männer.* München: Bertelsmann.
Miller, D. L. (1990). An other Jung and an other … In K. Barnaby & P. D'Acierno (Hrsg.), *C. G. Jung and the humanities. Toward a hermeneutics of culture* (S. 325–339). Princeton: Princeton University Press.
Mills, J. (2018). The essence of archetypes. *International Journal of Jungian Studies, 10*(3), 1–22.

Mills, J. (2019): The myth of a collective unconscious. *Journal of the History of Behavioral Sciences, 55,* 40–53.
Mithen, S. (2003). *After the Ice. A global history 20 000–5 000 BC.* London: Weidenfeld & Nicolson.
Morgan, L. H. (1877). *Ancient Society: Or, researches in the line of human progress from savagery through barbarism to civilization.* Chicago: C. H. Kerr.
Müller, K. F. (1983). *Menschenbilder früher Gesellschaften. Ethnologische Studien zum Verhältnis von Mensch und Natur.* Frankfurt/Main: Campus.
Müller-Schneider, T. (2019). *Liebe, Glück und menschliche Natur (love, happiness, and human nature).* Gießen: Psychosozial Verlag.
Murdock, G. P. (1945). The common denominator of cultures. In R. Linton (Hrsg.), *The science of man in the world crisis* (S. 123–142). New York: Columbia University Press.
Murdock, G. P. (1967a). Ethnographic Atlas: A summary. *Ethnology, 6,* 109–236.
Murdock, G. P. (1967b). *Ethnographic Atlas: A Summary.* Pittsburgh: The University of Pittsburgh Press.
Murdock, G. P., & White D. R. (1969). Standard Cross-Cultural Sample. *Ethnology, 8*(4), 329–369.
Murray, H. (ohne Jahr). *Interview by Gene Nameche. C. G. Jung Biographical Archive.* Countway Library of Medicine, Harvard University, Cambridge, MA. Zugriff am 27.08.2024 unter: https://cms.www.countway.harvard.edu/wp/?p=3208.
Naroll, R. (1965). Galton's problem: The logic of cross cultural analysis. *Social Research, 32,* 428–451.
Naroll, R., & Sipes, R. (1973). Standard Ethnographic Sample. *Current Anthropology, 14*(1), 111–140.
Narr, K. J. (16.12.2021). *Prehistoric religion.* Encyclopedia Britannica Online. Zugriff am 27.08.2024 unter: www.britannica.com/topic/prehistoric-religion
Neher, A. (1996). Jung's theory of archetypes: a critique. *Journal of Humanistic Psychology, 36*(2), 61–91.
Neumann, E. (1949). *Ursprungsgeschichte des Bewußtseins.* Zürich: Rascher.
Neumann, E. (1963) *The Great Mother: An analysis of the archetype.* London: Pantheon.
Neville, B. (1992). The charm of Hermes: Hillman, Lyotard, and the postmodern condition, *Journal of AP, 37,* 337–353.
Nietzsche, F. (1967 ff.). *Werke. Kritische Gesamtausgabe (KGW).* Hg. von Giorgio Colli und Mazzino Montinari. Berlin, New York: De Gruyter.
Noble, K. G., Housten, S. M., Brito, N. H., Bartsch, H., Kan, E., Kuperman, J. M., et al. (2015). Family income, parental education and brain structure in children and adolescents. *Nature neuroscience, 18*(5), 211–218.
Norenzayan, A., & Heine, S. J. (2006). *Psychological Universals: What Are They and How Can We Know?* [Unpublished paper]. University of British Columbia.
Northoff, G. (2015). Sozial eingebettetes Gehirn und relationales Selbst. In H. Böker, P. Hartwich & G. Northoff (Hrsg.), *Neuropsychodynamische Psychiatrie* (S. 59–66). Berlin, Heidelberg.
Oestigaard, T. (2011). Cosmogony. In T. Insoll (Hrsg.), *Oxford Handbook of the Archeology of Ritual ad Religion* (S. 76–88). Oxford: Oxford University Press.
Obrist, W. (1990). *Archetypen: Natur- und Kulturwissenschaften bestätigen C. G. Jung.* Olten: Walter Verlag.
Panksepp, J. (1998). *Affective Neuroscience: The foundations of human and animal emotions.* Oxford: Oxford University Press.
Panksepp, J. (2011). The basic emotional circuits of mammalian brains. *Neuroscience and Biobehavioral Reviews, 35*(9), 1791–1804.
Panksepp, J., Lane, R. D., Solms, M., & Smith, R. (2017). Reconciling cognitive and affective neuroscience perspectives on the brain basis of emotional experience. *Neuroscience and Biobehavioral Reviews, 76,* 187–215.
Papadopoulos, R. (Hrsg.) (1992a). *Carl Gustav Jung. Critical assessments. Vol. 1: Jung and his method in Context.* London & New York: Routledge.

Papadopoulos, R. (Hrsg.) (1992b). *Carl Gustav Jung. Critical assessments. Vol. 2: The structure and dynamics of the psyche.* London & New York: Routledge.
Park, Y., & MacDonald, G. (2019). Consistency between individuals' past and current romantic partners' own reports of their personalities. *PNAS, 116*(26), 12793–12797.
Paul, R. A. (2015). *Mixed messages. Cultural and genetic inheritance in the constitution of human society.* Chicago: Chicago University press.
Penke, L., & Asendorpf, J. B. (2008). Beyond global sociosexual orientations: A more differentiated look at sociosexuality and its effects in courtship and romantic relationships. *Journal of Personality and Social Psychology, 95*(5), 1113–1135.
Pettitt, P. (2011). Religion and ritual in the lower and middle Paleolithic. In T. Insoll (Hrsg.), *Oxford Handbook of the Archeology of Ritual ad Religion* (S. 329–343). Oxford: Oxford University Press.
Petzold, H. G., Orth, I., & Sieper, J. (2014). *Mythen, Macht und Psychotherapie.* Bielefeld: Aisthesis.
Pfaff, D. W. (2013). *Neuroscience in the 21st century.* Heidelberg: Springer.
Pieper, M., & Bauer, R. (2005). Polyamory und Mono-Normativität. Ergebnisse einer empirischen Studie über nicht-monogame Lebensformen. In L. Mérrit, T. Bührmann & N. B. Schefzig (Hrsg.), *Mehr als eine Liebe – Polyamouröse Beziehungen* (S. 59–69). Berlin: Orlanda.
Pietikainen, P. (1998). Archetypes as symbolic forms. *Journal of Analytical Psycholgoy, 43*(3), 325–343.
Pigliucci, M. (Hrsg.) (2010). *Evolution, the extended synthesis.* Cambridge, MA: MIT Press.
Pinker, S. (2002). *The Blank Slate: the modern denial of human nature.* New York: Viking.
Pinker, S. (2010). The cognitive niche: Coevolution of intelligence, sociality, and language. *Proceedings of the National Academy of Science of the United States of America, 107*(2), 8993–8999.
Plomin, R., DeFries, J. C., Knopik, V. S., & Neiderhiser, J. M. (2013). *Behavioral genetics.* New York: Worth.
Polan, H. J., & Hofer, M. A. (2018). Psychobiological origins of infant attachment and its role in development. In J. Cassidy & P. R. Shaver (Hrsg.) *Handbook of Attachment. Theory, Research and Clinical Applications* (3rd ed., S. 117–132). New York, London: Guilford.
Proce, N. (2011). Shamanism. In I. Timothy (Hrsg.), *Oxford handbook of the archaeology of ritual and religion* (S. 983–1003). Oxford: Oxford University press.
Redfearn, J. W. (1972). The nature of archetypal activity: The integration of spiritual and bodily experience. *Journal of AP, 18*(2), 127–145.
Redfearn, J. W. (1985). *My Self, my Many Selves.* London: Karnac.
Reid, J. C. (Hrsg.) (2001). *Jung, my mother and I. The analytic diaries of Catherine Rush Cabot.* Einsiedeln: Daimon.
Renfrew, C., & Bahn, P. (2004). *Archaeology: theories, methods and practice (4th edition).* London: Thames and Hudson.
Richerson, P.J. & Boyd, R. (2005). *Not by genes alone. How culture transformed human evolution.* Chicago: Chicago University Press.
Richerson, P. J., & Christiansen, M. H. (2013). *Cultural Evolution. Society, technology, language, and religion.* Cambridge: MIT Press.
Richter, D. (2005). Das Scheitern der Biologisierung der Soziologie. *KZfSS Kölner Zeitschrift für Soziologie und Sozialpsychologie, 57*(3), 523–542.
Rippon, G. (2019). *The gendered brain: the new neuroscience that shatters the myth of the female brain.* New York: Random House.
Roesler, C. (2006). A narratological methodology for identifying archetypal story patterns in autobiographical narratives. *The Journal of AP, 51*(4), 574–596.
Roesler, C. (2008). The Self in Cyberspace. Identity formation in postmodern societies and Jung's Self as an objective psyche. *Journal of AP, 53*, 421–436.
Roesler, C. (2009). Archetypen – sozial, nicht biologisch. Eine Reformulierung der Archetypentheorie auf Grundlage neuer Erkenntnisse aus Neurowissenschaften, Humangenetik, Entwicklungs- und Kulturpsychologie. *Analytische Psychologie, 40*(3), 276–303.
Roesler, C. (2010a). *Analytische Psychologie heute: Der aktuelle Stand der Forschung zur Psychologie C. G. Jungs.* Basel: Karger Verlag.

Roesler, C. (2010b). Archetypal patterns in postmodern identity construction – a cultural approach. In R. Jones & M. Stein (Hrsg.), *Identities in transition* (S. 87–102). London: Routledge.

Roesler, C. (2012a). Are archetypes transmitted more by culture than biology? Questions arising from conceptualizations of the archetype. *Journal of Analytical Psychoogy,57*(2), 223–246.

Roesler, C. (2012b). Archetypen – Ein zentrales Konzept der Analytischen Psychologie. *Analytische Psychologie, 170, 43*(4), 487–509.

Roesler, C. (2012c). A revision of Jung's theory of archetypes in the light of contemporary research: neurosciences, genetics and cultural theory – a reformulation. In P. Bennett (Hrsg.), *Facing Multiplicity: Psyche, Nature, Culture. Proceedings of the XVIIIth Congress of the International Association for AP, Montreal 2010* (S. 71–91). Einsiedeln: Daimon.

Roesler, C. (2013). Das gemeinsame Unbewusste – Unbewusste Austausch- und Synchronisierungsprozesse in der Psychotherapie und in nahen Beziehungen. *Analytische Psychologie, 44*(4), 464–483.

Roesler, C. (2014a). A research frame for investigating the appearance of synchronistic events in psychotherapy. In H. Atmanspacher & C. Fuchs (Hrsg.), *The Pauli-Jung Dialogue and its Impact Today* (S. 241–254). Exeter: Imprint Academic.

Roesler, C. (2014b). Das Archetypenkonzept C. G. Jungs im Lichte aktueller Erkenntnisse aus Neurowissenschaften, Humangenetik und Kulturpsychologie. *Recherches germaniques, 9*, 163–189.

Roesler, C. (2016). *Das Archetypenkonzept C. G. Jungs. Theorie, Forschung, Anwendung.* Stuttgart: Kohlhammer.

Roesler, C. (2017a). Complex (Jung). In V. Zeigler-Hill & T. K. Shackelford (Hrsg.), *Encyclopedia of Personality and Individual Differences.* New York: Springer.

Roesler, C. (2017b). Synchronicity. In V. Zeigler-Hill & T. K. Shackelford (Hrsg.), *Encyclopedia of Personality and Individual Differences.* New York: Springer.

Roesler, C. (2018a). Synchronistic experiences in psychotherapy: an ongoing study. In C. Roesler (Hrsg.), *Research in AP* (S. 244–253). London. Routledge.

Roesler, C. (Hrsg.) (2018b). *Research in Analytical Psychology: Empirical Research.* London: Routledge.

Roesler, C. (2018c). Dream content corresponds with dreamer's psychological problems and personality structure and with improvement in psychotherapy. A typology of dream patterns in dream series of patients in analytical psychotherapy. *Dreaming, 28*(4), 303–321.

Roesler, C. (2019a). Theoretical Foundations of AP – Recent Developments and Controversies. Papers of the Basel IAAP Conference. *Journal of AP, 64*(5), 658–681.

Roesler, C. (2019b). Jungian theory of dreaming and contemporary dream research – findings from the research project ›Structural Dream Analysis‹. *Journal of AP, 65*(1), 44–62.

Roesler, C. (2019c). Narratives of Transformation: the Structural Dream Analysis method. In R. A. Jones L. & Gardner (Hrsg.), *Narratives of Individuation* (S. 205–219). London: Routledge.

Roesler, C. (2019d). Psychotherapieforschung in der Analytischen Psychologie: Übersicht über Studien und Designs für zukünftige Forschung. In: Kricheldorff, C., Himmelsbach, I.; de Vries, T. (Hg.), *Analyse – Prognose – Innovation. Forschung als Motor für neue Konzepte und Interventionen* (S. 109–133). Konstanz: Hartung Gorre.

Roesler, C. (2020a). Jungian theory of dreaming and contemporary dream research – findings from the research project ›Structural Dream Analysis‹. In E. Kiehl (Hrsg.), *Encountering the Other. Proceedings of the twenty-first Congress of the International Association for AP, Vienna 2019* (S. 51–68). Einsiedeln: Daimon.

Roesler, C. (2020b). The structural approach to the empirical investigation of the meaning of dreams – Findings from the research project »Structural Dream Analysis«. *International Journal of Dream Research, 13*(1), 46–55.

Roesler, C. (2021). Der Schatten Jungs und seine Auskwirkungen auf die Analytische Psychologie heute. *Analytische Psychologie, 52* (1), 69–89.

Roesler, C. (2022). Development of a reconceptualization of archetype theory. Research report to the IAAP. https://iaap.org/resources/research/

Roesler, C. (2023): Response to Erik Goodwyn's paper ›Phenotypic plasticity and archetype: a response to common objections to the biological theory of archetype and instinct‹. *Journal of Analytical Psychology, 68, 1,* 133–147.

Roesler, C., & Reefschläger, G. I. (2022). Jungian psychotherapy, spirituality, and synchronicity: Theory, applications, and evidence base. *Psychotherapy, 59*(3), 339–350. https://doi.org/10.1037/pst0000402

Roesler, C., Konakawa, H., & Tanaka, Y. (2021). Differences in dream content and structure between Japanese and Western dreams. *International Journal of Dream Research, 14*(2), 195–201.

Roesler, C., & Sotirova-Kohli, M. (2014). Das psychische Erbe der Menschheit – Forschungsstand und laufende empirische Studien zum Archetypenkonzept C. G. Jungs. *Forum der Psychoanalyse, 30*(2), 133–155.

Roesler, C., & van Uffelen, B. (2018). Complexes and the unconscious: From the Association Experiment to recent fMRI studies. In C. Roesler (Hrsg.), *Research in AP*. London. Routledge.

Rosen, D. H., Smith, S. M., Huston, H. L., & Gonzalez, G. (1991). Empirical Study of Associations Between Symbols and Their Meanings: Evidence of Collective Unconscious (Archetypal) Memory. *Journal of AP, 36*(2), 211–228.

Rosen, D. H. (1992). Inborn basis for the healing doctor-patient relationship. *The Pharos, 55*(4), 17–21.

Rosen, D. H., Mascaro, N., Arnau, R., Escamilla, M., Tai-Seale, M., Ficht, A., et al. (2010). Depression in medical students: Gene-environment interactions. *Annals of Behavioural science and Medical Education, 16*(2), 8–14.

Roth, G. (2019). Neurobiologische Grundlagen unbewusster Prozesse und Bedeutung für die Psychotherapie. In B. Haslinger & B. Janta (Hrsg.), *Der unbewusste Mensch. Zwischen Psychoanalyse und neurobiologischer Evidenz* (S. 23–54). Gießen: Psychosozial Verlag.

Rothbaum, F., Weisz, J., Pott, M., Miyake, K., & Morelli, G. (2000). Attachment and culture: Security in the United States and Japan. *American Psychologist, 55*(10), 1093–1104.

Saban, M. (2019). Jung's personal myth and the two personalities. In R. A. Jones & L. Gardner (Hrsg.), *Narratives of Individuation* (S. 55–67). London: Routledge.

Samuels, A. (1983). *The theory of archetypes in Jungian and post-Jungian AP*. International Review of Psychoanalysis, vol. 10.

Samuels, A. (1985). *Jung and the Post-Jungians*. London: Routledge & Kegan Paul.

Samuels, A. (1986). Archetype. In Samuels, A., Shorter, B., & Plaut, F. (Hrsg.). *A Critical Dictionary of Jungian Analysis* (S. 18–22). London: Routledge & Kegan Paul.

Samuels, A. (1990). Beyond the Feminine Principle. In K. Barnaby & P. D'Acierno (Hrsg.), *C. G. Jung and the humanities. Toward a hermeneutics of culture* (S. 294–306). Princeton: Princeton University press.

Samuels, A. (1994). »A Jung Club is not enough«: the professionalisation of AP 1913–1957 and its implications for today. *Harvest, 40,* 155–167.

Samuels, A. (1998). Will the Post-Jungians survive? In A. Casement (Hrsg.), *Post-Jungians today* (S. 15–32). London: Routledge.

Samuels, A. (2017). The future of Jungian analysis: strengths, weaknesses, opportunities, threats (SWOT). *Journal of AP, 62*(5), 636–649.

Sanday, P. R. (1981). *Female Power and Male Dominance*. Cambridge, New York: Cambridge University Press.

Sanders, P., & Skar, P. (2001). Archetypes, complexes and self-organisation. *Journal of AP, 46*(2), 305–323.

Sanderson, S. K. (2014). *Human nature and the evolution of society*. Boulder/CO: Westview Press.

Saunders, P., & Skar, P. (2001). Archetypes, complexes and self-organization. *Journal of AP, 46*(2), 305–323.

Schlegel, M. (2018). Eine neue Sicht auf die Biologie der Archetypen. Menschenbild und Wissenschaftlichkeit der Archetypentheorie. *Analytische Psychologie, 49*(1), 130–149.

Schmidt, K. (2016). *Sie bauten die ersten Tempel*. München: Beck.

Schwartz-Salant, N. (1998). *The mystery of human relationship*. New York: Routledge.

Scull, A. (2021). American psychiatry in the new millennium: a critical appraisal. *Psychological Medicine, 51*(16), 1–9.

Seghier, M. L. & Price, C. J. (2018). Interpreting and utilising intersubjective variability in brain function. *Trends of cognitive science, 22*(6), 71–82.

Shamdasani, S. (1992). Two unknown early cases of Jung. *Harvest, 38*, 38–43.

Shamdasani, S. (1998). Cult fictions. C. G. Jung and the founding of AP. London: Routledge.

Shamdasani, S. (2003). *Jung and the making of modern psychology: The dream of a science.* Cambridge: Cambridge University Press.

Sharp, D. (1991). *Jung Lexicon.* https://www.psychceu.com/Jung/sharplexicon.html

Shelburne, W. A. (1988). *Mythos and Logos in the thought of Carl Jung. The theory of the collective unconscious in scientific perspective.* Albany: State University of New York press.

Shihui, H., Northoff, G., Vogeley, K., & Wexler, B. E. (2012). A cultural neuroscience approach to the biosocial nature of the human brain. *Annual Review of Psychology, 64*(1).

Shukurov, A., Sarson, G. R., & Gangal, K. (2014). The Near-Eastern Roots of the Neolithic in South Asia. *PLOS ONE. 9*(5), e95714.

Sidoli, M. (1989). *The unfolding self: Separation and individuation.* Boston: Sigo. Press.

Siegel, D. J. (1999). *The developing mind: toward a neurobiology of interpersonal experience.* New York: Guilford Press.

Simpson, J. A., & Belsky, J. (2018). Attachment theory within a modern evolutionary framework. In J. Cassidy & P. R. Shaver (Hrsg.) *Handbook of Attachment. Theory, Research and Clinical Applications* (3rd ed., S. 91–116). New York/London: Guilford.

Singer, T., & Kimbles, S. L. (Hrsg.) (2004a). *The cultural complex.* New York: Routledge.

Singer, T., & Kimbles, J. (2004b). Emerging theory of cultural complexes. In J. Cambray & L. Carter L (Hrsg.), *AP: Contemporary Perspectives in Jungian Psychology.* Hove/New York: Brunner-Routledge.

Singer, T., Seymour, B., O'Doherty, J. P., Stephan K. E., Dolan R. J., & Frith C. D. (2006). Empathic neural responses are modulated by the perceived fairness of others. *Nature, 439*(7075), 466–469.

Skar, P. (2004). Chaos and self-organization: emergent patterns at critical life transitions. *Journal of AP, 49*, 245–264.

Smith, R. C. (1996). *The wounded Jung. Effects of Jung's relationships on his life and work.* Evanston: Northwestern University Press.

Solms, M. (2015). *The feeling brain: selected papers on neuropsychoanalysis.* London: Karnac books.

Solms, M. (2016). Consciousness by surprise: a neuropsychoanalytic approach to the hard problem. In R. Poznanski (Hrsg.), *Biophysics of consciousness: a foundational Approach.* New York: World Scientific.

Solms, M. (2023). *The Hidden Spring.* Stuttgart: Klett-Cotta.

Solms, M., & Panksepp, J. (2012). The »id« knows more then the »ego« admits: neuropsychoanalytic and primal consciousness perspectives on the interface between affective and cognitive neuroscience. *Brain Sciences, 2*(2), 147–175.

Solomon, H. M. (1997). The developmental school. In P. Young-Eisendrath & T. Dawson (Hrsg.), *The Cambridge Companion to Jung* (S. 119–140). Cambridge: Cambridge University Press.

Sorenson, J. L., & Johannessen, C. L. (2006). Biological evidence for pre-Columbian transoceanic voyages. In V. Mair (Hrsg.), *Contact and Exchange in the Ancient World.* Honolulu: University of Hawaii press.

Sotirova-Kohli, M. (2014). *Empirical study of the associations between archetypal images and their meanings: Evidence of archetypal (collective unconscious) memory* (Doctoral Dissertation, Department of Psychology). University of Basel/Switzerland.

Sotirova-Kohli, M., Roesler, C., Opwis, K., Smith, S., Rosen, D., & Djonov, V. (2013). Symbol/Meaning Paired-Associate Recall: An »Archetypal Memory« Advantage? *Behavioral Science, 3*(4), 541–561.

Sotirova-Kohli, M., Rosen, D. H., Smith, S. M., Henderson, P., Taki-Reece, S. (2011). Empirical study of kanji as archetypal images: understanding the collective
unconscious as part of the Japanese language. *Journal of AP, 56*(1), 109–132.

Spelke, E. (2010). Innateness, choice and language. In J. Frank, & J. Bricmont (Hrsg.), *Chomsky Notebook* (S. 212–225). New York: Columbia University Press.
Spencer, H. (1876). *The principles of sociology, three volumes*. London: Williams and Norgate.
Spillmann, B., & Strubel, R. (2010). *C. G. Jung: Zerrissen zwischen Mythos und Wirklichkeit. Über die Folgen persönlicher und kollektiver Spaltungen im tiefenpsychologischen Erbe*. Gießen: Psychosozial Verlag.
Stadler, M., & Kruse, P. (1990). The self-organisation perspective in cognition research. In H. Haken & M. Stadler (Hrsg.), *Synergetics of Cognition*. Berlin: Springer.
Stein, R. L., & Stein, P. L. (2008). *The anthropology of religion, magic, and witchcraft*, 2nd edition. Boston: Pearson.
Stern, D. (1985). *The Interpersonal World Of The Infant: A View From Psychoanalysis And Developmental Psychology*. New York: Basic Books.
Stevens, A. (1983). *Archetype: A Natural History of The Self*. New York: William Morrow.
Stevens, A. (2003). *Archetype Revisited: an updated natural history of the Self*. Toronto: Inner City Books.
Stevens, A. (2006). The archetypes. In R. K. Papadopoulos (Hrsg.), *The Handbook of Jungian Psychology: Theory, Practice and Applications*. London: Routledge.
Stevens, A., Hogenson, G., & Ramos, D. (2003). Debate: Psychology and Biology. In M. A. Mattoon (Hrsg.), *Cambridge 2001 – Proceedings of the XV. IAAP International Congress* (S. 367–377). Einsiedeln: Daimon.
Storch, A. (1930). *Wege zur Welt und Existenz des Geisteskranken*. Stuttgart: Hippokrates.
Tacey, D. (1998). Twisting and turning with James Hillman: From anima to world soul, from academia to pop, In A. Casement (Hrsg.), *Post-Jungians today: Key papers in contemporary AP*. London: Routledge.
Talalay, L. E. (1993). *Deities, dolls, and devices*. Indianapolis: University of Indiana press.
Tann, M. von der & Erlenmeyer, A. (Hg.) (1993). *C. G. Jung und der Nationalsozialismus. Texte und Daten*. Berlin, unveröffentlichtes Manuskript im Auftrag der DGAP.
Tattersall, I. (1998). *Becoming human. Evolution and human uniqueness*. San Diego, New York, London: Oxford University Press.
Taylor, T. (2011). Death. In T. Insoll (Hrsg.), *Oxford Handbook of the Archeology of Ritual ad Religion* (S. 89–104). Oxford: Oxford University Press.
Thelen, E., & Smith, L. B. (1994). *A Dynamic Systems Approach to the Development of Cognition and Action*. Cambridge, England: MIT Press.
Thomas, J. (2011). Ritual and religion in the Neolithic. In T. Insoll (Hrsg.), *Oxford Handbook of the Archeology of Ritual ad Religion* (S. 371–386). Oxford: Oxford University Press.
Thomson, D. M., & Tulving, E. (1970). Associative encoding and retrieval: weak and strong cues. *Journal of Experimental Psychology*, 86(2), 255–262.
Tinbergen, N. (1951). *The study of instinct*. New York: Oxford University Press.
Tomasello, M. (2021). *Becoming human. A theory of ontogeny*. Cambridge: The Belkany Press of Harvard University Press.
Trachsel, M. (2008). *Ur- und Frühgeschichte. Quellen, Methoden, Ziele*. Zürich: Orell Füssli.
Trevi, M. (1992). Towards a critical approach to Jung. In R. K. Papadopoulos (Hrsg.), *Carl Gustav Jung: Critical Assessments* (Vol. I., S. 356–375). Hove: Psychology Press.
Turner, V. (1974). *Dramas, fields and metaphors: symbolic action in human society*. Ithaca, London: Cornell University Press.
Turner, V. (1991). *The ritual process. Structure and antistructure*. Ithaca: Cornell University Press.
Tylor, E. B. (1871). *Primitive culture: researches into the development of mythology, philosophy, religion, art, and custom*. Two volumes. London: Murray.
Üther, H.-J. (2011). *The Types of International Folktales*. Helsinki: Academia Scientiarum Fennica.
van Binsbergen, W. M. J. (2007). Transcontinental mythological patterns in prehistory. *Cosmos*, 23, 29–80.
van Eewynk, J. R. (1991). Archetypes: the strange attractors of the psyche. *Journal of AP*, 36(1), 1–25.
van Eewynk, J. R. (1997). *Archetypes and strange attractors: the chaotic world of symbols*. Toronto: Inner City Books.

van Gennep, A. (1909). *Les Rites de Passage.* Paris: Nourry.
van Meurs, J. (1990). A survey of Jungian literary criticism in English. In K. Barnaby & P. D'Acierno, (Hrsg.), *C. G. Jung and the humanities. Toward a hermeneutics of culture* (S. 238–250). Princeton: Princeton University press.
van Schaik, C., & Michel, K. (2020). *Die Wahrheit über Eva. Die Erfindung der Ungleichheit von Frauen und Männern.* Hamburg: Rowohlt.
Vaughn, B. E., & Bost, K. K. (2018). Attachment and temperaments intersecting developmental projects and interacting developmental contexts throughout infancy and childhood. In J. Cassidy & P. R. Shaver (Hrsg.), *Handbook of Attachment. Theory, Research and Clinical Applications* (3rd ed., S. 202–222). New York, London: Guilford.
Verhoeven, M. (2011). The many dimensions of ritual. In T. Insoll (Hrsg.), *Oxford Handbook of the Archeology of Ritual ad Religion* (S. 115–132). Oxford: Oxford University Press.
von Franz, M.-L. (1970). *The problem of the puer aeternus.* New York: Spring Publications.
von Franz, M.-L. (1980). The hypothesis of the Collective Unconscious. In W. H. Kennedy (Hrsg.), *Projection and re-collection in Jungian psychology* (S. 77–95). La Salle: Open Court.
Walach, H., Schmidt, S., & Jonas, W. B. (Eds.) (2011). *Neuroscience, consciousness and spirituality.* New York: Springer.
Walch, G. M. (2005). Ursprungsgeschichte des Bewusstseins von Erich Neumann. In Österreichische Gesellschaft für Analytische Psychologie (Hrsg.), *Zur Utopie einer neuen Ethik. 100 Jahre Erich Neumann. Kongressband* (S. 162–181). Wien: Baiculescu/Mandelbaum.
Walker, R. S., Hill, K. R., Flinn, M. V., & Ellsworth, R. M. (2011). Evolutionary history of hunter-gatherer marriage practices. *PLoS ONE, 6*(4). e19066.
Weiss, K. M. (2018). The tales genes tell (or not): A century of exploration. *American Journal of Physical Anthropology, 165*(4), 741–753.
Westen, D., & Morrison, K. (2001). A multidimensional meta-analysis of treatments for depression, panic, and generalized anxiety disorder. *Journal of Consulting and Clinical Psychology, 69,* 875–899.
Wharton, B. (1985). Show me another reality! The need for a containing ego. *Journal of AP 30*(3), 273–295.
Wheelwright, J. (1984). In conversation with Joseph Wheelwright. Interview by David Serbin. *Psychological Perspectives, 15*(2), 149–167.
Wilson, E. O. (1975). *Sociobiology: The New Synthesis.* Cambridge/MA: Harvard University Press.
Wilson, E. O. (2012). *The social conquest of earth.* New York: Liveright.
Winnicott, D. W. (1964). Review of Memories, Dreams, Reflections by C. G. Jung. *International Journal of Psychoanalysis, 45,* 450–455.
Withley, D. S. (2011). Rock art, religion, and ritual. In T. Insoll (Hrsg.) *Oxford Handbook of the Archeology of Ritual ad Religion* (S. 307–328). Oxford: Oxford University Press.
Witzel, M. (2012). *The origins of the world's mythologies.* Oxford: Oxford University Press.
Wlodarski, R., Manning, J., & Dunbar, R. I. M. (2015). Stay or stray? Evidence for alternative mating strategy phenotypes in both men and women. *Biology Letters, 11*(2).
Wolfradt, U. (2021). Psyche im kulturellen Spannungsfeld zwischen Universalismus und Relativismus. *Psychosozial, 44*(3), 10–23.
Wunn, I. (2005). *Die Religionen in vorgeschichtlicher Zeit (The religions in prehistoric times).* Stuttgart: Kohlhammer.
Wunn, I. (2019). *Barbaren, Geister, Gotteskrieger. Die Evolution der Religionen entschlüsselt (The evolution of religions).* Berlin: Springer.
Young, F. W. (1965). *Initiation ceremonies: a cross-cultural study of status dramatization.* Indianapolis: University of Indiana Press.
Young-Eisendrath, P., & Dawson, T. (Hrsg.) (1997). *The Cambridge Companion to Jung.* Cambridge: Cambridge University Press.
Zabriskie, B. (1990). The Feminine. Pre- and Post-Jungian. In K. Barnaby & P. D'Acierno (Hrsg.), *C. G. Jung and the humanities. Toward a hermeneutics of culture* (S. 267–278). Princeton: Princeton University press.
Zietsch, B. P., Westberg, L., Santtila, P., & Jern, P. (2015). Genetic analysis of human extrapair mating: heritability, between-sex correlation, and receptor genes for vasopressin and exytocin. *Evolution and Human Behavior, 36*(2), 130–136.

Zinkin, L. (1991). The Klein connection in the London school: The search for origins. *Journal of AP, 36*, 37–62.
Zoja, L. (1989). *Drugs, addiction and initiation. The modern search for ritual.* Boston: Sigo Press.
Züchner, C. (2009). Rezension von Aujoulat. *Germania, 87*(1), 277–279.

Stichwortverzeichnis

A

Affektregulation 198
Agrar- oder Gartenbaugesellschaften 110
Ahnen 137
Ahnenfiguren 162
Ahnenkult 138
Akademische Psychologie 16
Alchemie 34
Altruismus 82
Analogie 39
Angeborener Auslösemechanismus 26
Angeborenheit 62
Anima/Animus 34
Animismus 108
Anlage oder Umwelt 71
Anpassungsfähigkeit 121
Anthropologie 12
Apriorisch 23
Archaisch 22
Archäogenetik 150
Archäologie 145
Archetyp des Selbst 33
Archetyp des verwundeten Heilers 192
Archetypen, klassisch 35, 59
Archetypische Psychologie 12
Aristotelische Metaphysik 21
Attraktor 31
Ausbildungsinstitute 14
Autochthone Wiederentstehung 27

B

Bärenkult 132
Basisemotionen 77
Behaviorismus 79
Bestattungen 124
Bestattungsritual 124
Binäre Opposition 111, 129
Bindungsforschung 63
Bindungsmuster 88
Bindungstheorie 63
Biokulturelle Theorie 94
Blaupausen-Modell 69

C

Coniunctio 34

D

Deterministisches Wissenschaftsmodell 13
Deus otiosus 181
Diffusion 169
Diffusionismus 118
Diffusions- und Übertragungstheorie 118
Diffusionstheorie 171
Duale Vererbungstheorie 113

E

Ehe/Monogamie 125
Ekstasetechnik 142
Elementargedanken 117
Emergenz 64
Emergenzmodell 74
Emotionen 96
Empathiefähigkeit 83
Entwicklungspsychologie 64
Epigenetik 70
Epistemologie 41
Eranos 79
Esoterisches Denken und Mystizismus 60
Essentialismus 49
Ethnografische Forschung 101
Ethologie/Verhaltensbiologie 21
Evolution 78
Evolutionäre Angepasstheit 89
Evolutionspsychologie 62
Evolutionstheorie 58

F

Fauler Gott 130
Feinfühligkeit 88
Felskunst 156
Frauenfiguren 161
Freuds Psychoanalyse 22

Fruchtbarer Halbmond 138
Fruchtbarkeit 162
Fruchtbarkeitsgöttin 167
Funktionalistische Schule der Ethnologie 49
Fürsorgeverhalten 66

G

Ganzheit 31, 33
Gehirnstruktur 27
Gen-Umwelt-Interaktion 64
Gen-Umwelt-Koaktion 77
Genetik 12
Genetisch vererbt 40
Genetischer Code 69
Genexpression 71
Genom 64
Geschlechterrollen 125
Gestaltpsychologie 49
Göttin des Lebens 138
Göttliches Kind 39
Gräber und Grabbeigaben 155
Große Mutter 112

H

Halluzinogene 157
Halluzinogene Substanzen 157
Handel 165
Handelsbeziehungen 165
Hausgötter 162
Heiratsregeln 116
Heldenmythos 22
Heldenreise 34
Hermeneutik 44, 199
Herrin der Tiere 162
Hexerei 143
Hirnforschung 67
Historisch-kritische Methode 17
Höhlenmalereien 132
Homo sapiens 80
Homologie von Phylogenese und Ontogenese 29
Humangenetik 57
Hybris 181
Hyperaktiver Handlungserkennungsmechanismus 84

I

Idealtypen 44
Idee von Tod und Erneuerung 199
Identität 29

Individuationsprozess 29
Initiationsriten 141
Instinkt 24
Inzesttabu 116
Isolationstheorie 154

J

Jagdmagie 132
Jagdzauber 132
Jäger- und Sammlergesellschaften 82
Jungianische Psychotherapie 12
Jungianischer Fundamentalismus 43
Jungpaläolithikum 137
Jungsteinzeit 151

K

Kannibalismus 133
Kantische Kategorien 21
Keramikindustrie 165
Kindchenschema 65
Kollektives Unbewusstes 22
Komplex 28
Konstruktivismus 45
Konvergenz 49
Kooperation 82
Kosmogonie 130
Kosmologien 60
Kulturalisierung 94
Kulturanthropologie 121
Kulturelle Komplexe 203
Kulturelle Virustheorie 154
Kulturmorphologie 109
Kulturpsychologie 188
Kulturrelativistisch 122
Kulturtheorie 53
Kulturübergreifende Ähnlichkeiten 100
Kulturwissenschaften 12, 188

L

Lamarckismus 79
Landwirtschaft 162
Les Rites de Passage 141
Libido 102

M

Mandala 190
Materialismus 42
Matriarchat 112
Medizin 57

Megalithische Strukturen und Steinkreise 166
Megalithkulturen 167
Mentalisierung 198
Metallurgie 165
Michel Foucaults Diskursanalyse 17
Migration 118, 154
Monogamie 124, 125
Motivationen 96
Muttergöttin 162
Mutterrecht 112
Mythenforschung 13
Mythos der Großen Mutter 161
Mythos einer Flut 181

N

Naiver Innatismus 63
Naturvölker 101
Naturwissenschaft 52
Neolithikum 163
Neolithisches Paket 164
Neuroaffektive Theorie 85
Nomothetisch 42
Numinos 30

O

Objektbeziehungstheorie 20
Ödipuskomplex 101
Ontologisierung 56
Out-of-Africa-Theorie 147

P

Paarungsstrategien 83
Paläoanthropologie 145
Panhumane Gesten 137
Parapsychologie 60
Participation mystique 29
Patriarchalisch 35
Pattern of behavior 25
Pauli-Jung-Dialog 21
Persönliche Gleichung 13
Phänomenologie 43
Phantasiebild 22
Philosophie 32
Physiognomie/Physikalische Anthropologie 147
Platonische Ideen 21
Polyandrisch 125
Polygamie 124
Polytheismus 108
Positivistisch 42

Postjungianisch 20
Präformationismus 12
Prähistorische maritime Kontakte 152
Primitive Mentalität 102
Primitivismus/Archaismus 29
Psychiatrie 40
Psychische Energie 52
Psychodynamische Psychotherapie 12
Psychoid 32
Psychologische Transformation 184
Psychologismus 44
Psychopathologie 24
Psychose 28
Psychotherapie 14
Psychotherapieschulen 59

Q

Quantenphysik 45

R

Rasse 106
Realismus 45
Reduktivistisch 43
Religionswissenschaft 13
Religiöse Evolution 134
Reziproker Altruismus 91
Ritual 20

S

Säuglingsbeobachtung 191, 196
Savannenhypothese 83
Schamanismus 39
Schizophrenie 28
Schöpfergott 130
Schöpfungsmythen 130
Seelenbrunnen 181
Selbstorganisation 21
Selbstpsychologie 196
Selektionsstrategien 83
Sexualität 83
Sexualverhalten 83
Sinn 28
Sintflut 173
Soziales Gehirn 90
Sozialisation 94
Sozio-Sexualität 94
Soziobiologie 81
Spracherwerbsapparat 152
Standard Cross Cultural Sample 47
Standard Ethnographic Sample 47
Steinkreise 166

Steinwerkzeuge 151
Strukturalistische Schule der Anthropologie 116
Subliminaler Erwerb 47
Symbol 23
Symbolische Revolution 148
Systemtheoretisch 48
Systemtheorie 48
Szientistisches Selbstmissverständnis 53

T

Tabula rasa 26
Technologie des Ackerbaus 150
Temperament 72
Tod und Jenseits 124
Totem und Tabu 111
Totemismus 139
Traditionelle Kulturen 101
Traditionelle Völker 92
Transzendental 21
Transzendente Funktion 190
Trickster 174
Triebe 28

U

Übertragung 191
Universalien 20

Universalität 12
Urbild 23
Urgeschichte/Paläoanthropologie 13
Urmutter 138
Urphantasien 23
Urreligion 169

V

Veränderte Bewusstseinszustände 157
Vererbung 62
Vergleichende Linguistik 147, 151
Vergleichende Mythologie 13
Verwandtschaftsmuster 116
Völkerpsychologie 104

W

Weibliche 112
Weibliche Figurinen 166
Weiblichkeit 43
Weltuntergang 130
Wiedergeburt 31

Z

Zentrierungsprozess 34
Zirkumpolarer Komplex 143